Digitales Testament und digitaler Nachlass

Europäische Hochschulschriften

European University Studies

Publications Universitaires Européennes

Reihe II **Rechtswissenschaft**

Series II Law

Série II Droit

Band/Volume **5908**

Pia Elisa Uhrenbacher

Digitales Testament und digitaler Nachlass

PL ACADEMIC RESEARCH

Bibliografische Information der Deutschen Nationalbibliothek
Die Deutsche Nationalbibliothek verzeichnet diese Publikation in der Deutschen Nationalbibliografie; detaillierte bibliografische Daten sind im Internet über http://dnb.d-nb.de abrufbar.

Zugl.: Bochum, Univ., Diss., 2016

D 294
ISSN 0531-7312
ISBN 978-3-631-71610-6 (Print)
E-ISBN 978-3-631-71652-6 (E-PDF)
E-ISBN 978-3-631-71653-3 (EPUB)
E-ISBN 978-3-631-71654-0 (MOBI)
DOI 10.3726/b10735

PL Academic Research ist ein Imprint der Peter Lang GmbH.
Peter Lang – Frankfurt am Main · Bern · Bruxelles · New York · Oxford · Warszawa · Wien

Diese Publikation wurde begutachtet.

www.peterlang.com

Vorwort

Die vorliegende Arbeit wurde im Wintersemester 2015/2016 von der Juristischen Fakultät der Ruhr-Universität Bochum als Dissertation angenommen. Die einzelnen Kapitel haben aufgrund der laufenden Aktualität des Themas unterschiedliche Bearbeitungsstände. Das Kapitel über die Reformvorschläge in Deutschland wurde im Herbst 2014 erstellt und gibt eine Übersicht über den damals aktuellen Meinungsstand, ohne Anspruch auf Vollständigkeit zu erheben. Es soll dem Leser einen Eindruck über die Vielzahl an unterschiedlichen Auffassungen zu diesem Thema vermitteln. Die Bearbeitung hat sich sodann darauf konzentriert, einen Lösungsweg zu entwickeln. Später erschienene wissenschaftliche Veröffentlichungen zum digitalen Nachlass, die zwar vor Abgabe, aber nach Fertigstellung dieser Arbeit veröffentlicht wurden, sind daher nicht mehr berücksichtigt worden.

Besonderer Dank gebührt Herrn Prof. Dr. Karlheinz Muscheler für die Betreuung dieser Arbeit und die Erstellung des Erstgutachtens in kürzester Zeit.

Herrn Prof. Dr. Martin Zimmermann danke ich für die ebenfalls zügige Erstellung des Zweitgutachtens.

Danken möchte ich auch allen Mitarbeitern des Lehrstuhls von Herrn Prof. Dr. Karlheinz Muscheler für ihre stete und freundliche Hilfsbereitschaft.

Mein ganz herzlicher Dank gilt meiner Familie, die mich immer unermüdlich und bedingungslos unterstützt hat. Auch meinen Freunden möchte ich an dieser Stelle großen Dank aussprechen, für ihr Verständnis, ihre Rücksichtnahme und dass sie immer für mich da waren!

Freiburg, im Herbst 2016

Pia Uhrenbacher

Inhaltsverzeichnis

A. Darstellung der faktischen Problematik

Mittlerweile ist es üblich geworden, über E-Mail oder What's App zu kommunizieren, Bilder vom letzten – über 1-2-fly.com gebuchten – Urlaub auf Facebook und anderen sozialen Netzwerken zu posten, über Xing nach dem nächsten Traumjob und bei Parship nach dem Wunschpartner zu suchen oder einen Freund via Skype im Ausland anzurufen. Das alltägliche Leben wird immer digitaler. Dabei werden enorme Massen an digitalen Daten produziert, die, wenn sie einmal in der Welt und insbesondere im Internet sind, endlos fortbestehen können, auch über das Leben des Nutzers oder Verursachers hinaus.

Die vorliegende Arbeit behandelt ein Thema, das bei Beginn der Bearbeitung erst langsam dabei war, einen Weg in die Öffentlichkeit und damit in die öffentliche Diskussion zu finden: Was passiert mit unseren digitalen Daten, wenn wir einmal gestorben sind? Was geschieht mit den Spuren, die wir im Rahmen unserer digitalen Identität hinterlassen, mit unserem „Digitalen Nachlass"? Auch wenn das Thema mittlerweile vermehrt in den Fokus der öffentlichen (Fach-)Diskussionen gerät, gibt es hierzu noch wenig Literatur und Vorschläge, wie mit dem digitalen Nachlass zu verfahren ist.

So bemerkte Rechtsanwalt Martin Sebastian Haase zutreffend im Rahmen seines Vortrags „Rechtsfragen des digitalen Nachlasses" am 12.09.2013 bei der 14. Herbstakademie 2013 der Deutschen Stiftung für Recht und Informatik in Berlin: „Bei der Vorbereitung zu diesem Vortrag habe ich gemerkt, dass ich eigentlich selbst viel mehr Fragen als Antworten zu diesem Thema habe."[1]

Die vorliegende Arbeit hat sich zum Ziel gesetzt, eben diese Antworten zu finden. Zunächst wird in Teil A. anhand von Beispielen zu der Problematik hingeführt. Sodann wird unter B. die derzeitige Ausgestaltung bei einzelnen Dienstanbietertypen dargestellt, anschließend unter C. eine Darstellung gesetzlicher Regelungen im Ausland gegeben. Nach der Darstellung der bisherigen Reformvorschläge in der deutschen juristischen Literatur unter D. wird unter E. die Erfassung des digitalen Nachlasses bei der derzeitigen Rechtslage in Deutschland geprüft. Nach der Beleuchtung verfassungsrechtlicher Gesichtspunkte unter F. folgen sodann unter G. Zusammenfassung und Ausblick. Die vorliegende Bearbeitung kommt zu dem Schluss, dass der digitale Nachlass gemäß § 1922 Abs. 1 BGB auf die Erben übergeht und den Reformvorschlägen nur insoweit gefolgt werden sollte, als eine Ergänzung der Regelungen des TKG gefordert wird, wonach Dienstanbietern ausdrücklich erlaubt werden soll, den Erben Zugriff zu den Daten des Verstorbenen zu verschaffen.

---

1 Im Zusammenhang mit Folie 3, abrufbar unter: http://jurpc52.w2kroot.uni-oldenburg.de/ha13/Haase_-_Herbstakademie_2013/23_Haase_PPP_HA2013_1_12_09_2013_15_51_36.html, zuletzt besucht am 31.08.2015.

I. Einführung in die Problematik (mit Beispielfällen)

Im deutschen Erbrecht gilt das Prinzip der Universalsukzession nach § 1922 BGB.[2] Demnach geht mit dem Tod einer Person deren gesamtes Vermögen als einheitliches Ganzes auf den Erben oder die Erbengemeinschaft über. Von zentraler Bedeutung für die Beantwortung der Frage, was mit dem digitalen Nachlass einer Person geschieht, sind daher zwei Fragen: Was genau ist der digitale Nachlass und gehören die „digitalen Hinterlassenschaften" des Erblassers zu dem nach § 1922 Abs. 1 BGB vererbbaren Vermögen? Für die Beurteilung sind zunächst die angebotenen Dienstleistungen der digitalen Onlinedienste näher zu betrachten, um zu ermitteln, welche Rechte des Erblassers vorhanden sind, die auf die Erben – in welcher Form auch immer – übergehen könnten. Je mehr sich unser Leben online abspielt, desto mehr Daten und Spuren hinterlassen wir dort. Umso wichtiger wird es daher für unsere Angehörigen, die Möglichkeit oder sogar das Recht zu bekommen, an diese Spuren heranzukommen, auch wenn die Ausgangssituationen und die Motive ganz unterschiedliche sein mögen.

1. Der Fall Justin Ellsworth

Das erste Mal, dass Fragen hinsichtlich der „digitalen Nachfolge" öffentlich gestellt und diskutiert wurden, war im Jahr 2004. Der Tod von Justin Ellsworth war der Fall, mit dem alles begann: Der 20-jährige US-Soldat des United States Marine Corps starb Anfang November 2004, bereits zwei Monate nach seiner Stationierung im Irak, durch eine Sprengfalle am Straßenrand.[3] Justin Ellsworth versandte an seine Eltern und Freunde mittels seines Yahoo!-Accounts regelmäßig E-Mails, die sein Vater nach dessen Tod zusammen mit seinen empfangenen E-Mails sammeln und veröffentlichen wollte. Er wollte der Welt und zukünftigen Generationen zeigen, wie ein Mensch, der tatsächlich im Irakkrieg gewesen ist, die Situation empfunden hat. Das Unternehmen Yahoo! verweigerte jedoch unter Hinweis auf seine Datenschutzrichtlinien die Herausgabe der E-Mails. Schließlich sei auch das Unternehmen an seine Allgemeinen Geschäftsbedingungen gebunden, denen jeder Nutzer zustimmen müsse und in denen es heiße, dass der Account nicht übertragbar sei und alle Rechte an diesem Account und den darin gespeicherten Inhalten mit dem Tode des Nutzers erlöschten.[4] Nachdem die Eltern vergeblich versucht hatten, das

---

2 Vergleiche nur Palandt-Weidlich, BGB, 74. Auflage 2015, § 1922 Rn. 10.

3 Vergleiche zum Ganzen: BBC News, Who owns your e-mails?, abrufbar unter: http://news.bbc.co.uk/2/hi/uk_news/magazine/4164669.stm, zuletzt besucht am 29.08.2015.

4 Siehe Yahoo! US, Terms of Service, Ziffer 28. "General Information" unter „No Right of Survivorship and Non-Transferability", Stand: 16.03.2012, abrufbar unter: https://policies.yahoo.com/us/en/yahoo/terms/utos/index.htm und vergleiche auch Ziffer 5.4 der Yahoo! Deutschland Allgemeine Geschäftsbedingungen, abrufbar unter: https://policies.yahoo.com/ie/de/yahoo/terms/utos/index.htm, beide zuletzt besucht am 15.10.2015.

Passwort zu erraten, um Zugang zu dem Account zu bekommen, wandten sie sich an die Medien und stießen so die erste öffentliche Debatte zu Fragen des digitalen Nachlasses, insbesondere zu der Frage, ob die Hinterbliebenen Zugang zu dem E-Mail-Account des Verstorbenen erhalten sollten, an. Dieselben Allgemeinen Geschäftsbedingungen enthielten jedoch auch die Klausel, dass Yahoo! berechtigt sei, die Account-Informationen und den Inhalt zu offenbaren, wenn das Gesetz oder Treu und Glauben dies verlangen sollten.[5] In einem gegen Yahoo Inc. geführten Prozess bekamen die Eltern vor dem amerikanischen Gericht schließlich Recht und ihnen wurden die E-Mails ihres Sohnes durch das Unternehmen ausgehändigt.[6]

Die Eltern von Justin wollten nur eine Erinnerung an ihren Sohn, etwas Bleibendes, woran sie sich festhalten konnten. Jedoch sind auch Situationen denkbar, in denen Eltern ein viel dringlicheres Bedürfnis nach Erkenntnis haben.

2. Der Fall Eric Rash

Ricky und Diane Rash lebten mit ihren vier Kindern auf einer beschaulichen Farm in Nottoway County, Virginia, als sie am 20. Januar 2011 gegen fünf Uhr morgens einen Anruf erhielten: Ihr Sohn Eric habe gemeldet, er befinde sich draußen auf der nahe gelegenen Harper Road; er habe dort einen Toten gefunden.[7] Als der Vater eintraf, fand er Eric in der Nähe seines Wagens im Gras liegen, tot. Sein einziger Sohn, der immer mit guten Noten und einem beständigen Lächeln auf den Lippen nach Hause kam, beging im Alter von 15 Jahren Suizid. Die Eltern berichteten, dass er zwar Briefe an sie und seine Schwestern hinterlassen habe, in denen er beteuert habe, dass es ihm sehr leid tue. Auch habe er Anweisungen für seine Beerdigung gegeben und sich das Lied „Somewhere over the Rainbow" gewünscht. Eine Antwort auf die für die Hinterbliebenen quälendste Frage, auf das „Warum?", erhielten sie jedoch nicht. Nachdem die Eltern Klassenkameraden befragt hatten, kamen sie auf die Idee, in dem Facebook-Account ihres Sohnes nach Antworten zu suchen. Jedoch war das Passwort, das erforderlich war, um auf den Account zuzugreifen,

5 Siehe Yahoo! US, Terms of Service, Ziffer 6. "Member Conduct", lit. n., abrufbar unter: https://policies.yahoo.com/us/en/yahoo/terms/utos/index.htm, zuletzt besucht am 15.10.2015.

6 Vergleiche Sancya, Yahoo will give family slain Marine's e-mail account, in: USA today vom 21.04.2005, abrufbar unter: http://usatoday30.usatoday.com/tech/news/2005-04-21-marine-e-mail_x.htm?POE=TECISVA, zuletzt besucht am 15.10.2015.

7 Siehe zum ganzen Fall: Sears, Facebook sends family information about son's page before his suicide, vom 04.11.2011, überarbeitet am 19.04.2012, abrufbar unter: http://wtvr.com/2011/11/04/facebook-sends-family-information-about-sons-page-before-his-suicide/, oder Kunkle, Virginia family, seeking clues to son's suicide, wants easier access to Facebook, in: The Washington Post vom 17.02.2013, abrufbar unter: https://www.washingtonpost.com/local/va-politics/virginia-family-seeking-clues-to-sons-suicide-wants-easier-access-to-facebook/2013/02/17/e1fc728a-7935-11e2-82e8-61a46c2cde3d_story.html, beide zuletzt besucht am 15.10.2015.

nur einige Tage vor Erics Tod geändert worden. Nach tagelangem Ausprobieren mussten die Eltern schließlich ihre Versuche, sich einzuloggen, einstellen. Einzig die „von außen" sichtbaren Nachrichten auf der Pinnwand des Accounts waren für die Eltern einsehbar, nicht jedoch private Nachrichten, die ihr Sohn versandt und empfangen hatte. Die erhofften Antworten blieben aus. Die Rashs kontaktierten das Unternehmen Facebook, das die Herausgabe der Daten jedoch mit Hinweis auf ihre Datenschutzrichtlinien, die dem Standard der Branche entsprächen, verweigerte. Schließlich habe der (auch minderjährige) Nutzer ein Recht auf Privatsphäre und Datenschutz. Zudem treffe das Recht des Bundesstaates Virginia keine Regelungen zum Umgang mit digitalen Daten nach dem Tod eines Account-Nutzers.

Die Rashs wollten sich damit nicht abfinden. So wandte sich der Vater Ricky Rash an die Gesetzgeber von Virginia und bewirkte schlussendlich, dass zwei Jahre später, 2013, ein Gesetz ausgefertigt wurde, wonach die Eltern minderjähriger Kinder Zugang zu den Social-Media-Accounts ihrer Kinder erhalten.[8] Nach diesem Erfolg hat sich der Vater zum Ziel gesetzt, noch weiter zu gehen und eine vergleichbare Regelung auch im Federal Law durchzusetzen. Die Familie möchte nicht, dass irgendjemand dasselbe durchmachen muss, was sie selbst erlebt hat, sondern dass Eltern die Möglichkeit haben, in einem solchen Fall jede Informationsquelle zu nutzen.[9]

3. Der Fall Moritz Luc Erhardt

Manchmal sind Angehörige eines Verstorbenen jedoch nicht an der Gewinnung von Informationen interessiert, sondern möchten gerade das Gegenteil erreichen. Dann soll das Kursieren von Informationen und Gerüchten über den Verstorbenen im Internet unterbunden werden. Für die Hinterbliebenen ist es oft schwer, Bilder im Internet zu sehen, die den bereits verstorbenen, geliebten Menschen zeigen oder Nachrichten zu lesen, die von diesem verfasst wurden. Andererseits möchten sie dessen eigene Nachrichten auch einsehen können.

Moritz Luc Erhardt, ein 21-jähriger Student der WHU Otto Beisheim School of Management, starb im August 2013 gegen Ende seines siebenwöchigen Praktikums bei der Investmentbank Bank of America Merrill Lynch in London.[10] Er wurde eines

---

8 Siehe zur Gesetzesänderung unter Gliederungspunkt: C. I. 2. b. cc. (1).

9 Siehe zum Ganzen: Sears, Family wins in fight against Internet giants, on hand when governor signs law, vom 02.07.2013, abrufbar unter: http://wtvr.com/2013/07/02/eric-rash-family-and-lawmakers-push-for-laws-against-internet-giants-after-sons-suicide/, zuletzt besucht am 15.10.2015.

10 Siehe zum Ganzen: Scheuermann, Der Tod eines „Superstars", in: Karriere Spiegel vom 21.08.2013, abrufbar unter: http://www.spiegel.de/karriere/berufsstart/banken-in-london-arbeitete-sich-deutscher-praktikant-zu-tode-a-917788.html oder Damsch, 3100 Euro Lohn: Warum starb Bank-Praktikant Moritz?, in Focus Online, aktualisiert am 21.08.2013, abrufbar unter: http://www.focus.de/panorama/welt/mysterioeser-todesfall-in-london-3100-euro-lohn-im-monat-warum-starb-bank-praktikant-mo ritz-_aid_1077056.html, beide zuletzt besucht am: 15.10.2015.

Morgens tot in der Dusche seines Studentenwohnheims aufgefunden, nachdem er nicht zur Arbeit erschienen war.[11] Auch wenn die Todesursache zunächst ungeklärt war, kursierten neben der öffentlichen Anprangerung der Arbeitszeiten in Investmentbanken bereits kurz nach dem Tod von Moritz Luc Erhardt viele Gerüchte über angeblich acht Nachtschichten in vierzehn Tagen, eine mögliche Epilepsie-Vorerkrankung und möglichen Drogenkonsum.[12] Die Obduktion hat später ergeben, dass Moritz tatsächlich aufgrund seiner Epilepsie verstorben ist.[13] Der Medienberichten zufolge sehr ambitionierte Student[14] hatte einen Facebook-Account, der in den Gedenkstatus versetzt worden ist, weil Freunde von Moritz das Unternehmen über dessen Tod informiert haben.[15] Zum damaligen Zeitpunkt waren die Regelungen von Facebook für den Todesfall eines Nutzers noch so ausgestaltet, dass sogar Eltern und Angehörige, die bislang nicht mit dem Verstorbenen auf Facebook befreundet waren, den weiter existierenden Account samt seiner Inhalte ausnahmslos nicht einsehen konnten.[16] Dies war lediglich den bereits zu Lebzeiten bestätigten Freunden vorbehalten. Dieses Beispiel zeigt, dass es sich bei diesem Thema keineswegs um Einzelfälle bei dramatischen Todesfällen handelt, sondern jeden Internetnutzer und seine Hinterbliebenen gleichermaßen betrifft. Es reicht aus, wenn ein Facebook-Nutzer stirbt. Kein Suizid, keine ungeklärte Todesursache, nicht spektakulär, einfach so.

---

11 Siehe auch: Hamann, Nach acht Nachtschichten: Deutscher stirbt bei Praktikum im Investmentbanking, in: efinancialcareers vom 20.08.2013, abrufbar unter: http://news.efinancialcareers.com/149522/nach-acht-nachtschichten-deutscher-stirbt-bei-praktikum-im-investmentbanking/, zuletzt besucht am 15.10.2015.

12 Vergleiche etwa: Scheuermann, Der Tod eines „Superstars", in: Karriere Spiegel vom 21.08.2013, abrufbar unter: http://www.spiegel.de/karriere/berufsstart/banken-in-london-arbeitete-sich-deutscher-praktikant-zu-tode-a-917788.html, oder Esterházy/Littmann, Tod von Moritz E. wirft weiter Fragen auf, in: Wirtschaftswoche vom 21.08.2013, aktualisiert am 23.08.2013, abrufbar unter: http://www.wiwo.de/erfolg/jobsuche/toter-praktikant-in-london-tod-von-moritz-e-wirft-weiter-fragen-auf/8671238.html, beide zuletzt besucht am 15.10.2015.

13 Siehe Hamann, Erstes Interview: Moritz Erhardts' Vater erzählt vom Tod seines Sohnes und beschuldigt die britische Regierung, in: efinancialcareers vom 07.10.2013, abrufbar unter: http://news.efinancialcareers.com/de-de/152489/erstes-interview-moritz-erhardts-vater-erzahlt-vom-tod-seines-sohnes-und-beschuldigt-die-britische-regierung/, zuletzt besucht am: 15.10.2015.

14 Siehe Scheuermann, Der Tod eines „Superstars", in: Karriere Spiegel vom 21.08.2013, abrufbar unter: http://www.spiegel.de/karriere/berufsstart/banken-in-london-arbeitete-sich-deutscher-praktikant-zu-tode-a-917788.html, zuletzt besucht am 15.10.2015.

15 Auskunft aufgrund eines Gesprächs am 16.09.2013 mit Birgit Aurelia Janetzky, Geschäftsführerin der bereits aufgelösten Semno UG und Trauerrednerin.

16 Siehe zur Funktionsweise des Gedenkzustands bei Facebook Gliederungspunkt B. I. 2. e. aa.

4. Die heimliche Geliebte im E-Mail-Postfach

In anderen Fällen wünschen die Angehörigen jedoch nicht nur keine Information, sondern bekommen ein Wissen aufgedrängt, das sie nicht haben wollten, indem sie etwas erfahren, das sie lieber nie erfahren hätten. Wenn die trauernde Witwe die E-Mails ihres verstorbenen Mannes durchsieht und dabei auf Liebesnachrichten der heimlichen Geliebten stößt,[17] wird sie kaum erfreut sein. Hier stellt sich vor allem die Frage, ob es wirklich im grundsätzlichen Interesse und im pauschal zu unterstellenden Willen eines jeden Erblassers liegt, dass seine Angehörigen auch Einsicht in seine komplette E-Mail-Kommunikation erhalten sollen. Schließlich können darin Dinge enthalten sein, die – zumindest aus Sicht des Erblassers – außer ihn selbst niemanden etwas angehen. Er wird in der Regel nicht wollen, dass seine lebzeitigen, gut gehüteten Geheimnisse sozusagen posthum herauskommen und ihn selbst und das von ihm gelebte Familienleben in ein fragwürdiges Licht stellen. Durch das Auffinden einer E-Mail der Geliebten im Postfach des Ehemannes und Familienvaters können damit noch über den Tod hinaus Familien auseinandergerissen und zerstört werden.[18] Im Rahmen der Diskussion um den digitalen Nachlass und die Frage, wer welche Rechte daran erwerben soll, ist also nicht ausschließlich auf das Interesse der Angehörigen, sondern auch – wenn nicht sogar vor allem – auf den Willen und das Interesse des Verstorbenen selbst abzustellen. Schließlich ist dies auch genau die Person, deren Willen für die Erbfolge abseits des digitalen Nachlasses entscheidend ist.

II. Derzeitige Gegebenheiten

Bei Beginn dieser Arbeit gab es keine gesetzlichen Regelungen, keine Gesetzesvorhaben hierzu, es war nicht einmal das Bewusstsein für dieses Problem vorhanden. So gaben die Fraktionen des Bundestages auf Nachfrage an, sie sähen derzeit keinen besonders dringenden politischen Handlungsbedarf,[19] es handele sich um eine eher theoretische Diskussion[20] und sie wollten sich frühestens in der nächsten Legislaturperiode damit auseinandersetzen.[21] Bis zur Fertigstellung dieser Arbeit gab es auch

17 Das Beispiel der heimlichen Geliebten wird zur Einführung in das Thema häufig angeführt, siehe nur bei: Martini, Der digitale Nachlass und die Herausforderung postmortalen Persönlichkeitsschutzes im Internet, JZ 2012, 1145, 1151.

18 Siehe auch bei: Zuck in: DAV-Stellungnahme Nr.: 34/2013, S. 88, abrufbar unter: http://anwaltverein.de/files/anwaltverein.de/downloads/newsroom/stellungnahmen/2013/SN-DAV34-13.pdf, zuletzt besucht am: 16.10.2015, der von der möglichen Gewährleistung des ideellen Fortbestands der Familie auch über den Tod des verstorbenen Ehebrechers hinaus spricht.

19 Auskunft von Claudia Nier für die Linksfraktion mit einer E-Mail vom 30.07.2013.

20 Auskunft von MdB Stephan Thomae für die FDP-Bundestagsfraktion vom 06.08.2013.

21 Auskunft von Petra Marmann für die SPD-Bundestagsfraktion mit einer E-Mail vom 23.07.2013.

keine Rechtsprechung zu Fallgestaltungen rund um den digitalen Nachlass,[22] nur einige unterschiedliche Stimmen in der juristischen Literatur, auf die im Rahmen dieser Darstellung unter Gliederungspunkt D. eingegangen werden wird. Erst nach Fertigstellung der vorliegenden Arbeit ist ein erstes Urteil zum digitalen Nachlass ergangen,[23] das der Vollständigkeit halber als III. in Kapitel D. eingefügt wurde. Der uneinheitliche Umgang mit dem Thema spiegelt sich auch in den Allgemeinen Geschäfts- und Nutzungsbedingungen der einzelnen Online-Dienstanbieter wieder. Hinzu kommt die Schwierigkeit, dass viele der Dienstanbieter ihren Sitz im Ausland haben und daher nicht oder nur eingeschränkt an die deutschen Gesetze gebunden sind.[24] Dies führt zu einer Vielzahl unterschiedlichster Ausgestaltungen der Vertragsbedingungen. Jeder Dienstanbieter regelt die Fragen – sofern er sich überhaupt damit befasst – anders,[25] so dass es letztlich vom Zufall abhängt, welchen Account der Nutzer hatte und ob seine Daten weitergegeben werden.

---

22 Vergleiche DAV-Stellungnahme Nr.: 34/2013, S. 11, abrufbar unter: http://anwaltverein.de/files/anwaltverein.de/downloads/newsroom/stellungnahmen/2013/SN-DAV34-13.pdf, zuletzt besucht am: 16.10.2015.

23 LG Berlin, Urteil vom 17.12.2015 – 20 O 172/15 = ZEV 2016, 189 ff.

24 Siehe hierzu auch: Dopatka, Digitaler Nachlass – Der Umgang mit elektronischen Daten nach dem Tod, NJW-aktuell Heft 49/2010, 14, der zudem auch die Schwierigkeit der Durchsetzbarkeit der Rechte erwähnt.

25 Siehe dazu im folgenden Absatz unter Gliederungspunkt B.

B. Verschiedene Dienstanbieter und ihre Regelungen

Es gibt eine solche Vielzahl an Online-Dienstanbietern, dass es den Umfang dieser Arbeit sprengen würde, wenn nicht sogar unmöglich wäre, alle im Einzelnen aufzulisten und vorzustellen. Hinzu kommt, dass viele Online-Unternehmen auf dem Gebiet der „Nachlass-Dienstleistungen"[26] als erfolglose Start-Ups ihren Betrieb nach einigen Jahren wieder einstellen und so jede Darstellung ohnehin nur eine Momentaufnahme ist. Im Folgenden soll daher auf die verschiedenen Dienstanbietertypen eingegangen werden und deren Funktionsweise anhand von Beispielen bekannter, großer Unternehmen verdeutlicht werden.

I. Online-Dienstanbieter im alltäglichen Leben

1. Gmx.de und Web.de (Freemail-Anbieter)

a. Über das Unternehmen

Gmx.de und Web.de sind beides Freemail-Dienste der 1 & 1 Mail und Media GmbH mit Hauptsitz in Montabaur, Deutschland.[27] Während für den Webdienst Gmx.de die Zweigniederlassung in München zuständig ist,[28] wird Web.de von der Zweigniederlassung in Karlsruhe betreut.[29] Das Konzept ist im Wesentlichen dasselbe, das im Folgenden anhand des Freemail-Dienstes Gmx.de vorgestellt wird: Der Webdienst bietet seinen Kunden die Möglichkeit an, kostenfreie E-Mail-Adressen einzurichten und stellt für diese eine Versende- und Empfangsmöglichkeit zur Verfügung, wobei die empfangenen und gesendeten E-Mails auf dem Provider des Dienstanbieters gespeichert werden.[30] Alternativ kann sich der Kunde auch für einen kostenpflichtigen ProMail- oder TopMail-Account entscheiden,[31] der neben einem erweiterten

26 Dazu unten unter Gliederungspunkt B. II.

27 Impressum der Websiten von Gmx.de und Web.de: http://www.gmx.net/impressum/, http://web.de/Impressum/, beide zuletzt besucht am 31.08.2015.

28 Siehe AGB von Gmx.de, abrufbar unter: https://service.gmx.net/de/cgi/g.fcgi/products/mail/agb, zuletzt besucht am: 31.08.2015.

29 Siehe AGB von Web.de, abrufbar unter: http://agb.web.de/WEB.DE/AGB/20120801/, zuletzt besucht am 31.08.2015.

30 Siehe Angaben auf der Website von Gmx.de, abrufbar unter: http://www.gmx.net/produkte/mail/freemail/#.mail.teaser_1.1.mail_freemail, zuletzt besucht am: 31.08.2015.

31 Die Terminologie entspricht der des Angebots von Gmx.de; Web.de bietet Vergleichbares an.

Speicherplatz zusätzliche Optionen wie das kostenlose Versenden einer gewissen Anzahl an Frei-Sms oder eine zusätzliche Faxfunktion bietet.[32]

b. *Anmeldung/Registrierung*

Unter Angabe der persönlichen Daten wie Name, Vorname, Adresse und Geburtsdatum kann jeder Nutzer unter Setzung eines persönlichen Passworts einen E-Mail-Account anlegen.[33] Ob eine Überprüfung der angegebenen Daten durch das Unternehmen erfolgt, ist unklar. In den Allgemeinen Geschäftsbedingungen findet sich lediglich der Hinweis, dass der Kunde versichere, dass die von ihm gemachten Angaben zu seiner Person und zu sonstigen vertragsrelevanten Umständen richtig und vollständig seien.[34] Im Anschluss wird aber angeführt, dass der Nutzer auf eine entsprechende Anfrage seitens des Unternehmens seine angegebenen Daten zu bestätigen habe.[35]

c. *Kündigung*

Wenn nicht ausdrücklich etwas anderes vereinbart wurde, können beide Vertragsparteien den Vertrag mit einer vierwöchigen Kündigungsfrist kündigen.[36] Bei Vereinbarung einer Mindestvertragslaufzeit, verlängert sich der Vertrag automatisch jeweils um die Mindestvertragslaufzeit, jedoch höchstens um ein Jahr, wenn der Vertrag nicht zum Ende der Mindestvertragslaufzeit mit einer Vierwochenfrist gekündigt wird.[37] Bei Verträgen, die einseitig den Kunden für eine Laufzeit oder Mindestvertragslaufzeit von einer Dauer bis zu zwölf Monaten binden, kann Gmx den Vertrag unter Einhaltung einer Dreimonatsfrist zum Monatsende hin kündigen; bei einer einseitig den Kunden bindenden Laufzeit oder Mindestvertragslaufzeit über zwölf, aber unter vierundzwanzig Monaten gilt eine sechsmonatige Kündigungsfrist für Gmx.[38] Ein Recht auf fristlose Kündigung behält sich das Unternehmen unter anderem in den Fällen vor, in denen der Account-Inhaber

---

32 http://www.gmx.net/produkte/mail/?mc=fm@hp@reiter.fm, zuletzt besucht am 31.08.2015.

33 E-Mail Konto anlegen, abrufbar unter: https://registrierung.gmx.net/;jsessionid=E0A1C560AF4AE95AAF27DD7226C4B920.LoWk2-xC7gA-U2ECEBLVf0HNgrA?0, zuletzt besucht am: 31.08.2015.

34 Siehe unter „Vertragsangebot, Vertragsschluss" der AGB, abrufbar unter: http://service.gmx.net/de/cgi/g.fcgi/products/mail/agb, zuletzt besucht am: 31.08.2015.

35 Siehe unter „Vertragsangebot, Vertragsschluss" der AGB, abrufbar unter: http://service.gmx.net/de/cgi/g.fcgi/products/mail/agb, zuletzt besucht am: 31.08.2015.

36 Siehe unter „Kündigungsfristen" der AGB, abrufbar unter: http://service.gmx.net/de/cgi/g.fcgi/products/mail/agb, zuletzt besucht am: 31.08.2015.

37 Siehe unter „Kündigungsfristen" der AGB, abrufbar unter: http://service.gmx.net/de/cgi/g.fcgi/products/mail/agb, zuletzt besucht am: 31.08.2015.

38 Siehe unter „Kündigungsfristen" der AGB, abrufbar unter: http://service.gmx.net/de/cgi/g.fcgi/products/mail/agb, zuletzt besucht am: 31.08.2015.

mit der Zahlung des Entgelts in Verzug gerät mit einem Betrag, der in seiner Höhe mindestens zwei monatlichen Grundentgelten entspricht.[39] Erfolgt eine Kündigung aus wichtigem Grund, so ist das Unternehmen berechtigt, den Account zu sperren.[40] Ungeachtet dessen behält sich Gmx die Einschränkung des Zugangs zu dem kostenlosen Account für den Kunden vor, wenn dieser sich länger als für eine Dauer von sechs Monaten nicht mehr in den Account eingeloggt hat.[41] Gmx ist ferner nach seinen Allgemeinen Geschäftsbedingungen berechtigt, nach sechs Monaten Inaktivität gespeicherte Nachrichten und andere Inhalte des Accounts zu löschen und nach einem Jahr die E-Mail-Adresse anderweitig zu vergeben; ein Login in den alten Account kann dann nur noch über die Kundennummer und das Passwort erfolgen.[42]

d. Regelungen für den Todesfall eines Profilinhabers

Angaben hierüber, wie das Unternehmen mit dem Account verfährt, wenn der Nutzer verstirbt, finden sich weder in den AGB noch im Hilfemenü[43]. Aufgrund der soeben erläuterten Kundenobliegenheiten ist aber davon auszugehen, dass die Inhalte des E-Mail-Accounts, insofern sich niemand mehr einloggt, nach sechs Monaten ab dem letzten Login gelöscht werden, wohingegen der Account weiter besteht. Eventuell wird aber nach der Dauer von einem Jahr die E-Mail-Adresse neu vergeben. Gmx führt im Rahmen seiner Datenschutzhinweise an, dass Kunden jederzeit Auskünfte bezüglich ihrer angegebenen und über sie gespeicherten Daten erhalten.[44] Ob Datenauskünfte auch an Hinterbliebene erteilt werden, wird nicht erwähnt.

---

39 Siehe unter „Kündigungsfristen" der AGB, abrufbar unter: http://service.gmx.net/de/cgi/g.fcgi/products/mail/agb, zuletzt besucht am: 31.08.2015.

40 Siehe unter „Kündigungsfristen" der AGB, abrufbar unter: http://service.gmx.net/de/cgi/g.fcgi/products/mail/agb, zuletzt besucht am: 31.08.2015.

41 Siehe unter „Kündigungsfristen" der AGB, abrufbar unter: http://service.gmx.net/de/cgi/g.fcgi/products/mail/agb, zuletzt besucht am: 31.08.2015.

42 Siehe unter „Obliegenheiten des Kunden" der AGB, abrufbar unter: http://service.gmx.net/de/cgi/g.fcgi/products/mail/agb, zuletzt besucht am: 31.08.2015.

43 Hilfemenü abrufbar unter: https://kontakt.gmx.net/?page=1, zuletzt besucht am: 31.08.2015.

44 Siehe unter „Auskünfte" der Gmx Datenschutzhinweise mit Stand 05/2015, abrufbar unter: http://service.gmx.net/de/cgi/g.fcgi/products/mail/agb/privacy/popup?sid=babhdee.1385467585.3244.ymrdxbtvex.78.prj#moveData, zuletzt besucht am: 31.08.2015.

2. Facebook (Social-Media-Account)

a. Über das Unternehmen

Das US-amerikanische Unternehmen Facebook Inc. hat seinen Sitz in Menlo Park, Kalifornien,[45] die deutsche Version der Internetseiten wird von der Dubliner Firma Facebook Ireland Limited angeboten,[46] die auch für alle anderen Nutzer außerhalb der USA und Kanada zuständiger Vertragspartner ist.[47] Facebook gehört wohl zu den bekanntesten Social-Media-Account-Dienstleistern weltweit. Die Zahl der Nutzer gibt Facebook selbst mit mehr als einer Milliarde weltweit an, wovon mehr als 900 Millionen Facebook täglich aufrufen sollen.[48] Auf Deutschland sollen 26 Millionen Nutzer entfallen.[49]

b. Anmeldung/ Registrierung

Zur Erstellung eines Facebook-Profils gibt der Nutzer seinen Vor- und Nachnamen und seine E-Mail-Adresse an und setzt ein persönliches Passwort für den späteren Zugang zu seinem Account.[50] Zudem verlangt Facebook die Nennung des Geburtsdatums; nach eigenen Angaben des Unternehmens auf der Website ist dies notwendig, damit der Nutzer nur die altersgerechten Funktionen seines Profils nutzen kann.[51] In den Nutzungsbedingungen wird als Selbst-Verpflichtung des Kunden aufgeführt, dass Kinder unter 13 Jahren Facebook überhaupt nicht verwenden.[52] Als weitere Verpflichtungen des Nutzers wird die Pflicht zur Nennung der wahren und richtigen persönlichen Daten und zur ständigen Aktualisierung der Kontaktdaten genannt.[53] Ein Konto darf demnach auch nicht ohne die vorherige, schriftliche

---

45 https://www.facebook.com/Facebook-HQ-166793820034304/timeline/, zuletzt besucht am: 04.10.2015.

46 Siehe unter „Unternehmensinformationen“ in den Allgemeinen Geschäftsbedingungen von Facebook, Stand: 30. Januar 2015, abrufbar unter: https://www.facebook.com/legal/terms, zuletzt besucht am: 13.10.2015.

47 Siehe Datenrichtlinie von Facebook, Stand: 30. Januar 2015, abrufbar unter: https://www.facebook.com/about/privacy/, zuletzt besucht am: 13.10.2015.

48 Siehe facebook for business, abrufbar unter: https://www.facebook.com/business/products/ads/, zuletzt besucht am: 13.10.2015.

49 Siehe Angaben aufgrund der automatischen Erfassung der Facebooknutzerzahlen mit Stand vom 15.06.2013 bei: http://allfacebook.de/userdata/, zuletzt besucht am: 13.10.2015.

50 https://de-de.facebook.com/, zuletzt besucht am: 13.10.2015.

51 Siehe unter „Warum muss ich meinen Geburtstag angeben?“, auf: https://de-de.facebook.com/, zuletzt besucht am: 13.10.2015.

52 Siehe unter „4. Registrierung und Kontosicherheit“, Punkt 5 der Allgemeinen Geschäftsbedingungen, Stand: 30. Januar 2015, abrufbar unter: https://www.facebook.com/legal/terms, zuletzt besucht am: 13.10.2015.

53 Siehe unter „4. Registrierung und Kontosicherheit“, Punkte 1 und 7 der Allgemeinen Geschäftsbedingungen, Stand: 30. Januar 2015, abrufbar unter: https://www.facebook.com/legal/terms, zuletzt besucht am: 13.10.2015.

Zustimmung durch Facebook auf eine andere Person übertragen werden.[54] Der Nutzer soll sich ferner verpflichten, sein Passwort nicht an eine dritte Person weiterzugeben, so dass das Profil vor dem Zugriff durch einen Dritten geschützt ist.[55]

c. *Beendigung der Mitgliedschaft*

Facebook behält sich das Recht vor, ein Nutzerkonto zu sperren, wenn etwa wiederholt das Recht am geistigen Eigentum eines anderen verletzt wird[56], oder die Bereitstellung des Onlinedienstes für eine Person ganz oder teilweise einzustellen, wenn der Nutzer mögliche rechtliche Risiken für das Unternehmen erzeugt.[57] Ungeachtet dessen kann jedes Profil, auch von dem Nutzer selbst, jederzeit gelöscht werden.[58]

d. *Nutzungs- und Urheberrechte an eingestellten Inhalten*

Der Nutzer bleibt Inhaber aller auf Facebook eingestellten Inhalte und Informationen.[59] Jedoch erteilt der Nutzer Facebook für sämtliche so genannten „IP-Inhalte“, die unter das Recht am geistigen Eigentum fallen, wie etwa Fotos oder Videos, eine übertragbare, nicht-exklusive, gebührenfreie, unterlizenzierbare und weltweite Lizenz zur Nutzung, die erst dann endet, wenn diese IP-Inhalte oder das ganze Konto gelöscht werden, sofern die betreffenden Inhalte nicht geteilt wurden und bei einer dritten Person noch vorhanden sind.[60] Geteilt werden gepostete Inhalte, indem eine entsprechende Zielgruppe ausgewählt wird, für die diese Inhalte sichtbar

---

54 Siehe unter „4. Registrierung und Kontosicherheit“, Punkt 9 der Allgemeinen Geschäftsbedingungen, Stand: 30. Januar 2015, abrufbar unter: https://www.facebook.com/legal/terms, zuletzt besucht am: 13.10.2015.

55 Siehe unter „4. Registrierung und Kontosicherheit“, Punkt 8 der Allgemeinen Geschäftsbedingungen, Stand: 30. Januar 2015, abrufbar unter: https://www.facebook.com/legal/terms, zuletzt besucht am: 13.10.2015.

56 Siehe unter „5. Schutz der Rechte anderer Personen“, Punkt 5 der Allgemeinen Geschäftsbedingungen, Stand: 30. Januar 2015, abrufbar unter: https://www.facebook.com/legal/terms, zuletzt besucht am: 13.10.2015.

57 Siehe unter „14. Beendigung“ der Allgemeinen Geschäftsbedingungen, Stand: 30. Januar 2015, abrufbar unter: https://www.facebook.com/legal/terms, zuletzt besucht am: 13.10.2015.

58 Siehe unter „14. Beendigung“ der Allgemeinen Geschäftsbedingungen, Stand: 30. Januar 2015, abrufbar unter: https://www.facebook.com/legal/terms, zuletzt besucht am: 13.10.2015.

59 Siehe unter „2. Teilen deiner Inhalte und Informationen“ der Allgemeinen Geschäftsbedingungen, Stand: 30. Januar 2015, abrufbar unter: https://www.facebook.com/legal/terms, zuletzt besucht am: 13.10.2015.

60 Siehe unter „2. Teilen deiner Inhalte und Informationen“, Punkt 1 der Allgemeinen Geschäftsbedingungen, Stand: 30. Januar 2015, abrufbar unter: https://www.facebook.com/legal/terms, zuletzt besucht am: 13.10.2015.

werden.[61] Geht man davon aus, dass gepostete Inhalte grundsätzlich geteilt werden, so ist die Wahrscheinlichkeit, dass jeder Nutzer den gleichen Inhalt löscht oder alle Beteiligten ihre Mitgliedschaft beenden, sehr gering. Die Fälle, in denen ein Nutzungsrecht fortbesteht, dürften damit weit häufiger sein, als die Fälle, in denen dieses Recht endet.

e. Regelungen für den Todesfall eines Profilinhabers

aa. Versetzen des Profils in den Gedenkzustand

(1) Was ist der Gedenkzustand – Funktionsweise

In seinem Hilfebereich stellt Facebook die Möglichkeit vor, das Profil eines verstorbenen Nutzers in einen so genannten „Gedenkzustand" zu versetzen.[62] Die Chronik des Profils bleibt dann auf Facebook bestehen, jedoch werden der Zugriff auf das Profil und weitere, andere Funktionen eingeschränkt.[63] Dies bedeutet mit anderen Worten, dass ein Login bei einem Profil, das sich im Gedenkzustand befindet, auch mit dem richtigen Passwort nicht mehr möglich ist, so dass das Profil „von innen" grundsätzlich nicht mehr bearbeitet oder geändert werden kann.[64] Von dem Verstorbenen eingestellte und geteilte Inhalte bleiben jedoch sichtbar für alle Nutzer, mit denen die Inhalte geteilt wurden.[65] Die Liste der bestätigten Freunde, die allein Einsicht in das Profil haben, lässt sich ebenfalls grundsätzlich nicht mehr erweitern oder begrenzen.[66] Dies bedeutet, dass jemand, der zu Lebzeiten nicht mit dem Verstorbenen auf Facebook befreundet war, auch nun – nach Versetzung des Profils in den Gedenkstatus – keine Einsicht in das Profil bekommt und zwar unabhängig davon, ob es sich um weiter entfernte Bekannte oder die nächsten Angehörigen,

61 Siehe Datenrichtlinie, Stand: 30. Januar 2015, unter „Wie werden diese Informationen geteilt?" abrufbar unter: https://www.facebook.com/about/privacy/your-info-on-fb, zuletzt besucht am: 13.10.2015.

62 Siehe Hilfebereich „Was passiert im Fall meines Ablebens mit meinem Konto?", abrufbar unter: https://www.facebook.com/help/103897939701143, zuletzt besucht am: 13.10.2015.

63 Siehe Hilfebereich „Was passiert im Fall meines Ablebens mit meinem Konto?", abrufbar unter: https://www.facebook.com/help/103897939701143, zuletzt besucht am: 13.10.2015.

64 Siehe Hilfebereich „Was passiert im Fall meines Ablebens mit meinem Konto?", abrufbar unter: https://www.facebook.com/help/103897939701143, zuletzt besucht am: 13.10.2015.

65 Siehe Hilfebereich „Was passiert im Fall meines Ablebens mit meinem Konto?", abrufbar unter: https://www.facebook.com/help/103897939701143, zuletzt besucht am: 13.10.2015.

66 Vergleiche Hilfebereich „Was passiert im Fall meines Ablebens mit meinem Konto?", abrufbar unter: https://www.facebook.com/help/103897939701143, zuletzt besucht am: 13.10.2015, wonach Konten im Gedenkzustand grundsätzlich nicht geändert werden können.

wie Geschwister oder Eltern, handelt. Seit Beginn der vorliegenden Bearbeitung hat Facebook seine Bedingungen überarbeitet: Dem Nutzer wird nun die Möglichkeit angeboten, bereits zu Lebzeiten auszuwählen, ob das eigene Profil im Falle des Versterbens in den Gedenkzustand versetzt oder gelöscht werden soll.[67] Für den ersteren Fall kann der Nutzer vorsorglich einen Nachlasskontakt benennen, der sich im Todesfall des Nutzers um das Konto kümmern soll.[68] Dieser kann dann das Profilbild ändern, einen fixierten Profil-Beitrag, wie etwa eine letzte Meldung oder Informationen zum Trauergottesdienst, verfassen und neue Freundschaftsanfragen bestätigen oder ablehnen.[69] Damit haben auch Familienangehörige mittlerweile die Möglichkeit, Einsicht in das Profil zu erhalten, insofern vom späteren Erblasser ein Nachlasskontakt ausgewählt worden ist. Dem Nachlasskontakt kann auch erlaubt werden, sich eine Kopie der geteilten Inhalte herunterzuladen, er darf sich dagegen nicht beim Account anmelden, Inhalte aus der Chronik ändern oder entfernen, Nachrichten, die an Freunde gesendet worden sind, lesen oder einen Freund entfernen.[70] Um einen Nachlasskontakt bei Facebook bestimmen zu dürfen, muss der Nutzer mindestens 18 Jahre alt sein.[71]

(2) Antrags-Verfahren

Für das Versetzen eines Profils in den Gedenkzustand ist ein Antragsformular auf der Webseite von Facebook erhältlich.[72] Im Jahr 2013 war in diesem Formular neben dem Namen, der E-Mail-Adresse, dem Profilnamen der (angeblich) verstorbenen Person und dem Link zum Profil, auch die Beziehung des Antragstellers zu dem Verstorbenen anzugeben: Es wurde unterschieden zwischen einem unmittelbaren Familienangehörigen, wie etwa den Eltern, dem erweiterten Familienkreis, wie Großeltern oder Cousin/e und einer Person, die nicht zur Familie gehört, wie Freunde oder Arbeitskollegen.[73] Facebook forderte zwar bereits hier neben der Angabe des Todesjahres einen Todesnachweis, jedoch war die Angabe des Links zu einem

67 Siehe Hilfebereich „Was passiert im Fall meines Ablebens mit meinem Konto?“, abrufbar unter: https://www.facebook.com/help/103897939701143, zuletzt besucht am: 13.10.2015.

68 Siehe Hilfebereich „Was ist ein Nachlasskontakt?“, abrufbar unter: https://www.facebook.com/help/1568013990080948, zuletzt besucht am: 13.10.2015.

69 Siehe Hilfebereich „Was ist ein Nachlasskontakt?“, abrufbar unter: https://www.facebook.com/help/1568013990080948, zuletzt besucht am: 13.10.2015.

70 Siehe Hilfebereich „Was ist ein Nachlasskontakt?“, abrufbar unter: https://www.facebook.com/help/1568013990080948, zuletzt besucht am: 13.10.2015.

71 Siehe Hilfebereich „Was ist ein Nachlasskontakt?“, abrufbar unter: https://www.facebook.com/help/1568013990080948, zuletzt besucht am: 13.10.2015.

72 Siehe Hilfebereich „Antrag auf Herstellung des Gedenkzustands“, abrufbar unter: https://www.facebook.com/help/contact/651319028315841, zuletzt besucht am: 13.10.2015.

73 https://www.facebook.com/help/contact/305593649477238, zuletzt besucht am: 30.11.2013, Seite so nicht mehr abrufbar per 13.10.2015.

Nachruf oder einer Zeitungsannonce ausreichend.[74] Der Antragsteller sollte ferner seine Kontakt-E-Mail-Adresse hinterlassen.[75] In das aktualisierte Formular mit Stand von 2015 sind hingegen nur noch die verstorbene Person und der – wenn nicht exakt bekannte, der ungefähre – Todeszeitpunkt einzutragen.[76] Lediglich optional soll dabei ein Todesnachweis, etwa in Form eines Links zu einem Nachruf oder in Form eines anderen Dokuments zum Tod des Nutzers, erbracht werden.

bb. Löschung des Profils

Alternativ kann auch die Löschung des Profils mitsamt seinen ganzen Inhalten beantragt werden.[77] Ein solcher Antrag auf Löschung[78] kann nur von nachgewiesen unmittelbaren Familienangehörigen oder einem Nachlassverwalter des Verstorbenen gestellt werden.[79] Als Nachweis verlangt Facebook die Vorlage der Geburts- oder Sterbeurkunde des Verstorbenen oder den rechtsgültigen Nachweis einer Behörde.[80] Mittels dieses Formulars kann aber auch die Versetzung des Profils in den Gedenkzustand beantragt oder eine (spezielle) (An-)Frage gestellt werden.

cc. Bereitstellung der Profilinhalte

Facebook stellt zudem ein Formular zur Verfügung, mit dem ein autorisierter Vertreter des verstorbenen Nutzers beantragen kann, die Inhalte von dessen Facebook-Konto zu erhalten.[81] Abhängig davon, ob der Verstorbene minder- oder volljährig

74 https://www.facebook.com/help/contact/305593649477238, zuletzt besucht am: 30.11.2013, Seite so nicht mehr abrufbar per 13.10.2015.

75 https://www.facebook.com/help/contact/305593649477238, zuletzt besucht am: 30.11.2013, Seite so nicht mehr abrufbar per 13.10.2015.

76 Siehe Hilfebereich „Antrag auf Herstellung des Gedenkzustands“, abrufbar unter: https://www.facebook.com/help/contact/651319028315841, zuletzt besucht am: 13.10.2015.

77 Siehe Hilfebereich „Wie stelle ich eine Frage zu einem Konto, das einer verstorbenen Person auf Facebook gehört?“, abrufbar unter: https://www.facebook.com/help/265593773453448, zuletzt besucht am: 13.10.2015.

78 Formular „Besondere Anfrage bezgl. des Kontos einer verstorbenen Person“, abrufbar unter: https://www.facebook.com/help/contact/228813257197480, zuletzt besucht am: 13.10.2015.

79 Siehe unter „Konto entfernen“, abrufbar unter: https://www.facebook.com/help/www/150486848354038?rdrhc, und Formular „Besondere Anfrage bezgl. des Kontos einer verstorbenen Person“, abrufbar unter: https://www.facebook.com/help/contact/228813257197480, beides zuletzt besucht am: 13.10.2015.

80 Formular „Besondere Anfrage bezgl. des Kontos einer verstorbenen Person“, abrufbar unter: https://www.facebook.com/help/contact/228813257197480, zuletzt besucht am: 13.10.2015.

81 Siehe Hilfebereich „Antrag auf Erhalt von Inhalten des Kontos einer verstorbenen Person“, abrufbar unter: https://www.facebook.com/help/contact/398036060275245, zuletzt besucht am: 13.10.2015.

war, eröffnen sich in dem Formular verschiedene Ankreuz-Möglichkeiten: Bei minderjährigen Verstorbenen soll ein Formular heruntergeladen und an Facebook gesendet werden, in dem gerichtlich bestätigt werden soll, dass der Antragsteller im Sinne des Stored Communications Act, 18 U.S.C. Sec. 2701, et. seq. autorisiert ist, die Inhalte digitaler Kommunikationen des Verstorbenen einzusehen.[82] Im Falle der Volljährigkeit des Verstorbenen verlangt Facebook die Einsendung einer beglaubigten Kopie eines rechtsgültigen Dokuments, das belegt, dass der Verstorbene dem Antragsteller sämtliche Inhalte seiner elektronischen Kommunikation überlassen wollte – falls ein solches Dokument des Erblassers vorhanden ist. Zudem muss auch hier ein Gerichtsbeschluss über die Anordnung der Offenlegung sämtlicher elektronischer Kommunikation des Toten an Facebook gesendet werden.[83] Das Unternehmen betont jedoch in beiden Fällen, dass mit der Einreichung der genannten Unterlagen keine Garantie auf Bereitstellung der Konten-Inhalte verbunden ist.[84] Der Antragsteller muss sogar mit der Setzung eines Bestätigungshäkchens angeben, dass er dies akzeptiere. Weiterhin wird betont, dass großer Wert darauf gelegt werde, die Privatsphäre aller Facebook-Nutzer zu schützen. Falls die Bereitstellung des Inhalts durch Facebook abgelehnt werde, würden weder weitere Konten-Details noch eine Begründung für diese Entscheidung mitgeteilt. Ferner solle beachtet werden, dass keine juristische Beratung geleistet werden könne.[85]

3. Google (Suchmaschinen-, Videoplattform-, E-Mailanbieter)

a. Über das Unternehmen – Verschiedene „Dienste“

Auch Google gehört zu den Onlineunternehmen, deren Bekanntheitsgrad und Internetpräsenz derzeit kaum größer sein könnte. Das in Mountain View, Kalifornien, ansässige US-amerikanische Unternehmen Google Inc.[86] bietet eine Vielzahl an Produkten und Diensten an, von denen die Erstellung eines Freemail-Kontos, der Nutzungsmöglichkeit der Video-Plattform Youtube und der einfachen Wortsuche

82 Formular abrufbar unter: https://fbcdn-dragon-a.akamaihd.net/hphotos-ak-xaf1/t39.2365-6/851580_339566262843730_1508413489_n.pdf, zuletzt besucht am: 13.10.2015.

83 Siehe Hilfebereich „Antrag auf Erhalt von Inhalten des Kontos einer verstorbenen Person“, abrufbar unter: https://www.facebook.com/help/contact/398036060275245, zuletzt besucht am: 13.10.2015.

84 Siehe Hilfebereich „Antrag auf Erhalt von Inhalten des Kontos einer verstorbenen Person“, abrufbar unter: https://www.facebook.com/help/contact/398036060275245, zuletzt besucht am: 13.10.2015.

85 Siehe Hilfebereich „Antrag auf Erhalt von Inhalten des Kontos einer verstorbenen Person“, abrufbar unter: https://www.facebook.com/help/contact/398036060275245, zuletzt besucht am: 13.10.2015.

86 Siehe Google Standorte, abrufbar unter: http://www.google.com/about/company/facts/locations/, zuletzt besucht am: 13.10.2015.

im Internet nur einige Beispiele darstellen.[87] Für einige der angebotenen „Dienste"[88] ist kein Nutzerkonto erforderlich, wie etwa für die Suchmaschine, mittels derer Begriffe „gegooglet" – also im Internet gesucht – werden können. Die übrigen Dienste können durch die Erstellung nur eines einzigen Google-Kontos genutzt werden.[89]

b. *Anmeldung/Registrierung*

Auch für die Erstellung eines Google-Nutzerkontos müssen die persönlichen Daten des Kunden angegeben werden wie Name, Vorname, Geburtsdatum und bisherige E-Mail-Adresse; zudem verlangt Google die Angabe des Geschlechts und der Mobilfunknummer.[90] Der Nutzer darf sich einen Nutzernamen und damit eine E-Mail-Adresse wünschen und muss ein persönliches Passwort festlegen. Dieser Nutzername und das zugehörige Passwort gelten für sämtliche von dem Unternehmen angebotenen Dienste.[91]

c. *Beendigung der „Dienste"*

Der Kontoinhaber selbst ist befugt, die Nutzung der Google-Dienste und der damit verbundenen Produkte jederzeit zu beenden[92] und sein Konto zu löschen[93]. In seinen Nutzungsbedingungen bedenkt das Unternehmen auch den Fall, dass einzelne Dienste eingestellt werden könnten und regelt daher, dass der Nutzer in diesem

---

87 Siehe Produktübersicht von Google, abrufbar unter: http://www.google.com/about/products/ und Youtube als Google-Unternehmen bei „Über Youtube", abrufbar unter: https://www.youtube.com/yt/about/de/, beide zuletzt besucht am: 13.10.2015.

88 Terminologie siehe unter „Willkommen bei Google!" in den Google Nutzungsbedingungen, Stand: 11.11.2013, abrufbar unter: https://www.google.de/policies/terms/regional.html, zuletzt besucht am: 13.10.2015.

89 Siehe unter „Ihr Google-Konto" der Google Nutzungsbedingungen, Stand: 11.11.2013, abrufbar unter: https://www.google.de/policies/terms/regional.html und „Google-Konto erstellen", abrufbar unter: https://accounts.google.com/SignUp?continue=https%3A%2F%2Faccounts.google.com%2FManageAccount, beide zuletzt besucht am: 13.10.2015.

90 Siehe „Google-Konto erstellen", abrufbar unter: https://accounts.google.com/SignUp?continue=https%3A%2F%2Faccounts.google.com%2FManageAccount, zuletzt besucht am: 13.10.2015.

91 Siehe „Google-Konto erstellen", abrufbar unter: https://accounts.google.com/SignUp?dsh=947841801792602121&service, zuletzt besucht am: 13.10.2015.

92 Siehe unter „Änderung und Beendigung unserer Dienste" der Google Nutzungsbedingungen, Stand: 11.11.2013, abrufbar unter: https://www.google.de/policies/terms/regional.html, zuletzt besucht am: 13.10.2015.

93 Siehe Gmail-Hilfe „Google-Konto löschen", abrufbar unter: https://support.google.com/mail/answer/32046?hl=de&ref_topic=3394590, zuletzt besucht am: 13.10.2015.

Fall – soweit möglich – rechtzeitig vorher darüber informiert wird, so dass er seine Daten aus diesem Dienst exportieren kann, bevor der Zugriff geschlossen wird.[94]

d. *Nutzungs- und Urheberrechte an eingestellten Inhalten*

Bei den Diensten von Google, bei denen der Nutzer selbst Inhalte einstellen kann, bleibt dieser auch Inhaber sämtlicher Urheber- und bestehender gewerblicher Schutzrechte.[95] Jedoch werden Google und den hierzu gehörenden Unternehmen und Vertragspartnern durch den Nutzer unentgeltlich alle notwendigen, nicht ausschließlichen, zeitlich unbegrenzten und weltweiten Nutzungsrechte in dem Umfang eingeräumt, wie sie zur Erbringung des entsprechenden Dienstes erforderlich sind.[96] Hierfür müssen die Inhalte auf Google-Servern gespeichert und gehostet werden, so dass das eingeräumte Nutzungsrecht insbesondere das Recht umfasst, die eingestellten Inhalte technisch zu vervielfältigen.[97] Eine öffentliche Zugänglichmachung der Inhalte soll dagegen nur dann erfolgen, wenn der Nutzer, der die Inhalte eingestellt hat, dies beabsichtigt und sich hierzu ausdrücklich geäußert hat.[98]

e. *Regelungen für den Todesfall eines Kontoinhabers*

aa. Inactive Account Manager

Google hat seit dem Jahr 2013 einen sogenannten „Inactive Account Manager“ eingerichtet, in dem der Nutzer selbst bestimmen kann, ob er ausgewählte Kontodaten mit einer anderen Person teilen möchte oder ob diese benachrichtigt werden soll, wenn der Nutzer sein Konto längere Zeit nicht genutzt hat.[99] Ob der Nutzer noch aktiv ist, überprüft Google anhand seiner Logins, des Suchverlaufs und anhand dessen, wie oft

---

94 Siehe unter „Änderung und Beendigung unserer Dienste“ der Google Nutzungsbedingungen, Stand: 11.11.2013, abrufbar unter: https://www.google.de/policies/terms/regional.html, zuletzt besucht am: 13.10.2015.

95 Siehe unter „Ihre Inhalte in unseren Diensten“ der Google Nutzungsbedingungen, Stand: 11.11.2013, abrufbar unter: https://www.google.de/policies/terms/regional.html, zuletzt besucht am: 13.10.2015.

96 Siehe unter „Ihre Inhalte in unseren Diensten“ der Google Nutzungsbedingungen, Stand: 11.11.2013, abrufbar unter: https://www.google.de/policies/terms/regional.html, zuletzt besucht am: 13.10.2015.

97 Siehe unter „Ihre Inhalte in unseren Diensten“ der Google Nutzungsbedingungen, Stand: 11.11.2013, abrufbar unter: https://www.google.de/policies/terms/regional.html, zuletzt besucht am: 13.10.2015.

98 Siehe unter „Ihre Inhalte in unseren Diensten“ der Google Nutzungsbedingungen, Stand: 11.11.2013, abrufbar unter: https://www.google.de/policies/terms/regional.html, zuletzt besucht am: 13.10.2015.

99 Siehe Google Konten-Hilfe „Über den Kontoinaktivität-Manager“, abrufbar unter: https://support.google.com/accounts/answer/3036546?hl=de, zuletzt besucht am: 13.10.2015.

der Nutzer GMail nutzt oder wie oft er sich auf seinem Android-Gerät anmeldet.[100] Bei Einrichtung des Inactive Account Managers im Rahmen der Kontoeinstellungen kann der Nutzer wählen, ob der angegebene Kontakt lediglich über die Inaktivität des Kontos informiert werden soll oder ob diesem zusätzlich die Möglichkeit verschafft werden soll, gewisse Daten des Kontoinhabers einzusehen und herunterzuladen.[101] In ersterem Fall erhält die ausgewählte Person eine E-Mail des Kontoinhabers, deren Inhalt und Betreffzeile der Kontoinhaber bei Einrichtung des Inactive Account Managers festgelegt hat, zuzüglich der automatisierten Textzeile des Google-Teams, dass es angewiesen wurde, diese E-Mail bei Inaktivität des Accounts zu versenden.[102] Wenn zusätzlich Daten geteilt werden sollen, werden in der automatischen E-Mail zusätzlich die Daten samt Link zum Herunterladen aufgeführt, die der Empfänger einsehen können soll.[103] Der von Google als „vertrauenswürdige Kontaktperson" bezeichnete Dritte wird erst zum festgelegten Zeitpunkt – mit der Inaktivität – und nicht bereits bei Einsetzung als Kontaktperson benachrichtigt.[104] Bevor die Kontaktperson die mit ihr geteilten Daten herunterladen kann, muss sie ihre Identität über die angegebene Mobiltelefonnummer bestätigen.[105] Über die Löschung des Kontos auf Gesuch der Angehörigen eines verstorbenen Kontoinhabers oder von Google selbst – außer aufgrund von Altersbeschränkungen[106] – finden sich keine Hinweise in den Nutzungsbedingungen oder in der Google Konten-Hilfe[107].

---

100 Siehe unter „Wie erkennen wir Aktivität?", abrufbar unter: https://support.google.com/accounts/answer/3036546?hl=de, zuletzt besucht am: 13.10.2015.

101 Siehe unter „Welche Informationen erhalten die Kontakte meines Vertrauens?", abrufbar unter: https://support.google.com/accounts/answer/3036546?hl=de, zuletzt besucht am: 13.10.2015.

102 Siehe unter „Welche Informationen erhalten die Kontakte meines Vertrauens?", abrufbar unter: https://support.google.com/accounts/answer/3036546?hl=de, zuletzt besucht am: 13.10.2015.

103 Siehe unter „Welche Informationen erhalten die Kontakte meines Vertrauens?", abrufbar unter: https://support.google.com/accounts/answer/3036546?hl=de, zuletzt besucht am: 13.10.2015.

104 Siehe unter „Welche Informationen erhalten die Kontakte meines Vertrauens?", abrufbar unter: https://support.google.com/accounts/answer/3036546?hl=de, zuletzt besucht am: 13.10.2015.

105 Siehe unter „Warum muss ich die Telefonnummer eines Kontakts meines Vertrauens angeben?", abrufbar unter: https://support.google.com/accounts/answer/3036546?hl=de, zuletzt besucht am: 13.10.2015.

106 Siehe Google Konten-Hilfe „Häufig gestellte Fragen zu Google-Konten und Altersbeschränkungen", abrufbar unter: https://support.google.com/accounts/answer/1333913?hl=de&ref_topic=2373943&vid=0-635803500747078294-1028037097, zuletzt besucht am: 13.10.2015.

107 Google Konten-Hilfe, abrufbar unter: https://support.google.com/accounts?vid=0-635803500747078294-1028037097#topic=3382296, zuletzt besucht am: 14.10.2015.

bb. Zugriff auf die Inhalte des Google-Kontos eines Verstorbenen

Bezüglich der Frage, ob Angehörige Einsicht in die Inhalte des Kontos eines Verstorbenen erhalten, wurde folgende Regelung getroffen: Im Konten-Hilfemenü von Google wird erklärt, dass unter bestimmten Umständen aus dem Konto des verstorbenen Nutzers Inhalte zur Verfügung gestellt werden können.[108] Google betont dabei, dass keine Passwörter oder andere Zugangsmechanismen herausgegeben werden, mit denen ein Dritter sich in den Account des Nutzers einloggen kann. Es wird ein Online-Formular bereitgestellt, mittels dessen dem Unternehmen eine Anfrage übermittelt werden kann.[109] Zunächst wird aber darauf hingewiesen, dass auch die Anfrage und die Übermittlung der angeforderten Dokumente nicht garantierten, dass Google der Anfrage entspreche. Die Entscheidung, ob der Anfrage stattgegeben werde, erfolge aufgrund einer sorgfältigen Prüfung. Im Rahmen der Anfrage muss sich der Antragsteller zunächst entscheiden, ob er das Konto des Erblassers schließen, eine Zahlungsaufforderung aus diesem senden oder Daten aus dem Konto abrufen möchte.[110] Die weiteren Auswahlmöglichkeiten in Form des Wunsches nach einer Fehlerbehebung bei einem gehackten Konto und nach Vorkehrungen für den eigenen Erbfall verweisen auf andere Artikel des Hilfemenüs. Bei Anklicken der unterschiedlichen Begehren öffnen sich verschiedene Formularfelder. Für alle drei Zwecke – Schließung, Senden einer Zahlungsaufforderung und Herausgabe der Inhalte – sind zunächst der vollständige Name und die E-Mail-Adresse des Erblassers und des Verwandten oder gesetzlichen Vertreters anzugeben. Zudem sind das Land und das Sterbedatum des Nutzers zu nennen. Für den Antrag auf Schließung ist darüber hinaus die Beziehung des Antragstellers zum Verstorbenen anzugeben, wobei in Familienangehörige und den gesetzlichen Vertreter oder Testamentsvollstrecker unterteilt wird. Der Antragsteller muss die Produkte benennen, auf die sich die Anfrage bezieht und eine gescannte Kopie seines Ausweises oder Führerscheins und der Sterbeurkunde hochladen. Auch für die Versendung einer Zahlungsaufforderung muss der Antragsteller dem Antrag – neben der Angabe seiner vollständigen Anschrift – ein beglaubigtes Testamentsvollstreckerzeugnis, die gescannte Kopie seines Ausweises oder Führerscheins und der Sterbeurkunde beifügen. Zudem sind weitere Angaben zu den Produkten und dem Zahlungsempfänger zu machen. Auch der Antragsteller, der die Herausgabe von Daten beantragt, muss seine vollständige Adresse und die Konten, deren Inhalte er einsehen möchte,

108 Siehe Google Konten-Hilfe „Anfrage bezüglich des Kontos eines verstorbenen Nutzers senden“, abrufbar unter: https://support.google.com/accounts/contact/deceased?hl=de&rd=1, zuletzt besucht am: 13.10.2015.

109 Siehe Google Konten-Hilfe „Anfrage bezüglich des Kontos eines verstorbenen Nutzers senden“, abrufbar unter: https://support.google.com/accounts/contact/deceased?hl=de&rd=1, zuletzt besucht am: 13.10.2015.

110 Siehe Google Konten-Hilfe „Anfrage bezüglich des Kontos eines verstorbenen Nutzers senden“ mit den verschiedenen Antragsformulare abrufbar unter: https://support.google.com/accounts/contact/deceased?hl=de&rd=1, zuletzt besucht am: 13.10.2015.

angeben, bevor auch er die gescannte Kopie des Ausweises oder Führerscheins und der Sterbeurkunde hochladen muss. Für diese Anfrage muss der Antragsteller bestätigen, dass ihm bekannt ist, dass er – falls der Anfrage entsprochen wird – die Verfügung eines US-amerikanischen Gerichts einholen muss. Google weist darauf hin, dass der Antragsteller nach Prüfung der Anfrage benachrichtigt werde, ob mit dem nächsten Verfahrensschritt fortgefahren werde. In diesem Fall sendet Google dem Antragsteller eine Anleitung für das folgende Verfahren, in dem die Verfügung des US-amerikanischen Gerichts eingeholt werden muss.[111]

4. Twitter (Echtzeit-Informationsnetzwerk)

a. Über das Unternehmen

Der US-amerikanische Onlinedienst Twitter Inc. ist ein in San Francisco, Kalifornien, ansässiges Echtzeit-Informationsnetzwerk, dessen Service nahezu weltweit in über 35 Sprachen verfügbar ist.[112] Nach eigenen Angaben des Unternehmens hat Twitter monatlich 316 Millionen aktive Nutzer, wobei 77 % der Account-Inhaber außerhalb der USA leben.[113] Via Twitter können sogenannte Tweets, also Kurznachrichten, versendet werden, die Textzeichen, aber auch Fotos und Videos enthalten können.[114] 500 Millionen dieser Tweets sollen Twitter zufolge täglich verschickt werden.[115] Der öffentliche Tweet eines Nutzers erscheint bei jedem anderen Nutzer, der angegeben hat, dass er dessen Profil-Aktivitäten folgen möchte (sogenannte „follower"), so dass jeder Nutzer eine eigene Nachricht als Antwort oder Kommentar senden kann, wodurch ganze Diskussionsrunden entstehen können.[116] Aus einzelnen Wörtern oder Phrasen können dabei so genannte Hashtags gemacht werden, indem ein

111 Siehe Google Konten-Hilfe „Anfrage bezüglich des Kontos eines verstorbenen Nutzers senden" mit den verschiedenen Antragsformulare abrufbar unter: https://support.google.com/accounts/contact/deceased?hl=de&rd=1, zuletzt besucht am: 13.10.2015.

112 Selbstauskunft auf der Twitter-Website „Twitter Nutzung/Fakten zum Unternehmen", Stand der Schätzung: 30.06.2015, abrufbar unter: https://about.twitter.com/company, zuletzt besucht am 13.10.2015.

113 Selbstauskunft auf der Twitter-Website, „Twitter Nutzung/Fakten zum Unternehmen", Stand der Schätzung: 30.06.2015, abrufbar unter: https://about.twitter.com/company, zuletzt besucht am: 13.10.2015.

114 Siehe „Die Geschichte eines Tweets" unter „Was ist ein Tweet?", abrufbar unter: https://about.twitter.com/what-is-twitter/story-of-a-tweet#tweet, zuletzt besucht am: 14.10.2015.

115 Selbstauskunft auf der Twitter-Website, „Twitter Nutzung/Fakten zum Unternehmen", Stand der Schätzung: 30.06.2015, abrufbar unter: https://about.twitter.com/company, zuletzt besucht am: 14.10.2015.

116 Siehe „Die Geschichte eines Tweets" unter „Wo wohnen Tweets?", abrufbar unter: https://about.twitter.com/what-is-twitter/story-of-a-tweet#tweet, zuletzt besucht am: 14.10.2015.

Rautensymbol unmittelbar vorangestellt wird („#Hashtag"), so dass aus dem angehängten Wort ein Link wird, mittels dessen sämtliche weiteren Diskussionen mit entsprechendem Inhalt aufgefunden und verfolgt werden können.[117]

b. Anmeldung/Registrierung

Zur Erstellung eines Twitter-Accounts muss der zukünftige Nutzer seinen Vor- und Nachnamen und seine E-Mail-Adresse oder Telefonnummer angeben und darf anschließend ein Passwort wählen.[118]

c. Nutzungs- und Urheberrechte an eingestellten Inhalten

Inhalte und Informationen, die im Rahmen des Onlinedienstes übermittelt werden, liegen laut den Allgemeinen Geschäftsbedingungen im alleinigen Verantwortungsbereich der sie preisgebenden Person.[119] Twitter selbst mahnt zur Vorsicht bezüglich der übermittelten Inhalte, indem es den Nutzer darauf hinweist, dass er sei, was er twittere, da von allen anderen Nutzern weltweit sofort gesehen werden könne, was auf der Plattform (öffentlich) mitgeteilt werde.[120] Vertrauen auf die Richtigkeit und die Nutzung veröffentlichter Inhalte erfolgt auf eigene Gefahr, so dass Twitter keinerlei Verantwortung für die veröffentlichten Inhalte übernimmt.[121] Dementsprechend verbleiben sämtliche Rechte an den über den Onlinedienst übermittelten, angezeigten und veröffentlichten Inhalten bei dem Nutzer, der sie verfasst hat.[122] Durch das Übermitteln, das Veröffentlichen oder das Anzeigen der Inhalte auf Twitter räumt der Nutzer dem Unternehmen eine weltweit geltende, nicht exklusive und unentgeltliche Lizenz inklusive einem Recht zur Unterlizenzierung zur Verwendung, Vervielfältigung, Reproduzierung, Verarbeitung, Anpassung, Abänderung, Veröffentlichung, Übertragung, Anzeige und Verbreitung der jeweiligen Inhalte in jeglichen Medien und über jedwede gegenwärtig bekannten oder zukünftig

---

117 Siehe „Die Geschichte eines Tweets" unter „Was ist ein Tweet?", „Die Sprache von Twitter", abrufbar unter: https://about.twitter.com/what-is-twitter/story-of-a-tweet#tweet, zuletzt besucht am: 14.10.2015.

118 Siehe „Melde Dich noch heute bei Twitter an.", abrufbar unter: https://twitter.com/signup, zuletzt besucht am: 14.10.2015.

119 Siehe unter „4. Im Rahmen der Dienste bereitgestellte Inhalte" der Allgemeinen Geschäftsbedingungen, Stand: 18.05.2015, abrufbar unter: https://twitter.com/tos?lang=de, zuletzt besucht am: 14.10.2015.

120 Siehe unter „1. Grundlegende Bedingungen" der Allgemeinen Geschäftsbedingungen, Stand: 18.05.2015, abrufbar unter: https://twitter.com/tos?lang=de, zuletzt besucht am: 14.10.2015.

121 Siehe unter „4. Im Rahmen der Dienste bereitgestellte Inhalte" der Allgemeinen Geschäftsbedingungen, Stand: 18.05.2015, abrufbar unter: https://twitter.com/tos?lang=de, zuletzt besucht am: 14.10.2015.

122 Siehe unter „5. Ihre Rechte" der Allgemeinen Geschäftsbedingungen, Stand: 18.05.2015, abrufbar unter: https://twitter.com/tos?lang=de, zuletzt besucht am: 14.10.2015.

bekanntwerdenden Verbreitungswege ein.[123] Twitter wird damit das Recht zur Bereitstellung, Förderung und Verbesserung der Dienste und zur Weitergabe der via Twitter übermittelten Inhalte an andere Organisationen, Unternehmen oder Einzelpersonen, die mit Twitter zusammenarbeiten, um die Inhalte zu syndizieren, zu verarbeiten, zu übertragen oder zu veröffentlichen, eingeräumt.[124] Wenn die Übertragung, die Verarbeitung oder die Anzeige der Inhalte in anderen Netzwerken, Diensten oder Medien es erfordern, ist das Unternehmen zudem berechtigt, die Inhalte zu modifizieren und anzupassen oder sonstige Änderungen vorzunehmen, die zur Anpassung erforderlich sind.[125] Twitter führt in seinen Allgemeinen Geschäftsbedingungen weiter aus, dass es die Rechte Dritter an deren geistigem Eigentum respektiere und dies auch von den Nutzern erwarte: Für den Fall eines Verstoßes gegen Urheberrechte wird eine Serviceadresse aufgeführt, an die sich der Betroffene wenden kann, damit Twitter dem Vorwurf nachgeht.[126]

d. Deaktivierung des eigenen Accounts

Der Nutzer und Account-Inhaber kann jederzeit und aus beliebigem Grund die rechtliche Vereinbarung mit dem Unternehmen kündigen, indem er das Benutzerkonto deaktiviert und seine Nutzung der Onlinedienste einstellt.[127] Die Deaktivierung kann durch den Nutzer im Rahmen seiner Account-Einstellungen vorgenommen werden und führt dazu, dass der Account zunächst auf eine Warteliste gesetzt und nach 30 Tagen endgültig gelöscht wird.[128] Nach der Deaktivierung wird der Account durch Twitter innerhalb weniger Minuten entfernt, wobei es möglich ist, dass einzelne Inhalte noch wenige Tage sichtbar bleiben.[129] Innerhalb dieser 30 Tage kann sich der Nutzer aber erneut einloggen und somit die Deaktivierung rückgängig machen, so dass sein Konto bestehen bleibt.[130] Der Kontoinhaber ist – auch wenn er die

123 Siehe unter „5. Ihre Rechte" der Allgemeinen Geschäftsbedingungen, Stand: 18.05.2015, abrufbar unter: https://twitter.com/tos?lang=de, zuletzt besucht am: 14.10.2015.

124 Siehe unter „5. Ihre Rechte" der Allgemeinen Geschäftsbedingungen, Stand: 18.05.2015, abrufbar unter: https://twitter.com/tos?lang=de, zuletzt besucht am: 14.10.2015.

125 Siehe unter „5. Ihre Rechte" der Allgemeinen Geschäftsbedingungen, Stand: 18.05.2015, abrufbar unter: https://twitter.com/tos?lang=de, zuletzt besucht am: 14.10.2015.

126 Siehe unter „9. Urheberrechtsrichtlinien" der Allgemeinen Geschäftsbedingungen, Stand: 18.05.2015, abrufbar unter: https://twitter.com/tos?lang=de, zuletzt besucht am: 14.10.2015.

127 Siehe unter „10. Beendigung" der Allgemeinen Geschäftsbedingungen, Stand: 18.05.2015, abrufbar unter: https://twitter.com/tos?lang=de, zuletzt besucht am: 14.10.2015.

128 Siehe Hilfe-Center unter „Deaktivieren Deines Accounts", abrufbar unter: https://support.twitter.com/articles/106854#, zuletzt besucht am: 14.10.2015.

129 Siehe Hilfe-Center unter „Deaktivieren Deines Accounts", abrufbar unter: https://support.twitter.com/articles/106854#, zuletzt besucht am: 14.10.2015.

130 Siehe Hilfe-Center unter „Deaktivieren Deines Accounts", abrufbar unter: https://support.twitter.com/articles/106854#; siehe auch unter „Zugriff auf und Änderung von

Onlinedienste nicht weiter nutzen möchte – grundsätzlich nicht verpflichtet, Twitter mitzuteilen, dass er die Nutzung vorübergehend oder endgültig einstellt.[131] Twitter kann aber ein Konto, das längere Zeit inaktiv ist, gemäß der „Richtlinie über inaktive Accounts" selbst deaktivieren.[132] Unabhängig davon kann Twitter einen Account zeitweilig sperren, insgesamt kündigen oder die Bereitstellung der Onlinedienste aus beliebigem Grund und jederzeit verwehren, wenn etwa Grund zu der Annahme besteht, der Account-Inhaber habe gegen die Nutzungsbedingungen verstoßen oder stelle ein mögliches rechtliches Risiko für Twitter dar.[133]

e. Regelungen für den Todesfall eines Account-Inhabers

aa. Automatische Löschung von Konten inaktiver Nutzer

Twitter hat in seinem Hilfe-Center eine eigene „Richtlinie für inaktive Accounts".[134] Das Unternehmen gibt an, dass es seine Nutzer bestärken möchte, sich in ihren Account einzuloggen und den Onlinedienst aktiv zu nutzen.[135] Jeder Account-Inhaber muss sich daher in einem Zeitabstand von sechs Monaten mindestens einmal eingeloggt und mindestens einen Tweet verfasst – also die Aktualisierung seines Status gepostet – haben, sonst kann das Konto von Twitter dauerhaft gelöscht werden.[136] Ob ein Konto inaktiv ist, entscheidet Twitter anhand verschiedener Kriterien wie der Häufigkeit des Einloggens, anhand des Tweet-Verhaltens des Nutzers und des Zeitpunktes der Kontoerstellung.[137] Allein durch die bloße Nichtbenutzung wird also ein Twitter-Account irgendwann durch das Unternehmen gelöscht.

---

persönlichen Daten" in der Twitter Datenschutzrichtlinie, Stand: 18.05.2015, abrufbar unter: https://twitter.com/privacy?lang=de, beide zuletzt besucht am: 14.10.2015.

131 Siehe unter „10. Beendigung" der Allgemeinen Geschäftsbedingungen, Stand: 18.05.2015, abrufbar unter: https://twitter.com/tos?lang=de, zuletzt besucht am: 14.10.2015.

132 Siehe unter „10. Beendigung" der Allgemeinen Geschäftsbedingungen, Stand: 18.05.2015, abrufbar unter: https://twitter.com/tos?lang=de, zuletzt besucht am: 14.10.2015.

133 Siehe unter „10. Beendigung" der Allgemeinen Geschäftsbedingungen, Stand: 18.05.2015, abrufbar unter: https://twitter.com/tos?lang=de, zuletzt besucht am: 14.10.2015.

134 Abrufbar unter: https://support.twitter.com/articles/105572#, zuletzt besucht am: 14.10.2015.

135 Siehe unter „Worin besteht die Richtlinie für inaktive Nutzernamen bei Twitter?", abrufbar unter: https://support.twitter.com/articles/105572#, zuletzt besucht am: 14.10.2015.

136 Siehe unter „Worin besteht die Richtlinie für inaktive Nutzernamen bei Twitter?", abrufbar unter: https://support.twitter.com/articles/105572#, zuletzt besucht am: 14.10.2015.

137 Siehe unter „Wie definiert Twitter Inaktivität?", abrufbar unter: https://support.twitter.com/articles/105572#, zuletzt besucht am: 14.10.2015.

bb. Antrag auf Deaktivierung des Nutzerkontos

Optional bietet Twitter in seinem Hilfe-Center auch die Möglichkeit an, dass eine entsprechend autorisierte oder eine sich als unmittelbares Familienmitglied ausweisende Person die Deaktivierung des Accounts eines verstorbenen Nutzers beantragen kann.[138] Hierfür muss ein Datenschutzformular ausgefüllt werden, in dem neben dem Nutzernamen (@Nutzername) und dem vollständigen Namen des Verstorbenen auch Name und E-Mail-Adresse des Antragstellers, sowie dessen Beziehung zum Verstorbenen angegeben werden müssen.[139] Im Anschluss daran erhält der Antragsteller eine Bestätigungs-E-Mail, in der er angewiesen wird, weitere Informationen, wie die Kopie seines Ausweises, Informationen zu dem verstorbenen Nutzer und eine Kopie der Sterbeurkunde, bereitzustellen.[140] In diesem Zusammenhang stellt das Unternehmen ausdrücklich klar, dass an niemanden die Login-Daten des verstorbenen Nutzers herausgegeben werden, vollkommen unabhängig davon, in welcher Beziehung der Anfragende zu dem verstorbenen Nutzer stand.[141] Zusammenfassend bleibt festzuhalten, dass die Hinterbliebenen nicht an den Account des Verstorbenen herankommen, diesen aber sehr wohl löschen lassen können. Sollten sie dies nicht tun oder eventuell keine Kenntnis von dem Account haben, wird dieser wohl aufgrund der Inaktivität durch Twitter selbst nach maximal sechs Monaten deaktiviert und anschließend gelöscht.

5. PayPal (Online-Bezahlsystem)

a. Über das Unternehmen

PayPal ist ein Unternehmen, das ein Internet-Zahlungssystem zur Verfügung stellt, bei dem sich der Kunde unter Angabe seiner Bankverbindung oder Kreditkartendaten registriert und anschließend in einer Vielzahl von teilnehmenden Onlineshops bezahlen kann.[142] PayPal verfügt nach eigenen Angaben über eine Luxemburger Banklizenz nach Artikel 2 des Gesetzes über das Kreditwesen in der Fassung vom 5. April 1993 und unterliegt damit der Luxemburger Bankenaufsicht (Commission

---

138 Siehe Hilfe-Center unter „Twitter über einen verstorbenen Nutzer oder über Medien bezüglich eines verstorbenen Familienmitglieds informieren“, abrufbar unter: https://support.twitter.com/articles/20170148#, zuletzt besucht am: 14.10.2015.

139 Siehe „Datenschutzformular – Anfragen zu den Datenschutzbestimmungen“ unter „Ich möchte den Account eines verstorbenen Nutzers deaktivieren lassen.“, abrufbar unter: https://support.twitter.com/forms/privacy, zuletzt besucht am: 14.10.2015.

140 Siehe Hilfe-Center unter „Twitter über einen verstorbenen Nutzer oder über Medien bezüglich eines verstorbenen Familienmitglieds informieren“, abrufbar unter: https://support.twitter.com/articles/20170148#, zuletzt besucht am: 14.10.2015.

141 Siehe Hilfe-Center unter „Twitter über einen verstorbenen Nutzer oder über Medien bezüglich eines verstorbenen Familienmitglieds informieren“, abrufbar unter: https://support.twitter.com/articles/20170148#, zuletzt besucht am: 14.10.2015.

142 Siehe Selbstauskunft „Über PayPal“, abrufbar unter: https://www.paypal.com/de/webapps/mpp/about, zuletzt besucht am: 14.10.2015.

de Surveillance du Secteur Financier).[143] PayPal weist dabei jedoch explizit darauf hin, dass die Guthaben auf dem PayPal-Konto nicht über das luxemburgische Einlagensicherungssystem der „Association pour la Garantie des Dépôts Luxembourg (AGDL)“ gesichert werden.[144]

b. Anmeldung/Registrierung

Mit dem Privat- und dem Geschäftskonto bietet PayPal seinen Nutzern zwei Kontotypen an, die jeweils eine Zahlungs- und eine Reservefunktion haben.[145] Während der Account-Inhaber über Guthaben auf dem Zahlungskonto frei verfügen, also damit bezahlen oder es auf sein Bankkonto abbuchen können soll, soll das Guthaben auf dem Reservekonto dem Nutzer vorübergehend nicht zur Verfügung stehen. Es handele sich hierbei um Guthaben, das etwa für anstehende Zahlungen vorgemerkt und zu diesem Zweck vorübergehend „gesperrt“ werde. Wer mit PayPal bezahlt, ermächtigt das Unternehmen, Geld aus einer der Zahlungsquellen in der Reihenfolge PayPal-Guthaben, Lastschrift, Kreditkarte und Banküberweisung zu nutzen, wobei immer zuerst auf das PayPal-Guthaben zugegriffen wird, wenn und soweit ein solches vorhanden ist.[146]

c. Kündigung des PayPal-Kontos

Der Kontoinhaber kann sein PayPal-Konto jederzeit über einen Link in seinem Profil schließen und die vertragliche Vereinbarung mit PayPal kündigen.[147] Noch offene Zahlungen werden in diesem Fall durch PayPal storniert und der Kunde wird gebeten, eventuell noch vorhandenes Guthaben vor der Schließung seines PayPal-Kontos auf sein Bankkonto abzubuchen, während Gutscheine, für die keine finanzielle Gegenleistung erbracht wurde, mit der PayPal-Konto-Schließung

---

143 Siehe Selbstauskunft „Über PayPal“, abrufbar unter: https://www.paypal.com/de/webapps/mpp/about und siehe Ziffer 1.1 der PayPal-Nutzungsbedingungen, Stand: 01.07.2015, abrufbar unter: https://www.paypal.com/de/webapps/mpp/ua/useragreement-full?locale.x=de_DE#int_1, beide zuletzt besucht am: 14.10.2015.

144 Siehe Selbstauskunft „Über PayPal“, abrufbar unter: https://www.paypal.com/de/webapps/mpp/about und siehe Ziffer 1.1 der PayPal-Nutzungsbedingungen, Stand: 01.07.2015, abrufbar unter: https://www.paypal.com/de/webapps/mpp/ua/useragreement-full?locale.x=de_DE#int_1, beide zuletzt besucht am: 14.10.2015.

145 Siehe Ziffern 2.2. 1. und 2. der PayPal-Nutzungsbedingungen, Stand: 01.07.2015, abrufbar unter: https://www.paypal.com/de/webapps/mpp/ua/useragreement-full?locale.x=de_DE#int_1, zuletzt besucht am 14.10.2015.

146 Siehe Ziffer 3.4 der PayPal-Nutzungsbedingungen, Stand: 01.07.2015, abrufbar unter: https://www.paypal.com/de/webapps/mpp/ua/useragreement-full?locale.x=de_DE#int_1, zuletzt besucht am 14.10.2015.

147 Siehe Ziffer 7.1 der PayPal-Nutzungsbedingungen, Stand: 01.07.2015, abrufbar unter: https://www.paypal.com/de/webapps/mpp/ua/useragreement-full?locale.x=de_DE#int_1, zuletzt besucht am: 14.10.2015.

verfallen.[148] Ein PayPal-Konto darf nicht zu dem Zweck geschlossen werden, um eine Kontoprüfung durch das Unternehmen zu vermeiden.[149] PayPal behält sich selbst ein jederzeitiges Kündigungsrecht mit einer Frist von zwei Monaten vor, um das Konto anschließend zu schließen oder die Geschäftsbeziehung nur hinsichtlich einzelner Teile der Dienstleistungen zu beenden.[150] Im Falle des Vorliegens eines wichtigen Grundes, der für das Unternehmen die Fortsetzung der Vertragsbeziehung auch unter Berücksichtigung der berechtigten Belange des Kontoinhabers unzumutbar mache, könne PayPal die Geschäftsbeziehung auch jederzeit fristlos nur teilweise oder ganz kündigen und das betreffende Konto schließen. Bei Verletzung einer Vertragspflicht durch den Nutzer werde die Kündigung erst nach einer erfolglos gebliebenen Abmahnung ausgesprochen, wobei die Frist auch bei Vorliegen besonderer Umstände im Einzelfall entfallen könne.

d. Regelungen für den Todesfall eines PayPal-Kontoinhabers

Auch PayPal trifft in seinen Nutzungsbedingungen eine Regelung, was mit dem „Guthaben auf inaktiven Konten" geschehen soll.[151] Demnach verfällt auf einem PayPal-Konto vorhandenes E-Geld grundsätzlich nicht. Das Konto kann jedoch durch das Unternehmen geschlossen und das verbliebene Guthaben – sofern noch vorhanden – an die im Account hinterlegten Bankdaten überwiesen werden, wenn der Kontoinhaber sich nicht innerhalb eines Zeitraums von drei Jahren eingeloggt hat.[152] Falls eine Überweisung nicht ausgeführt werden kann, weil etwa die angegebenen Daten nicht mehr korrekt oder aktuell sind, kann das Unternehmen das Guthaben auf Kosten des Kontoinhabers nach Luxemburger Recht bei der „Caisse de Consignation, Trésorerie de l'Etat", einer Abteilung, die dem Luxemburger Finanzministerium untersteht, hinterlegen.[153]

---

148 Siehe Ziffer 7.1 der PayPal-Nutzungsbedingungen, Stand: 01.07.2015, abrufbar unter: https://www.paypal.com/de/webapps/mpp/ua/useragreement-full?locale.x=de_DE#int_1, zuletzt besucht am: 14.10.2015.

149 Siehe Ziffer 7.2 der PayPal-Nutzungsbedingungen, Stand: 01.07.2015, abrufbar unter: https://www.paypal.com/de/webapps/mpp/ua/useragreement-full?locale.x=de_DE#int_1, zuletzt besucht am: 14.10.2015.

150 Siehe Ziffer 10.3 der PayPal-Nutzungsbedingungen, Stand: 01.07.2015, abrufbar unter: https://www.paypal.com/de/webapps/mpp/ua/useragreement-full?locale.x=de_DE#int_1, zuletzt besucht am: 14.10.2015.

151 Siehe Ziffer 7.3 der PayPal-Nutzungsbedingungen, Stand: 01.07.2015, abrufbar unter: https://www.paypal.com/de/webapps/mpp/ua/useragreement-full?locale.x=de_DE#int_1, zuletzt besucht am: 14.10.2015.

152 Siehe Ziffer 7.3 der PayPal-Nutzungsbedingungen, Stand: 01.07.2015, abrufbar unter: https://www.paypal.com/de/webapps/mpp/ua/useragreement-full?locale.x=de_DE#int_1, zuletzt besucht am: 14.10.2015.

153 Siehe Ziffer 7.3 der PayPal-Nutzungsbedingungen, Stand: 01.07.2015, abrufbar unter: https://www.paypal.com/de/webapps/mpp/ua/useragreement-full?locale.x=de_DE#int_1, zuletzt besucht am: 14.10.2015.

6. Parship (Partnervermittlung)

a. Über das Unternehmen

Parship.de bezeichnet sich selbst als Deutschlands führende Online-Partnervermittlung.[154] Der in 13 Ländern angebotene Onlinedienst mit Hauptsitz in Hamburg wird in Deutschland betrieben von der PARSHIP GmbH.[155] Auf der deutschen Website wird mit mehreren Auszeichnungen und Testsiegen, einer Erfolgsquote von 38 % der Premium-Mitglieder und mit über 71.000 Singles geworben, die täglich auf Parship aktiv seien, wobei sich – laut einer weltweiten Nutzerbefragung aus dem Jahr 2013 – alle 11 Minuten ein Single über Parship verliebe.[156] Angemeldet sind laut der Website Singles aus allen Altersgruppen (ab 18 Jahren), die intelligent, aktiv und niveauvoll sind und einen persönlichen Lebensstil haben.[157] Das Geschäftsmodell von Parship soll auf einem wissenschaftlichen Konzept beruhen,[158] ein hohes Maß an Sicherheit[159] und erstklassigen Service[160] bieten. Nach eigenen Angaben des Unternehmens melden sich jede Woche weltweit mehr als 23.000 Singles neu bei Parship an.[161]

b. Anmeldung/ Registrierung

Für die kostenlose Anmeldung gibt der Kunde seinen Suchwunsch (Frau sucht Mann, Mann sucht Frau etc.) und seine E-Mail-Adresse an und setzt ein persönliches Passwort.[162] Es folgt nun ein wissenschaftlich basierter Persönlichkeitstest, für den das neue Mitglied einen Fragenkatalog beantwortet, aufgrund dessen Auswertung

---

154 Siehe Impressum, abrufbar unter: http://kw.parship.de/impressum/index.htm, zuletzt besucht am 14.10.2015.

155 Siehe Impressum, abrufbar unter: http://kw.parship.de/impressum/index.htm und siehe „Unternehmen" unter „Team", abrufbar unter: https://www.parship.de/editorial/unternehmen/, beide zuletzt besucht am 14.10.2015.

156 Siehe „PARSHIP-Tour" unter „Mitgliedschaft", abrufbar unter: https://www.parship.de/editorial/tour/mitgliedschaft/, zuletzt besucht am: 14.10.2015.

157 Siehe „PARSHIP-Tour", „Mitgliedschaft", „Wer ist bei PARSHIP angemeldet?", abrufbar unter: https://www.parship.de/editorial/tour/mitgliedschaft/, zuletzt besucht am: 14.10.2015.

158 Siehe „PARSHIP-Tour" unter „PARSHIP-Prinzip", abrufbar unter: https://www.parship.de/editorial/tour/parship-prinzip/, zuletzt besucht am: 14.10.2015.

159 Siehe „PARSHIP-Tour" unter „Sicherheit", abrufbar unter: https://www.parship.de/editorial/tour/sicherheit/, zuletzt besucht am 14.10.2015.

160 Siehe „PARSHIP-Tour" unter „Service und Coaching", abrufbar unter: https://www.parship.de/editorial/tour/service-und-coaching, zuletzt besucht am: 14.10.2015.

161 Siehe „PARSHIP-Tour", abrufbar unter: https://www.parship.de/editorial/tour/, zuletzt besucht am: 14.10.2015.

162 Siehe Registrierung, abrufbar unter: https://www.parship.de/profile/registration?pscode=01_100_10001_0887_2519_0025_empty_AF00ID_GV00ID, zuletzt besucht am 14.10.2015.

ihm anschließend besonders kompatible Kontakte vorgeschlagen werden.[163] Anschließend besteht die Möglichkeit zur Verfeinerung von Sucheinstellungen in der Partnervorschlagsliste und es können Fotoalben hochgeladen und freigegeben werden.[164] Das Mitglied kann sich auch für eine kostenpflichtige Premium-Mitgliedschaft entscheiden, im Rahmen derer es neben weiteren Leistungen für die gewählte Laufzeit ein detailliertes Portrait der eigenen Partnerschafts-Persönlichkeit erhält:[165] Dies geschieht durch Auswertung des beantworteten Persönlichkeitstests in Form eines umfassenden Persönlichkeitsgutachtens, das dem Mitglied entweder per pdf-Datei oder in Buchform zugesandt wird.[166] Zudem wird bei der Premium-Mitgliedschaft die Kontaktaufnahme zwischen den Kunden ermöglicht, insofern beide Beteiligten einverstanden sind.[167]

c. Beendigung der Mitgliedschaft – Kündigung

Die kostenlose Mitgliedschaft kann jederzeit mit sofortiger Wirkung gekündigt werden, indem der Kunde sein Profil durch Bestätigung eines entsprechenden Links unter Eingabe des persönlichen Passworts löscht.[168] Die Beendigung der kostenpflichtigen Premium-Mitgliedschaft bedarf in der Regel der ordentlichen Kündigung unter Einhaltung der Textform (E-Mail, Brief, Fax) und der ordentlichen Kündigungsfrist, deren Dauer dem Kunden entsprechend seines jeweiligen Vertragsinhalts per E-Mail mitgeteilt wird.[169] Falls keine ordentliche Kündigung durch den Kunden erfolgt, verlängert sich der Vertrag entsprechend der produktbezogenen Vertragsinhalte automatisch.[170] Eine außerordentliche Kündigung der Premium-Mitgliedschaft kann nur nach den gesetzlichen Regelungen und bei Einhaltung der Textform erfolgen.[171]

---

163 Siehe „PARSHIP-Tour“ unter „PARSHIP-Prinzip“, abrufbar unter: https://www.parship.de/editorial/tour/parship-prinzip/, zuletzt besucht am: 14.10.2015.

164 Siehe „PARSHIP-Tour“ unter „PARSHIP-Prinzip“, abrufbar unter: https://www.parship.de/editorial/tour/parship-prinzip/, zuletzt besucht am: 14.10.2015.

165 Siehe „PARSHIP-Tour“ unter „Mitgliedschaft“, abrufbar unter: https://www.parship.de/editorial/tour/mitgliedschaft/, zuletzt besucht am: 14.10.2015.

166 Siehe Ziffer 3.2 der Allgemeinen Geschäftsbedingungen, Stand: 23.01.2015, abrufbar unter: https://www.parship.de/agb/index.htm, zuletzt besucht am: 14.10.2015.

167 Siehe Ziffer 3.2 der Allgemeinen Geschäftsbedingungen, Stand: 23.01.2015, abrufbar unter: https://www.parship.de/agb/index.htm, zuletzt besucht am 14.10.2015.

168 Siehe Ziffer 5.1 der Allgemeinen Geschäftsbedingungen, Stand: 23.01.2015, abrufbar unter: https://www.parship.de/agb/index.htm, zuletzt besucht am 14.10.2015.

169 Siehe Ziffer 5.2 der Allgemeinen Geschäftsbedingungen, Stand: 23.01.2015, abrufbar unter: https://www.parship.de/agb/index.htm, zuletzt besucht am 14.10.2015.

170 Siehe Ziffer 5.3 der Allgemeinen Geschäftsbedingungen, Stand: 23.01.2015, abrufbar unter: https://www.parship.de/agb/index.htm, zuletzt besucht am 14.10.2015.

171 Siehe Ziffer 5.4 der Allgemeinen Geschäftsbedingungen, Stand: 23.01.2015, abrufbar unter: https://www.parship.de/agb/index.htm, zuletzt besucht am 14.10.2015.

d. Nutzungs- und Urheberrechte an eingestellten Inhalten

Laut Ziffer 9 der Allgemeinen Geschäftsbedingungen wird Parship im Verhältnis zu dem jeweiligen Kunden der alleinige Rechtsinhaber von Verbreitungs-, Vervielfältigungs- und Verarbeitungsrechten, sämtlicher Urheberrechte und Inhaber des Rechts auf unkörperliche Übertragung und Wiedergabe der Website und der darin enthaltenen Inhalte.[172] Zudem wird in der Klausel angeführt, dass die Nutzung jeglicher Programme mitsamt der enthaltenen Inhalte und Materialien sowie der Handels- und Markennamen ausschließlich zu Zwecken zulässig sei, die in den Geschäftsbedingungen genannt würden.[173]

e. Regelungen für den Todesfall eines Profilinhabers

Weder in den AGB, noch in den Datenschutzhinweisen von Parship findet sich ein Hinweis darauf, was mit dem Profil und den personenbezogenen Daten des Mitglieds nach dessen Versterben passiert. Der Nutzer wird lediglich dazu aufgefordert, seine Nachrichten regelmäßig aufzurufen und auf dem eigenen Rechner zu archivieren.[174] Das Unternehmen ist berechtigt, die in dem Nutzer-Account gespeicherten Nachrichten nach einem Zeitablauf von zwölf Monaten ab dem Versand oder dem Empfang zu löschen; im Rahmen der kostenlosen Mitgliedschaft können sogar sämtliche Daten in dem Account gelöscht werden, wenn der Nutzer diesen 12 Monate nicht mehr genutzt hat.[175] Zudem hat der Kunde das Recht, im Rahmen der Vorgaben des Gesetzes zu jeder Zeit die Löschung oder Berichtigung seiner bei Parship hinterlegten Daten zu verlangen.[176] Hierzu soll eine E-Mail genügen, in der der Kunde seine E-Mail-Adresse oder alternativ den Benutzernamen oder seine Chiffre-Nummer und das persönliche Passwort angibt. Auch ein Fax oder die schriftliche Aufforderung sollen ausreichen.

II. Neue Geschäftsmodelle rund um den digitalen Nachlass

Auch wenn das Thema „digitaler Nachlass“ noch nicht jedem Verbraucher bewusst ist, gibt es und gab es einige Unternehmen, die auf diesem Feld eine Marktlücke vermutet haben und digitale Dienstleistungen anbieten. Grob unterteilen lassen

---

172 Siehe Ziffer 9 der Allgemeinen Geschäftsbedingungen, Stand: 23.01.2015, abrufbar unter: https://www.parship.de/agb/index.htm, zuletzt besucht am 14.10.2015.

173 Siehe Ziffer 9 der Allgemeinen Geschäftsbedingungen, Stand: 23.01.2015, abrufbar unter: https://www.parship.de/agb/index.htm, zuletzt besucht am 14.10.2015.

174 Siehe Ziffer 7.6 der Allgemeinen Geschäftsbedingungen, Stand: 23.01.2015, abrufbar unter: https://www.parship.de/agb/index.htm, zuletzt besucht am 14.10.2015.

175 Siehe Ziffer 7.6 der Allgemeinen Geschäftsbedingungen, Stand: 23.01.2015, abrufbar unter: https://www.parship.de/agb/index.htm, zuletzt besucht am 14.10.2015.

176 Siehe Ziffer 3.9 der Allgemeine Datenschutzbestimmungen für die Nutzung von PARSHIP.de, Stand: 15.06.2015, abrufbar unter: https://www.parship.de/datenschutz/index.htm, zuletzt besucht am 14.10.2015.

sich diese Dienstleistungen in zwei Gruppen. Zum einen werden die Internetnutzer selbst angesprochen, um ihren eigenen „digitalen Nachlass“ zu planen und zu gestalten. Andererseits sollen die Erben als Kunden gewonnen werden, indem durch ein Unternehmen Hilfe bei der Ordnung und Abwicklung des digitalen Nachlasses eines Hinterbliebenen angeboten wird. Vermutlich vor allem mangels des Problem-Bewusstseins in der Öffentlichkeit hinsichtlich des digitalen Nachlasses haben viele dieser als Start-Up-Unternehmen konzipierten Dienstleister ihr Angebot bereits nach kurzer Zeit wieder eingestellt. Um die Bandbreite der angebotenen Dienste zu zeigen, werden in diesem Abschnitt einige davon – soweit möglich – dennoch dargestellt.

1. Vorsorge zu Lebzeiten

Im Folgenden werden exemplarisch zwei Firmen mit unterschiedlichem Geschäftsmodell vorgestellt, die ihre Kunden bei der Vorsorge zu Lebzeiten unterstützen woll(t)en. Der Klarstellung halber sei an dieser Stelle erwähnt, dass sich die folgenden Geschäftsmodelle nicht auf die Errichtung eines sogenannten „digitalen Testaments“ bezogen haben oder beziehen. Der Begriff des digitalen Testaments bezeichnet schließlich nicht die Errichtungsform, sondern den Inhalt der letztwilligen Verfügung: So wird von einem digitalen Testament gesprochen, wenn der spätere Erblasser in seinem formgültig errichteten Testament Verfügungen hinsichtlich seines digitalen Nachlasses trifft.[177] Im Folgenden handelt es sich aber vor allem um online getroffene Anordnungen des späteren Erblassers, die aus erbrechtlicher Sicht als letztwillige Verfügung aber formunwirksam wären.[178]

a. Mywebwill

Das erste Modell – Mywebwill – hat sich bereits als nicht rentabel herausgestellt und seinen Dienst im Jahr 2011 wieder eingestellt.[179] Die Internetseite mywebwill.com ist nicht mehr abrufbar.[180]

177 Bräutigam, in: DAV-Stellungnahme Nr.: 34/2013, S. 93 abrufbar unter: http://anwaltverein.de/files/anwaltverein.de/downloads/newsroom/stellungnahmen/2013/SN-DAV34-13.pdf, zuletzt besucht am: 16.10.2015.

178 Zur Formunwirksamkeit siehe auch: Bräutigam, in: DAV-Stellungnahme Nr.: 34/2013, S. 93 abrufbar unter: http://anwaltverein.de/files/anwaltverein.de/downloads/newsroom/stellungnahmen/2013/SN-DAV34-13.pdf, zuletzt besucht am: 16.10.2015.

179 Siehe letzter Tweet beim Twitter Account von My Webwill vom 24. Februar 2011, abrufbar unter: https://twitter.com/mywebwill, zuletzt besucht am: 15.09.2015.

180 Stand: 06.12.2013.

aa. *Über das Unternehmen*

Das schwedische Unternehmen wurde 2009 von Lisa Granberg und Elin Tybring gegründet.[181] Kunden, die den Onlinedienst für ihre digitale Nachlassplanung in Anspruch genommen haben, hatten dort ihre Personennummer, mittels derer schwedische Bürger eindeutig identifiziert werden können, hinterlegt.[182] Der Vererbungsdienst wurde anschließend automatisch durch die schwedischen Behörden benachrichtigt, woraufhin der vom Kunden gewünschte Prozess gestartet wurde, so dass die vom Kunden hinterlegten Zugangsdaten und seine Wünsche bezüglich der vorhandenen Onlineprofile und -konten an die angegebenen Vertrauenspersonen weitergeleitet wurden.[183] Dieses automatische System bot den zentralen Vorteil, dass durch die „amtliche Meldung" keine weitere Handlung, wie etwa die Meldung des Todesfalls durch die Hinterbliebenen erforderlich war und diese gegenüber dem Nachlassdienst keinen Todesnachweis erbringen mussten.[184]

bb. *Angebotene Dienstleistungen*

Das Unternehmen sah eine kostenlose und eine kostenpflichtige Variante vor, wobei der kostenlose Mywebwill-Account alle angegebenen Online-Accounts des Nutzers deaktiviert hat.[185] Im Rahmen der kostenpflichtigen Mitgliedschaft konnte der Kunde wählen, ob bestimmte Daten durch das Unternehmen direkt gelöscht oder Inhalte veröffentlicht und ob Zugangsdaten zu Social-Media- und anderen Accounts an benannte Vertrauenspersonen weitergeleitet werden sollen.[186] Eine

---

181 Vergleiche Warum Tote bei Facebook zu Problemfällen werden, in: Tagesanzeiger Digital, erstellt am 15.12.2009, abrufbar unter: http://www.tagesanzeiger.ch/digital/internet/Warum-Tote-bei-Facebook-zu-Problemfaellen-werden/story/18183073?track, zuletzt besucht am: 06.12.2013, die Seite ist mittlerweile nicht mehr abrufbar per 14.10.2015.

182 Vergleiche Darstellung bei: Brucker-Kley, Keller, Kurtz, Pärli, Schweizer, Studer, in: Zürcher Hochschule für Angewandte Wissenschaften, School of Management and Law, Sterben und Erben in der digitalen Welt, Von der Tabuisierung zur Sensibilisierung. Crossing Borders, 1. Auflage 2013, S. 66.

183 Vergleiche Darstellung bei: Brucker-Kley, Keller, Kurtz, Pärli, Schweizer, Studer, in: Zürcher Hochschule für Angewandte Wissenschaften, School of Management and Law, Sterben und Erben in der digitalen Welt, Von der Tabuisierung zur Sensibilisierung. Crossing Borders, 1. Auflage 2013, S. 66.

184 Vergleiche bei: Brucker-Kley, Keller, Kurtz, Pärli, Schweizer, Studer, in: Zürcher Hochschule für Angewandte Wissenschaften, School of Management and Law, Sterben und Erben in der digitalen Welt, Von der Tabuisierung zur Sensibilisierung. Crossing Borders, 1. Auflage 2013, S. 66.

185 Vergleiche bei Hedemann, Tod 2.0: MyWebWill regelt den digitalen Nachlass auf Twitter, Facebook & Co., abrufbar unter: http://t3n.de/news/tod-20-mywebwill-regelt-digitalen-nachlass-twitter-263765/, zuletzt besucht am: 14.10.2015.

186 Vergleiche bei Hedemann, Tod 2.0: MyWebWill regelt den digitalen Nachlass auf Twitter, Facebook & Co., abrufbar unter: http://t3n.de/news/tod-20-mywebwill-regelt-digitalen-nachlass-twitter-263765/, zuletzt besucht am: 14.10.2015.

genauere Darstellung der angebotenen Dienstleistungen kann mangels Abrufbarkeit der Seite an dieser Stelle nicht mehr vorgenommen werden.

b. PasswordBox, ehemals Legacy Locker

aa. Über das Unternehmen

Der ehemals unter dem Namen Legacy Locker agierende Onlinedienst hat sich dem US-amerikanischen Unternehmen PasswordBox Inc. mit Sitz in San Francisco, Kalifornien,[187] angeschlossen, das sich selbst als weltweit ersten „digital life manager" bezeichnet[188] und selbst im Jahr 2014 von Intel gekauft worden ist[189]. PasswordBox versteht sich dabei nicht als reiner Nachlassdienst, sondern soll bereits zu Lebzeiten des Nutzers dessen digitales Leben erleichtern.[190]

bb. Angebotene Dienstleistungen

(1) Zu Lebzeiten des Nutzers

Auf der Internetseite des Unternehmens kann kostenlos eine Software heruntergeladen werden, mittels derer Passwörter für E-Mail, Social-Media-, Shopping- und andere Online-Accounts gespeichert werden können.[191] Nach dem Download müssen nicht etwa alle Passwörter manuell eingegeben werden, das Programm erfasst automatisch sämtliche Login-Daten; wenn sich der Nutzer bei einem seiner Accounts anmeldet, speichert das Programm die Daten nach der Bestätigung durch den Nutzer und loggt ihn bei seinem nächsten Besuch auf der gleichen Internetseite automatisch wieder ein, so dass das Login-Passwort nicht mehr angegeben werden muss und der Nutzer so Zeit spart.[192] Das Unternehmen wirbt damit, dass die Passwörter lokal auf dem Endgerät mittels der Blockchiffre AES-256 ver- und

---

187 Siehe Privacy Policy von PasswordBox unter „16.Questions", Stand: April 2014, abrufbar unter: https://www.passwordbox.com/de/privacy, zuletzt besucht am: 14.10.2015.

188 Siehe Internetseite von Legacy Locker, abrufbar unter: http://legacylocker.com/, zuletzt besucht am: 14.10.2015.

189 Siehe Kalenda, Intel verstärkt sich mit PasswordBox im Security-Bereich, ZDNet 01.12.2014 abrufbar unter: http://www.zdnet.de/88212605/intel-verstaerkt-sich-mit-passwordbox-im-security-bereich/, zuletzt besucht am 14.10.2015.

190 Siehe Internetseite von Legacy Locker, abrufbar unter: http://legacylocker.com/, zuletzt besucht am: 14.10.2015.

191 Siehe Internetseite von PasswordBox, abrufbar unter: https://www.passwordbox.com/, zuletzt besucht am: 14.10.2015.

192 Siehe PasswordBox Terms of Service unter Ziffer 1 „Registration & Scope of Service" Punkt „Services Accessible via the Website and Application", Stand: 23.06.2015, abrufbar unter: https://www.passwordbox.com/de/terms, zuletzt besucht am: 14.10.2015.

entschlüsselt werden.[193] Zudem soll das „Master Password", das für den Zugang und die Verwaltung des PasswordBox-Accounts und vor allem für die Entschlüsselung der einzelnen Passwörter erforderlich ist, niemals über das Internet übermittelt und nicht auf den Servern des Unternehmens gespeichert werden, so dass dieses nur der Nutzer kennt.[194] Möchte der Nutzer einen seiner Online-Accounts mit einem anderen PasswordBox-Nutzer, etwa einem Familienmitglied, teilen, so dass beispielsweise beide über denselben Shopping-Account Waren bestellen können, kann der Nutzer in seinem PasswordBox-Account das entsprechende Passwort auswählen und die E-Mail-Adresse des anderen eingeben, der die Anfrage zum Teilen des Passworts dann von PasswordBox übermittelt bekommt.[195] Wenn der Nutzer verschiedene Geräte benutzt, erfolgt automatisch eine Synchronisierung, so dass die Anmeldedaten auf jedem Gerät verfügbar sind.[196]

(2) Vorsorge für den Todesfall

Das Unternehmen ermöglicht es dem Nutzer hinsichtlich seiner gespeicherten Daten (einen) Erben zu bestimmen und diesem wichtige Login-Daten, wie etwa für E-Mail-Accounts, Websites oder Social-Media-Accounts, zu übermitteln.[197] Nach dem Todesfall sollen die Erben dafür verantwortlich sein, mit PasswordBox in Kontakt zu treten, sich zu identifizieren und einen Todesnachweis, wie etwa eine Sterbeurkunde zu erbringen, um – entsprechend den von dem Nutzer in seinem Account getroffenen Anordnungen – Zugriff auf die Daten zu erhalten. Die Sterbeurkunde wird von PasswordBox durch Einschaltung der zuständigen Behörden verifiziert, um einen Missbrauch zu vermeiden. Der Nutzer kann jederzeit die Anordnung der Einsetzung des Erben in seinem Account ändern, widerrufen, modifizieren oder löschen. Ferner besteht die Möglichkeit, die Daten bereits zu Lebzeiten des Nutzers mit dem designierten Erben über eine Ende-zu-Ende Verschlüsselung zu teilen.[198] PasswordBox weist aber darauf hin, dass dies ein Sicherheitsrisiko darstellen könne,

---

193 Siehe Internetseite von PasswordBox, abrufbar unter: https://www.passwordbox.com/, zuletzt besucht am: 14.10.2015.

194 Siehe PasswordBox Terms of Service unter Ziffer 1 „Registration & Scope of Service" Punkt „Digital Identity Management", Stand: 23.06.2015, abrufbar unter: https://www.passwordbox.com/de/terms, zuletzt besucht am: 14.10.2015.

195 Siehe „FAQs for PasswordBox: Getting Started" unter „Secure Sharing", abrufbar unter: http://customersupport.mcafee.com/FAQDocument.aspx?lc=1033&id=IN10015, zuletzt besucht am: 14.10.2015.

196 Siehe Internetseite von PasswordBox, abrufbar unter: https://www.passwordbox.com/, zuletzt besucht am: 14.10.2015.

197 Siehe PasswordBox Terms of Service unter Ziffer 1 „Registration & Scope of Service" Punkt „Transfer of Digital Assets in Case of Death", Stand: 23.06.2015, abrufbar unter: https://www.passwordbox.com/de/terms, zuletzt besucht am: 14.10.2015.

198 Siehe PasswordBox Terms of Service unter Ziffer 1 „Registration & Scope of Service" Punkt „Sharing of Digital Assets", Stand: 23.06.2015, abrufbar unter: https://www.passwordbox.com/de/terms, zuletzt besucht am: 14.10.2015.

da der Empfänger diese Daten auch anderweitig verwenden könne, etwa indem er sie kopiert, sie anderweitig teilt oder modifiziert. Der Nutzer soll daher sorgfältig überlegen, welche Daten er teilen möchte. Für einen Missbrauch in diesem Zusammenhang haftet PasswordBox nach seinen Nutzungsbedingungen nicht.[199]

2. Dienstleister für die Erben (Digitaler Nachlassdienst)

Meistens stirbt der Erblasser jedoch, ohne zu Lebzeiten seinen digitalen Nachlass geregelt und ohne seine Passwörter hinterlassen zu haben. Für diesen Fall wurden digitale Nachlassdienste gegründet, die der Erbe beauftragen kann, um sämtliche digitalen Online-Aktivitäten wie Accounts, Mitgliedschaften und ähnliches ausfindig zu machen. Der Erbe kann dann entscheiden, diese Aktivitäten zu kündigen, zu beenden oder wie weiter damit verfahren werden soll. Auch hinsichtlich dieser Gruppe von Dienstleistungs-Anbietern werden im Folgenden zwei Beispielmodelle vorgestellt.

a. Semno UG

aa. Über das Unternehmen

Das Unternehmen Semno wurde im Februar 2010 als Unternehmergesellschaft gegründet und ist mittlerweile aufgelöst,[200] obwohl es vielversprechend begann: Schließlich war das Start-Up-Unternehmen Preisträger des Wettbewerbs start2grow im April 2010.[201] Die Geschäftsführerin der früheren Semno UG bietet nun Consulting und Beratungen zum digitalen Nachlass an.[202] Auf der aktuellen Internetseite von Semno Consulting wird ausgeführt, dass Semno seit Herbst 2014 beschlossen habe, das Angebot des Online-Dienstes Columba zu unterstützen,[203] das sodann im Anschluss

---

199 Siehe PasswordBox Terms of Service unter Ziffer 1 „Registration & Scope of Service“ Punkt „Sharing of Digital Assets“, Stand: 23.06.2015, abrufbar unter: https://www.passwordbox.com/de/terms, zuletzt besucht am: 14.10.2015.

200 Siehe aktuelle Internetseite der jetzigen Semno Consulting unter „Die bisherige Dienstleitung“ und „Von der Dienstleitung zum Consulting“, abrufbar unter: http://semno.de/unternehmensgeschichte/, zuletzt besucht am: 15.10.2015.

201 http://www.semno.de/aktuell.html, zuletzt besucht am: 07.12.2013, Seite nicht mehr abrufbar per 15.10.2015; Siehe aber noch Eintrag bei doNews24, 24 Stunden News aus Dortmund, abrufbar unter: http://www.donews24.de/barrierearm/siteprint_news.inc.php?news_ID=6962, zuletzt besucht am 15.10.2015.

202 Siehe generell aktuelle Internetseite der Semno Consulting, abrufbar unter: http://semno.de/ und insbesondere zur Unternehmensgeschichte unter „Von der Dienstleistung zum Consulting“, abrufbar unter: http://semno.de/unternehmensgeschichte/, beide zuletzt besucht am: 15.10.2015.

203 Siehe aktuelle Internetseite der Semno Consulting unter „Von der Dienstleitung zum Consulting“, abrufbar unter: http://semno.de/unternehmensgeschichte/, zuletzt besucht am: 15.10.2015.

dargestellt wird. Die im Folgenden zitierten Internetseiten der damaligen Semno UG waren bei Beginn der Bearbeitung im Jahr 2013 noch existent, sind jedoch bei Beendigung der Bearbeitung im Jahr 2015 nicht mehr abrufbar. Dies zeigt eindrücklich die Schnelllebigkeit dieses Marktes. Um dem Leser einen Eindruck von der Vielschichtigkeit der Angebote zu verschaffen, wird an dieser Stelle dennoch auf das damalige Angebot zur Analyse von Hardware eingegangen.[204]

bb. Angebotene Dienstleistungen

Das Unternehmen bestand aus der Diplom-Theologin und Geschäftsführerin Birgit Aurelia Janetzky und weiteren namentlich nicht auf der Homepage benannten IT- Experten, die im Auftrag der Erben IT-Expertisen bei Computern mit einem Windows- Betriebssystem und bei Apple-Geräten durchführten.[205] Semno hatte es sich zum Ziel gesetzt, die Erben dabei zu unterstützen, den digitalen Nachlass des Verstorbenen transparent zu machen und diesen neutral, diskret und datenschutzkonform zu bearbeiten.[206] Semno arbeitete in verschiedenen Schritten: Zunächst konnte der Erbe ein Schutzverpackungsmaterial anfordern und den Computer des Verstorbenen zusammen mit dem Auftrag zur Erstellung eines Gutachtens und unter Beilegung einer Sterbeurkunde zu Semno einsenden.[207] Nachdem die Kosten für das Gutachten bezahlt worden sind, hat das Unternehmen mit der Überprüfung der Festplatte auf ihre Funktionalität hin begonnen, bevor es eine Sichtung, Analyse, Auswertung und Sicherung der zugänglichen Daten vorgenommen hat.[208] Die Ergebnisse sind in einem umfassenden Gutachten dokumentiert worden, das den Erben sodann zugeschickt wurde.[209] Anhand einer Empfehlung und der in dem Gutachten enthaltenen Informationen über den vorhandenen Datenbestand auf dem Gerät selbst und über die von dem Verstorbenen vorgenommenen Internetaktivitäten konnte der Kunde entscheiden, ob er das Gerät einfach zurückbekommen, es einem sozialen Zweck spenden oder dem Unternehmen einen weiteren Auftrag zur

---

204 Siehe auch Kurzbeschreibung auf der aktuellen Internetseite von Semno Consulting unter „Die bisherige Dienstleistung“, abrufbar unter: http://semno.de/unternehmensgeschichte/, zuletzt besucht am: 15.10.2015.

205 http://www.semno.de/team.html, http://www.semno.de/unternehmen.html, beide zuletzt besucht am: 07.12.2013, Seiten nicht mehr abrufbar per 15.10.2015.

206 http://www.semno.de/semno-leistungen.html, zuletzt besucht am: 07.12.2013, Seite nicht mehr abrufbar per 15.10.2015.

207 http://www.semno.de/gesamtablauf.html, zuletzt besucht am: 07.12.2013, Seite nicht mehr abrufbar per 15.10.2015.

208 http://www.semno.de/gesamtablauf.html, zuletzt besucht am: 07.12.2013, Seite nicht mehr abrufbar per 15.10.2015.

209 http://www.semno.de/gesamtablauf.html, zuletzt besucht am: 07.12.2013, Seite nicht mehr abrufbar per 15.10.2015.

Bearbeitung der Festplatte oder der Internetnutzung erteilen wollte.[210] Im Rahmen der Bearbeitung der Internetnutzung ging Semno nach der Dringlichkeit der Maßnahme vor, wobei es drei Prioritätsstufen aufgestellt hat:[211] Unter der Prioritätsstufe 1 hat sich das Unternehmen aller kostenpflichtigen Leistungen angenommen und vertragliche Bindungen des Verstorbenen übertragen oder aufgelöst.[212] Während in der Prioritätsstufe 2 Mitgliedschaften in Online-Netzwerken oder Diskussionsforen erfasst wurden, bei denen der Verstorbene in seinem Nutzerprofil den eigenen Namen angegeben und/oder ein Foto von sich selbst gepostet hatte, erfasste Stufe 3 solche Mitgliedschaften, bei denen sich der Verstorbene nicht unter seinem echten Namen angemeldet hatte.[213] Semno handelte für die Erben, indem das Unternehmen mit den Betreibern der Internet-Dienste kommunizierte, Kündigungen veranlasste und Anträge auf die Übertragung von Rechten stellte, E-Mails von E-Mail-Konten abrief, Inhalte kopierte, Internetkontakte über den Todesfall benachrichtigte und Benutzerprofile und Accounts löschte oder dafür sorgte, dass sie in Gedenkseiten umgestaltet wurden.[214]

b. Columba – Der digitale Nachlassdienst

aa. Über das Unternehmen

Das Anfang 2012 gegründete Unternehmen Columba Online Identity Management GmbH bezeichnet sich auf seiner Internetseite selbst als junges und mittelständisches IT-Unternehmen, das aktuell zwei Standorte in Berlin und München hat.[215] Das Team besteht aus mehr als 25 Mitarbeitern, die Spezialisten auf den Gebieten der Softwareentwicklung, des Vertriebs und des Managements sind.[216] Der Online-Dienstleister versteht sich dabei selbst als eine informationstechnische Brücke zwischen dem professionellen Bestattungsgewerbe, den seriösen Internetunternehmen und dem persönlichen Anliegen der Hinterbliebenen und damit als Garant für den

---

210 http://www.semno.de/gesamtablauf.html, zuletzt besucht am: 07.12.2013, Seite nicht mehr abrufbar per 15.10.2015.

211 http://www.semno.de/bearbeitung-internet.html, zuletzt besucht am: 07.12.2013, Seite nicht mehr abrufbar per 15.10.2015.

212 http://www.semno.de/bearbeitung-internet.html, zuletzt besucht am: 07.12.2013, Seite nicht mehr abrufbar per 15.10.2015.

213 http://www.semno.de/bearbeitung-internet.html, zuletzt besucht am: 07.12.2013, Seite nicht mehr abrufbar per 15.10.2015.

214 http://www.semno.de/bearbeitung-internet.html, zuletzt besucht am: 07.12.2013, Seite nicht mehr abrufbar per 15.10.2015.

215 Siehe Selbstauskunft „Über Columba, abrufbar unter: https://www.columba.de/ueber-columba, zuletzt besucht am: 15.10.2015.

216 Siehe Selbstauskunft „Über Columba, abrufbar unter: https://www.columba.de/ueber-columba, zuletzt besucht am: 15.10.2015.

derzeit bestmöglichen Kundenschutz für die Angehörigen und Erben eines verstorbenen Internetnutzers.[217]

bb. Angebotene Dienstleistungen

Privatkunden können ein sogenanntes Online-Schutzpaket erwerben, das Online-Profile und -Konten deaktiviert oder löscht, kostenpflichtige Verträge und Mitgliedschaften im Internet kündigt oder überträgt und vorhandenes Online-Guthaben auffindet und sichert.[218] Das Online-Schutzpaket kann ausschließlich bei kooperierenden Bestattungsunternehmen gebucht werden, wobei dort angegeben wird, wie mit durch das Unternehmen aufgefundenen Verträgen, Mitgliedschaften und Vermögenswerten des Toten umgegangen werden soll.[219] Die Daten des Verstorbenen werden dann automatisch mit den Kunden-Datenbanken teilnehmender Unternehmen abgeglichen.[220] Nach Buchung des Schutzpaketes werden sechs Monate lang sämtliche Ergebnisse und Statusberichte fortwährend aktualisiert und die Informationen den Erben auf einem Online-Schutzpaket-Webportal und zusätzlich alle drei Monate per E-Mail oder schriftlich zur Verfügung gestellt.[221] Optional können auch weitere Leistungen, wie eine 3-Jahres-Laufzeit und zusätzliche Recherchemöglichkeiten hinzugebucht werden.[222] Anders als bei dem soeben vorgestellten Geschäftsmodell der Semno UG ist hier also kein Zugriff auf die Hardware, also auf das Endgerät, des Verstorbenen erforderlich. Vielmehr wird allein aufgrund des Datenabgleichs nach Internetaktivitäten des Verstorbenen gesucht. Zu diesem Zweck lockt Columba Unternehmen zur Zusammenarbeit mit der Möglichkeit des Aufbaus von Kundenvertrauen, das durch den pietätsvollen Geschäftsablauf erzielt werden könne und der Handlungssicherheit, die durch die garantierte Richtigkeit der übermittelten Daten gewonnen würde.[223]

---

217 Siehe Selbstauskunft „Über Columba, abrufbar unter: https://www.columba.de/ueber-columba, zuletzt besucht am: 15.10.2015.

218 Siehe unter „Alle Leistungen im Detail“, abrufbar unter: https://www.columba.de/online-schutzpaket, zuletzt besucht am: 15.10.2015.

219 Siehe unter „Alle Leistungen im Detail“, „Einfache Regelung“, abrufbar unter: https://www.columba.de/online-schutzpaket, zuletzt besucht am: 15.10.2015.

220 Siehe unter „Alle Leistungen im Detail“, „Reichweitenstarke Recherche“, abrufbar unter: https://www.columba.de/online-schutzpaket, zuletzt besucht am: 15.10.2015.

221 Siehe unter „Alle Leistungen im Detail“, „Reichweitenstarke Recherche“ und „Transparente Dokumentation“, abrufbar unter: https://www.columba.de/online-schutzpaket, zuletzt besucht am: 15.10.2015.

222 Siehe unter „Alle Leistungen im Detail“, „Optionale Zusatzleistungen“, abrufbar unter: https://www.columba.de/online-schutzpaket, zuletzt besucht am: 15.10.2015.

223 Siehe die „Kompetenzen“ von Columba, abrufbar unter: https://www.columba.de/kompetenzen, zuletzt besucht am: 15.10.2015.

c. *Digitale Friedhöfe und Gedenkstätten*

Digitale Friedhöfe und Gedenkstätten seien hier nur der Vollständigkeit halber erwähnt. Es handelt sich hierbei um digitale Dienste, die eine Art virtuelle letzte Ruhestätte anbieten: Anstatt eines Grabes oder zusätzlich dazu wird eine Website eingerichtet, auf der Botschaften hinterlassen oder virtuelle Kerzen angezündet werden können.[224] Hierbei handelt es sich jedoch nicht um den klassischen digitalen Nachlass. Diese Seiten werden schließlich nicht vom Erblasser hinterlassen, sondern erst durch die Angehörigen eingerichtet, um deren Trauer Ausdruck zu verleihen. Allerdings gibt es mit Stayalive.com auch einen Online-Dienstleister, der neben dem Anlegen einer Gedenkstätte für eine verstorbene Person durch deren Angehörige, die Möglichkeit bietet, bereits zu Lebzeiten eine eigene Gedenkseite für sich selbst einzurichten.[225] Die Registrierung verläuft ähnlich wie bei einem Social-Media-Dienst, indem persönliche Daten wie Name, Vorname, Spitznamen, Geburtsdatum und Wohnort angegeben und ein Profilbild hochgeladen werden.[226] Der Nutzer kann dann entscheiden, ob seine Gedenkseite öffentlich sichtbar sein soll[227] und seinen Freunden und Familienangehörigen eine Einladung schicken und sich mit diesen „befreunden".[228] Die Gedenkseite selbst kann mit eigenen Bildern, einem Lebenslauf, Fotos, Videos, dem Familienstammbaum und der Angabe von Lieblingsliedern oder -kochrezepten gestaltet werden.[229] Dabei kann auch eine Verknüpfung mit einem real existierenden Friedhof erstellt werden, so dass die Gedenkseite für Angehörige leichter auffindbar wird, insofern diese nicht schon mit dem

---

224 Vergleiche nur: Der Online Friedhof, abrufbar unter: http://www.strassederbesten.de/, zuletzt besucht am: 15.10.2015.

225 Siehe unter: „Das alles bietet Stayalive", abrufbar unter: http://www.stayalive.com/de, zuletzt besucht am: 15.10.2015.

226 Siehe 30 Sekunden Demo von Stayalive, abrufbar unter: http://www.stayalive.com/freetour und Login-Maske, abrufbar unter: http://www.stayalive.com/de/editGrave, beide zuletzt besucht am: 15.10.2015.

227 Siehe Ziffer 4. „Ihre Inhalte" der Allgemeinen Nutzungsbedingungen für Stayalive, abrufbar unter: http://www.stayalive.com/de/static/legal, zuletzt besucht am: 15.10.2015.

228 Siehe 30 Sekunden Demo von Stayalive, abrufbar unter: http://www.stayalive.com/freetour und siehe „Fragen & Antworten", „Ihr Stayalive Konto" unter „Nachrichten" und „Familie und Freunde", abrufbar unter: http://www.stayalive.com/de/static/faq#punkt12 und „Fragen & Antworten", „Einstellungen der Gedenkstätten" unter „Freunde einladen", abrufbar unter: http://www.stayalive.com/de/static/faq#punkt34, alle zuletzt besucht am: 15.10.2015.

229 Siehe 30 Sekunden Demo von Stayalive, abrufbar unter: http://www.stayalive.com/freetour und siehe „Fragen & Antworten" unter „Ansicht der Gedenkstätten", abrufbar unter: http://www.stayalive.com/de/static/faq#punkt43, beide zuletzt besucht am: 15.10.2015.

„Noch-Lebenden" im Rahmen des Netzwerks befreundet sind.[230] Zudem gibt es eine „Tresor"-Funktion, mittels derer Dokumente gespeichert werden können, auf die nur der Profil-Inhaber Zugriff hat und die nach dessen Ableben an eine vorher bestimmte Person per E-Mail versandt werden.[231] Ferner kann ein Erbe für die angelegte Gedenkstätte und die von dem Profilinhaber betreuten Gräber festgelegt werden.[232]

---

230 Siehe 30 Sekunden Demo von Stayalive, abrufbar unter: http://www.stayalive.com/freetour und siehe „Fragen & Antworten", „Anlage einer Gedenkstätte auf dem Online Friedhof" unter „Verknüpfen Sie die Gedenkstätte mit einem Friedhof", abrufbar unter: http://www.stayalive.com/de/static/faq#punkt4, beide zuletzt besucht am 15.10.2015.

231 Siehe 30 Sekunden Demo von Stayalive, abrufbar unter: http://www.stayalive.com/freetour und Ziffer 6. „Tresor" der Allgemeinen Nutzungsbedingungen für Stayalive, abrufbar unter: http://www.stayalive.com/de/static/legal, beide zuletzt besucht am: 15.10.2015.

232 Siehe 30 Sekunden Demo von Stayalive, abrufbar unter: http://www.stayalive.com/freetour und siehe „Fragen & Antworten", „Ihr Stayalive Konto" unter „Erbe des Kontos", abrufbar unter: http://www.stayalive.com/de/static/faq#punkt15, beide zuletzt besucht am: 15.10.2015.

C. Rechtsvergleichung (v. a. USA)

Das Internet und die Vielzahl der darin angebotenen Dienstleistungen sind – abgesehen von Fällen staatlicher Zensur in manchen Ländern – weltweit zugänglich. Ebenso stellt sich auch das Problem der gesetzlichen Regelung für den digitalen Nachlass in jedem Staat neu und zudem als staatenübergreifende Frage. Im Rahmen des folgenden Abschnitts sind die jeweiligen Gesetzgebungsstände bis Juni 2014 berücksichtigt.

I. Rechtslage in den USA

Es verwundert wenig, dass es ausgerechnet in den Vereinigten Staaten von Amerika eine Vielzahl an gesetzgeberischen Aktivitäten zu diesem Thema gegeben hat. Schließlich haben sich dort mit den Geschehnissen um Justin Ellsworth und Eric Rash zwei bedeutende Fälle zugetragen, durch die das Thema in den öffentlichen Fokus gelangt und so in das Bewusstsein der Menschen gerückt ist.

1. Allgemeine Einführung in das „US-amerikanische Erbrecht"

a. Erbrecht als Staatenrecht (State Law)

aa. Gesetzgebung

Vorweggenommen sei erwähnt, dass sich das in den Vereinigten Staaten von Amerika geltende Erbrecht ganz grundlegend von dem deutschen Erbrecht unterscheidet. So sind das materielle und formelle Erbrecht grundsätzlich Staatenrecht, so dass in jedem Bundesstaat eigene, auch voneinander abweichende Regelungen bestehen.[233] Die überwiegend gesetzlich geregelte Materie wird zudem durch das „case law" ergänzt.[234] Das „amerikanische Erbrecht" gibt es also in diesem Sinne nicht, vielmehr besteht eine Vielzahl an einzelstaatlichen Regelungen.[235] Es hat auch im Erbrecht ganz grundsätzliche Bestrebungen gegeben, die einzelstaatlichen Kodifikationen zu vereinheitlichen: So hat die National Conference of Commissioners on Uniform State Laws (kurz: Uniform Law Commission oder ULC) im Jahr 1969 den Uniform Probate Code (UPC) als Modellgesetz entworfen, der seither mehrfach grundlegend überarbeitet und bis heute in 18 amerikanischen Bundesstaaten und auf den U.S.

---

233 Vergleiche bei Hay, US-Amerikanisches Recht, Ein Studienbuch, 5. Auflage 2011, Rn. 531.

234 Reimann, Einführung in das US-amerikanische Privatrecht, 2. Auflage 2004, S. 206.

235 Vergleiche bei Reimann, Einführung in das US-amerikanische Privatrecht, 2. Auflage 2004, S. 204.

Virgin Islands vollumfänglich als geltendes Recht in Kraft getreten ist.[236] Auch in den meisten übrigen Bundesstaaten wurde der Uniform Probate Code zwar nicht vollständig, aber zumindest in Teilen akzeptiert und umgesetzt.[237] In der praktischen Anwendung ist daher sorgfältig zu prüfen, welche erbrechtlichen Regelungen im betreffenden Fall anwendbar sind.

bb. Rechtsprechung – Spezielle „Probate Courts"

Die einzelstaatlichen Gerichte, deren Zuständigkeit sich – außer in den Fällen mit ausschließlicher Bundeszuständigkeit – grundsätzlich auf alle Sach- und Rechtsgebiete erstreckt, sind auf dem Gebiet des Erbrechts sogar ausschließlich sachlich zuständig.[238] Verfahrenstechnisch besonders – im Gegensatz zum deutschen Recht – ist, dass spezielle Erbgerichte (sog. „Probate Courts") für die Nachlassabwicklung und allgemein für Erbstreitigkeiten eingerichtet werden, die aber auch als eigene Abteilung bei einem ordentlichen Gericht eingegliedert sein können.[239]

b. Erbrechtliche Grundprinzipien

aa. Keine Universalsukzession

Die einzelnen Grundzüge des „amerikanischen Erbrechts" und damit der einzelnen Regelwerke aufzuzählen, würde den Rahmen dieser Arbeit übersteigen. Dies ist für das weitere Verständnis der dargestellten Rechtslage(n) aber auch nicht notwendig. Angemerkt sei nur, dass es allen erbrechtlichen Staatenregelungen gemein ist, dass grundsätzlich keine Universalsukzession eintritt.[240] Der oder die Erben rücken also nicht automatisch in die Rechtsposition des Erblassers ein, so dass sie auch nicht automatisch persönlich für dessen Schulden haften.[241] Von dieser Haftung umfasst ist allein der Nachlass.[242] Dieser muss auch nicht zwangsläufig als Einheit betrachtet werden, sondern die einzelnen Teile können verschieden zu behandeln sein; etwa wenn nur für einen Teil des Nachlasses die testamentarische Erbfolge greift und für den Rest die gesetzliche Erbfolge eintritt, weil das Testament keine Regelungen für den gesamten Nachlass enthält oder nur in bestimmten Teilen ungültig ist.[243]

---

236 Siehe Legislative Fact Sheet zum Uniform Probate Code, abrufbar unter: http://www.uniformlaws.org/LegislativeFactSheet.aspx?title=Probate%20Code, zuletzt besucht am: 10.05.2014.

237 Siehe Summary zum Uniform Probate Code, abrufbar unter: http://www.uniformlaws.org/ActSummary.aspx?title=Probate%20Code, zuletzt besucht am: 10.05.2014.

238 Hay, US-Amerikanisches Recht, Ein Studienbuch, 5. Auflage 2011, Rn. 119, 120.

239 Hay, US-Amerikanisches Recht, Ein Studienbuch, 5. Auflage 2011, Rn. 532 und Fn. 482.

240 Hay, US-Amerikanisches Recht, Ein Studienbuch, 5. Auflage 2011, Rn. 532.

241 Reimann, Einführung in das US-amerikanische Privatrecht, 2. Auflage 2004, S. 220.

242 Reimann, Einführung in das US-amerikanische Privatrecht, 2. Auflage 2004, S. 220.

243 Reimann, Einführung in das US-amerikanische Privatrecht, 2. Auflage 2004, S. 205.

Zum anderen konnte es früher bei der Vererbung von beweglichem und unbeweglichem Vermögen zur Anwendung unterschiedlicher Regelungen kommen: So ging der bewegliche Nachlass auf den „estate" des Verstorbenen als eigenständiges Rechtsgebilde über, wobei unbewegliches Vermögen direkt den Erben anfiel.[244] In beiden Fällen wurde aber die Verfügungsgewalt zunächst einem Nachlassverwalter übertragen.[245] In vielen Staaten wurde diese Unterscheidung jedoch aufgegeben, so dass sie weitgehend an Bedeutung verloren hat.[246]

bb. Keine Verfügungsbefugnis des Erben bis zur Nachlassabwicklung

Auch im Uniform Probate Code, auf den im Folgenden exemplarisch eingegangen wird, ist eine solche Trennung nicht vorgesehen. Nach dessen Section 3–101 geht das gesamte Eigentum des Erblassers, also sowohl das bewegliche als auch das unbewegliche Vermögen („real and personal property"), auf die testamentarisch bestimmten oder – falls eine letztwillige Verfügung nicht vorliegt – auf die gesetzlichen Erben über.[247] Jedoch gilt nach Section 3–401 Uniform Probate Code für beide Vermögensarten, dass der Erbe – anders als im deutschen Recht – grundsätzlich nicht selbst verfügungsberechtigt über den Nachlass ist.[248] Der Nachlass ist vielmehr eine separate und eigenständige Vermögensmasse, die grundsätzlich vom Nachlassgericht einem Nachlassverwalter („personal representative") unterstellt wird.[249]

c. Grundzüge der Nachlassabwicklung

aa. Allgemeines

Das Verfügungsrecht steht grundsätzlich ausschließlich dem Nachlassverwalter zu.[250] Wurde dieser bereits im Testament des Verstorbenen benannt, wird dieser als „executor of estate" bezeichnet; liegt dagegen keine testamentarische Anordnung vor, heißt er „administrator of estate"; wurde zwar ein Testament errichtet, darin jedoch kein Nachlassverwalter bestimmt, wird dieser durch das Nachlassgericht als

---

244 Hay, US-Amerikanisches Recht, Ein Studienbuch, 5. Auflage 2011, Rn. 533.

245 Hay, US-Amerikanisches Recht, Ein Studienbuch, 5. Auflage 2011, Rn. 533.

246 Vergleiche Hay, US-Amerikanisches Recht, Ein Studienbuch, 5. Auflage 2011, Rn. 533.

247 Uniform Probate Code von 1969, mit Stand der Überarbeitung von 2010 und letzter Aktualisierung vom 23.04.2014, abrufbar unter: http://www.uniformlaws.org/shared/docs/probate%20code/2014_UPC_Final_apr23.pdf, zuletzt besucht am: 12.05.2014.

248 Vergleiche auch Reimann, Einführung in das US-amerikanische Privatrecht, 2. Auflage 2004, S. 206.

249 Reimann, Einführung in das US-amerikanische Privatrecht, 2. Auflage 2004, S. 206, 217 f.

250 Hay, US-Amerikanisches Recht, Ein Studienbuch, 5. Auflage 2011, Rn. 533.

„administrator with the will annexed“ eingesetzt.[251] All diese Ämter fallen unter den Oberbegriff „personal representative“.[252] Der „personal representative“ wird nach der Prüfung und Zulassung des Testaments (sogenannte „admission to probate“) oder im Fall des Eintritts der gesetzlichen Erbfolge durch den Probate Court bestellt.[253] Dieser stellt dem testamentarisch benannten oder dem „administrator of the estate“ ein Zeugnis aus; die Ernennungszeugnisse werden einheitlich mit „letters“ abgekürzt.[254] Der Nachlassverwalter hat die Aufgabe, den Nachlass ordnungsgemäß abzuwickeln.[255] Zu diesem Zweck zieht er Schulden ein, wobei er auch im Namen des Nachlasses klagen darf; er hat die Berechtigung, auf Zeit angelegte Geschäfte fortzuführen und Investitionen vorzunehmen; er ist verpflichtet, im Nachlass enthaltene Grundstücke zu verwalten; und schließlich muss er von Gläubigern gegen den Nachlass angemeldete Ansprüche überprüfen und begründete Verbindlichkeiten des Erblassers inklusive der Kosten für die Nachlassverwaltung begleichen.[256] Falls danach ein Vermögen verbleibt, wird dieses im Anschluss daran entsprechend der im Testament gegebenen oder der gesetzlich angeordneten Regelungen durch den „personal representative“ verteilt.[257] Nach der Vorlage einer Gesamtabrechnung beim Nachlassgericht wird der „personal representative“ aus seinem Amt entlassen.[258] Für seine Tätigkeit hat er Anspruch auf eine Vergütung und auf die Erstattung seiner Auslagen, er haftet jedoch auch persönlich, falls er eine ihm obliegende Sorgfaltspflicht verletzt.[259] Die Nachlassabwicklung (sog. „administration of the estate“) wird grundsätzlich am Ort des letzten Wohnsitzes des Erblassers durchgeführt; es gibt aber auch die Möglichkeit, gesonderte (Neben-)Verfahren in anderen Bundesstaaten durchzuführen, wenn der Erblasser dort auch Vermögen hinterlassen hat.[260] Die Durchführung des Verfahrens folgt unterschiedlichen Regelungen, während der Uniform Probate Code einen moderneren Ansatz verfolgt, haben viele Staaten, die den Probate Code nicht angenommen haben, traditionellere

251 Hay, US-Amerikanisches Recht, Ein Studienbuch, 5. Auflage 2011, Fn. 483 in Rn. 534.

252 Siehe Article I, Part 2, Section 1- 201 (35) UPC, abrufbar unter: http://www.uniformlaws.org/shared/docs/probate%20code/2014_UPC_Final_apr23.pdf, zuletzt besucht am: 19.05.2014.

253 Hay, US-Amerikanisches Recht, Ein Studienbuch, 5. Auflage 2011, Rn. 549, 550.

254 Siehe Article I, Part 2, Section 1- 201 (27) UPC, abrufbar unter: http://www.uniformlaws.org/shared/docs/probate%20code/2014_UPC_Final_apr23.pdf, zuletzt besucht am: 20.05.2014.

255 Hay, US-Amerikanisches Recht, Ein Studienbuch, 5. Auflage 2011, Rn. 549, 550.

256 Zum Ganzen siehe Hay, US-Amerikanisches Recht, Ein Studienbuch, 5. Auflage 2011, Rn. 550.

257 Hay, US-Amerikanisches Recht, Ein Studienbuch, 5. Auflage 2011, Rn. 550.

258 Reimann, Einführung in das US-amerikanische Privatrecht, 2. Auflage 2004, S. 218.

259 Reimann, Einführung in das US-amerikanische Privatrecht, 2. Auflage 2004, S. 218.

260 Reimann, Einführung in das US-amerikanische Privatrecht, 2. Auflage 2004, S. 217.

Grundsätze.[261] Im Folgenden werden die Grundzüge der unterschiedlichen Verfahren im Uniform Probate Code und der herkömmlicheren Verfahren kurz dargestellt.

bb. Nachlassabwicklung gemäß dem Uniform Probate Code

Der Uniform Probate Code kennt mehrere Verfahrensarten, wobei das Gericht nur dann tätig werden soll, wenn dies tatsächlich erforderlich sein sollte.[262] Die in Betracht kommenden Verfahrensarten richten sich entscheidend nach dem Wert des Nachlasses. Gerade bei kleineren Nachlässen besteht die Möglichkeit, das Verfahren zu vereinfachen.

(1) Ausnahmen für eine vereinfachte Abwicklung

So wird im General Comment zu Article III Part 12 des Uniform Probate Code angeführt, dass die folgenden vier Sections jeweils zwei Regelungen dazu enthalten, wie kleine Nachlässe ohne die Einsetzung eines „personal representative" übertragen (§§ 3–1201 und 1202) und wie die Pflichten eines „personal representative", der für die Abwicklung eines kleinen Nachlasses eingesetzt wurde, vereinfacht werden können (§§ 3–1203 und 1204).[263] Bei kleinen Nachlässen bis zu $ 25.000,00 ist kein formelles Verfahren erforderlich, stattdessen reicht gemäß § 3–1201 Uniform Probate Code eine eidesstattliche Versicherung des oder der Erben aus, um das persönliche Eigentum des Erblassers einziehen und an sich nehmen zu dürfen.[264] Ursprünglich lag der Wert seit der Empfehlung des Uniform Probate Code von 1969 bei $ 5.000,00, wurde aber im Jahr 2010 inflationsbereinigt angehoben.[265] Nach § 3–1203 Uniform Probate Code kann ein „personal representative" den Nachlass ohne Benachrichtigung der Gläubiger an die Erben ausbezahlen und verteilen, wenn nach der Bestandsaufnahme und der Bewertung des Nachlasses davon auszugehen ist, dass das hinterlassene Vermögen abzüglich etwaiger Sicherungsrechte und Belastungen die Versorgungsansprüche der Angehörigen („homestead allowance, exempt property, family allowance") und die (angemessenen) Kosten der Nachlassverwaltung, der Beerdigung und der letzten medizinischen Behandlung des Erblassers nicht übersteigt. Um die Nachlassverwaltung zu beenden, muss der Nachlassverwalter gemäß § 3–1203 a. E. Uniform Probate Code eine beglaubigte Erklärung bei Gericht einreichen, die den Anforderungen des § 3–1204 Uniform

261 Reimann, Einführung in das US-amerikanische Privatrecht, 2. Auflage 2004, S. 217, 218.

262 Reimann, Einführung in das US-amerikanische Privatrecht, 2. Auflage 2004, S. 217.

263 Abrufbar unter: http://www.uniformlaws.org/shared/docs/probate%20code/2014_UPC_Final_apr23.pdf, zuletzt besucht am: 24.05.2014.

264 Abrufbar unter: http://www.uniformlaws.org/shared/docs/probate%20code/2014_UPC_Final_apr23.pdf, zuletzt besucht am: 20.05.2014.

265 Siehe 2010 Amendment zu § 3–1201 Uniform Probate Code, abrufbar unter: http://www.uniformlaws.org/shared/docs/probate%20code/2014_UPC_Final_apr23.pdf, zuletzt besucht am: 20.05.2014.

Probate Code genügt, in der er also versichert, dass sämtliche Voraussetzungen für diese vereinfachte Art der Nachlassabwicklung vorgelegen haben.[266] Bei Einigkeit aller Beteiligten kann auch bei größeren Nachlässen ein vereinfachtes und damit nicht streitiges Verfahren durchgeführt werden, vgl. §§ 3–301 ff. Uniform Probate Code.[267] Demnach können die Erben auch gemäß §§ 3–312 ff. Uniform Probate Code gegenüber dem Gericht erklären, dass sie für alle Ansprüche, die gegen den Nachlass bestehen, persönlich haften und erhalten dafür selbst die Verfügungsgewalt über den Nachlass. Dieses spezielle (Ausnahme-)Verfahren wird durch den Uniform Probate Code als „universal succession" bezeichnet,[268] ist aber nicht mit der im deutschen Recht geltenden Universalsukzession zu verwechseln, zumal die Wirkung nicht kraft Gesetzes, sondern erst durch Erklärung der Erben gemäß § 3–313 Uniform Probate Code, eintritt.[269]

(2) Ausnahme: „Supervised administration proceeding"

Grundsätzlich soll der Nachlassverwalter zwar – auch wenn er aufgrund eines streitigen (also eines nicht vereinfachten) Verfahrens eingesetzt wurde – selbständig und ohne Mitwirkung des Gerichts handeln können; wenn die Beteiligten, etwa die Erben oder die Gläubiger, dem Nachlassverwalter nicht vertrauen, können diese aber beantragen, dass eine sogenannte „supervised administration" durchgeführt wird, bei der der Nachlassverwalter unmittelbar durch das Gericht beaufsichtigt wird und bei der wichtige Entscheidungen unter dem Genehmigungsvorbehalt des Gerichts stehen.[270]

cc. Nachlassabwicklung nach herkömmlichen Staatenrechten

Nach dem traditionelleren Ansatz, der in den meisten Staaten gilt, die den Uniform Probate Code nicht übernommen haben, wird die Nachlassabwicklung durch den Nachlassverwalter stets gerichtlich beaufsichtigt.[271] Es soll aber auch hier ein vereinfachtes Verfahren möglich sein, das jedoch weniger flexibel als das des Uniform

---

266 Abrufbar unter: http://www.uniformlaws.org/shared/docs/probate%20code/2014_UPC_Final_apr23.pdf, zuletzt besucht am: 24.05.2014.

267 Abrufbar unter: http://www.uniformlaws.org/shared/docs/probate%20code/2014_UPC_Final_apr23.pdf, zuletzt besucht am: 27.05.2014; Vergleiche auch Reimann, Einführung in das US-amerikanische Privatrecht, 2. Auflage 2004, S. 217, 218.

268 Siehe §§ 3–312 ff. Uniform Probate Code, abrufbar unter: http://www.uniformlaws.org/shared/docs/probate%20code/2014_UPC_Final_apr23.pdf, zuletzt besucht am: 27.05.2014.

269 Vergleiche bei Reimann, Einführung in das US-amerikanische Privatrecht, 2. Auflage 2004, S. 218.

270 Vergleiche bei Reimann, Einführung in das US-amerikanische Privatrecht, 2. Auflage 2004, S. 218.

271 Vergleiche bei Reimann, Einführung in das US-amerikanische Privatrecht, 2. Auflage 2004, S. 218, 219.

Probate Codes sein soll und das dennoch eine stärkere gerichtliche Mitwirkung erfordert.[272]

d. Terminologie und Definitionenkatalog in § 1–201 Uniform Probate Code

Wie bereits der letzte Abschnitt (unter c.) gezeigt hat, hat sich in der amerikanischen Gesetzgebung eine eigene Terminologie entwickelt, die nicht nur spezielle Fachausdrücke hervorgebracht hat, sondern die Begriffe zudem noch dahingehend unterscheidet, ob testamentarische oder gesetzliche Erbfolge eintritt.[273] Die gesetzliche Erbfolge selbst wird als „intestate succession" bezeichnet, wohingegen bei Vorliegen einer letztwilligen Verfügung von „testate succession" gesprochen wird.[274] Die Erben, die im Testament benannt wurden, heißen „beneficiaries", gesetzliche Erben werden als „heirs" bezeichnet.[275] Dieser kleine Exkurs in die Terminologie sollte für den Leser ausreichen, um den Regelungsgehalt der nachfolgend dargestellten Normierungen vollumfänglich erfassen zu können. Angemerkt sei aber, dass sich in § 1–201 des Uniform Probate Code eine umfassende Auflistung sämtlicher erbrechtlicher Definitionen findet.[276] Die Lektüre dieser Regelung ist daher bei zusätzlichen Fragen, die hinsichtlich der Terminologie während der folgenden Unterpunkte aufkommen, empfehlenswert.

2. Spezielle Gesetzgebung zum digitalen Nachlass

Die spezielle Frage nach dem Umgang mit den digitalen Daten nach dem Tod hat die meisten Gesetzgebungsorgane in den Einzelstaaten beschäftigt. Aber auch die National Conference of Commissioners on Uniform State Laws hat sich mit diesem Themenkreis auseinandergesetzt, um ein Modellgesetz, den „Fiduciary Access To Digital Assets Act", zu entwickeln. Im folgenden Abschnitt wird zunächst unter Gliederungspunkt a. auf den Fiduciary Access To Digital Assets Act eingegangen, bevor unter Gliederungspunkt b. die bislang existierenden einzelstaatlichen Regelungen vorgestellt werden.

---

272 Vergleiche bei Reimann, Einführung in das US-amerikanische Privatrecht, 2. Auflage 2004, S. 218, 219.

273 Vergleiche bei Reimann, Einführung in das US-amerikanische Privatrecht, 2. Auflage 2004, S. 206.

274 Vergleiche bei Reimann, Einführung in das US-amerikanische Privatrecht, 2. Auflage 2004, S. 207, 209.

275 Hay, US-Amerikanisches Recht, Ein Studienbuch, 5. Auflage 2011, Fn. 483 in Rn. 534.

276 Abrufbar unter: http://www.uniformlaws.org/shared/docs/probate%20code/2014_UPC_Final_apr23.pdf, zuletzt besucht am: 12.05.2014.

a. „Fiduciary Access To Digital Assets Act" 2014

aa. Entstehung

Die Uniform Law Commission hat nach einer Anfrage aus dem Jahr 2011[277] ein „Drafting Committee" eingesetzt, das einen Entwurf für eine Mustergesetzgebung erarbeiten soll: Das Committee hat sich dazu entschieden – eventuell neben einer Ergänzung der bisherigen Mustergesetze wie dem Uniform Probate Code – ein eigenständiges Modellgesetz, den „Fiduciary Access To Digital Assets Act", zu entwerfen.[278] Darin sollen Vermögensverwalter mit der Befugnis ausgestattet werden, auf den digitalen Nachlass zuzugreifen, diesen zu verwalten, aufzuteilen und die Daten zu kopieren oder zu löschen.[279]

bb. Diskussionsstand: Muster-Regelungsvorschlag März 2014

Nach zahlreichen Sitzungen (seit Januar 2012)[280] hat das eingesetzte Committee am 21./22. März 2014 einen Entwurf zur Diskussion gestellt, der im Wesentlichen den folgenden Inhalt hat:[281]

(1) Bezeichnung und Definitionen, Section 1 und 2

Section 1 benennt das Regelwerk als „Fiduciary Access To Digital Assets Act", woraufhin in Section 2 sämtliche Definitionen der Begriffe aufgeführt werden, die in dem Act vorkommen und die teilweise auf Definitionen in anderen Regelwerken basieren.

---

277 Vergleiche Schreiben von Gene H. Hennig an Commissioner Harriet Lansing vom 05.07.2011, Betreff: Anhang zum Projektvorschlag vom 31.05.2011, abrufbar unter: http://www.uniformlaws.org/shared/docs/Fiduciary%20Access%20to%20Digital%20Assets/2011jul5_DigitalAssets_Hennig%20Proposal%20Supplement.pdf, zuletzt besucht am: 29.05.2014.

278 Siehe Description zum Fiduciary Access To Digital Assets Act, abrufbar unter: http://uniformlaws.org/Committee.aspx?title=Fiduciary%20Access%20to%20Digital%20Assets, zuletzt besucht am: 29.05.2014.

279 Siehe Description zum Fiduciary Access To Digital Assets Act, abrufbar unter: http://uniformlaws.org/Committee.aspx?title=Fiduciary%20Access%20to%20Digital%20Assets, zuletzt besucht am: 29.05.2014.

280 Übersicht über die „Drafts" abrufbar unter: http://uniformlaws.org/Committee.aspx?title=Fiduciary%20Access%20to%20Digital%20Assets, zuletzt besucht am: 29.05.2014.

281 Draft for Discussion only, Fiduciary Access To Digital Assets Act, vom 21./22.03.2014, abrufbar unter: http://www.uniformlaws.org/shared/docs/Fiduciary%20Access%20to%20Digital%20Assets/2014mar_FADA_Mtg%20Draft.pdf, zuletzt besucht am: 29.05.2014.

(2) Geltungsbereich, Section 3

Daraufhin folgt der vorgesehene Geltungsbereich des Acts. So soll dieser nach Section 3 (nur) für Vermögensverwalter („Fiduciaries") gelten, die im Rahmen ihrer rechtlichen vermögensverwalterischen Pflichten handeln. Der Entwurf enthält Kommentare des Drafting Committee, in denen jeweils nach einer Section angeführt wird, ob und inwiefern hinsichtlich der vorstehenden Regelung noch Diskussions- und/oder Änderungsbedarf besteht.[282] In dem Kommentar des Drafting Committee im Anschluss an Section 3 wird etwa zur Diskussion gestellt und bemängelt, dass diese Formulierung des Geltungsbereichs die Anwendung des Gesetzes nur auf Vermögensverwalter begrenze, die ihr Amt bereits angetreten hätten. Bemühten sich hingegen Familienmitglieder oder Freunde um den Zugriff auf den digitalen Nachlass, bevor sie Vermögensverwalter wären, fielen ihre Bemühungen unter den Geltungsbereich anderer Gesetze und würden nicht vom „Fiduciary Access To Digital Assets Act" gedeckt.

(3) Einzelne Befugnisse des Vermögensverwalters, Sec. 4, Sec. 8 (a)

Die Regelungen in Section 4 bis 7 richten sich an vier verschiedene Typen von Vermögensverwaltern. Während Section 4 die Befugnisse eines Nachlassverwalters („personal representative") hinsichtlich des digitalen Nachlasses des Verstorbenen regelt, richtet sich Section 5 an den Vormund und seinen Umgang mit den digitalen Daten der betreuten Person. Section 6 und 7 befassen sich mit der Kontrolle des digitalen Bestands durch den Stellvertreter einer Person („agent") und den Verwalter eines Trusts („trustee"[283]). Um den Rahmen dieser Arbeit nicht zu übersteigen, wird im Folgenden exemplarisch auf die Regelung bezüglich des Nachlassverwalters („personal representative") eingegangen: Section 4 besagt also, dass der Nachlassverwalter – sofern dies nicht im Testament des Verstorbenen, durch ein Gericht oder das Gesetz des Staates (der die Regelung annimmt) oder des Bundes untersagt ist – auf alle digitalen Daten zugreifen darf. Davon ausgenommen sind die Inhalte elektronischer Kommunikation.[284] Nach Section 4 (2) erhält er auch eine Auflistung der elektronischen Kommunikation, die der Verstorbene gesendet oder empfangen hat. Auf die Inhalte dieser Kommunikationen darf der Nachlassverwalter nach Section

---

282 Vergleiche Prefatory Note for the Drafting Committee, in: Draft for Discussion only, Fiduciary Access To Digital Assets Act, vom 21./22.03.2014, S. 2, abrufbar unter: http://www.uniformlaws.org/shared/docs/Fiduciary%20Access%20to%20Digital%20Assets/2014mar_FADA_Mtg%20Draft.pdf, zuletzt besucht am: 31.05.2014.

283 Zur Erläuterung des Begriffs „trustee" siehe auch: Hay, US-Amerikanisches Recht, Ein Studienbuch, 5. Auflage 2011, Rn. 554 und Fn. 525.

284 Siehe Section 4 (1) Draft for Discussion only, Fiduciary Access To Digital Assets Act, vom 21./22.03.2014, abrufbar unter: http://www.uniformlaws.org/shared/docs/Fiduciary%20Access%20to%20Digital%20Assets/2014mar_FADA_Mtg%20Draft.pdf, zuletzt besucht am: 31.05.2014.

4 (3) dann zugreifen, wenn der Dienstleister nach 18 U.S.C. Section 2702 (b) befugt ist, die Inhalte preiszugeben. Auf diese Regelung im Rahmen des so genannten „Stored Communications Act" nimmt auch Section 8 Bezug: Die Regelung in Section 8 ist gemeingültig für alle vier Verwaltertypen und stellt klar, dass der Vermögensverwalter dieselben Befugnisse haben soll, wie der allein berechtigte Inhaber des betreffenden Accounts.[285] Nach Section 8 (a) darf daher der Vermögensverwalter, der selbst Inhaber eines Accounts ist oder der das Recht hat, auf den digitalen Bestand („digital asset") des Account-Inhabers zuzugreifen, sämtliche Handlungen vornehmen, die auch der Account-Inhaber selbst hätte vornehmen können und die seine verwalterischen Befugnisse nicht überschreiten. Zudem wird klargestellt, dass der Vermögensverwalter als berechtigt im Sinne des „Stored Communications Act (SCA)" und des „Computer Fraud and Abuse Act" – die den unautorisierten Zugriff auf digitale Daten verbieten – und als berechtigt im Sinne vergleichbaren Staatenrechts gilt.[286]

(a) Exkurs: Stored Communications Act (SCA)

Der „Stored Communications Act (SCA)" wurde als Title II, 18 U.S.C. §§ 2701 ff., in den „Electronic Communications Privacy Act" (ECPA) von 1986, 18 U.S.C. §§ 2510 ff., eingefügt.[287] Der „Electronic Communications Privacy Act" ist ein Bundesgesetz, in dem einem an dem Vorgang nicht beteiligten Dritten verboten wird, Inhalte einer elektronischen Kommunikation ohne Autorisierung abzufangen oder zu offenbaren, wobei der Verstoß unter Strafe gestellt wird.[288] Beachtlich ist, dass die Regelung in Title 18 des U.S.C., dem Abschnitt für „Crimes and Criminal Procedure", normiert ist.[289] Der „Stored Communications Act" regelt die freiwillige und die notwendige

285 Vergleiche Comment zu Section 8, Draft for Discussion only, Fiduciary Access To Digital Assets Act, vom 21./22.03.2014, abrufbar unter: http://www.uniformlaws.org/shared/docs/Fiduciary%20Access%20to%20Digital%20Assets/2014mar_FADA_Mtg%20Draft.pdf, zuletzt besucht am: 31.05.2014.

286 Vergleiche Comment zu Section 8, Draft for Discussion only, Fiduciary Access To Digital Assets Act, vom 21./22.03.2014, abrufbar unter: http://www.uniformlaws.org/shared/docs/Fiduciary%20Access%20to%20Digital%20Assets/2014mar_FADA_Mtg%20Draft.pdf, zuletzt besucht am: 31.05.2014.

287 Vergleiche Comment zu Section 8, Draft for Discussion only, Fiduciary Access To Digital Assets Act, vom 21./22.03.2014, abrufbar unter: http://www.uniformlaws.org/shared/docs/Fiduciary%20Access%20to%20Digital%20Assets/2014mar_FADA_Mtg%20Draft.pdf, zuletzt besucht am: 01.06.2014.

288 Vergleiche nur 18 U.S.C. § 2511 (1), (4), (5), Stand 2012, abrufbar unter: http://www.gpo.gov/fdsys/pkg/USCODE-2012-title18/pdf/USCODE-2012-title18-partI-chap119.pdf, zuletzt besucht am: 01.06.2014.

289 Siehe nur: http://www.gpo.gov/fdsys/search/pagedetails.action?collectionCode=USCODE&searchPath=Title+18%2FPart+I%2FCHAPTER+121&granuleId=USCODE-2012-title18-partI-chap119&packageId=USCODE-2012-title18&oldPath=

Preisgabe gespeicherter elektronischer Kommunikation durch die vermittelnden Dienstleister.[290] Dabei enthält das Regelwerk vor allem zwei – in diesem Zusammenhang – relevante Vorschriften:[291]

(aa) 18 U.S.C. Section 2701

Die Regelung klassifiziert als Straftat, wenn jemand absichtlich und ohne Autorisierung oder absichtlich unter Überschreitung einer bestehenden Autorisierung auf eine Einrichtung zugreift, die eine elektronische Kommunikation zur Verfügung stellt.[292] Nachdem unter Subsection (b) das Strafmaß aufgeführt wird, werden in Subsection (c) Ausnahmen angegeben. Demnach sind autorisierte Handlungen natürlicher oder juristischer Personen, die den Kommunikationsvorgang vermitteln, vom Anwendungsbereich der Norm ausgenommen; ebenso ausgenommen sind autorisierte Handlungen eines Nutzers hinsichtlich solcher Kommunikationen, die von ihm herrühren oder die für ihn bestimmt waren.[293]

(bb) 18 U.S.C. Section 2702

18 U.S.C. Section 2702 ist als "Voluntary disclosure of customer communications or records" überschrieben und regelt die freiwillige Preisgabe von Kundeninformationen oder -aufzeichnungen durch den Service Provider.[294] In Subsection (a) werden die für den Service Provider geltenden Verbote ausgesprochen. So wird dem Dienstleister für elektronische Kommunikation und einem „remote computing service" verboten, absichtlich die Inhalte einer solchen Kommunikation, die bei dem Service gespeichert ist, von ihm übertragen und durch ihn vermittelt wurde, preiszugeben. Nach Subsection (b) sollen jedoch Ausnahmen zu diesen Verboten für die Preisgabe

---

Title+18%2FPart+I%2FCHAPTER+121&fromPageDetails=true&collapse=false&ycord=3228, zuletzt besucht am: 02.06.2014.

290 Stored Communications Act, 18 U.S.C. §§ 2701 ff., Stand 2012, abrufbar unter: http://www.gpo.gov/fdsys/pkg/USCODE-2012-title18/pdf/USCODE-2012-title18-partI-chap121.pdf, zuletzt besucht am: 01.06.2014.

291 Vergleiche Comment zu Section 8, Draft for Discussion only, Fiduciary Access To Digital Assets Act, vom 21./22.03.2014, abrufbar unter: http://www.uniformlaws.org/shared/docs/Fiduciary%20Access%20to%20Digital%20Assets/2014mar_FADA_Mtg%20Draft.pdf, zuletzt besucht am: 01.06.2014.

292 18 U.S.C. § 2701 (a), Stand 2012, abrufbar unter: http://www.gpo.gov/fdsys/pkg/USCODE-2012-title18/pdf/USCODE-2012-title18-partI-chap121.pdf, zuletzt besucht am: 02.06.2014.

293 18 U.S.C., § 2701 (c), Stand 2012, abrufbar unter: http://www.gpo.gov/fdsys/pkg/USCODE-2012-title18/pdf/USCODE-2012-title18-partI-chap121.pdf, zuletzt besucht am: 02.06.2014.

294 18 U.S.C., § 2702, Stand 2012, abrufbar unter: http://www.gpo.gov/fdsys/pkg/USCODE-2012-title18/pdf/USCODE-2012-title18-partI-chap121.pdf, zuletzt besucht am: 03.06.2014.

der Daten einer elektronischen Kommunikation bestehen. So soll nach Subsection (b) (1) die Preisgabe zugelassen werden, wenn sie an den Adressaten oder den beabsichtigten Empfänger des Kommunikationsvorgangs oder einen Stellvertreter dieses Adressaten oder Empfängers erfolgt. Nach Subsection (b) (3) soll auch dann die Offenbarung der Inhalte gestattet sein, wenn eine rechtmäßige Einwilligung hierzu von dem Adressaten, dem beabsichtigten Empfänger des Kommunikationsvorgangs oder im Fall des „remote computing service" des Abonnenten des Services vorliegt. Neben weiteren Ausnahmen ist nach Subsection (b) (4) die Preisgabe von Informationen an eine Person auch dann gestattet, wenn diese Person angestellt oder autorisiert ist oder die technischen Einrichtungen betreibt, die zur Übertragung der Informationen an ihren Bestimmungsort erforderlich sind. Ausnahmen für die Offenlegung von Kundendatensätzen sind in Subsection (c) normiert. Davon erfasst sind jedoch ausdrücklich nicht die Inhalte der Kommunikation. Erlaubt ist demnach in Subsection (c) (2) die Preisgabe von Kundendatensätzen, wenn der Kunde oder Abonnent hierzu rechtmäßig einwilligt. Ferner besteht gemäß Subsection (c) (6) die Erlaubnis, die Kundendatensätze gegenüber jeder Person – außer gegenüber einer staatlichen juristischen Person – zu offenbaren. Im Gegensatz zu den Inhalten einer Kommunikation können diese Daten also gegenüber jedermann – außer gegenüber der Regierung – offengelegt werden.[295] Mit der rechtmäßigen Einwilligung des Kunden oder Abonnenten (Subsection (c) (2)) und in bestimmten Notfällen, in denen der Provider annimmt, dass Gefahr für Leib und Leben einer Person besteht (siehe Subsection (c) (4)), kann aber sogar eine Offenlegung gegenüber der Regierung erfolgen.

(b) Exkurs: Computer Fraud and Abuse Act: 18 U.S.C. Section 1030

Erwähnenswert im Zusammenhang mit bundesrechtlichen Regelungen über (widerrechtliche) Zugriffe auf fremde Computer ist auch der ebenfalls in Title 18 des U.S.C., Section 1030 festgesetzte „Computer Fraud and Abuse Act".[296] Neben zahlreichen Regelungen, die den Zugriff auf Computer der Regierung oder von Finanzinstituten betreffen, verbietet 18 U.S.C. Section 1030 Subsection (a) (2) (C) den absichtlichen Zugriff auf einen Computer und das Erhalten von Informationen von diesem Computer, wenn keine Autorisierung vorliegt oder eine bestehende Autorisierung überschritten wird. In Subsection (c) wird das Strafmaß benannt.

---

295 Vergleiche die gleiche Einschätzung in Comment zu Section 8, Draft for Discussion only, Fiduciary Access To Digital Assets Act, vom 21./22.03.2014, abrufbar unter: http://www.uniformlaws.org/shared/docs/Fiduciary%20Access%20to%20Digital%20Assets/2014mar_FADA_Mtg%20Draft.pdf, zuletzt besucht am: 03.06.2014.

296 Abrufbar unter: http://www.gpo.gov/fdsys/pkg/USCODE-2012-title18/pdf/USCODE-2012-title18-partI-chap47-sec1030.pdf, zuletzt besucht am: 03.06.2014.

(4) Weitere Befugnisse, Section 8 (b) bis (d)

Section 8 (b) ordnet an, dass alle Vorschriften in Servicebedingungen von Dienstleistern nachrangig sind, die den Zugriff des Vermögensverwalters auf die digitalen Daten des Account-Inhabers nach diesem Regelwerk beschränken. Ausgenommen sollen nur solche Bedingungen sein, die eigenhändig von dem Account-Inhaber und unabhängig von den anderen Bedingungen unterschrieben wurden. In Section 8 (d) wird klargestellt, dass ein Vermögensverwalter auf technische Einrichtungen, mittels derer elektronische Aufzeichnungen empfangen, gespeichert, ausgeführt oder gesendet werden können, und die darauf enthaltenen Aufzeichnungen zugreifen darf, wenn er die Verfügungsgewalt über diese Einrichtungen eines Verstorbenen, einer betreuten Person, eines Vertretenen oder eines Gründers eines Trusts erhalten hat. Section 8 (c) nimmt Bezug auf Section 9 (a) und führt aus, dass der Zugriff des Vermögensverwalters auf die digitalen Daten keine Verletzung der Servicebedingungen darstellt, auch wenn darin eine Vorschrift enthalten ist, die den Zugriff eines Dritten verbietet. Dieser Abschnitt soll zum Ausdruck bringen, dass der Vermögensverwalter in die Position des Account-Inhabers eintritt und somit genau die gleichen Rechte wie der Inhaber selbst erhalten soll.[297] Der „Fiduciary Access To Digital Assets Act“ soll demnach also nicht dem Vermögensverwalter ermöglichen, die Servicebedingungen zu übergehen, sondern soll diesem die gleichen Rechte wie dem Account-Inhaber einräumen.

(5) Übrige Regelungen, Section 9 bis 17

(a) Section 9

Auch Section 9 enthält für alle vier Verwaltertypen gleichermaßen geltende Regelungen, wobei im Hinblick auf die jeweiligen Besonderheiten zwischen den einzelnen Verwaltungsformen unterschieden wird.[298] Subsection (b) enthält Angaben, welche Unterlagen der Anfrage des Vermögensverwalters an den Dienstleister beigefügt werden müssen. Um die vorliegende Bearbeitung nicht zu überfrachten, wird wiederum exemplarisch auf den „personal representative“ abgestellt. Dieser muss seiner Anfrage eine beglaubigte Kopie seiner Ernennungsurkunde oder im Fall einer vereinfachten Nachlassabwicklung die eidesstattliche Versicherung beifügen, Subsection (b) (1). Section 9 (a) regelt, dass der Dienstleister der Anfrage eines Vermögensverwalters, die alle erforderlichen Dokumente nach Subsection (b) enthält, entsprechen soll, indem er dem Vermögensverwalter den Zugriff auf die digitalen

---

297 Siehe Comment zu Section 8, Draft for Discussion only, Fiduciary Access To Digital Assets Act, vom 21./22.03.2014, abrufbar unter: http://www.uniformlaws.org/shared/docs/Fiduciary%20Access%20to%20Digital%20Assets/2014mar_FADA_Mtg%20Draft.pdf, zuletzt besucht am: 03.06.2014.

298 Section 9, Draft for Discussion only, Fiduciary Access To Digital Assets Act, vom 21./22.03.2014, abrufbar unter: http://www.uniformlaws.org/shared/docs/Fiduciary%20Access%20to%20Digital%20Assets/2014mar_FADA_Mtg%20Draft.pdf, zuletzt besucht am: 07.06.2014.

Daten und die Kontrolle darüber ermöglicht oder diesem eine Kopie der Daten aushändigt, es sei denn, daran besteht ein Urheberrecht eines Dritten. Nach Subsection (c) soll der Dienstleister der Anfrage nicht später als 60 Tage nach deren Eingang entsprechen. Wenn der Dienstleister den Antrag ablehnt, steht es dem Vermögensverwalter nach dieser Norm frei, das Gericht anzurufen, das sodann die Befolgung anordnet. Die Subsections (d) bis (e) enthalten Sonderregelungen bezüglich eines Trusts.

(b) Sections 10 bis 17

Section 10 schützt den Dienstleister, indem er ihn und seine Angestellten und Vertreter für Handlungen, die er in gutem Glauben entsprechend dieses Acts vornimmt, von der Haftung freistellt. In Section 11 wird auf die Notwendigkeit einer einheitlichen Anwendung und Auslegung dieses Acts hingewiesen. So sollen alle Staaten, die das Modellgesetz übernehmen, darauf achten, dass die Einheitlichkeit des Gesetzes in allen Bundesstaaten gefördert wird. Section 12 bestimmt das Verhältnis des Acts zu dem „Electronic Signatures in Global and National Commerce Act“[299]. Zur Sicherheit für den Fall, dass ein einzelstaatliches Gesetz oder die Rechtsprechung eine solche fordern könnten, wurde als Section 13 auch eine salvatorische Klausel eingefügt.[300] Section 14 stellt klar, dass dieser Act – vorbehaltlich abweichender Regelungen – nach (1) auf einen Vermögensverwalter oder Stellvertreter Anwendung findet, der aufgrund eines Testaments, eines Trusts oder einer anwaltlichen Vollmacht handelt, die vor, während oder nach dem Inkrafttreten des Acts ausgeführt wurde. Ebenso anwendbar ist der Act auch im Rahmen eines Vormundschaftsverfahrens, wenn dieses vor, während oder nach Inkrafttreten des Acts bei Gericht anhängig war, (2). Unter Section 15, die mit „Repeals; Conforming Amendments“ überschrieben ist, findet sich noch keine Ausformulierung. Dabei wird deutlich, dass es sich hierbei noch nicht um einen fertigen Mustervorschlag handelt, sondern dass die einzelnen Regelungen noch diskutiert werden, sich also noch in der Entstehungsphase befinden. Mit der Section 16 folgt die Anordnung, dass dieser Act den Dienstleister nicht von der Verpflichtung zur Einhaltung (möglicher) anderer Verpflichtungen nach anderen Staaten- oder Bundesgesetzen freistellt. In der letzten Norm, Section 17, wird schlussendlich der Tag des Inkrafttretens festgelegt werden.

299 Electronic Signatures in Global and National Commerce Act, 15 U.S.C. §§ 7001 ff., abrufbar unter: http://www.gpo.gov/fdsys/pkg/USCODE-2012-title15/pdf/USCODE-2012-title15-chap96-subchapI-sec7001.pdf, zuletzt besucht am: 07.06.2014.

300 Vergleiche Comment zu Section 13, Draft for Discussion only, Fiduciary Access To Digital Assets Act, vom 21./22.03.2014, abrufbar unter: http://www.uniformlaws.org/shared/docs/Fiduciary%20Access%20to%20Digital%20Assets/2014mar_FADA_Mtg%20Draft.pdf, zuletzt besucht am: 07.06.2014.

b. *Bundesstaatliche Einzel-Regelungen zum digitalen Nachlass*

Bereits vor der Einsetzung und noch während der Tätigkeit des Drafting Committee im und ab dem Jahr 2012 haben zahlreiche Bundesstaaten in ihrem „State Law“ Regelungen zum Umgang mit dem digitalen Nachlass erlassen. In der Reichweite ihres Regelungsgehalts gibt es jedoch deutliche Unterschiede: Während sich die ersten Kodifikationen nur mit dem Zugriff auf E-Mail-Accounts befasst haben (siehe unter dem folgenden Gliederungspunkt aa.), gehen die gesetzlichen Regelungen einiger Bundesstaaten weiter und erlauben den Zugriff auf „sämtliche“ digitale Informationen und sämtliche Online-Accounts (siehe unter Gliederungspunkt bb.). Jedoch kann nicht generell davon ausgegangen werden, dass die Gesetzgebungsorgane der einzelnen Bundesstaaten im Laufe der Jahre erkannt haben, dass eine umfassende Regelung für alle digitalen Aktivitäten erforderlich ist. So hat etwa der Bundesstaat Virginia nach den umfassenden Kodifikationen in anderen Bundesstaaten nur für den einzelnen Fall ein Gesetz erlassen, wonach Eltern eines verstorbenen Minderjährigen Zugriff auf den Social-Media-Account ihres Kindes erhalten (siehe unter Gliederungspunkt cc.). Nevada möchte zwar alle digitalen Accounts von der Regelung erfassen, erlaubt aber nur deren Löschung (siehe unter Gliederungspunkt dd.) und in Maine (Gliederungspunkt ee.) wurde nur durch Gesetz beschlossen, dass eine Regelung hinsichtlich des digitalen Nachlasses erarbeitet werden müsse.[301]

aa. *Erstes Regelungsmodell: Zugriff auf den E-Mail-Account*

(1) Connecticut

Mit dem Senate Bill No. 262, Public Act No. 05–136 hat Connecticut als erster amerikanischer Bundesstaat ein Gesetz zur Regelung des digitalen Nachlasses erlassen.[302] Das am 24.06.2005 verabschiedete Gesetz trat am 01.10.2005 in Kraft.[303] Es besagt dabei in Section 1 (b), dass ein E-Mail-Provider einem „executor“ (also dem testamentarisch benannten Nachlassverwalter) oder einem „administrator of the estate“ Zugriff auf den E-Mail-Account eines Verstorbenen oder auf die darin enthaltenen Inhalte verschaffen muss. Voraussetzung ist, dass der Verstorbene zum Zeitpunkt des Todes seinen Wohnsitz im Bundesstaat Connecticut hatte. Um Einsicht zu erhalten, muss eine schriftliche Anfrage bei dem Provider eingehen. Dieser Anfrage müssen nach Section 1 (b) (1) eine Kopie der Sterbeurkunde und eine beglaubigte Kopie der Bestellungsurkunde des Nachlassverwalters beigefügt

301 Die im Rahmen der folgenden Darstellung angeführten Internet-Quellen sind jeweils die Adressen der offiziellen Internetseiten der Regierungen der jeweiligen Bundesstaaten.

302 Senate Bill No. 262, Public Act No. 05–136 abrufbar unter: http://www.cga.ct.gov/2005/act/Pa/2005PA-00136-R00SB-00262-PA.htm, zuletzt besucht am: 01.02.2014.

303 Senate Bill No. 262, Public Act No. 05–136 abrufbar unter: http://www.cga.ct.gov/2005/act/Pa/2005PA-00136-R00SB-00262-PA.htm, zuletzt besucht am: 01.02.2014.

werden. Alternativ kann nach Section 1 (b) (2) auch eine gerichtliche Verfügung vorgelegt werden. In Section 1 (c) wird ausdrücklich betont, dass die getroffene Regelung den E-Mail-Provider nicht dazu zwingen soll, Informationen preiszugeben, wenn er dadurch anwendbares Bundesrecht, also „federal law", verletzen würde. In Section 1 (a) wird definiert, was im Rahmen dieses Gesetzes unter den Begriffen „Electronic mail service provider" und „Electronic mail account" zu verstehen ist.[304] Ersterer meint danach jeden, der eine Mittlerfunktion für das Senden und Empfangen von E-Mails einnimmt und den Endnutzern die Möglichkeit des Sendens und Empfangens solcher E-Mail-Nachrichten einräumt. Ein „Electronic mail account" bezeichnet alle E-Mails, die – vermittelt durch einen „Electronic mail service provider" – im Wege der üblichen Übermittlung von einem Endnutzer gesendet oder empfangen und beim Service Provider gespeichert oder aufgezeichnet werden. Ebenso erfasst werden alle anderen elektronischen Informationen, auch kostenpflichtige und entgeltliche, die in gleicher Weise übermittelt und beim Provider gespeichert oder aufgezeichnet werden und einen direkten Bezug zu der elektronischen Nachrichtenübermittlung haben.

(2) Rhode Island

Mit dem „Title 33: Probate practice and procedure, Chapter 33–27 Access to Decedents' Electronic Mail Accounts Act"[305] trat das zweite Gesetz eines amerikanischen Bundesstaates bezüglich des digitalen Nachlasses in Kraft. Die Gesetzgeber in Rhode Island übernahmen im Wesentlichen den Regelungsgehalt, der knapp zwei Jahre zuvor in Connecticut kodifiziert worden war. So wird in § 33-27-3 angeordnet, dass ein E-Mail-Provider dem „executor" oder „administrator of the estate" Zugriff auf den E-Mail-Account des Verstorbenen oder auf die darin enthaltenen Inhalte zu verschaffen habe.[306] Voraussetzung ist auch hier, dass der Verstorbene seinen letzten Wohnsitz in dem Bundesstaat – also in Rhode Island – hatte. Um die begehrten Informationen einzusehen oder zu erhalten, muss gemäß § 33–27-3 (1) ein schriftlicher Antrag beim Provider gestellt werden, dem wiederum eine Kopie der Sterbeurkunde und eine beglaubigte Kopie der Ernennungsurkunde des Nachlassverwalters beigefügt werden muss. Abweichend von der in Connecticut getroffenen Regelung muss hier jedoch nach Title 33 Chapter 27–3 (2) zusätzlich eine gerichtliche Verfügung vorgelegt werden. In dieser soll festgehalten werden, dass der Nachlassverwalter als autorisiert im Sinne des Electronic Communications Act, 18 U.S.C. § 2701 gilt. Zudem soll angeordnet werden, dass der Provider von jeglicher Haftung gegenüber dem Nachlass freigestellt werde, wenn er diese Verfügung befolge. In § 33-27-4 ist

---

304 abrufbar unter: http://www.cga.ct.gov/2005/act/Pa/2005PA-00136-R00SB-00262-PA.htm, zuletzt besucht am: 03.02.2014.

305 Abrufbar unter: http://webserver.rilin.state.ri.us/Statutes/title33/33-27/INDEX.HTM, zuletzt besucht am: 07.06.2014.

306 § 33–27-3, abrufbar unter: http://webserver.rilin.state.ri.us/Statutes/title33/33-27/33-27-3.HTM, zuletzt besucht am: 07.06.2014.

bestimmt, dass die erlassenen Regeln nicht dazu führen sollen, dass der Provider Informationen preisgibt, wenn er dadurch Bundesrecht, also „federal law", verletzt.[307] Auch dieses Gesetz enthält neben einer salvatorischen Klausel[308] und dem Hinweis auf die Bezeichnung dieses Gesetzes[309] Definitionen für die Begriffe „Electronic mail service provider" und „Electronic mail account"[310].

bb. Andere Modelle: Zugriff auf sämtliche digitale Daten und Accounts

(1) Indiana

Eine weitere Regelung wurde am 06.03.2007 im Bundesstaat Indiana beschlossen und trat am 01.07.2007 als Section 1.1 des Indiana Code 29-1-13 in Kraft.[311] Ähnlich wie die oben dargestellten Gesetzesneuerungen enthält auch diese Regelung zu Beginn eine Definition. Demnach ist unter dem hier angesprochenen „custodian", an den sich das Gesetz richtet, jede Person zu verstehen, die Dokumente oder sonstige Informationen einer anderen Person elektronisch speichert und aufbewahrt.[312] Der „custodian" soll nach Indiana Code 29-1-13-1.1 (b) dem „personal representative" des Nachlasses einer verstorbenen Person, die zum Zeitpunkt ihres Todes ihren Wohnsitz in Indiana hatte, Zugriff auf sämtliche bei ihm vorhandenen gespeicherten Dokumente und Informationen des Verstorbenen („any documents or information of the deceased person stored electronically by the custodian") gewähren oder ihm Kopien hiervon aushändigen. Zuvor muss auch hier bei dem „custodian" ein schriftlicher Antrag des „personal representative" zusammen mit einer Kopie der Sterbeurkunde und einer beglaubigten Kopie der Ernennungsurkunde des Nachlassverwalters („letters testamentary") oder einem Beschluss des Nachlassgerichts eingegangen sein, Indiana Code 29-1-13-1.1 (b) (1) und (2). Abweichend von den Regelungen in Connecticut und Rhode Island sollen in Indiana also nicht nur die E-Mails, sondern sämtliche elektronischen Informationen des Verstorbenen zugänglich gemacht werden. Darüber hinaus enthält der Indiana Code in Section 1.1 Subsection (c) eine zusätzliche Anordnung. Demnach darf der „custodian" für einen Zeitraum von zwei Jahren nach dem Eingang des Antrags oder nach dem Erlass des Gerichtsbeschlusses die gespeicherten elektronischen Dokumente und

---

307 § 33-27-4, abrufbar unter: http://webserver.rilin.state.ri.us/Statutes/title33/33-27/33-27-4.HTM, zuletzt besucht am: 07.06.2014.

308 § 33-27-5, abrufbar unter: http://webserver.rilin.state.ri.us/Statutes/title33/33-27/33-27-5.HTM, zuletzt besucht am: 07.06.2014.

309 § 33-27-1, abrufbar unter: http://webserver.rilin.state.ri.us/Statutes/title33/33-27/33-27-1.HTM, zuletzt besucht am: 07.06.2014.

310 § 33-27-2, abrufbar unter: http://webserver.rilin.state.ri.us/Statutes/title33/33-27/33-27-2.HTM, zuletzt besucht am: 07.06.2014.

311 Indiana Code 29-1-13-1.1 abrufbar unter: http://www.in.gov/legislative/bills/2007/ES/ES0212.1.html, zuletzt besucht am: 18.03.2014.

312 Siehe Indiana Code 29-1-13-1.1 (a), abrufbar unter: http://www.in.gov/legislative/bills/2007/ES/ES0212.1.html, zuletzt besucht am: 24.03.2014.

Informationen des Verstorbenen nicht löschen oder darüber verfügen.[313] Aus der Gesetzgebung der Staaten Connecticut und Rhode Island bekannt, ist jedoch die Schlussregelung unter Subsection (d), wonach dieses Gesetz nicht dazu führen soll, dass der „custodian" Informationen preisgebe, wenn er durch diese Preisgabe bestehendes und anwendbares Bundesrecht („federal law") verletze. Auch in dieser Subsection ist abweichend von den Regelungen der beiden anderen Staaten ein Zusatz eingefügt. Demzufolge soll der „custodian" auch nicht dazu gebracht werden, etwas zu offenbaren, worauf der Verstorbene im gewöhnlichen Geschäftsgang den Zugriff nicht gewährt hätte.[314]

(2) Oklahoma

Mit einem zeitlichen Abstand von ungefähr drei Jahren folgte eine weitere Kodifikation. Im Bundesstaat Oklahoma wurde am 29.04.2010 der Gesetzesentwurf „HB 2800" verabschiedet,[315] der dann gemäß seiner Section 2 am 01.11.2010 in Kraft trat.[316] Section 1 des Entwurfs besagt, dass dieses neue Gesetz als Section 269 Title 58 der Oklahoma Statutes kodifiziert wird. Demnach hat der im Testament benannte („executor of the estate") oder der durch das Gericht bestimmte („administrator of the estate") Nachlassverwalter die Befugnis, über alle Accounts einer verstorbenen Person auf den Internetseiten von allen sozialen Netzwerken, von Microblogging- oder Kurznachrichtendiensten oder von E-Mail-Dienstleistern zu bestimmen, sie zu verwalten, weiterzuführen oder zu beenden. Die Regelung ist vergleichsweise kurz. Es werden weder Definitionen angegeben, noch wird erwähnt, ob es für den Zugriff eines schriftlichen Antrags oder der Vorlage entsprechender Dokumente beim Serviceprovider bedarf.

(3) Idaho

Eine nahezu identische Regelung zu der in Oklahoma wurde im Bundesstaat Idaho erlassen. Nachdem der als Senate Bill 1044 bezeichnete Entwurf am 16.03.2011 vom Gouverneur unterzeichnet wurde, traten die neuen Gesetzesabschnitte als 15-3-715 (28) und 15-5-424 (3) (z) Idaho Code in Kraft.[317] Ebenso wie in den Oklahoma Statutes erhält der Nachlassverwalter („personal representative") in 15-3-715 (28) die Befugnis,

---

313 Siehe IC 29-1-13-1.1 (c), abrufbar unter: http://www.in.gov/legislative/bills/2007/ES/ES0212.1.html, zuletzt besucht am: 25.03.2014.

314 Siehe IC 29-1-13-1.1 (d) (2), abrufbar unter: http://www.in.gov/legislative/bills/2007/ES/ES0212.1.html, zuletzt besucht am: 31.03.2014.

315 Siehe Übersicht über die Entstehungsgeschichte der Norm, abrufbar unter: http://www.oklegislature.gov/BillInfo.aspx?Bill=HB2800&Session=1000, zuletzt besucht am: 31.03.2014.

316 Enrolled House Bill No. 2800, abrufbar unter: http://webserver1.lsb.state.ok.us/cf_pdf/2009-10%20ENR/hB/HB2800%20ENR.PDF, zuletzt besucht am: 31.03.2014.

317 Siehe Bill Status: Senate Bill 1044, abrufbar unter: http://legislature.idaho.gov/legislation/2011/S1044.htm, zuletzt besucht am: 07.06.2014.

über alle Accounts einer verstorbenen Person auf den Internetseiten von allen sozialen Netzwerken, von Microblogging- oder Kurznachrichtendiensten oder von E-Mail-Dienstleistern zu bestimmen, sie zu verwalten, weiterzuführen oder zu beenden.[318] Diese Ermächtigung gilt nach 15-3-715 Idaho Code vorbehaltlich anders lautender Bestimmungen im Testament oder einer abweichenden gerichtlichen Verfügung oder einer abweichenden Regelung im Idaho Code. Anders als in den Regelwerken der bisher vorgestellten Bundesstaaten wurde damit in Idaho keine eigenständige neue Regelung geschaffen. Vielmehr wurde die Einräumung dieser speziellen Befugnis im Rahmen eines neuen Absatzes in den bereits bestehenden 15-3-715 eingefügt, in dem alle (Rechts-)Geschäfte aufgezählt werden, die ein Nachlassverwalter generell vornehmen darf. Der ebenfalls neue 15-5-424 (3) (z) Idaho Code regelt die entsprechende Befugnis des „Conservator in Administration" im Rahmen eines Trusts.[319]

cc. Modell Virginia

Vielleicht ist es die Konsequenz des Falles Eric Rash[320], dass sich die Gesetzgebungsorgane des Staates Virginia nicht mit einem Kodifikationsvorschlag zufriedengegeben haben. Stattdessen wurden gleich mehrere Vorschläge ausgearbeitet, von denen aber (noch) nicht alle tatsächlich erlassen wurden.

(1) Zugriff auf Social-Media-Accounts Minderjähriger

Am 01.07.2013 trat der als HB 1752 „Personal representatives; access to digital accounts"[321] eingeführte Gesetzesentwurf als Sections 109 und 110 in Chapter 1 des Title 64.2 des Codes of Virginia in Kraft.[322] Im Wesentlichen erhält darin der „personal representative" eines verstorbenen Minderjährigen die Befugnis, auf dessen digitale Accounts zuzugreifen. Der Entwurf HB 1752 war dabei identisch mit dem Parallelentwurf SB 913[323] und inkorporierte am 23.01.2013 den Entwurf HB 1584,[324]

---

318 Siehe Senate Bill No. 1044, Section 1: 15-3-715 (28), abrufbar unter: http://legislature.idaho.gov/legislation/2011/S1044.pdf, zuletzt besucht am: 07.06.2014.

319 Siehe Senate Bill No. 1044, Section 2: 15-5-424 (3) (z), abrufbar unter: http://legislature.idaho.gov/legislation/2011/S1044.pdf, zuletzt besucht am: 07.06.2014.

320 Oben dargestellt unter Gliederungspunkt A. I. 2.

321 Übersicht über die Entstehungsgeschichte von House Bill No. 1752, abrufbar unter: http://lis.virginia.gov/cgi-bin/legp604.exe?ses=131&typ=bil&val=hb1752&submit=GO, zuletzt besucht am: 09.06.2014.

322 Code of Virginia, Title 64.2 Chapter 1, abrufbar unter: http://leg1.state.va.us/cgi-bin/legp504.exe?000+cod+TOC64020000001000000000000, zuletzt besucht am: 08.06.2014.

323 Übersicht über die Entstehungsgeschichte von Senate Bill No. 913; Personal representatives, access to digital accounts, Summary as passed, abrufbar unter: http://lis.virginia.gov/cgi-bin/legp604.exe?131+sum+SB913, zuletzt besucht am: 08.06.2014.

324 Übersicht über die Entstehungsgeschichte von House Bill No. 1584; Digital accounts and assets, enables a fiducary to gain access, abrufbar unter: http://lis.virginia.gov/cgi-bin/legp604.exe?131+sum+HB1584, zuletzt besucht am: 08.06.2014.

der eigentlich einen Zugriff des „personal representatives" auf die Accounts des Verstorbenen unabhängig von dessen Alter vorsah.[325] Die nun erlassenen § 64.2–109 und § 64.2–110 des Codes of Virginia besagen also Folgendes:

(a) Definitionen, Code of Virginia § 64.2–109

§ 64.2–109 führt Definitionen für die Begriffe „digital account", „personal representative" und „terms of service agreement" an.[326] „Digital account" meint demnach einen elektronischen Account, der von einem Minderjährigen entsprechend der Vertragsbedingungen geführt, beaufsichtigt oder abgewickelt und rechtmäßig verwaltet wird. Davon umfasst sein sollen auch alle Blogging-, E-mail- und Multimedia-Accounts, Accounts bei persönlichen und sozialen Netzwerken, sowie andere Online-Accounts oder ähnliche, einem Account technisch vergleichbare Einrichtungen. Explizit ausgeschlossen werden jedoch unter Hinweis auf die Definition in § 6.2-604 sämtliche Accounts bei einem Finanz- oder Kreditinstitut. Für die Definition des „personal representative" wird auf § 64.2-100[327] verwiesen, aus dem hervorgeht, dass sowohl der testamentarisch eingesetzte und bestimmte als auch der durch das Nachlassgericht benannte Nachlassabwickler unter diesen Begriff fallen sollen. „Terms of Service Agreement" soll jede rechtmäßig ausgeübte Vereinbarung sein, die das Verhältnis zwischen dem Minderjährigen und einer natürlichen oder juristischen Person regelt, die einen digitalen Account eines Minderjährigen führt, verwaltet oder betreut.

(b) Befugnisse des „personal representative", Code of Virginia § 64.2-110

Die eigentliche Befugnisregelung findet sich in § 64.2-110.[328] Nach § 64.2-110 (A) soll der „personal representative" eines verstorbenen Minderjährigen – der zum Zeitpunkt seines Todes seinen Wohnsitz in einem Mitgliedstaat des Commonwealth hatte – die vertragliche Servicevereinbarung des Minderjährigen über einen digitalen Account mit einem Internet-Service-Provider, einem Kommunikations-Service-Provider oder einem anderen Online-Account-Service-Provider übernehmen. Dies soll gemäß der Regelung zu dem Zweck erfolgen, dass der „personal representative" entsprechend der Regelung in 18 U.S.C. § 2702 der Offenlegung der Inhalte der Kommunikationen und Aufzeichnungen des Minderjährigen zustimmen und die Inhalte erhalten kann. Etwas anderes soll nur dann gelten, wenn der Zugriff den ausdrücklichen Anordnungen in dem Testament des Verstorbenen,

---

325 House Bill No. 1584, abrufbar unter: http://lis.virginia.gov/cgi-bin/legp604.exe?131+ful+HB1584, zuletzt besucht am: 08.06.2014.

326 § 64.2–109 abrufbar unter: http://leg1.state.va.us/cgi-bin/legp504.exe?000+cod+64.2-109, zuletzt besucht am: 08.06.2014.

327 abrufbar unter: http://leg1.state.va.us/cgi-bin/legp504.exe?000+cod+64.2-100, zuletzt besucht am: 08.06.2014.

328 abrufbar unter: http://leg1.state.va.us/cgi-bin/legp504.exe?000+cod+64.2-110, zuletzt besucht am: 08.06.2014.

im Treuhandvertrag, in der Vollmacht oder in einer gerichtlichen Verfügung zuwiderlaufe. Der Zugriff soll außerdem denselben Lizenzen, Beschränkungen oder rechtlichen Verpflichtungen unterliegen, die für den verstorbenen Minderjährigen auch gegolten haben. Der Internet Service Provider, Kommunikations-Service-Provider oder der Provider eines anderen Online-Account-Services soll dem „personal representative" nach § 64.2-110 (B) den Zugang zu den Kommunikationsvorgängen und den Aufzeichnungen des verstorbenen Minderjährigen entsprechend Subsection (A) innerhalb von 60 Tagen nach der schriftlichen Anfrage des „personal representative" ermöglichen. Auch hier muss der Anfrage eine Sterbeurkunde des Minderjährigen beigefügt werden. Wenn der Provider Kenntnis erlangt von einer Klage oder einem Streit bezüglich der Erlangung des Zugriffs auf die Kommunikationen oder die Aufzeichnungen des Minderjährigen entsprechend dieser Regelung, ist er nicht berechtigt, eine gemäß dieser Norm gestellte Anfrage zu erfüllen. Dies soll solange gelten, bis das zuständige Gericht eine rechtskräftige Entscheidung hinsichtlich der Rechte in dem Account oder hinsichtlich der Berechtigung an den Inhalten aus dem Account des Minderjährigen erlassen habe. Subsection (C) stellt klar, dass diese Norm nicht den Zweck hat, den Service-Provider dazu zu zwingen, Informationen zu offenbaren, wenn durch diese Offenlegung anwendbares Staaten- oder Bundesrecht verletzt wird. Zudem wird in § 64.2-110 (D) angeordnet, dass niemand das Recht haben soll, gegen den Service-Provider zu klagen, wenn dieser in Einklang mit dem vorliegenden Gesetz handelt. Mit dem Erlass dieser Norm hat sich damit die Ansicht durchgesetzt, nur den Zugriff auf Accounts eines Minderjährigen zu ermöglichen. Dies war aber keineswegs einhellige Meinung wie der folgende Abschnitt zeigt.

(2) Weiterer Gesetzgebungsvorschlag: Genereller Zugriff (SB 914)

Ein Parallelvorschlag war der Entwurf SB 914, der exakt dem oben erwähnten, in HB 1752 inkorporierten HB 1584, entspricht. Der Vorschlag enthält keine Beschränkung auf die Accounts Minderjähriger, sondern soll den Zugang eines Vermögensverwalters auf die Accounts eines jeden Verstorbenen ermöglichen.[329] Es wurden folgende Regelungen zur Kodifikation der § 64.2-109 und § 64.2-110 vorgeschlagen, aber bis Juni 2014 nicht normiert:

Während der in SB 914 vorgeschlagene § 64.2-109 Definitionen der Begriffe „custodian", „digital account", „digital asset", „Fiduciary" und „terms of service agreement" enthält, benennt der vorgeschlagene § 64.2-110 die Befugnisse des Vermögensverwalters und die Pflichten des Dienstleisters.[330] Nach § 64.2-110 (A) soll

329 Siehe Übersicht über die Entstehungsgeschichte von Senate Bill No. 914; Digital accounts and assets; enables a fiduciary to gain access; Summary as introduced, abrufbar unter: http://lis.virginia.gov/cgi-bin/legp604.exe?ses=131&typ=bil&val=SB914, zuletzt besucht am: 08.06.2014.

330 Senate Bill No. 914 mit § 64.2-109 und § 64.2-110 abrufbar unter: http://lis.virginia.gov/cgi-bin/legp604.exe?131+ful+SB914, zuletzt besucht am: 08.06.2014.

der Vermögensverwalter („fiduciary") berechtigt sein, über alle Accounts auf den Internetseiten von allen sozialen Netzwerken, von Microblogging- oder Kurznachrichtendiensten oder von E-Mail-Dienstleistern, die ein Verstorbener hatte oder Accounts, die sich in dem von dem Vermögensverwalter zu verwaltenden Nachlass befinden, zu bestimmen, sie zu verwalten, weiterzuführen oder zu beenden. Etwas anderes soll nur dann gelten, wenn ausdrücklich abweichende Bestimmungen im Testament, im Treuhandvertrag eines Trusts, in der Vollmacht oder in einer gerichtlichen Verfügung getroffen worden sind. § 64.2-110 (B) regelt die Pflichten des Dienstleisters. Demzufolge soll dieser dem Vermögensverwalter den Zugang oder Besitz über alle digitalen Accounts und elektronischen Kopien digitaler Daten, die bei ihm geführt, verwaltet, beaufsichtigt oder abgewickelt werden, innerhalb von 30 Tagen nach Zugang einer schriftlichen Anfrage übertragen, überlassen oder bereitstellen. In (1) bis (4) wird sodann auch in diesem Gesetzesentwurf zwischen den vier oben erwähnten einzelnen Verwaltertypen unterschieden. So wird aufgeführt, welche Dokumente dem schriftlichen Antrag eines „personal representatives", eines Trustees, eines Stellvertreters und eines Vormunds beigefügt werden müssen. Der Antrag des „personal representatives" etwa muss nach § 64.2-110 (B) (1) eine Kopie der Sterbeurkunde oder eine Kopie der gerichtlichen Ernennungsurkunde des Vermögensverwalters enthalten. Weiterhin darf der Dienstleister die digitalen Daten oder den Account des Verstorbenen bis zu zwei Jahren nach Erhalt der schriftlichen Anfrage des Vermögensverwalters nicht löschen oder darüber verfügen. In § 64.2-110 (D) wird klargestellt, dass dieses Gesetz entgegenstehende Servicebedingungen eines Dienstleisters verdrängt. Der Vermögensverwalter soll außerdem als ein autorisierter Nutzer angesehen werden, der das rechtmäßige Einverständnis des Verstorbenen für den Zugriff oder die Besitzerlangung der digitalen Daten innehat. Schlussendlich soll der Dienstleister durch § 64.2-110 (E) vor Klagen geschützt werden, die auf Handlungen beruhen, die er im Einklang mit diesem Gesetz vorgenommen hat.

dd. Nevada: Befugnis zur Löschung sämtlicher Accounts

Der Senate Bill No. 131,[331] der am 18.02.2013 eingebracht worden ist, wurde bereits am 01.06.2013 von dem Gouverneur von Nevada genehmigt und trat daraufhin am 01.10.2013 in Kraft.[332] Die Norm wurde als Section 188 „Power to direct termination of certain electronic or digital accounts or assets" in das bereits bestehende Chapter 143 „Powers and duties of personal representatives" der Nevada Revised

331 SB 131, abrufbar unter: http://www.leg.state.nv.us/Session/77th2013/Bills/SB/SB131_EN.pdf, zuletzt besucht am: 08.06.2014.

332 Siehe Entstehungsgeschichte zu Senate Bill 131, abrufbar unter: http://www.leg.state.nv.us/Session/77th2013/Reports/history.cfm?billname=SB131, zuletzt besucht am: 08.06.2014.

Statutes[333] eingefügt.[334] Darin heißt es: Vorbehaltlich anderer Bestimmungen in Subsection 2 und vorbehaltlich solcher Beschränkungen, die im Testament des Verstorbenen oder durch eine Verfügung des zuständigen Gerichts angeordnet werden können, hat der „personal representative" die Befugnis, die Löschung eines jeden Accounts des Verstorbenen anzuordnen. Dies soll nach NRS 143.188–1 (a) (1) bis (5) ohne Einschränkung gerade auch für Accounts auf jeglichen Internetseiten von Social network-, web log-, Microblogging-, Kurzmitteilungs- oder electronic mail-Services oder für ähnliche elektronische oder digitale Datenbestände des Verstorbenen ((b)) gelten. In NRS 143.188–2 wird klargestellt, dass die Befugnis den Vermögensverwalter nicht dazu berechtigt, ein Finanzkonto („financial account") des Verstorbenen, insbesondere ein Bank- oder Investmentkonto, zu löschen. Ebenso wie bei den Regelungen in Oklahoma und Idaho sind auch hier sämtliche Accounts und digitalen Daten des Verstorbenen von der Regelung umfasst. Jedoch wird hier keine Befugnis zur generellen Handhabung dieser Accounts verliehen, sondern nur das Recht, diese Accounts löschen zu lassen. Im folgenden Absatz wird eine weitere Besonderheit deutlich: Nach NRS 143.188–3 hat die Handlung des „personal representative", mittels derer er die Löschung des Accounts entsprechend Subsection 1 verlangt, nicht zur Folge, dass die (Service-)Bedingungen oder die vertraglichen Pflichten, die der Verstorbene als ursprünglicher Account-Inhaber mit dem Dienstleister vereinbart hatte, entkräftet oder aufgehoben werden. Vertragliche – ausgehandelte oder standardisierte – Vereinbarungen sind demnach also immer vorrangig.

ee. Maine: Noch keine inhaltliche Regelung

Am 21.05.2013 trat im Bundesstaat Maine eine Regelung in Kraft, die eine Kodifizierung für den Umgang mit dem digitalen Nachlass auf den Weg gebracht hat.[335] Der Entwurf H.P. 601 – L.D. 850, der ohne die Unterschrift des Gouverneurs als Gesetz wirksam wurde, enthält zwar selbst keine inhaltliche Regelung bezüglich des digitalen Nachlasses, jedoch wird darin die Probate and Trust Law Advisory Commission verpflichtet, hinsichtlich einer solchen Regelung tätig zu werden.[336] So heißt es in Section 1 des eingefügten Chapters 27, dass die Probate and Trust Law Advisory Commission, die unter Titel 5, Section 12004-I, Subsection 73-B der

---

333 Nevada Revised Statutes, Table of Titles and Chapters, abrufbar unter: http://www.leg.state.nv.us/NRS/, zuletzt besucht am: 08.06.2014.

334 NRS 143.188, abrufbar unter: http://www.leg.state.nv.us/NRS/NRS-143.html#NRS143Sec188, zuletzt besucht am: 08.06.2014.

335 Vergleiche http://www.mainelegislature.org/legis/bills/display_ps.asp?ld=850&PID=1456&snum=126, zuletzt besucht am: 08.06.2014.

336 Kodifikation von H.P. 601 – L.D. 850 als Chapter 27 Sec. 1. und 2., abrufbar unter: http://www.mainelegislature.org/legis/bills/getPDF.asp?paper=HP0601&item=3&snum=126, zuletzt besucht am: 10.06.2014.

Maine Revised Statutes eingesetzt wurde, eine Prüfung der rechtlichen Hindernisse bezüglich der Übertragbarkeit von digitalen Daten bei Tod oder Geschäftsunfähigkeit einer Person durchführen und darauf basierend die rechtliche Entwicklung voranbringen soll. Die Commission soll im Rahmen ihrer Bewertung und Entwicklung die Teilnahme interessierter Gruppen fördern. Zudem wird klargestellt, dass unter dem Begriff „digital asset" in dieser Subsection elektronisch gespeicherte Informationen zu verstehen sind, eingeschlossen – aber nicht ausschließlich – Geschriebenem, Gezeichnetem, Graphiken, Diagrammen, Fotografien, Tonaufnahmen, Abbildungen und andere Daten oder Datenauswertungen, die in einem Medium gespeichert sind, von dem aus die Daten bezogen werden können. Section 2 besagt, dass die Commission dem Joint Standing Committee on Judiciary spätestens am 01. Dezember 2013 einen Bericht (wie oben unter Section 1 ausgeführt) zusammen mit den notwendigen, alles in Gang setzenden Gesetzgebungsvorschlägen überreichen soll. Das Joint Standing Committee on Judiciary sollte selbst wiederum autorisiert sein, dann auf Grundlage dieses Berichts in der zweiten ordentlichen Sitzung der 126. Legislaturperiode einen Gesetzesentwurf herauszubringen. Das Vorhaben wurde jedoch in zeitlicher Hinsicht mittels des Entwurfs H.P. 1248 No. 1742 verschoben.[337] Nach dessen Sections 1 und 2 wurde der vorherige Entwurf dahingehend ergänzt, dass die Probate and Trust Law Advisory Commission bis zum 01.12.2013 lediglich einen Zwischenbericht erstellt haben sollte. Der endgültige Bericht sollte dann zusammen mit den notwendigen Unterlagen dem Joint Standing Committee bis zum 14. Dezember 2014 vorgelegt werden. Auf Grundlage dieses Schlussberichts sollte das Joint Standing Committe dann in der ersten ordentlichen Sitzung der 127. Legislaturperiode einen Gesetzesentwurf einbringen. In Section 2 wird lediglich angeordnet, dass der Beschluss rückwirkend auf den 01.12.2013 anwendbar ist. Der Probate and Trust Law Advisory Commission wurde auf diese Art und Weise ein Jahr mehr Zeit eingeräumt, einen Vorschlag für die Handhabung der Vererblichkeit des digitalen Nachlasses zu erarbeiten.[338]

337 HP 1248 – No. 1742, abrufbar unter: http://www.mainelegislature.org/legis/bills/getPDF.asp?paper=HP1248&item=1&snum=126, alternativ siehe auch bei Summaries of bills, amendments and laws enacted or finally passed Joint Standing Committee on Judiciary, Mai 2014, abrufbar unter: http://www.maine.gov/legis/opla/JUDSUMS2014.pdf, beides zuletzt besucht am: 10.06.2014.

338 Vergleiche Summary zu H.P. 1248, abgedruckt am Ende des Dokuments, abrufbar unter: http://www.mainelegislature.org/legis/bills/getPDF.asp?paper=HP1248&item=1&snum=126, zuletzt besucht am: 10.06.2014.

c. Bundesstaaten im Gesetzgebungsprozess

Mit den Bundesstaaten Maryland,[339] Michigan,[340] Nebraska, New Hampshire, New Jersey,[341] New York,[342] Oregon[343] und Pennsylvania[344] bestanden zum Zeitpunkt der Bearbeitung des vorliegenden Abschnitts[345] noch weitere 8 Staaten, die an einem Gesetzesentwurf für den Umgang mit dem digitalen Nachlass arbeiteten.[346] Weiterhin spannend bleibt insoweit die Frage, ob die einzelnen Bundesstaaten an ihren Entwürfen festhalten oder diese aufgeben und kurzerhand die Modellregelungen des „Fiducary Access to Digital Assets Act" der Uniform Law Commission übernehmen werden.

d. Bundesstaaten, die (bislang) keine Regelungen erlassen haben

aa. Bislang untätig gebliebene Bundesstaaten

Ebenso abzuwarten bleibt auch, ob die Gesetzgebungsorgane der restlichen Staaten Alabama, Alaska, Arizona, Arkansas, California, Colorado, Delaware, District of Columbia, Florida, Georgia, Hawaii, Illinois, Iowa, Kansas, Kentucky, Louisiana, Massachusetts, Minnesota, Mississippi, Missouri, Montana, New Mexico, Ohio, South Carolina, South Dakota, Tennessee, Texas, Utah, Vermont, Washington, West Virginia, Wisconsin und Wyoming weiterhin untätig bleiben[347] oder auch schlicht den einfacheren Weg wählen, indem sie die Fertigstellung der Modellgesetze im „Fiduciary Access to Digital Assets Act" abwarten und diese sodann in ihre eigenen Staatengesetze übernehmen.

---

339 Vergleiche Status: http://mgaleg.maryland.gov/webmga/frmMain.aspx?pid=billpage&stab=01&id=SB0029&tab=subject3&ys=2013RS, zuletzt besucht am: 10.06.2014.

340 Vergleiche Status: http://www.legislature.mi.gov/%28S%28etkct055wjkl2tmszsvp3045%29%29/mileg.aspx?page=GetObject&objectname=2012-HB-5929, zuletzt besucht am: 10.06.2014.

341 Siehe Bill No. 2943, abrufbar unter: http://www.njleg.state.nj.us/2012/Bills/A3000/2943_R1.HTM, zuletzt besucht am: 10.06.2014.

342 Siehe Bill A832–2013, abrufbar unter: http://open.nysenate.gov/legislation/bill/A823–2013, zuletzt besucht am: 10.06.2014.

343 Siehe Senate Bill 54, abrufbar unter: https://olis.leg.state.or.us/liz/2013R1/Measures/Overview/SB54, zuletzt besucht am: 10.06.2014.

344 Siehe House Bill 2580, abrufbar unter: http://www.legis.state.pa.us/cfdocs/billInfo/bill_history.cfm?syear=2011&sind=0&body=H&type=B&bn=2580, zuletzt besucht am: 10.06.2014.

345 Stand der Bearbeitung: Juni 2014.

346 Vergleiche zum Ganzen gute Übersicht bei: https://www.everplans.com/tools-and-resources/state-by-state-digital-estate-planning-laws, zuletzt besucht am: 10.06.2014.

347 Vergleiche auch hier Übersicht bei: https://www.everplans.com/tools-and-resources/state-by-state-digital-estate-planning-laws, zuletzt besucht am: 10.06.2014.

bb. Bundesstaaten, die eingebrachte Entwürfe abgelehnt haben

Neben den bereits dargestellten erfolgreichen Kodifikationsbemühungen hat es auch Bundesstaaten gegeben, die sich bewusst gegen eine Kodifizierung entschieden haben. So wurde in bislang zwei Bundesstaaten zwar ein Gesetzesentwurf entwickelt und eingebracht, jedoch im Gesetzgebungsverfahren abgelehnt.

(1) North Dakota

Im Bundesstaat North Dakota wurde am 21.01.2013 der Entwurf HB 1455 eingebracht, durch den eine neue Subsection in 30.1-18-15 und ein neues Chapter in Title 34 des North Dakota Century Code eingefügt werden sollten.[348] Hierin sollten die Autorisierung des „personal representative" für den Umgang mit Internet- Accounts und die Frage nach Privatsphäre und Datenschutz am Arbeitsplatz hinsichtlich von Social-Media-Accounts geregelt werden. Dem Entwurf wurde aber im Senat am 09.04.2013 mit 20 „Ja-" und 27 „Nein-"Stimmen die mehrheitliche Zustimmung verweigert,[349] so dass das Gesetzesvorhaben damit endgültig abgelehnt wurde.[350]

(2) North Carolina

Auch in North Carolina wurde ein Kodifikationsversuch unternommen, der letztlich scheiterte. Der Senate Bill 279 wurde am 12.03.2013 eingeführt.[351] Die ursprüngliche Version des Gesetzesvorschlags enthielt in dessen Part I „Protection of Rights to Digital Assets" umfangreiche Regelungen bezüglich des digitalen Nachlasses.[352] Insbesondere sollte der „personal representative" demnach auf digitale Daten und Accounts des Verstorbenen zugreifen, diese kontrollieren, verwalten, weiterführen, verbreiten, über sie verfügen oder sie kündigen können.[353] Im Rahmen der ersten

---

348 Kurzbeschreibung des Inhalts von HB 1455 im Journal HJ 182, abrufbar unter: http://www.legis.nd.gov/assembly/63-2013/journals/hr-dailyjnl-10.pdf#pagemode=bookmarks&Page182, zuletzt besucht am: 14.06.2014.

349 Übersicht über die Abstimmung, abrufbar unter: http://www.legis.nd.gov/assembly/63-2013/journals/sr-dailyjnl-63.pdf#pagemode=bookmarks&Page1205, zuletzt besucht am: 14.06.2014.

350 Siehe Übersicht zu HB 1455, abrufbar unter: http://www.legis.nd.gov/assembly/63-2013/bill-actions/ba1455.html, zuletzt besucht am: 10.06.2014.

351 Siehe Übersicht über die Entstehungsgeschichte von SB 279, abrufbar unter: http://www.ncleg.net/gascripts/BillLookUp/BillLookUp.pl?Session=2013&BillID=s279&submitButton=Go, zuletzt besucht am: 14.06.2014.

352 Filed Version von SB 279, abrufbar unter: http://www.ncleg.net/Sessions/2013/Bills/Senate/PDF/S279v0.pdf, zuletzt besucht am: 14.06.2014.

353 Vergleiche Vorschlag zur Ergänzung von G.S. 28A-13-3a (34), abrufbar unter: http://www.ncleg.net/Sessions/2013/Bills/Senate/PDF/S279v0.pdf, zuletzt besucht am: 14.06.2014.

Lesung sind jedoch zwei Versionen vorgeschlagen worden,[354] wovon eine keine Regelungen bezüglich des digitalen Nachlasses enthielt.[355] Übernommen wurde sodann die letztere Version, so dass aus SB 279, bereits nachdem er die erste Lesung passiert hatte, alle Regelungen bezüglich des digitalen Nachlasses herausgenommen waren.[356] So wurde der SB 279 zwar am 12.06.2013 durch den Gouverneur unterzeichnet, so dass dieser als Gesetz in Kraft trat; jedoch enthielt er keinerlei Regelungen mehr bezüglich des digitalen Nachlasses.[357]

II. Europäische Staaten und die Schweiz

Auch die europäischen Staaten haben eine Kodifikation zu den Fragen des digitalen Nachlasses bislang nicht in Angriff genommen.

---

354 Siehe Edition 1 und 2 in der Übersicht über die Entstehungsgeschichte von SB 279, abrufbar unter: http://www.ncleg.net/gascripts/BillLookUp/BillLookUp.pl?Session=2013&BillID=s279&submitButton=Go, zuletzt besucht am: 14.06.2014.

355 SB 279, Edition 2, Fassung vom 13.03.2013, abrufbar unter: http://www.ncleg.net/Sessions/2013/Bills/Senate/PDF/S279v2.pdf, zuletzt besucht am: 14.06.2014.

356 SB 279, Fassung vom 13.03.2013, abrufbar unter: http://www.ncleg.net/Applications/BillLookUp/LoadBillDocument.aspx?SessionCode=2013&DocNum=4541&SeqNum=0, zuletzt besucht am: 14.06.2014.

357 SB 279, Final Version, http://www.ncleg.net/Sessions/2013/Bills/Senate/PDF/S279v4.pdf, zuletzt besucht am: 14.06.2014.

D. Bisherige Reformvorschläge in Deutschland – Rechtsprechung

Auch wenn der deutsche Gesetzgeber bislang keinen Anlass zum Tätigwerden gesehen hat, so werden das Thema „Digitaler Nachlass“ und insbesondere die Frage nach der Notwendigkeit gesetzlicher Neuregelungen seit einigen Jahren auch in der deutschen juristischen Literatur diskutiert. Die verschiedenen Ansichten gehen teilweise erheblich auseinander. Jedoch lassen sie sich in Grobmuster einordnen, die hier exemplarisch dargestellt werden. Während ein Teil der Literatur – wenn auch mit unterschiedlicher Begründung – davon ausgeht, dass die vorhandenen gesetzlichen Regelungen ausreichen und eine Neuregelung damit nicht erforderlich ist (siehe unter Teil I), spricht sich ein anderer Teil der Literatur für gesetzliche Neuregelungen aus (siehe unter Teil II.). Die folgende Darstellung skizziert den aktuellen Meinungsstand, erhebt dabei aber keinen Anspruch auf Vollständigkeit. Nach Fertigstellung der vorliegenden Arbeit hat das Landgericht Berlin im Dezember 2015 ein erstes Urteil zum digitalen Nachlass erlassen. Dieses wurde vor Veröffentlichung der Arbeit als Gliederungspunkt III. in diesem Kapitel aufgenommen.

I. Ansichten, die keine gesetzlichen Neuregelungen für erforderlich halten

Der folgende Abschnitt behandelt die Ansichten, die die vorhandenen Regelungen für ausreichend halten. Die Darstellung erfolgt dabei chronologisch in der Reihenfolge der Veröffentlichungen.

1. Hoeren, NJW 05

Hoeren diskutiert in seinem Aufsatz aus dem Jahr 2005 den Umgang mit dem digitalen Nachlass zunächst anhand des Beispiels der E-Mail.[358] Seiner Ansicht zufolge soll die Differenzierung nach vermögensrechtlich relevanten und privaten Inhalten nur als grober Auslegungsgrundsatz gelten. Für die rechtliche Beurteilung sei vor allem entscheidend, ob die E-Mails bereits abgerufen worden seien (siehe unter Gliederungspunkt a. aa.) oder ob sie sich noch auf dem Server des Dienstleisters befänden (siehe unter Gliederungspunkt a. bb.).

358 Hoeren, Der Tod und das Internet – Rechtliche Fragen zur Verwendung von E-Mail- und WWW-Accounts nach dem Tod des Inhabers, NJW 2005, 2113 ff.

a. *Die E-Mail*

aa. *Vom Erblasser bereits abgerufene E-Mails*

(1) Grundsatz: Anwendbarkeit der Universalsukzession (Vererbbare Positionen)

Abgerufene E-Mails sind nach Hoeren Dateien, die auf der Festplatte des Verstorbenen verkörpert sind.[359] Der Erbe werde nach den Regeln der Universalsukzession Inhaber des gesamten Erblasservermögens und damit auch der Eigentümer der Festplatte und der darauf gespeicherten elektronischen Informationen, also grundsätzlich auch der gespeicherten E-Mails. Solange die E-Mail auf einem Datenträger des Erblassers gespeichert oder von diesem auf Papier ausgedruckt worden sei, folge die Vererbung den gleichen Regeln wie auch bei einem analogen Brief. Mit dem Eigentum an dem digitalen oder analogen Datenträger gehe auch das Recht an den darauf abgespeicherten Daten über.

(2) Ausnahme: Nicht vererbbare Positionen

Ausnahmsweise soll die E-Mail nur dann nicht nach den Regeln der Gesamtrechtsnachfolge vererbt werden, wenn es sich bei dieser um eine nicht vererbbare Position handelt.[360] Der Ausschluss der Vererblichkeit ergebe sich dabei entweder (wie etwa bei dem Nießbrauch oder bei Unterhaltsansprüchen) unmittelbar aus dem Gesetz oder müsse im Rahmen der Auslegung ermittelt werden. Der Grundsatz, dass vermögensrechtliche Positionen grundsätzlich vererblich, nichtvermögensrechtliche dagegen regelmäßig nicht vererblich seien,[361] gelte dabei aber allenfalls als grobe Auslegungsregel. Der Vererblichkeit vermögenswerter Rechtspositionen[362] könne schließlich entgegenstehen, dass die betroffenen Positionen eine besondere Personenbezogenheit aufwiesen, indem sie in besonderem Maße mit der Person des Erblassers verknüpft seien oder dessen individuellen Bedürfnissen oder höchstpersönlichen Zwecken dienten. Dabei verweist Hoeren darauf, dass genau dieser Rechtsgedanke, der – bei Annahme eines entsprechenden Erblasserwillens – das Zustandekommen des Vertrages verhindert, auch in § 153 BGB zum Ausdruck kommt. Ob ein spezieller Personenbezug zu bejahen sei, richte sich damit nach der Art und

---

359 Hoeren, Der Tod und das Internet – Rechtliche Fragen zur Verwendung von E-Mail- und WWW-Accounts nach dem Tod des Inhabers, NJW 2005, 2113, 2114.

360 Hoeren, Der Tod und das Internet – Rechtliche Fragen zur Verwendung von E-Mail- und WWW-Accounts nach dem Tod des Inhabers, NJW 2005, 2113, 2114.

361 Siehe bei: Erman-J. Lieder, BGB, Band 2, 14. Auflage 2014, § 1922 Rn. 8; MüKo-Leipold, BGB, 6. Auflage 2013, § 1922 Rn. 19.

362 Für die Vererblichkeit vermögenswerter Rechtspositionen: Erman-J. Lieder, BGB, Band 2, 14. Auflage 2014, § 1922 Rn. 8; MüKo-Leipold, BGB, 6. Auflage 2013, § 1922 Rn. 19; Staudinger-Marotzke, BGB, Erbrecht, 13. Bearbeitung 1994, § 1922 Rn. 115 (unverändert in: Staudinger-Marotzke, BGB, Erbrecht, Neubearbeitung 2008, § 1922 Rn. 115).

dem Inhalt der E-Mail. Daraus folge etwa, dass sich die Vererblichkeit unerwünscht zugesandter Werbe-E-Mails nach dem Eigentum am Trägermedium richte.

(3) Handhabung in der Praxis (Abgrenzung)

Für die Handhabung in der Praxis unterscheidet Hoeren zwischen privat und geschäftlich versandten E-Mails und grenzt innerhalb dieser Gruppierungen wieder vererbbare von nicht vererbbaren Positionen ab.[363]

(a) Privater E-Mail-Verkehr

Aufgrund der Vererblichkeit vermögensrechtlicher Positionen des allgemeinen Persönlichkeitsrechts[364], sei auch die Vererblichkeit von privaten E-Mails nicht vollkommen ausgeschlossen. Wenn dagegen nur die nichtvermögensrechtlichen Positionen des allgemeinen Persönlichkeitsrechts – wie etwa bei Gruß- oder Liebes-E-Mails – betroffen seien, seien diese E-Mails nicht vererbbar. E-Mails, die Informationen enthalten, die für das Andenken des betreffenden Erblassers erheblich sind und damit dessen Persönlichkeitsrecht auch über den Tod hinaus beeinträchtigen können, sollen aber nach der Ansicht von Hoeren nicht aufgrund der Gesamtrechtsnachfolge den Erben ausgehändigt, sondern den Angehörigen des Verstorbenen zugeleitet werden. Die nächsten Angehörigen oder ersatzweise eine oder mehrere besondere Vertrauenspersonen des Erblassers sollen demnach das Persönlichkeitsrecht des Erblassers treuhänderisch[365] – und nicht als eigenes Recht – wahrnehmen.

(b) Geschäftlicher E-Mail-Verkehr

Geschäftliche E-Mails und Daten beinhalteten dagegen vorwiegend vermögensrechtliche Positionen, so dass die Vererblichkeit nach dem Grundsatz der Universalsukzession anzunehmen sei.[366] Ein besonderer Personenbezug sei – außer in den Fällen, in denen das Geschäft individuelle Bedürfnisse des Erblassers betreffe – sekundär. Hoeren gibt aber zu bedenken, dass auch weitere Punkte zu beachten sein könnten, wie etwa die (gewerbliche) Nutzung bestimmter lizenzierter Produkte. Diese Produkte könnten nur dann genutzt werden, wenn auch ein entsprechendes Nutzungsrecht eingeräumt werde. Dieses sei aber nicht an die Eigentümerstellung

---

363 Hoeren, Der Tod und das Internet – Rechtliche Fragen zur Verwendung von E-Mail- und WWW-Accounts nach dem Tod des Inhabers, NJW 2005, 2113, 2114 f.

364 Hoeren, Der Tod und das Internet – Rechtliche Fragen zur Verwendung von E-Mail- und WWW-Accounts nach dem Tod des Inhabers, NJW 2005, 2113, 2114, unter Verweis auf: Erman-J. Lieder, BGB, Band 2, 14. Auflage 2014, § 1922 Rn. 9.

365 Hoeren, Der Tod und das Internet – Rechtliche Fragen zur Verwendung von E-Mail- und WWW-Accounts nach dem Tod des Inhabers, NJW 2005, 2113, 2114, unter Verweis auf: Staudinger-Marotzke, BGB, Erbrecht, (Neubearbeitung 2008), § 1922 Rn. 131.

366 Hoeren, Der Tod und das Internet – Rechtliche Fragen zur Verwendung von E-Mail- und WWW-Accounts nach dem Tod des Inhabers, NJW 2005, 2113, 2114.

an dem Datenträger gekoppelt, sondern ergebe sich aus dem Einrücken des Erben in die Rechtsposition des Erblassers und damit auch in den Lizenzvertrag.

bb. Vom Erblasser nicht abgerufene E-Mails

(1) Grundsatz: Anwendbarkeit der Universalsukzession

Noch nicht vom Erblasser abgerufene E-Mails sind regelmäßig noch auf dem Server des Providers gespeichert.[367] Nach der Ansicht von Hoeren übernimmt der Erbe die vorhandenen E-Mails hier nicht als Eigentum des Erblassers. Er trete stattdessen im Rahmen der Gesamtrechtsnachfolge in den Providervertrag, den der Erblasser geschlossen habe, ein und erhalte damit den Primärleistungsanspruch auf die Übertragung der vorhandenen Daten.

(2) Handhabung in der Praxis (Abgrenzung)

Dabei unterscheidet Hoeren aber auch bei den nicht abgerufenen E-Mails gleichermaßen zwischen privatem und geschäftlichem E-Mailverkehr. Die Vererblichkeit privater E-Mails soll demnach zwar nicht vollkommen ausgeschlossen sein (siehe oben unter Gliederungspunkt D. I. 1 a. aa. (3) (a)). Seien allein nichtvermögensrechtliche Positionen betroffen, finde jedoch ein solcher Ausschluss statt. Konsequenterweise müssen dann nach Hoeren die E-Mails nicht den Erben, sondern den nächsten Angehörigen zugänglich gemacht werden. Da bei geschäftlichem E-Mailverkehr grundsätzlich davon auszugehen sei, dass die nichtvermögensrechtlichen Aspekte im Hintergrund stünden, würden diese E-Mails also nach dem Grundsatz der Universalsukzession vererbt.

cc. Praktischer Zugriff auf die E-Mails

Die praktische Herausforderung, wie nun der Berechtigte Zugriff auf die zumeist passwortgesicherte E-Mail-Kommunikation erhält, löst Hoeren wie folgt.[368] Demnach soll der Erbe den erlangten Anspruch aus dem Providervertrag gegenüber dem Dienstleister geltend machen. Dabei müsse er aber einen Nachweis für seine Legitimation, etwa durch Vorlage eines Erbscheins, erbringen.

---

367 Vergleiche Hoeren, Der Tod und das Internet – Rechtliche Fragen zur Verwendung von E-Mail- und WWW-Accounts nach dem Tod des Inhabers, NJW 2005, 2113, 2114.

368 Hoeren, Der Tod und das Internet – Rechtliche Fragen zur Verwendung von E-Mail- und WWW-Accounts nach dem Tod des Inhabers, NJW 2005, 2113, 2115.

dd. Rechtsverstöße

Hoeren führt an, dass mit der Herausgabe der E-Mails des Erblassers durch einen privaten Provider gegen das Fernmeldegeheimnis aus Art. 10 GG verstoßen werden könnte.[369] Ferner sei an eine Strafbarkeit der Erben zu denken.

(1) Keine Verletzung des Fernmeldegeheimnisses gemäß Art. 10 GG

Das Fernmeldegeheimnis schütze die unkörperliche Nachrichtenübermittlung mittels des Fernmeldeverkehrs, wozu auch der E-Mail-Verkehr gehöre.[370] Träger des Grundrechts sei jedermann, der Teilnehmer oder Absender sei.[371] Durch Art. 10 GG seien aber nur solche Stellen verpflichtet, die selbst Aufgaben der öffentlichen Gewalt erfüllten. Private Provider seien dagegen nicht direkt an die Vorgaben des Grundgesetzes, insbesondere aus Art. 10 Abs. 1 Alt. 2 GG, gebunden, wenn sie E-Mails übermittelten. Hoeren verweist sodann auf die einfachgesetzliche Erweiterung der Verpflichtung zur Einhaltung des Fernmeldegeheimnisses auch für private Dienstanbieter gemäß §§ 3 Nr. 6, 88 Abs. 2 TKG in der Fassung von 2004, die mit Ende des staatlichen Monopols für den Fernmeldeverkehr erforderlich geworden sei.[372] Mit § 88 Abs. 3 S. 2 TKG in der Fassung von 2004 solle verhindert werden, dass Dienstanbieter sich selbst oder Dritten mehr Kenntnis vom Inhalt oder von näheren Umständen der Kommunikation verschafften als erforderlich. Hoeren gibt zu bedenken, dass die Telekommunikation gem. § 3 Nr. 22 TKG nur den technischen Vorgang des Empfangens, Übermittelns und Aussendens der Signale mittels Telekommunikationsanlagen erfasst; das heißt mittels technischer Systeme oder Einrichtungen, die optische oder elektromagnetische Signale, die als Nachrichten identifizierbar sind, senden, vermitteln, übertragen, empfangen, kontrollieren oder steuern. Zudem weist Hoeren darauf hin, dass Streit darüber besteht, ob E-Mails, die in der Mailbox ruhen, geschützt sind, spricht sich selbst jedoch gegen einen Schutz aus.[373]

---

369 Hoeren, Der Tod und das Internet – Rechtliche Fragen zur Verwendung von E-Mail- und WWW-Accounts nach dem Tod des Inhabers, NJW 2005, 2113, 2115.

370 Hoeren, Der Tod und das Internet – Rechtliche Fragen zur Verwendung von E-Mail- und WWW-Accounts nach dem Tod des Inhabers, NJW 2005, 2113, 2115, unter Verweis auf: Jarass/Pieroth, GG, (13. Auflage 2014), Art. 10 Rn. 5.

371 Hoeren, Der Tod und das Internet – Rechtliche Fragen zur Verwendung von E-Mail- und WWW-Accounts nach dem Tod des Inhabers, NJW 2005, 2113, 2115, unter Verweis auf Jarass/Pieroth, GG, (13. Auflage 2014), Art. 10 Rn. 10.

372 Hoeren, Der Tod und das Internet – Rechtliche Fragen zur Verwendung von E-Mail- und WWW-Accounts nach dem Tod des Inhabers, NJW 2005, 2113, 2115, unter Verweis auf: Wissmann-Meister/Schmitz, Telekommunikationsrecht, 1. Auflage 2003, Kap. 15 Rn. 6.

373 Hoeren, Der Tod und das Internet – Rechtliche Fragen zur Verwendung von E-Mail- und WWW-Accounts nach dem Tod des Inhabers, NJW 2005, 2113, 2115 m. w. N.

(2) Keine Strafbarkeit des Erben durch den Zugriff auf die E-Mails

Eine Strafbarkeit der Erben gemäß § 206 StGB scheide mangels Eröffnung des Schutzbereichs von Art. 10 GG aus. Eine Strafbarkeit nach § 202 StGB entfalle ebenfalls. Zwar verbiete diese Vorschrift das Öffnen und Lesen verschlossener Briefe und Schriftstücke, wenn die Kenntnis des Lesenden nicht beabsichtigt sei. Jedoch fehle hier der entsprechende Verweis auf § 11 Abs. 3 StGB, der Daten Schriftstücken gleichstelle. Auch eine Strafbarkeit nach § 202 a StGB käme nicht in Betracht. Daten könnten nur dann im Sinne dieses Paragraphen ausgespäht werden, wenn diese gegen einen unbefugten Zugriff besonders gesichert seien. Der Zugriff auf die E-Mails durch den berechtigten Erben oder einen nahen Angehörigen sei nicht unbefugt. Zudem unterfalle eine E-Mail ohne besondere Sicherung, wie etwa technische Verschlüsselungen oder einer Passwortsetzung, nicht dem Schutzbereich der Norm.[374] Auch das Bundesdatenschutzgesetz finde – jedenfalls dann, wenn ausschließlich für familiäre oder persönliche Zwecke mit den Daten umgegangen werde – nach § 27 Abs. 1 S. 2 BDSG keine Anwendung.

b. Die Internetseite

Neben dem Hauptanwendungsfall der E-Mail hatte Hoeren bereits die Frage nach der Vererbbarkeit einer Internetseite des Erblassers und deren Weiterführung im Blick.[375]

aa. Nutzung der Domain

Hoeren führt aus, dass Inhaberschaft und Nutzungsrecht an der Domain vererbbar sind und daher mit dem Tod des Erblassers auf die Erben übergehen. Dies stelle eine eigentumsfähige Position dar, die sich aus dem Vertrag mit der DENIC e.G. ergebe.[376] Im Rahmen der Universalsukzession trete der Erbe auch in die vertragliche Rechtsposition des Erblassers gegenüber der DENIC ein. Der Umstand, dass der Inhaber der Domain kein Eigentum oder sonstiges absolutes Recht an dieser erwerbe, sei aufgrund der Rechtsprechung des Bundesverfassungsgerichts unerheblich, wonach auch vertraglich begründete, obligatorische Forderungen von Art. 14 GG geschützt

374 Hoeren, Der Tod und das Internet – Rechtliche Fragen zur Verwendung von E-Mail- und WWW-Accounts nach dem Tod des Inhabers, NJW 2005, 2113, 2115, unter Verweis auf: Siebert, Briefgeheimnis – Ausspähen von Daten, §§ 202 StGB, in: eRecht24, Ratgeber, Strafrecht, abrufbar unter: http://www.e-recht24.de/artikel/strafrecht/35.html.

375 Hoeren, Der Tod und das Internet – Rechtliche Fragen zur Verwendung von E-Mail- und WWW-Accounts nach dem Tod des Inhabers, NJW 2005, 2113, 2116.

376 Hoeren, Der Tod und das Internet – Rechtliche Fragen zur Verwendung von E-Mail- und WWW-Accounts nach dem Tod des Inhabers, NJW 2005, 2113, 2116, unter Verweis auf die Allgemeinen Domainbedingungen der DENIC, abrufbar unter: http://www.denic.de/de/bedingungen.html, zuletzt besucht am: 08.11.2014.

seien.[377] Die Inhaberschaft der Domain sei ein vertragliches, relativ wirkendes Nutzungsrecht, das ausschließlich dem Forderungsinhaber zugewiesen und somit ein rechtlich geschützter Vermögenswert sei.[378] Nicht vererbbar – mangels obligatorischer Forderungen – seien dagegen die Funktionen als administrativer Kontakt (sog. admin-c) und als technischer Ansprechpartner.[379] Insofern der Erblasser diese Funktionen innegehabt habe, müsse der Erbe, der neuer Domaininhaber werde, einen Nachfolger hierfür benennen. Nach dem Übergang der Domain-Inhaberschaft auf den Erben sei dieser frei darin, die Domain entweder weiter zu betreiben oder diese – nach § 7 Abs. 1 S. 2 der DENIC-Domainbedingungen fristlos[380] – zu kündigen.

bb. Urheberrechte

Im Umgang mit Internetseiten einer verstorbenen Privatperson, eines verstorbenen Einzelkaufmannes oder eines verstorbenen Gesellschafters einer Personenhandelsgesellschaft empfiehlt Hoeren, die Internetseiten-Besucher über den Todesfall zu informieren.[381] Damit könne dem Interesse des Geschäftsverkehrs aufgrund der persönlichen Haftung der Benannten Rechnung getragen werden. Sinnvoll sei es, die Internetseite in Betrieb zu lassen und nur auf der Startseite eine Todesanzeige zu platzieren. Allein damit könne aber eine – gemäß der §§ 14, 23 UrhG unberechtigte – Bearbeitung, Entstellung oder Umgestaltung gegeben sein. Eine Änderung dürfe aber nur der Urheberrechtsinhaber oder ein vertraglich oder gesetzlich Ermächtigter durchführen. Eine solche Ermächtigung sei zu bejahen bei vertraglicher Beauftragung einer Web-Agentur durch den Erblasser zur Pflege der Homepage. Die Erben seien dagegen gesetzlich befugt, da das Urheberrecht gem. § 28 Abs. 1 UrhG vererblich sei und damit auf den Erben als Ganzes übergehe. § 30 UrhG ordne ausdrücklich an, dass dem Rechtsnachfolger – soweit keine Sonderregelung bestehe

---

377 Hoeren, Der Tod und das Internet – Rechtliche Fragen zur Verwendung von E-Mail- und WWW-Accounts nach dem Tod des Inhabers, NJW 2005, 2113, 2116, unter Verweis auf: BVerfGE 45, 142 = NJW 1977, 2024 (Darin führt das Bundesverfassungsgericht auf den Seiten 2027 und 2028 aus, dass der Anspruch des Verkäufers auf die Zahlung des Kaufpreises und die Abnahme der Ware gegen den Käufer (§ 433 II BGB) ein vermögenswertes Recht nach Art. 14 GG sei.).

378 Hoeren, Der Tod und das Internet – Rechtliche Fragen zur Verwendung von E-Mail- und WWW-Accounts nach dem Tod des Inhabers, NJW 2005, 2113, 2116, unter Verweis auf: BVerfGE 45, 142 = NJW 1977, 2024 (Wobei das Urteil nicht auf den möglichen Vermögenswert der Inhaberschaft einer Domain eingeht, sondern nur den Vermögenswert einer schuldrechtlichen Kaufpreisforderung bejaht, 2027, 2028.).

379 Hoeren, Der Tod und das Internet – Rechtliche Fragen zur Verwendung von E-Mail- und WWW-Accounts nach dem Tod des Inhabers, NJW 2005, 2113, 2116.

380 Abrufbar unter: http://www.denic.de/de/bedingungen.html, zuletzt besucht am: 08.11.2014.

381 Hoeren, Der Tod und das Internet – Rechtliche Fragen zur Verwendung von E-Mail- und WWW-Accounts nach dem Tod des Inhabers, NJW 2005, 2113, 2116.

– dieselben Urheberrechte zustehen sollen wie dem ursprünglichen Urheber auch. Der Erbe könne also das Werk ändern und die Verwertungs- und Urheberpersönlichkeitsrechte geltend machen.[382] Dritte, die von dem Erblasser nicht beauftragt worden seien, bedürften daher der Zustimmung der Erben, um die Internetseite zu ändern. Oft seien die Erben aber noch nicht ermittelt, so dass sich Dritte bei der Änderung der Internetseite in einer rechtlichen Grauzone befänden. Tatsächlich sei dies aber meist unerheblich, da die Internetseite sehr schnell wieder in den ursprünglichen Zustand versetzt werden könne.

cc. Pflicht zur Aktualisierung des Impressums

Zu bedenken seien aber auch Fälle, in denen eine Änderung der Internetseite aus rechtlichen Gründen zwingend erforderlich sei. Zu erwähnen sei hier vor allem § 6 TDG a. F. (siehe heute § 5 TMG)[383], aus dem sich die Pflicht zur Erstellung eines Impressums ergebe. Die Vorschrift habe sich an Dienstanbieter gerichtet. Dienstanbieter sei nach § 3 Nr. 1 TDG a. F. (heute Entsprechung in § 2 Nr. 1 TMG) „jede natürliche oder juristische Person, die eigene oder fremde Teledienste zur Nutzung bereithält oder den Zugang zur Nutzung vermittelt". Dabei ist nach Hoeren irrelevant, ob der Auftritt im Internet reine Selbstdarstellung ist oder dem E-Commerce dient. Erfasst seien auch gewerbsmäßig handelnde Privatpersonen, wobei auf den Streit über die Frage hingewiesen wird, ab wann Geschäftsmäßigkeit vorliege.[384] Sodann wird weiter ausgeführt, dass das Impressum bei Bestehen einer Impressumspflicht innerhalb von sechs Wochen nachdem der Erblasser gestorben sei, geändert werden müsse.[385] Die Sechs-Wochen-Frist sei dabei gleichlaufend zu der sechswöchigen Frist zur Ausschlagung des Erbes nach §§ 1944 Abs. 1, 1943 BGB. Ebenso wie der (vorläufige) Erbe sich Klarheit über den Umfang des Nachlasses verschaffen können solle, sollten auch die Nachlassgläubiger schnelle Rechtsklarheit erlangen.[386] Der Zweck der Impressumspflicht sei identisch. Dem Anspruchsteller solle Klarheit

382 Hoeren, Der Tod und das Internet – Rechtliche Fragen zur Verwendung von E-Mail- und WWW-Accounts nach dem Tod des Inhabers, NJW 2005, 2113, 2116, unter Verweis auf: Palandt-Weidlich, BGB, (74. Auflage 2015), § 1922 Rn. 34.

383 Das TDG ist aufgrund des Gesetzes vom 26.02.2007 (BGBl. I S. 179) mit Wirkung zum 01.03.2007 außer Kraft getreten (siehe Art. 5, BGBl. I, S. 185); siehe heute Entsprechung im Telemediengesetz, Artikel 1 des Gesetzes vom 26.02.2007 (BGBl. I S. 179), in Kraft getreten am 01.03.2007.

384 Hoeren, Der Tod und das Internet – Rechtliche Fragen zur Verwendung von E-Mail- und WWW-Accounts nach dem Tod des Inhabers, NJW 2005, 2113, 2116.

385 Hoeren, Der Tod und das Internet – Rechtliche Fragen zur Verwendung von E-Mail- und WWW-Accounts nach dem Tod des Inhabers, NJW 2005, 2113, 2117.

386 Hoeren, Der Tod und das Internet – Rechtliche Fragen zur Verwendung von E-Mail- und WWW-Accounts nach dem Tod des Inhabers, NJW 2005, 2113, 2117, unter Verweis auf: Palandt-Weidlich, BGB, (74. Auflage 2015), § 1944 Rn. 1 (Der die kurze Frist damit begründet, dass der ungewisse Schwebezustand beendet werden solle).

darüber verschafft werden, wem gegenüber er seine Ansprüche geltend machen soll. Da sich die Vorschrift – § 6 Nr. 1 TDG a. F. – an Dienstanbieter richte, seien diese also auch dazu verpflichtet, die Daten online zu stellen. Dementsprechend handelten auch die Dienstanbieter ordnungswidrig nach § 12 TDG a. F., wenn sie die Pflicht nach § 6 Nr. 1 TDG a. F. vorsätzlich oder fahrlässig verletzten. Daher hätten sie und ihre Erben sicherzustellen, dass die erforderlichen Änderungen im Impressum vorgenommen würden.

dd. Richtiger Verantwortlicher bei Rechtsverstößen

(1) Verletzungen von Rechten Dritter

Die richtigen Anspruchsgegner seien bei Verletzungen von Rechten Dritter, wie etwa bei der Verletzung des Urheber- oder Markenrechts, die Erben.[387] Ob die Haftung sich aus der vom Erblasser auf den Erben übergegangenen Pflicht ergebe oder ob der Erbe aufgrund eigener Verpflichtung hafte, könne dabei offen bleiben.

(2) Strafrechtliche Verantwortlichkeit

Die strafrechtliche Verantwortlichkeit ende – wie auch in der analogen Welt – mit dem Tod des Erblassers.[388] Strafrechtlich verantwortlich seien die Erben nur dann, wenn sie selbst einen Straftatbestand verwirklichten. Dabei komme hier die Verwirklichung eines fahrlässigen Unterlassungsdelikts in Betracht. Die nach § 13 Abs. 1 StGB erforderliche Garantenstellung ergebe sich aus dem Eintritt des Erben in die Rechtsposition des Verstorbenen und damit in die Position als Überwachungsgarant hinsichtlich der Homepage als Gefahrenquelle. Bei der Beurteilung, ab wann Fahrlässigkeit anzunehmen sei, müssten weitere Umstände, insbesondere eine angemessene Trauerzeit, berücksichtigt werden. Als Orientierung diene die Frist aus den §§ 1944 Abs. 1, 1943 BGB.

2. Dopatka, NJW-aktuell, Heft 49/2010, 14

a. Ausgangspunkt: Universalsukzession

Dopatka nimmt in seinem Aufsatz aus dem Jahr 2010 selbstverständlich den § 1922 BGB und damit das Prinzip der Universalsukzession als Ausgangspunkt für die rechtliche Behandlung des digitalen Nachlasses.[389] Der Erbe tritt nach Dopatka in den Vertrag ein, den der Erblasser mit dem Online-Dienst geschlossen hat. Die Behandlung der digitalen Daten nach dem Tod des Erblassers richte sich nach der

---

387 Hoeren, Der Tod und das Internet – Rechtliche Fragen zur Verwendung von E-Mail- und WWW-Accounts nach dem Tod des Inhabers, NJW 2005, 2113, 2117.

388 Hoeren, Der Tod und das Internet – Rechtliche Fragen zur Verwendung von E-Mail- und WWW-Accounts nach dem Tod des Inhabers, NJW 2005, 2113, 2117.

389 Dopatka, Digitaler Nachlass – Der Umgang mit elektronischen Daten nach dem Tod, NJW-aktuell Heft 49/2010, 14 f.

vertraglichen Ausgestaltung durch den einzelnen Dienstleister. In diesem Zusammenhang stelle sich die Frage nach der wirksamen Einbeziehung der Allgemeinen Geschäftsbedingungen in den jeweiligen Vertrag und nach der Wirksamkeit der einzelnen Klauseln, insbesondere im Hinblick auf die Inhaltskontrolle nach § 307 BGB. Probleme ergäben sich nur bei Ausschlagung der Erbschaft oder wenn von vorneherein kein Erbe existiere.

b. Praktischer Zugriff auf die digitalen Daten – Durchsetzung der Rechte

Der Erbe könne den jeweiligen Vertrag kündigen und insbesondere bei Online-Profilen in sozialen Netzwerken die Löschung des Accounts verlangen. Er müsse sich hierfür durch Vorlage einer Sterbeurkunde und eines Erbscheins legitimieren. Dopatka geht dabei von der Kulanz der meisten Dienstanbieter aus und beschreibt, dass es in vielen Fällen ausreichen soll, wenn lediglich eine Sterbeurkunde und eventuell ein Testament vorgelegt werden.[390]

aa. Zugriff auf die E-Mails

Der Zugriff auf die E-Mails des Verstorbenen solle grundsätzlich den Erben vorbehalten sein. Dies begründet Dopatka damit, dass heutzutage auch im Bereich der geschäftlichen Kommunikation ein Großteil elektronisch erfolgt. Daher bestehe ein Interesse der Erben daran, mögliche Hinweise auf Verbindlichkeiten des Erblassers zu erhalten. Solche Hinweise könnten sich etwa aus Rechnungen ergeben, die nicht in Papierform, sondern ausschließlich elektronisch an den Erblasser versandt würden. Neben Verbindlichkeiten könne die E-Mail-Kommunikation aber auch Anhaltspunkte für bestehende Forderungen des Verstorbenen gegenüber Dritten enthalten.

bb. Lösungsvorschlag: Erteilung einer Vollmacht auf den Todesfall

Um die Abwicklungsschwierigkeiten nach dem Todesfall zu erleichtern, insbesondere um den Zugang des Erben zu dem E-Mail-Account zu gewährleisten, empfiehlt Dopatka, bereits zu Lebzeiten eine Vollmacht zu Gunsten einer vertrauten Person auf den Todesfall aufzusetzen.[391] Diese bedürfe nicht der notariellen Beurkundung, solle aber schriftlich erfolgen und eigenhändig unterzeichnet werden. Bestenfalls sollten auch alle Dienstanbieter aufgelistet werden, bei denen der Handelnde einen Account eingerichtet habe. Von der Auflistung der Passwörter rät Dopatka jedoch wegen des hohen Missbrauchspotentials ab.

---

390 Dopatka, Digitaler Nachlass – Der Umgang mit elektronischen Daten nach dem Tod, NJW-aktuell Heft 49/2010, 14.

391 Dopatka, Digitaler Nachlass – Der Umgang mit elektronischen Daten nach dem Tod, NJW-aktuell Heft 49/2010, 14, 15.

c. Weitere betroffene Rechte und Rechtsgebiete

Ebenso wie Hoeren hat auch Dopatka erkannt, dass der Umgang mit dem digitalen Nachlass nicht allein aus erbrechtlicher Sicht betrachtet werden kann, sondern dass weitere Rechtsgebiete mit in die Beurteilung einspielen. Dopatka hat dabei das Allgemeine Persönlichkeitsrecht (unter Gliederungspunkt aa.) und das Urheberrecht (unter Gliederungspunkt bb.) angesprochen. Zu betrachten sei außerdem, was mit einer Domain nach dem Tod des Inhabers geschehe (Gliederungspunkt cc.).

aa. Das Allgemeine Persönlichkeitsrecht und § 22 KunstUrhG

Dopatkas Ausführungen zum Allgemeinen Persönlichkeitsrecht erschöpfen sich jedoch in dem Hinweis auf § 22 KunstUrhG,[392] dessen Satz 1 zufolge ein Bildnis nur mit der Einwilligung des darauf Abgebildeten verbreitet oder öffentlich zur Schau gestellt werden darf. Zudem wird auf § 22 S. 3 KunstUrhG eingegangen, in dem es heißt, dass dies bis zu einer Dauer von 10 Jahren nach dem Zeitpunkt des Todes des Abgebildeten der Einwilligung von dessen Angehörigen – und nicht von dessen Erben, wie Dopatka an dieser Stelle betont – bedarf. Ein weitergehender Schutz ergebe sich zusätzlich aus dem gesetzlich nicht ausdrücklich geregelten postmortalen Persönlichkeitsrecht. Auch dieses Recht könnten die Angehörigen ausüben und somit einer möglichen schwerwiegenden Verletzung des Persönlichkeitsrechts oder des Rechts auf die informationelle Selbstbestimmung des Verstorbenen entgegentreten.

bb. Das Urheberrecht nach dem Urheberrechtsgesetz

Ebenso kurz angesprochen werden außerdem die Vererblichkeit von Urheberrechten und die Übernahme von Internet-Domains durch den Erben.[393] Dabei wird auf die Vererblichkeit von Urheberrechten nach den Regelungen der §§ 28 bis 30 UrhG und insbesondere auf § 30 UrhG verwiesen. Demzufolge stünden auch dem oder den Erben sämtliche dem Urheber zustehenden Rechte zu. Dopatka geht davon aus, dass selbst erstellte Fotos oder Videos des Verstorbenen, die dieser im Internet veröffentlicht hat, vom Urheberrechtsgesetz erfasst sind und der Erbe somit jede weitere Veröffentlichung – gegebenenfalls gerichtlich – verbieten lassen kann.

cc. Internetseiten und Domains

Registrierte Internet-Domains gingen nach dem Versterben des Erblassers auf den oder die Erben über. Schließlich trete der Erbe im Wege der Universalsukzession gemäß § 1922 BGB in die Rechtsposition des Erblassers und damit auch in dessen

---

392 Dopatka, Digitaler Nachlass – Der Umgang mit elektronischen Daten nach dem Tod, NJW-aktuell Heft 49/2010, 14.

393 Dopatka, Digitaler Nachlass – Der Umgang mit elektronischen Daten nach dem Tod, NJW-aktuell Heft 49/2010, 14.

Vertrag mit der DENIC und mit dem jeweiligen Internet-Provider ein. Dies gelte ebenso für die Inhalte der betreffenden Internetseiten. Den Internet-Provider treffe schließlich die vertragliche Pflicht, die Inhalte bereitzustellen. Sollte in diesem Zusammenhang urheberrechtlich geschütztes Material betroffen sein, gingen die Rechte des Erblassers wiederum nach den Regelungen des Urheberrechtsgesetzes auf die Erben über.

3. Brinkert, Stolze, Heidrich, ZD 2013, 153

a. Grundsätzliche Anwendbarkeit der Universalsukzession

Auch Brinkert, Stolze und Heidrich gehen in ihrem Aufsatz aus dem Jahr 2013 zunächst von der Anwendbarkeit des Grundsatzes der Universalsukzession aus.[394] Eine Einschränkung gelte nur bei nichtvermögenswerten Positionen, die der Erbschaft nicht hinzugerechnet werden könnten, und bei solchen Positionen, die aufgrund ihrer engen Verknüpfung mit der Person des Verstorbenen besonders persönlich seien und daher nicht frei übertragen werden könnten.[395] Unter Verweis auf unter anderen auch Hoeren sollen private und höchstpersönliche (nichtvermögensrechtliche) Positionen durch die nächsten Angehörigen verwaltet werden.

b. Abgrenzung zwischen vermögens- und nichtvermögensrechtlichen Positionen

Ob die in einem Account gespeicherten Daten nun den wirtschaftlichen, materiellen, oder geldwerten Gütern[396] oder den immateriellen und ideellen Gütern[397] des Erblassers unterfallen, sei mangels ihrer Greifbarkeit schwer zu ermitteln.[398] Eine Abgrenzung sei anhand des Inhalts und des Charakters der betreffenden Daten vorzunehmen. Eine Unterscheidung zwischen geschäftlichen und urheberrechtlich geschützten und privaten Account-Inhalten biete sich zwar an, sei aber – entsprechend der bisherigen Einschätzungen in der Literatur – in Anbetracht der zumeist gleichzeitig privaten und beruflichen Nutzung schwer durchführbar.[399]

---

394 Brinkert/Stolze/Heidrich, Der Tod und das soziale Netzwerk, Digitaler Nachlass in Theorie und Praxis, ZD 2013, 153, 154.

395 Brinkert/Stolze/Heidrich, Der Tod und das soziale Netzwerk, Digitaler Nachlass in Theorie und Praxis, ZD 2013, 153, 154; unter Verweis auf: Burandt/Rojahn-Große/Boymann, Erbrecht, 2. Auflage 2014, § 1922 Rn. 75.

396 Vergleiche dazu Staudinger-Marotzke, BGB, Erbrecht, Neubearbeitung 2008, § 1922 Rn. 113.

397 Vergleiche dazu Staudinger-Marotzke, BGB, Erbrecht, Neubearbeitung 2008, § 1922 Rn. 113.

398 Brinkert/Stolze/Heidrich, Der Tod und das soziale Netzwerk, Digitaler Nachlass in Theorie und Praxis, ZD 2013, 153, 154.

399 Brinkert/Stolze/Heidrich, Der Tod und das soziale Netzwerk, Digitaler Nachlass in Theorie und Praxis, ZD 2013, 153, 154; unter Verweis auf: Hoeren, Der Tod und das

Bei schuldrechtlichen Beziehungen mit einem besonderen Personenbezug könne die Vererbbarkeit aufgrund gesetzlicher Regelungen ausgeschlossen sein.[400] Ebenso könne sich der Ausschluss der Vererblichkeit auch aus dem Inhalt des betreffenden Rechts ergeben.[401] Bei Verträgen über die Nutzung sozialer Netzwerke sei der Vertragspartner jedoch nicht schutzbedürftig, da dieser den Vertrag ohne nähere Prüfung der Identität des Nutzers abschließe.[402] Das Geschäftsmodell basiere vielmehr auf dem Risiko, dass der tatsächliche Nutzer nicht dem registrierten Nutzer entspreche. Zudem könne der Dienstleister entsprechend reagieren, sobald er die Anfrage des Erben auf Herausgabe der Zugangsdaten erhalte, und sei auch aus diesem Grund nicht schutzbedürftig.

c. *Praktischer Zugriff auf die digitalen Daten*

Nachdem beispielhaft einige Dienstanbieter und deren Umgang mit den Accounts nach dem Todesfall eines Nutzers dargestellt werden, wird von den Autoren der Konflikt zwischen dem Anspruch des Erben und dem postmortalen Persönlichkeitsrecht des Verstorbenen angesprochen.[403] Der Nachlass umfasse keine persönlichen Nachrichten des Verstorbenen, weil diese nichtvermögenswerte Güter und damit nicht Teil des Nachlasses seien. Ein Zugriff des – in die vertragliche Rechtsposition des Erblassers einrückenden – Erben scheitere aufgrund des postmortalen Persönlichkeitsrechts des Verstorbenen.[404] Berechtigte hinsichtlich persönlicher Nachrichten seien damit die nächsten Angehörigen.[405] Da der Erbe

Internet – Rechtliche Fragen zur Verwendung von E-Mail- und WWW-Accounts nach dem Tod des Inhabers, NJW 2005, 2113, 2114 und Martini, Der digitale Nachlass und die Herausforderung postmortalen Persönlichkeitsschutzes im Internet, JZ 2012, 1145, 1152.

400 Brinkert/Stolze/Heidrich, Der Tod und das soziale Netzwerk, Digitaler Nachlass in Theorie und Praxis, ZD 2013, 153, 154; unter Verweis auf u. a.: Burandt/Rojahn-Große/Boymann, Erbrecht, 2. Auflage 2014, § 1922 Rn. 75.

401 Brinkert/Stolze/Heidrich, Der Tod und das soziale Netzwerk, Digitaler Nachlass in Theorie und Praxis, ZD 2013, 153, 154 f.; unter Verweis auf: MüKo-Leipold, BGB, 5. Auflage 2010, § 1922 Rn. 21; Muscheler, Erbrecht, Band I, 1. Auflage 2010, Rn. 746.

402 Brinkert/Stolze/Heidrich, Der Tod und das soziale Netzwerk, Digitaler Nachlass in Theorie und Praxis, ZD 2013, 153, 155; unter Verweis auf u.a.: Martini, Der digitale Nachlass und die Herausforderung postmortalen Persönlichkeitsschutzes im Internet, JZ 2012, 1145, 1147.

403 Brinkert/Stolze/Heidrich, Der Tod und das soziale Netzwerk, Digitaler Nachlass in Theorie und Praxis, ZD 2013, 153, 156.

404 Brinkert/Stolze/Heidrich, Der Tod und das soziale Netzwerk, Digitaler Nachlass in Theorie und Praxis, ZD 2013, 153, 155.

405 Brinkert/Stolze/Heidrich, Der Tod und das soziale Netzwerk, Digitaler Nachlass in Theorie und Praxis, ZD 2013, 153, 155; unter Verweis auf: Hoeren, Der Tod und das Internet – Rechtliche Fragen zur Verwendung von E-Mail- und WWW-Accounts nach dem Tod des Inhabers, NJW 2005, 2113, 2114.

lediglich Anspruch auf den Zugang zu allen vermögensrechtlichen Positionen des Erblassers habe, müsse der jeweilige Dienstanbieter konsequenterweise vorab die gespeicherten Daten in vermögensrechtliche und nicht vermögensrechtliche Inhalte unterteilen.[406] Bei Internet-Accounts sei eine solche Grenzziehung jedoch kaum möglich. In allen sonstigen Bereichen sei die vorherige Zustimmung der nächsten Angehörigen erforderlich. Da die Angehörigen ihrerseits aber keinen Anspruch auf Zugang zu dem Account hätten, befinde sich der Erbe in einer „Pattsituation".

d. Weitere betroffene Rechte und Rechtsgebiete

aa. Postmortales Persönlichkeitsrecht

Eine unbeschränkte Zugriffsmöglichkeit des Erben auf den Internet-Account des Erblassers stehe mit dessen postmortalem Persönlichkeitsrecht in Konflikt.[407] Bei unbeschränktem Zugriff erhalte der Erbe schließlich unter Umständen Kenntnis von höchstpersönlichen oder gar intimen Inhalten. Ohne das Vorhanden-Sein besonderer Umstände könne nicht davon ausgegangen werden, dass der Verstorbene sein digitales Abbild nach seinem Versterben mit jemandem teilen wolle. Angeführt wird dabei das Urteil des Bundesverfassungsgerichts aus dem Jahr 2008,[408] in dem entschieden worden ist, dass auch informationstechnische Systeme, die die Bürger für ihre höchstpersönlichen Zwecke verwenden, zum Kernbereich der privaten Lebensführung gehören. Entsprechendes gelte auch für die Nutzung sozialer Netzwerke, weil die dort kommunizierten Nachrichten und Bilder zum Großteil aus dem privaten Lebensbereich des Verstorbenen stammten und diese regelmäßig nur mit einem ausgewählten Personenkreis geteilt würden. Daher wird auch hier ein Zugriff der Erben auf sämtliche Inhalte eines Accounts abgelehnt.[409]

---

406 Brinkert/Stolze/Heidrich, Der Tod und das soziale Netzwerk, Digitaler Nachlass in Theorie und Praxis, ZD 2013, 153, 156; unter Verweis auf: Martini, Der digitale Nachlass und die Herausforderung postmortalen Persönlichkeitsschutzes im Internet, JZ 2012, 1145, 1152 (Der vorschlägt, einen „neutralen Dritten", wie etwa den Dienstanbieter, treuhänderisch einzuschalten.).

407 Brinkert/Stolze/Heidrich, Der Tod und das soziale Netzwerk, Digitaler Nachlass in Theorie und Praxis, ZD 2013, 153, 155.

408 BVerfG, Urteil vom 27.02.2008 – 1 BvR 370/07, 1 BvR 595/07.

409 Brinkert/Stolze/Heidrich, Der Tod und das soziale Netzwerk, Digitaler Nachlass in Theorie und Praxis, ZD 2013, 153, 155; unter Verweis auf: Martini, Der digitale Nachlass und die Herausforderung postmortalen Persönlichkeitsschutzes im Internet, JZ 2012, 1145, 1152 und Hoeren, Der Tod und das Internet – Rechtliche Fragen zur Verwendung von E-Mail- und WWW-Accounts nach dem Tod des Inhabers, NJW 2005, 2113, 2114.

bb. Urheberrecht

Ein Internet-Account könne eine Vielzahl urheberrechtlich geschützter Inhalte haben. Solche geschützten Werke könnten entweder durch den Account-Inhaber hochgeladen oder auch direkt dort erschaffen werden.[410] Darunter fielen insbesondere Fotos, selbst gedrehte Videos sowie auch längere Texte. Der Erbe habe gemäß den §§ 25 Abs. 1, 28 und 30 UrhG das Recht, auf diese über das Urheberrecht geschützten Inhalte zuzugreifen.

cc. Datenschutzrecht

Brinkert, Stolze, Heidrich vertreten die Auffassung, dass das Bundesdatenschutzgesetz (BDSG) im Zusammenhang mit den Fragen des digitalen Nachlasses nicht anwendbar ist, da es gemäß seines § 3 Abs. 1 ausschließlich natürliche Personen schützt und keine Toten erfasst.[411] Außerdem falle die Nutzung personenbezogener Daten ausschließlich zu familiären oder privaten Zwecken nach § 1 Abs. 2 Nr. 3 BDSG nicht in den Regelungsbereich dieses Gesetzes. Durch den Zugriff der Erben auf den Account des Verstorbenen seien auch keine datenschutzrechtlichen Interessen Dritter verletzt. Die Anwendbarkeit des Datenschutzrechts hänge schließlich ausschlaggebend davon ab, was die Erben mit dem Zugriff auf die gespeicherten Daten bezweckten. Regelmäßig werde es dem Erben jedoch darum gehen, Erinnerungen an den Erblasser zu bewahren. Voraussetzung für die Anwendbarkeit des Bundesdatenschutzgesetzes sei aber die beabsichtigte geschäftsmäßige Verwendung der Daten durch eine öffentliche oder nichtöffentliche Stelle.

e. Lösungsvorschlag: Lebzeitige Vorsorge

Empfehlenswert aufgrund all dieser Schwierigkeiten sei einzig eine hinreichende, lebzeitige Vorsorge.[412] Von der Möglichkeit des Hinterlegens sämtlicher Zugangsdaten und Passwörter bei einem entsprechenden Online-Dienstleister wird aufgrund von Sicherheitsbedenken abgeraten. Angeraten wird dagegen das Abspeichern dieser Informationen auf einer entsprechenden Festplatte. Auch die Hinterlegung der Zugangsdaten bei einem Notar wird von Brinkert, Stolze, Heidrich in Erwägung gezogen, wobei angemerkt wird, dass auf eine laufende Aktualisierung zu achten ist, die bei der notariellen Aufbewahrung aber mit stetigen Kosten verbunden ist. Die kostengünstigere Variante sei also die Nutzung entsprechender Speichermedien.

---

410 Brinkert/Stolze/Heidrich, Der Tod und das soziale Netzwerk, Digitaler Nachlass in Theorie und Praxis, ZD 2013, 153, 155.

411 Brinkert/Stolze/Heidrich, Der Tod und das soziale Netzwerk, Digitaler Nachlass in Theorie und Praxis, ZD 2013, 153, 155.

412 Brinkert/Stolze/Heidrich, Der Tod und das soziale Netzwerk, Digitaler Nachlass in Theorie und Praxis, ZD 2013, 153, 156, 157.

II. Ansichten, die sich für eine gesetzliche Neuregelung aussprechen

1. Martini, JZ 2012, 1145

a. Vom Erblasser bereits abgerufene E-Mails

Martini greift in seinem Aufsatz von 2012 die Einschätzung Hoerens[413] auf und schließt sich seiner rechtlichen Beurteilung weitgehend an.[414] Demnach gehen Daten und damit auch heruntergeladene E-Mails des Erblassers, die auf lokalen Datenträgern verkörpert sind, im Rahmen der Universalsukzession auf den Erben über und folgen damit dem Eigentum an dem Datenträger.[415]

b. Vom Erblasser nicht abgerufene E-Mails

Daten eines Internet-Accounts, die grundsätzlich auf dem Server der Dienstleister gespeichert seien, gingen nicht nach dieser Regel auf den Erben über, da dieser kein Eigentum an den Servern erwerbe. Stattdessen tritt der Erbe nach Martini allenfalls in das Vertragsverhältnis ein, das der Erblasser mit dem Dienstanbieter abgeschlossen hatte.[416] Er erhalte jedoch zusätzlich ein außerordentliches Kündigungsrecht. Das Schuldrechtsverhältnis gehe entsprechend dem Rechtsgedanken aus § 399 Alt. 1 BGB nur dann nicht auf den Erben über, wenn der Gläubigerwechsel und die mit diesem einhergehende Inhaltsänderung den Interessen des Vertragspartners zuwiderliefen. Dieser Fall sei aber bei Internet-Dienstleistungsverträgen regelmäßig nicht gegeben, da solche Verträge ohne besondere Rücksicht oder besonderes Interesse an der Person und der Identität des Nutzers abgeschlossen würden. Die Personenidentität des Nutzers werde regelmäßig auch nicht näher geprüft. Persönliches Vertrauen werde durch den Nutzer nicht in Anspruch genommen.

c. Praktischer Zugriff auf die E-Mails

Den Erben steht nach Martini aufgrund des Eintritts in die vertragliche Rechtsstellung des Erblassers ein Anspruch auf Zugriff auf die Daten, die in dem Internet-Account gespeichert sind, zu.[417] Dieser Anspruch sei ein vertragliches Haupt- oder

---

413 Oben dargestellt unter Gliederungspunkt: D. I. 1.

414 Martini, Der digitale Nachlass und die Herausforderung postmortalen Persönlichkeitsschutzes im Internet, JZ 2012, 1145 ff.

415 Martini, Der digitale Nachlass und die Herausforderung postmortalen Persönlichkeitsschutzes im Internet, JZ 2012, 1145, 1147.

416 Martini, Der digitale Nachlass und die Herausforderung postmortalen Persönlichkeitsschutzes im Internet, JZ 2012, 1145, 1147.

417 Martini, Der digitale Nachlass und die Herausforderung postmortalen Persönlichkeitsschutzes im Internet, JZ 2012, 1145, 1147, für E-Mails unter Verweis auf:

Nebenrecht. Es bestehe insbesondere das Recht des Erben auf Auskunft und auf Herausgabe sämtlicher Zugangsinformationen.

d. Weitere betroffene Rechte und Rechtsgebiete

Martini sieht für die Beurteilung des Umgangs mit dem digitalen Nachlass eines Verstorbenen neben dem Erbrecht noch die Rechtsgebiete des Datenschutzrechts und des Verfassungsrechts berührt und unterteilt dabei in nicht öffentlich zugängliche (unter bb. (2)) und öffentlich zugängliche Daten (unter bb. (3)).[418] Doch zunächst geht er anhand des Beispiels des Urheberrechts auf die gesetzlichen Sonderregelungen für Immaterialgüterrechte ein (aa.).

aa. Immaterialgüterrechte – Insbesondere das Urheberrecht

Immaterialgüterrechte nehmen nach Martini – abseits von der Einordnung als vermögens- oder nichtvermögensrechtliche Positionen des Nachlasses – eine Sonderstellung ein.[419] Als unkörperliche Gegenstände mit einem Vermögenswert gingen sie nach gesetzlichen Sonderregelungen auf die Erben über. So sei das Urheberrecht nach § 28 Abs. 1 UrhG vererblich. Daher könne der Erbe verlangen, dass die urheberrechtsfähigen Inhalte, die der Erblasser beispielsweise auf einer Videoplattform eingestellt habe, gelöscht oder an ihn herausgegeben würden. Dem Erben stünden schließlich nach § 30 UrhG die gleichen Rechte wie dem Urheber zu. Dies gelte gemäß § 64 UrhG für die Dauer von 70 Jahren, bis das Urheberrecht erlösche. Wenn der verstorbene Urheber aber einem Dienstanbieter vertraglich ein Nutzungsrecht eingeräumt habe, müsse der Erbe dies gegen sich gelten lassen nach § 31 Abs. 1 S. 1 UrhG.

bb. Datenschutzrecht – Persönlichkeitsschutz

(1) Allgemeine Erwägungen

Aufgrund des einfachgesetzlichen Datenschutzrechts oder des in der Verfassung verankerten postmortalen Persönlichkeitsschutzes könne sich die Weitergabe von Passwörtern des Verstorbenen als unzulässig darstellen.[420] Das Datenschutzrecht sei die Ausprägung des Rechts des Einzelnen auf informationelle Selbstbestimmung nach den Art. 2 Abs. 1 und Art. 1 Abs. 1 GG und habe (nach § 1 Abs. 1 BDSG) die Aufgabe, den Einzelnen vor einer Beeinträchtigung seines Persönlichkeitsrechts

---

Hoeren, Der Tod und das Internet – Rechtliche Fragen zur Verwendung von E-Mail- und WWW-Accounts nach dem Tod des Inhabers, NJW 2005, 2113, 2114.

418 Martini, Der digitale Nachlass und die Herausforderung postmortalen Persönlichkeitsschutzes im Internet, JZ 2012, 1145, 1147 ff.

419 Martini, Der digitale Nachlass und die Herausforderung postmortalen Persönlichkeitsschutzes im Internet, JZ 2012, 1145, 1147.

420 Martini, Der digitale Nachlass und die Herausforderung postmortalen Persönlichkeitsschutzes im Internet, JZ 2012, 1145, 1147 f.

zu schützen, die im Rahmen des Umgangs mit seinen personenbezogenen Daten entstehen könne. Damit werde auf die Tatsache reagiert, dass mittels sämtlicher verfügbarer Daten ein umfassendes Persönlichkeitsprofil der betreffenden Person erstellt werden könne, das besonders gefährdet sei.[421] Der Gesetzgeber habe neben den allgemeinen Datenschutzgesetzen auch bereichsspezifische Regelungen, wie etwa das Telemediengesetz (TMG), aufgestellt. Soziale Netzwerke stellen nach Martini Telemediendienste im Sinne von § 1 Abs. 1 S. 1 TMG dar,[422] so dass die §§ 11 ff. TMG für die Daten, die bei der Nutzung und Erstellung eines Accounts anfielen, einschlägig seien. Subsidiär seien nach § 12 Abs. 3 TMG die allgemeinen datenschutzrechtlichen Regeln anwendbar. Das Fernmeldegeheimnis gemäß § 88 TKG sei dagegen nicht anwendbar. Die Geheimhaltungs-Verpflichtung bestehe zwar nach den §§ 88 Abs. 2 S. 2, Abs. 3 S. 2 und 3 TKG über das Ende der Telekommunikationsverbindung hinaus, das Fernmeldegeheimnis adressiere jedoch ausschließlich Telekommunikationsanbieter. Darunter fielen nach § 88 Abs. 2 S. 1 und § 3 Nr. 6 und Nr. 24 TKG aber nur diejenigen, die die Inhalte übertragen und nicht diejenigen, die die Inhalte anbieten würden. Eine ausdrückliche Regelung für den Umgang mit dem Account eines Verstorbenen enthielten weder das Telemediengesetz noch das Bundesdatenschutzgesetz. Für diese Frage müsse also auf den Sinn der Regelungen und ihren verfassungsrechtlichen Hintergrund abgestellt werden. Hierfür müsse zwischen nicht öffentlich zugänglichen und öffentlich zugänglichen Daten unterschieden werden.

(2) Nicht öffentlich zugängliche Daten

(a) Einfachgesetzlicher Datenschutz

(aa) Bisherige Auffassung – Ende des Datenschutzes mit dem Tod

Martini geht zunächst auf die allgemeine Auffassung ein, dass der Datenschutz mit dem Tod des Erblassers grundsätzlich sein Ende finde.[423] Dies werde aus dem Grundgedanken des Datenschutzrechts gefolgert. Das Datenschutzrecht knüpfe schließlich nach § 3 Abs. 1 BDSG und § 12 Abs. 1, 3 TMG an personenbezogene Daten an. Diese Daten müssten sodann nach § 3 Abs. 1 BDSG und nach § 11 Abs. 2 TMG auf eine natürliche Person Bezug nehmen. Konsequent sei es daher, davon auszugehen, dass ausschließlich Informationen über einen noch lebenden Menschen erfasst

421 Martini, Der digitale Nachlass und die Herausforderung postmortalen Persönlichkeitsschutzes im Internet, JZ 2012, 1145, 1148, unter Verweis auf: BVerfGE 65, 1, 45.

422 Martini, Der digitale Nachlass und die Herausforderung postmortalen Persönlichkeitsschutzes im Internet, JZ 2012, 1145, 1148, unter Verweis auf u.a.: Jotzo, Gilt deutsches Datenschutzrecht auch für Google, Facebook & Co. bei grenzüberschreitendem Datenverkehr?, MMR 2009, 232, 234.

423 Martini, Der digitale Nachlass und die Herausforderung postmortalen Persönlichkeitsschutzes im Internet, JZ 2012, 1145, 1148.

würden.[424] Zudem könne auf den Schutzzweck des BDSG – die freie Entfaltung der eigenen Persönlichkeit durch die aktive Teilnahme an dem Verarbeitungsprozess der erhobenen Daten[425] – abgestellt werden. Seine Persönlichkeit frei zu entfalten, sei naturgemäß nur einem lebenden Menschen möglich. Zudem sei auch nur der lebende Mensch Träger dieses Grundrechts aus Art. 2 Abs. 1, Art. 1 Abs. 1 GG.[426] Die Fähigkeit zur Persönlichkeitsentfaltung erlösche schließlich mit dem Tod. Das Allgemeine Persönlichkeitsrecht sei nicht vererbbar und die Literatur gehe einhellig davon aus, dass die Voraussetzung, dass die betreffende Person lebe, eine ungeschriebene Voraussetzung darstelle.

(bb) Neue Erkenntnis – Datenschutz über den Tod hinaus

Martini ist der Auffassung, dass die Begriffe „natürliche Person“ und „personenbezogene Daten“ lediglich voraussetzen, dass zwischen den Daten und einem lebenden Menschen im Zeitpunkt der Entstehung der betreffenden Daten eine Beziehung bestanden hat. Abzugrenzen davon seien solche Daten, die entweder eine juristische Person beträfen oder keinerlei Personenbezug aufwiesen. Daten, die sich auf eine Person bezögen, blieben auch nach dem Tod der Person auf diese bezogen und damit personenbezogen. Schließlich sei weiterhin ein bestimmter Mensch als Betroffener adressiert. Es sei mithin nicht erforderlich, dass der Betroffene heute (noch) lebe. Der Verstorbene habe zwar keine Möglichkeit mehr, aktiv am Verarbeitungsprozess teilzunehmen, dies beeinflusse die Schutzbedürftigkeit der sensiblen personenbezogenen Daten jedoch nicht. Würden diese Daten nach dem Tod preisgegeben, beeinflusse dies bereits die Persönlichkeitsentfaltung zu Lebzeiten.[427] Auf die Integrität und Vertraulichkeit der eigenen Daten könne der Einzelne in diesem Fall nicht mehr vertrauen. Die Vorschriften in § 35 Abs. 5 SGB I oder in § 22 S. 3 KunstUrhG verdeutlichten außerdem, dass nach dem Willen des Gesetzgebers auch nach dem Tod die Daten des Verstorbenen geschützt werden sollten. Nichts anderes ergebe sich aus dem Gebot der Datensparsamkeit, wonach die Dienstanbieter nach § 12 Abs. 2 TMG Informationen nur so lange zur Verfügung haben sollten, wie es zur Bereitstellung ihrer Telemedien erforderlich sei.

---

424 Martini, Der digitale Nachlass und die Herausforderung postmortalen Persönlichkeitsschutzes im Internet, JZ 2012, 1145, 1148, unter Verweis auf: Taeger/Gabel-Buchner, BDSG, 2. Auflage 2013, § 3 Rn. 8 (und 9); Simitis-Dammann, Bundesdatenschutzgesetz, (8. Auflage 2014), § 3 Rn. 17.

425 Martini, Der digitale Nachlass und die Herausforderung postmortalen Persönlichkeitsschutzes im Internet, JZ 2012, 1145, 1148, unter Verweis auf: Simitis-Dammann, Bundesdatenschutzgesetz, (8. Auflage 2014), § 3 Rn. 17.

426 Martini, Der digitale Nachlass und die Herausforderung postmortalen Persönlichkeitsschutzes im Internet, JZ 2012, 1145, 1148, unter Verweis auf: BVerfGE 30, 173, 194, (Parallelfundstelle NJW 1971, 1645, dort 1647) und BVerfG, NJW 2001, 2957, 2958 (eigentlich 2959).

427 Martini, Der digitale Nachlass und die Herausforderung postmortalen Persönlichkeitsschutzes im Internet, JZ 2012, 1145, 1149.

(cc) Keine Freigabe der Daten des Verstorbenen gegenüber den Erben

Aus dieser Erkenntnis folgert Martini schließlich, dass gegenüber den Erben die Account-Daten des Verstorbenen nicht freigegeben werden dürften.[428] Auch wenn eine Vorschrift fehle, die die Herausgabe ausdrücklich untersage, sei der Dienstleister als eine Art datenschutzrechtlicher Geheimnisträger zu sehen, dem gegenüber die Informationen durch den Verstorbenen im Vertrauen darauf preisgegeben worden seien, dass diese nicht weitergeleitet oder herausgegeben würden. Vergleichbar seien die Vorschriften des notariellen und anwaltlichen Beratungsgeheimnisses nach § 18 Abs. 1, Abs. 2 Hs. 2 BNotO und § 43a Abs. 2 S. 1 BRAO oder das Archivgeheimnis nach § 5 Abs. 2 S. 1 BArchG. Die Pflicht zur Verschwiegenheit bestehe ausweislich der Regelung in § 203 Abs. 4 StGB auch nach dem Tod der betreffenden Person fort. Nach dem Willen des Gesetzgebers solle das besondere Vertrauensverhältnis zwischen dem Sich-Anvertrauenden und dem Geheimnisträger einen besonderen Schutz vor dem Eindringen eines Dritten erfahren. So dürfe der Erbe etwa nur in Ausnahmefällen und wenn von der tatsächlichen oder mutmaßlichen[429] Einwilligung des Erblassers auszugehen sei, in die Krankenunterlagen des Verstorbenen Einsicht nehmen.[430] Die Entbindung von der Pflicht zur Verschwiegenheit sei eine höchstpersönliche Aufgabe des Betroffenen, woran auch der nach § 77 Abs. 2 und § 205 Abs. 2 S. 2 StGB eintretende Übergang des Strafantragsrechts nichts ändere.[431] Das Strafantragsrecht solle schließlich die Offenbarung von Geheimnissen bestrafen, wohingegen nicht die Möglichkeit eröffnet werden solle, die Schweigepflicht zu durchbrechen. Internetdienstanbieter drängten typischerweise, ähnlich wie Ärzte, sehr weit in die Privatsphäre des Vertragspartners ein.[432] Das Vertrauen, dass die Inhalte geheim blieben, sei grundlegende Voraussetzung der Vertragsbeziehung. Wenn dem Kunden bewusst sei, dass diese Informationen nach seinem Tod einem Dritten offenbart werden würden, käme dadurch unter Umständen ein vertrauensvoller, ungehemmter Informationsfluss nicht zustande. Martini gibt jedoch selbst zu bedenken, dass Internetdienstanbieter nicht von dem strafrechtlichen Geheimnisträgerkatalog des § 203 StGB erfasst seien und diesen zudem im Rahmen eines Strafverfahrens kein Zeugnisverweigerungsrecht zustehe. Dennoch ergebe sich eine

428 Martini, Der digitale Nachlass und die Herausforderung postmortalen Persönlichkeitsschutzes im Internet, JZ 2012, 1145, 1149 f.

429 Martini, Der digitale Nachlass und die Herausforderung postmortalen Persönlichkeitsschutzes im Internet, JZ 2012, 1145, 1149, unter Verweis auf: BGHZ 91, 392, 399 (Parallelfundstelle NJW 1984, 2893, 2894) und BayObLG, NJW 1987, 1492, 1493.

430 Martini, Der digitale Nachlass und die Herausforderung postmortalen Persönlichkeitsschutzes im Internet, JZ 2012, 1145, 1149, unter Verweis auf: BGH NJW 1983, 2627, 2628 (eigentlich 2629).

431 Martini, Der digitale Nachlass und die Herausforderung postmortalen Persönlichkeitsschutzes im Internet, JZ 2012, 1145, 1149, unter Verweis: BGH NJW 1983, 2627, 2629 (eigentlich auch 2628).

432 Martini, Der digitale Nachlass und die Herausforderung postmortalen Persönlichkeitsschutzes im Internet, JZ 2012, 1145, 1150.

vergleichbare Schutzintention aus dem Telemediengesetz (TMG), indem dieses eine Geheimhaltungsverpflichtung begründe. So sei gemäß § 13 Abs. 4 Nr. 3 TMG durch die Internetdienstanbieter sicherzustellen, dass bei Inanspruchnahme der Telemedien durch den Nutzer eine Kenntnisnahme Dritter ausgeschlossen sei. Daraus folge zwangsläufig die Verpflichtung, Dritten keinen Zugriff zu ermöglichen. Bei dieser Geheimhaltungspflicht handele es sich um eine vertragliche Hauptpflicht, durch die eine bedenkenlose Nutzung der Internetdienste und die vertrauliche Behandlung der hinterlegten Daten gesichert werde. Das Fortbestehen des Schutzes über den Tod des Nutzers hinaus ergebe sich zwar nicht aus dem Wortlaut, aber aus der ratio der Vorschrift. Schließlich bestehe auch im strafrechtlichen Schrifttum die Auffassung, dass § 203 StGB ein deklaratorischer Ausdruck des in der Verfassung verankerten Gebots postmortalen Persönlichkeitsschutzes sei.[433]

(b) Verfassungsrechtlicher postmortaler Persönlichkeitsschutz

Auch nach dem Erlöschen des Allgemeinen Persönlichkeitsrechts mit dem Tod werde ein postmortaler Persönlichkeitsschutz durch das Grundgesetz gewährt,[434] der sich als wesensgleiches Minus des lebzeitigen Schutzes darstelle[435] und der in dem von der Menschenwürde in Art. 1 Abs. 1 GG ausgehenden Achtungsanspruch begründet sei.

(aa) Inhalt und Ausprägungen des postmortalen Persönlichkeitsschutzes

Art. 1 Abs. 1 GG schütze die menschliche Existenz zwar lediglich in ihrem Kernbereich gegen schwere Beeinträchtigungen, so dass der postmortale Schutz nicht weitergehen könne als der zu Lebzeiten des Rechtsträgers.[436] Ein postmortaler Schutz vor Verfälschungen der Ergebnisse einer lebenslangen Persönlichkeitsentfaltung sei dadurch aber nicht ausgeschlossen. Die Persönlichkeitswerte, die als Bestandteil der Menschenwürde geschützt seien, überdauerten als persönlicher Eigenwert die

---

433 Martini, Der digitale Nachlass und die Herausforderung postmortalen Persönlichkeitsschutzes im Internet, JZ 2012, 1145, 1150, unter Verweis auf: Schönke/Schröder-Lenckner/Eisele, Strafgesetzbuch, 28. Auflage 2010, § 203 Rn. 70, der von einer „lediglich klarstellende[n] Funktion" des § 203 Abs. 4 StGB ausgeht.

434 Martini, Der digitale Nachlass und die Herausforderung postmortalen Persönlichkeitsschutzes im Internet, JZ 2012, 1145, 1150, unter Verweis auf: Sachs-Höfling, GG, 5. Auflage 2009, Art. 1 Rn. 39 (der sich der angegebene Inhalt jedoch nicht entnehmen lässt; richtig: Sachs-Murswiek, GG, 7. Auflage 2014, Art. 2 Rn. 78, worin von einem auf Art. 1 Abs. 1 GG gestützten Achtungsanspruch gesprochen wird, der von BVerfG und h.L. auch über den Tod hinaus anerkannt werde.).

435 Martini, Der digitale Nachlass und die Herausforderung postmortalen Persönlichkeitsschutzes im Internet, JZ 2012, 1145, 1150, unter Verweis auf: Bender, Das postmortale Einsichtsrecht in Krankenunterlagen, 1. Auflage 1998, S. 306, 447.

436 Martini, Der digitale Nachlass und die Herausforderung postmortalen Persönlichkeitsschutzes im Internet, JZ 2012, 1145, 1150.

Rechtsfähigkeit ihres Trägers, die durch dessen Tod begrenzt worden sei.[437] Der postmortale Persönlichkeitsschutz bestehe in zwei Ausprägungen.[438] Der „Allgemeine Achtungsanspruch" bewahre den Verstorbenen vor Herabwürdigung, wobei der „sittliche, personale und soziale Geltungswert" durch die eigene Lebensleistung erlangt worden sei.[439] Im Rahmen des digitalen Nachlasses gehe es grundsätzlich nicht um entwürdigende Darstellungen in der Öffentlichkeit und damit nicht um die Frage, ob eine Verletzung des Allgemeinen Achtungsanspruchs vorliege. Schließlich erhalte nur der engste Kreis der Angehörigen Einsicht in die gespeicherten Daten. Der Verstorbene sei aber auch durch das Persönlichkeitsrecht davor geschützt, dass unbefugte Dritte – die auch Erben oder Angehörige sein könnten – seine Persönlichkeit ausforschten, indem sie Zugang zu intimen Details seiner Persönlichkeit erhielten. Diese Nachwirkung des Persönlichkeitsschutzes auf die Zeit nach dem Tod sei vor allem dann besonders relevant, wenn die künftige Handhabung der Daten Einfluss auf die Offenbarung dieser Daten zu Lebzeiten habe. Erst diese Nachwirkung garantiere die vollständige Persönlichkeitsentfaltung zu Lebzeiten – zur Vervollständigung des lebzeitigen Schutzes.[440] Martini vertritt auch die Ansicht, dass sich die Notwendigkeit des Persönlichkeitsschutzes im Rahmen der digitalen Medien bei konsequenter Fortführung der bundesverfassungsgerichtlichen Rechtsprechung sogar aus einer Schutzpflicht nach Art. 10 Abs. 1 GG ergibt.[441] Das Telekommunikationsgeheimnis schütze zwar nur den Kommunikationsvorgang als solchen und nicht die Inhalte oder Kommunikationsumstände, die nach Abschluss der Übertragung in dem Herrschaftsbereich eines Kommunikationsteilnehmers gespeichert seien. Das Bundesverfassungsgericht halte den Kommunikationsvorgang im Rahmen des E-Mail-Verkehrs jedoch solange für noch nicht beendet, wie die Nachrichten bei dem Provider gespeichert seien.[442] Gerade bei sozialen Netzwerken blieben die Informationen aber grundsätzlich in dem Herrschaftsbereich des

437 Martini, Der digitale Nachlass und die Herausforderung postmortalen Persönlichkeitsschutzes im Internet, JZ 2012, 1145, 1150; unter Verweis auf: BVerfGE 30, 173, 194; BGHZ 15, 249, 259.

438 Martini, Der digitale Nachlass und die Herausforderung postmortalen Persönlichkeitsschutzes im Internet, JZ 2012, 1145, 1150.

439 Martini, Der digitale Nachlass und die Herausforderung postmortalen Persönlichkeitsschutzes im Internet, JZ 2012, 1145, 1150; unter Verweis auf: BVerfG, NJW 2001, 591, 594, (Worin jedoch auf S. 593 nur ausgeführt wird, dass ein Schutz vor Herabwürdigung besteht.); BVerfG, NJW 2001, 2957, 2958 (eigentlich 2959).

440 Martini, Der digitale Nachlass und die Herausforderung postmortalen Persönlichkeitsschutzes im Internet, JZ 2012, 1145, 1150 f.; unter Verweis auf: Schack, Weiterleben nach dem Tode – juristisch betrachtet, JZ 1989, 609, 614.

441 Martini, Der digitale Nachlass und die Herausforderung postmortalen Persönlichkeitsschutzes im Internet, JZ 2012, 1145, 1151.

442 Martini, Der digitale Nachlass und die Herausforderung postmortalen Persönlichkeitsschutzes im Internet, JZ 2012, 1145, 1151; unter Verweis auf: BVerfG, MMR 2009, 673, 674 f.

Providers, wodurch sich der Anwendungsbereich von Art. 10 GG eröffne. Sowohl der Dienstanbieter selbst, als auch Dritte könnten unbemerkt auf den Kommunikationsvorgang zugreifen. Betroffen sei dann der sich aus der Verfassung ergebende Auftrag zum Schutz „drittvermittelter Privatheit auf Distanz", der von Art. 10 Abs. 1 GG als Ausformung des allgemeinen Persönlichkeitsrechts in Form des Rechts auf Achtung der Würde erfasst sei.[443] Ergänzend komme das „Grundrecht auf Gewährleistung der Vertraulichkeit und Integrität informationstechnischer Systeme" zur Anwendung.[444]

(bb) Bedeutung des postmortalen Persönlichkeitsschutzes im Zeitalter digitaler Medien

Der Erblasser könne bereits zu Lebzeiten von dem Wissen eingeschüchtert werden, dass Informationen nach seinem Tode einer Person zugänglich gemacht würden, der er diese zu Lebzeiten bewusst vorenthalten habe.[445] Entsprechendes gelte im Übrigen auch für Informationen, die er selbst – etwa von einer geheimen Geliebten – empfangen habe. Die Herausgabe sämtlicher Account-Daten und -Inhalte könne auch das Persönlichkeitsrecht, insbesondere in der besonderen Ausformung im Rahmen des Art. 10 Abs. 1 GG, von lebenden Dritten verletzen. Der Nutzer vertraue grundsätzlich darauf, dass nur der Dienstanbieter und er mittels des „digitalen Schlüssels" voll auf die Daten zugreifen könnten. Es sei daher grundsätzlich davon auszugehen – und durch die Geheimhaltungsverpflichtung aus § 13 Abs. 4 Nr. 3 TMG abgesichert –, dass der Verstorbene nicht mit der Weitergabe der Zugangsdaten einverstanden sei, solange er diese Daten nicht selbst einem Dritten ausdrücklich mitgeteilt habe.[446] Der Erblasser sei daher vor der Weitergabe seiner Zugangsdaten durch den Dienstanbieter nicht erst geschützt, wenn er ein solches Verbot letztwillig verfügt habe. Vielmehr gelte umgekehrt, dass die Daten solange nicht weitergegeben werden dürften, wie der Erblasser nicht die Freigabe gegenüber einem Dritten oder dem Dienstanbieter stillschweigend oder ausdrücklich verfügt habe. Das Recht auf Geheimhaltung der Account-Inhalte wandle sich mit dem Tod um in ein Recht des Verstorbenen auf die Respektierung seines Persönlichkeitsbildes. Dies äußere sich sodann in dem Verbot für die Weitergabe der Zugangsdaten. Die ursprünglich als Abwehrrechte gegenüber staatlichem Handeln konzipierten Grundrechte wirkten hier als Bestandteil einer Schutzpflicht des Staates mittelbar auf die Auslegung von

443 Martini, Der digitale Nachlass und die Herausforderung postmortalen Persönlichkeitsschutzes im Internet, JZ 2012, 1145, 1151.

444 Martini, Der digitale Nachlass und die Herausforderung postmortalen Persönlichkeitsschutzes im Internet, JZ 2012, 1145, 1151; unter Verweis auf: BVerfGE 120, 274 ff. (insbesondere 302 ff.).

445 Martini, Der digitale Nachlass und die Herausforderung postmortalen Persönlichkeitsschutzes im Internet, JZ 2012, 1145, 1151.

446 Martini, Der digitale Nachlass und die Herausforderung postmortalen Persönlichkeitsschutzes im Internet, JZ 2012, 1145, 1152.

vertragsrechtlichen Rechtsbeziehungen ein.[447] Ein Vorbehalt des Dienstanbieters in dessen Allgemeinen Geschäftsbedingungen, der das Recht zur Weitergabe der Account-Daten an den Erben begründen solle, weiche daher in unzulässiger Weise von dem gesetzlichen Grundmodell nach § 307 Abs. 1, 2 Nr. 1 BGB ab.

(c) Abgrenzung zwischen vermögensrechtlichen und höchstpersönlichen Positionen im digitalen Nachlass

Auch Martini nimmt eine Abgrenzung zwischen den vermögensrechtlichen und den nichtvermögensrechtlichen Positionen des Nachlasses vor.[448] Während die personenbezogenen Elemente dem Zugriff des Erben entzogen seien, könne dieser aber auf den vermögensrechtlichen Teil zugreifen. Hierfür müsse für ihn auch die Möglichkeit bestehen, auf den Online-Account des Erblassers zuzugreifen. Vor allem bei privat und geschäftlich genutzten Accounts erweise sich eine Abgrenzung als schwierig, auf welche Daten der Erbe nun zugreifen dürfe. Hier schlägt Martini vor, entsprechend der Regelung in § 100a Abs. 4 S. 2 StPO nach Art des jeweiligen Gegenstandes zu unterscheiden. In der Praxis sei dies durch Einschaltung eines neutralen Dritten – etwa eines Testamentsvollstreckers oder des Dienstanbieters selbst – als Treuhänder zu handhaben. Der Dienstanbieter habe die technischen Möglichkeiten, die Positionen nach vermögensrechtlich und nichtvermögensrechtlich Relevantem zu trennen und solle dem Erben schließlich nur Zugriff auf die vermögensrechtlichen Inhalte gewähren. Dabei solle der tatsächliche oder mutmaßliche Wille des Verstorbenen berücksichtigt werden. Hierfür nimmt Martini in Kauf, dass dieser zusätzliche Aufwand des Dienstleisters Einfluss auf die Preise der angebotenen Dienste habe.

(3) Öffentlich zugängliche Daten

Hinsichtlich öffentlich zugänglicher Daten, wie etwa auf der eigenen Homepage oder in einem Internet-Blog, könnten abweichende Regeln gelten.[449] Schließlich bestehe hier kein besonderer Geheimhaltungsschutz, weil der Erblasser selbst die Inhalte der Öffentlichkeit zugänglich gemacht habe.

---

447 Martini, Der digitale Nachlass und die Herausforderung postmortalen Persönlichkeitsschutzes im Internet, JZ 2012, 1145, 1152; unter Verweis auf u.a.: BGHZ 26, 349 (354); 30, 7 (eigentlich 10 f., worin es heißt, dass die Grundrechte Grundwerte der Rechtsordnung seien, die auch im Privatrechtsverkehr von jedermann beachtet werden müssten. Durch das allgemeine Persönlichkeitsrecht würden bestehende gesetzliche Regelungen ergänzt.).

448 Martini, Der digitale Nachlass und die Herausforderung postmortalen Persönlichkeitsschutzes im Internet, JZ 2012, 1145, 1152.

449 Martini, Der digitale Nachlass und die Herausforderung postmortalen Persönlichkeitsschutzes im Internet, JZ 2012, 1145, 1152.

(a) Die Erben als Wahrnehmungsberechtigte – Klarstellende gesetzliche Neuregelung

Sämtliche Rechte auf Berichtigung, Auskunft, Sperrung oder Löschung stehen nach Martini dem Betroffenen gemäß § 13 Abs. 7 und § 12 Abs. 3 TMG in Verbindung mit den §§ 19, 20, 35 BDSG zu dessen Lebzeiten selbst zu.[450] Nach dem Erbfall sollen die Erben in die Position des Erblassers schlüpfen und damit auch dessen Rechte, die sich aus dem Bundesdatenschutzgesetz ergeben, wahrnehmen können. Entgegen anders lautender Annahmen[451] seien diese Rechte vererblich. Schließlich seien auch weitere Ausprägungen des Allgemeinen Persönlichkeitsrechts vererblich, wie das Recht des Erblassers am eigenen Bild und das vermögensrechtliche postmortale Persönlichkeitsrecht, die ebenfalls nach dem Todesfall durch die Wahrnehmungsberechtigten geltend gemacht werden könnten, ohne dass der Erblasser selbst seine Persönlichkeit – nach dem Tod – weiter entfalten könne.[452] Der Schutz personenbezogener Daten müsse auch über den Tod des Erblassers fortdauern, da die Daten sonst den Dienstleistern unbeschränkt zur Verfügung stünden. Zwar stehe einer Treuhänder-Stellung der Erben bei den öffentlich zugänglichen Daten kein Geheimhaltungsinteresse des Erblassers entgegen, jedoch gebe es auch keine gesetzliche Regelung, die eine solche ausdrücklich begründe und den Erben hierzu legitimiere. Martini hält daher die Erweiterung des bestehenden § 12 Abs. 3 TMG um die folgenden Sätze 2 und 3 für erforderlich:

> *„Datenschutzrechtliche Rechte nehmen nach dem Tod des Nutzers dessen Angehörige wahr. Angehörige im Sinne dieses Gesetzes sind der überlebende Ehegatte oder Lebenspartner und die Kinder des Nutzers und, wenn weder ein Ehegatte oder Lebenspartner noch Kinder vorhanden sind, die Eltern des Nutzers.“*[453]

Solange eine solche Regelung nicht existiere, solle analog auf die Regelung in § 22 S. 3 KunstUrhG und § 60 Abs. 1 UrhG zurückgegriffen werden, in denen jeweils den Angehörigen das Wahrnehmungsrecht hinsichtlich der Verbreitung von Bildnissen des Toten zugesprochen werde. Die Interessenlagen seien mit der im Rahmen des

---

450 Martini, Der digitale Nachlass und die Herausforderung postmortalen Persönlichkeitsschutzes im Internet, JZ 2012, 1145, 1153.

451 Bergmann/Möhrle/Herb, Datenschutzrecht, Band 1, Grundwerk-Stand: 19. EGL, Juni 1999, Stand: Juni 1997, § 6 Rn. 12,; Gola/Schomerus-Gola/Klug/Körffer, BDSG, 12. Auflage 2015, § 6 Rn. 3; Schaffland/Wiltfang, Bundesdatenschutzgesetz (BDSG), Stand Gesamtwerk: Juli 2002, Stand der Lieferung: 4/01, § 6 Rn. 2.

452 Martini, Der digitale Nachlass und die Herausforderung postmortalen Persönlichkeitsschutzes im Internet, JZ 2012, 1145, 1153; unter Verweis zur Vererblichkeit von Immaterialgütern auf: Lehmann, Postmortaler Persönlichkeitsschutz, 1. Auflage 1973, S. 45 ff. (Der zufolge aber Einigkeit darüber besteht, dass das Recht am eigenen Bild nicht vererblich ist, da es sich um ein Persönlichkeitsrecht handelt, das keine vermögensrechtlichen Bestandteile hat, S. 54.)

453 Martini, Der digitale Nachlass und die Herausforderung postmortalen Persönlichkeitsschutzes im Internet, JZ 2012, 1145, 1153.

digitalen Nachlasses vergleichbar, wobei ein Unterschied darin bestehe, dass die Internetdaten von dem Erblasser bereits zu dessen Lebzeiten öffentlich gemacht worden seien.

(b) Dauer der Wahrnehmungsberechtigung

Für die Dauer der Wahrnehmungsberechtigung schlägt Martini einen Zeitraum von 30 Jahren vor.[454] Als Maßstab hierfür zieht er die Verletzlichkeit der Persönlichkeitsrechte des Erblassers durch die Öffentlichkeit und den Internetdienstanbieter heran. Nach 30 Jahren bestehe dabei regelmäßig keine nennenswerte Neugierde der Nachwelt mehr für die öffentlich zugänglichen Internetdaten eines Verstorbenen.

e. *Lösungsvorschlag: Verpflichtende Profileinstellungen – Notwendigkeit von Gesetzesänderungen*

Um die vorgeschlagene Handhabung in der Praxis auch durchsetzen zu können, schlägt Martini vor, die Dienstanbieter zu verpflichten, ihre Nutzer bereits bei der Eröffnung eines Accounts zwischen verschiedenen Gestaltungsmöglichkeiten für den Todesfall wählen zu lassen und damit die „digitale Testierfreiheit" zu sichern.[455] Diese Angaben sollen später jederzeit wieder geändert werden können. Um diese Verpflichtung durchzusetzen, soll nach Martini der § 13 Abs. 4 TMG um eine Nr. 3a mit dem folgenden Wortlaut ergänzt werden:

> [§ 13 Abs. 4 TMG: Der Diensteanbieter hat durch technische und organisatorische Vorkehrungen sicherzustellen, dass...]
>
> *„die Nutzer die Möglichkeit haben, Regelungen für die Verwendung ihrer personenbezogenen Daten nach dem Tod zu treffen."*[456]

Der Account-Inhaber soll zwischen verschiedenen Handlungsmöglichkeiten wählen können, wie etwa der kompletten Account-Löschung, der Umschaltung in einen Kondolenzmodus oder aber er wünsche die Weitergabe der Zugangsdaten. Flankierend zu dieser Verpflichtung der Dienstanbieter solle zudem eine sogenannte „Aktivierungsfunktion" in § 13 Abs. 4 Nr. 3a S. 2 TMG-E aufgenommen werden:

454 Martini, Der digitale Nachlass und die Herausforderung postmortalen Persönlichkeitsschutzes im Internet, JZ 2012, 1145, 1153.
455 Martini, Der digitale Nachlass und die Herausforderung postmortalen Persönlichkeitsschutzes im Internet, JZ 2012, 1145, 1154.
456 Martini, Der digitale Nachlass und die Herausforderung postmortalen Persönlichkeitsschutzes im Internet, JZ 2012, 1145, 1154.

Sofern die Nutzer keine Vorgaben für den Todesfall getroffen haben, fordern die Diensteanbieter die Nutzer in regelmäßigen Abständen zu einer entsprechenden Erklärung auf, soweit der Nutzer dem nicht widerspricht."[457]

Habe der Nutzer trotz dieser Vorkehrungen keine Verfügungen vorgenommen, so greife die oben dargestellte Vorgehensweise. Zudem schlägt Martini vor, um den Erben über den Bestand aller Accounts des Erblassers zu informieren, bei längerer Inaktivität eines Accounts zuerst den Inhaber und nach einer festgeschriebenen Zeit die benannte Vertrauensperson anzuschreiben.[458]

2. Stellungnahme DAV

Im Juni 2013 hat der Deutsche Anwaltverein durch die Ausschüsse Informationsrecht, Erbrecht und Verfassungsrecht eine Stellungnahme zum digitalen Nachlass veröffentlicht.[459]

a. Darstellung des Grundaussagegehalts der Ansicht

Die Autoren vertreten darin die Auffassung, dass der gesamte digitale Nachlass einschließlich von Providerverträgen, E-Mail-Accounts und Auskunftsansprüchen, etwa in Bezug auf die von dem Erblasser gesetzten Passwörter im Rahmen der Universalsukzession gemäß dem § 1922 BGB auf die Erben übergeht.[460] Damit das Fernmeldegeheimnis dieser Regelung nicht entgegensteht, soll nach Ansicht des Deutschen Anwaltvereins eine Ergänzung des Telekommunikationsgesetzes vorgenommen werden. Zudem wird eine den §§ 563 ff. BGB entsprechende Regelung für Festnetzverträge gefordert, wonach ein Telekommunikationsanschluss grundsätzlich auf den Mitwohnungsinhaber des Telekommunikationsnutzers oder auf den Mitvertragspartner, der auch Mitwohnungsinhaber ist, und nicht auf die Erben des Telekommunikationsnutzers übergehen soll.

b. Vorgeschlagener Gesetzestext

Vorgeschlagen wird dabei der folgende, konkrete Wortlaut für einen neuen – zu ergänzenden – § 43c TKG:

---

457 Martini, Der digitale Nachlass und die Herausforderung postmortalen Persönlichkeitsschutzes im Internet, JZ 2012, 1145, 1154.

458 Martini, Der digitale Nachlass und die Herausforderung postmortalen Persönlichkeitsschutzes im Internet, JZ 2012, 1145, 1155.

459 DAV-Stellungnahme Nr.: 34/2013, abrufbar unter: http://anwaltverein.de/files/anwaltverein.de/downloads/newsroom/stellungnahmen/2013/SN-DAV34-13.pdf, zuletzt besucht am: 16.10.2015.

460 DAV-Stellungnahme Nr.: 34/2013, S. 5, abrufbar unter: http://anwaltverein.de/files/anwaltverein.de/downloads/newsroom/stellungnahmen/2013/SN-DAV34-13.pdf, zuletzt besucht am: 16.10.2015.

„§ 43c TKG-E

(1) [1]Der Ehegatte oder eingetragene Lebenspartner, der mit einem Teilnehmer einen gemeinsamen Haushalt führt, tritt bei Verträgen über Telekommunikationsdienste im Festnetz mit dem Tod des Teilnehmers in ein vom Teilnehmer allein geführtes Vertragsverhältnis ein. [2]Leben in einem gemeinsamen Haushalt Kinder des Teilnehmers oder andere Familienangehörige, treten diese mit dem Tod des Teilnehmers in dessen Vertrag ein, wenn der Ehepartner oder eingetragene Lebenspartner nicht eintritt. [3]Dasselbe gilt für Personen, die mit dem Teilnehmer einen auf Dauer angelegten gemeinsamen Haushalt führen.

(2) [1]Erklärt eine in das Vertragsverhältnis eingetretene Person innerhalb eines Monats, nachdem sie vom Tod des Teilnehmers Kenntnis erlangt hat, dem Telekommunikationsdiensteanbieter gegenüber, dass sie das Vertragsverhältnis nicht fortsetzen will, gilt der Eintritt als nicht erfolgt. [2]Sind keine Personen nach Absatz 1 in das Vertragsverhältnis eingetreten, setzt sich das Vertragsverhältnis mit den Erben des Teilnehmers fort. [3]Für geschäftsunfähige oder in der Geschäftsfähigkeit beschränkte Personen gilt § 210 BGB entsprechend.

(3) Sind mehrere Personen gemeinsam Vertragspartner eines Telekommunikationsvertrags, so wird das Vertragsverhältnis beim Tod eines Vertragspartners mit den Überlebenden allein fortgesetzt.

(4) Vor dem Übergang bestehende Ansprüche, insbesondere Zahlungspflichten, Auskunfts- und Herausgabeansprüche, bleiben von den Regelungen in den Absätzen 1bis 3 unberührt.“[461]

Zudem soll ein neuer Absatz 5 in § 88 TKG eingefügt werden. Die Norm soll wie folgt lauten:

„§ 88 Abs. 5 TKG-E

(5) [1]Gehen gemäß § 1922 des Bürgerlichen Gesetzbuches Vertragsbeziehungen oder einzelne Ansprüche über Telekommunikationsdienste oder über Telekommunikationsinhalte im Wege der Universalsukzession über, so besteht die Befugnis des Diensteanbieters nach Absatz 3 Satz 2 auch gegenüber dem Gesamtrechtsnachfolger sowie gegenüber solchen Personen, die gemäß 43c in das Vertragsverhältnis des Teilnehmers eintreten. [2]Der Diensteanbieter kann diesen Personen insbesondere in gleicher Weise Zugang zu den bei ihm gespeicherten Daten gewähren wie dem ursprünglichen Teilnehmer.“[462]

461 DAV-Stellungnahme Nr.: 34/2013, S. 6, abrufbar unter: http://anwaltverein.de/files/anwaltverein.de/downloads/newsroom/stellungnahmen/2013/SN-DAV34-13.pdf, zuletzt besucht am: 16.10.2015.

462 DAV-Stellungnahme Nr.: 34/2013, S. 6, abrufbar unter: http://anwaltverein.de/files/anwaltverein.de/downloads/newsroom/stellungnahmen/2013/SN-DAV34-13.pdf, zuletzt besucht am: 16.10.2015.

c. Einzelne Begründung – Erbrechtliche Bewertung

Begründet wird der Vorschlag im Einzelnen mit den allgemeinen erbrechtlichen Regeln (näher erläutert unter diesem Abschnitt) und dem fehlenden Entgegenstehen von Grundrechten (siehe unten unter Gliederungspunkt d.).[463]

aa. Der Vermögensbegriff

(1) Vermögen im weiteren Sinne

Gemäß § 1922 BGB gehe das „Vermögen" des Erblassers auf die Erben über.[464] Da dieses „als Ganzes" übergehe, seien von der Erbschaft alle Rechtspositionen des Verstorbenen, einschließlich sämtlicher Rechts- und Pflichtenstellungen, erfasst.[465] Der Vermögensbegriff sei daher möglichst weit und in einem umfassenden Sinn zu verstehen.[466] Gemeint seien damit alle vererbbaren Rechtspositionen, die zu den Vermögenswerten des Verstorbenen – sogar im weitesten Sinn – einen Bezug haben, so dass das „vererbbare Vermögen" nach § 1922 BGB nicht deckungsgleich sei mit dem allgemeinen Vermögensbegriff.[467]

(2) Untergang des Rechts als Alternative zur Vererblichkeit

Alternativ zur Vererblichkeit eines Rechts sei ferner nicht die Unvererblichkeit, sondern dessen Untergang, so dass die Unvererblichkeit die Ausnahme darstelle.[468]

---

463 DAV-Stellungnahme Nr.: 34/2013, S. 30 ff., abrufbar unter: http://anwaltverein.de/files/anwaltverein.de/downloads/newsroom/stellungnahmen/2013/SN-DAV34-13.pdf, zuletzt besucht am: 16.10.2015.

464 Herzog, in: DAV-Stellungnahme Nr.: 34/2013, S. 30, abrufbar unter: http://anwaltverein.de/files/anwaltverein.de/downloads/newsroom/stellungnahmen/2013/SN-DAV34-13.pdf, zuletzt besucht am: 16.10.2015.

465 Herzog, in: DAV-Stellungnahme Nr.: 34/2013, S. 30, abrufbar unter: http://anwaltverein.de/files/anwaltverein.de/downloads/newsroom/stellungnahmen/2013/SN-DAV34-13.pdf, zuletzt besucht am: 16.10.2015; unter Verweis auf u.a.: Lange/Kuchinke, Erbrecht, 5. Auflage 2001, S. 92.

466 Herzog, in: DAV-Stellungnahme Nr.: 34/2013, S. 30, abrufbar unter: http://anwaltverein.de/files/anwaltverein.de/downloads/newsroom/stellungnahmen/2013/SN-DAV34-13.pdf, zuletzt besucht am: 16.10.2015; unter Verweis auf: Staudinger-Marotzke, BGB, Erbrecht, Neubearbeitung 2008, § 1922 Rn. 46.

467 Herzog, in: DAV-Stellungnahme Nr.: 34/2013, S. 30, abrufbar unter: http://anwaltverein.de/files/anwaltverein.de/downloads/newsroom/stellungnahmen/2013/SN-DAV34-13.pdf, zuletzt besucht am: 16.10.2015; unter Verweis auf: Staudinger-Marotzke, BGB, Erbrecht, Neubearbeitung 2008, § 1922 Rn. 113.

468 Herzog, in: DAV-Stellungnahme Nr.: 34/2013, S. 31, abrufbar unter: http://anwaltverein.de/files/anwaltverein.de/downloads/newsroom/stellungnahmen/2013/SN-DAV34-13.pdf, zuletzt besucht am: 16.10.2015; unter Verweis auf: Staudinger-Marotzke, BGB, Erbrecht, Neubearbeitung 2008, § 1922 Rn. 115: Dort heißt es in Rn. 116, dass unvererbliche Rechte beim Tod des Inhabers erlöschen.

Diese müsse dann aber auch gesetzlich in Sondervorschriften angeordnet, durch Gewohnheitsrecht anerkannt oder in der Natur der Sache angelegt sein. Bei nichtvermögensrechtlichen Positionen sei daher anerkannt, dass diese grundsätzlich unvererblich seien.[469] Diese gingen also nicht nach § 1922 BGB auf die Erben über. Höchstpersönliche Rechte des Erblassers erlöschten grundsätzlich mit dessen Tod.[470] Vorzugswürdig gegenüber einer Unterteilung zwischen vermögensrechtlicher und nichtvermögensrechtlicher Position sei eine Differenzierung nach höchstpersönlichem und nicht höchstpersönlichem – und damit vermögenswertem – Recht.[471]

(3) Wahrnehmungsberechtigung

Eine feste Regel dahingehend, dass nichtvermögensrechtliche Ansprüche stets unvererblich seien und grundsätzlich untergingen, bestehe jedoch nicht. Vielmehr würden auch nichtvermögensrechtliche Ansprüche vererbt, wenn ein „bestimmungsgemäßer vermögensrechtlicher Bezug" bei ihnen vorliege, wie er auch bei dem vermögensrechtlichen Teil des allgemeinen Persönlichkeitsrechts gegeben sei.[472] Andererseits erlöschten spezielle unvererbbare Rechte nicht mit dem Tod, sondern gingen zur Ausübung auf die Angehörigen des Verstorbenen über, so etwa das postmortale Persönlichkeitsrecht, das Bestimmungsrecht über die Bestattung, die Totenfürsorge und die Leiche.[473] Allgemein solle aber der Grundsatz gelten, dass alle Rechtsbeziehungen vererblich seien.[474] Gelte ausnahmsweise etwas anderes, erlösche die Rechtsposition, außer ein besonderer postmortaler Schutz sei

---

469 Herzog, in: DAV-Stellungnahme Nr.: 34/2013, S. 31, abrufbar unter: http://anwaltverein.de/files/anwaltverein.de/downloads/newsroom/stellungnahmen/2013/SN-DAV34-13.pdf, zuletzt besucht am: 16.10.2015; unter Verweis auf: MüKo-Leipold, BGB, 6. Auflage 2013, § 1922 Rn. 19.

470 Herzog, in: DAV-Stellungnahme Nr.: 34/2013, S. 31, abrufbar unter: http://anwaltverein.de/files/anwaltverein.de/downloads/newsroom/stellungnahmen/2013/SN-DAV34-13.pdf, zuletzt besucht am: 16.10.2015; unter Verweis auf: NK-BGB-Kroiß, Erbrecht, Band 5, 3. Auflage 2010, § 1922 Rn. 10.

471 Herzog, in: DAV-Stellungnahme Nr.: 34/2013, S. 31, abrufbar unter: http://anwaltverein.de/files/anwaltverein.de/downloads/newsroom/stellungnahmen/2013/SN-DAV34-13.pdf, zuletzt besucht am: 16.10.2015.

472 Herzog, in: DAV-Stellungnahme Nr.: 34/2013, S. 31, abrufbar unter: http://anwaltverein.de/files/anwaltverein.de/downloads/newsroom/stellungnahmen/2013/SN-DAV34-13.pdf, zuletzt besucht am: 16.10.2015; unter Verweis auf: Staudinger-Marotzke, BGB, Erbrecht, Neubearbeitung 2008, § 1922 Rn. 115 a. E.

473 Herzog, in: DAV-Stellungnahme Nr.: 34/2013, S. 31, abrufbar unter: http://anwaltverein.de/files/anwaltverein.de/downloads/newsroom/stellungnahmen/2013/SN-DAV34-13.pdf, zuletzt besucht am: 16.10.2015; unter Verweis auf: Palandt-Weidlich, BGB, (74. Auflage 2015), Einl. von § 1922, Rn. 9 (10).

474 Herzog, in: DAV-Stellungnahme Nr.: 34/2013, S. 32, abrufbar unter: http://anwaltverein.de/files/anwaltverein.de/downloads/newsroom/stellungnahmen/2013/SN-DAV34-13.pdf, zuletzt besucht am: 16.10.2015.

erforderlich. Das geschützte Recht gehe aber nicht über, sondern bleibe ein Recht des Erblassers. Lediglich das Ausübungsrecht gehe auf die dann „Wahrnehmungsberechtigten“[475] über. Die wahrnehmungsberechtigten Personen könne der Erblasser bestimmen; wenn er dies unterlassen habe, seien die nächsten Angehörigen berufen,[476] die das Recht in der Funktion eines Treuhänders für den Verstorbenen – und nicht als eigenen Anspruch – ausübten. Dabei bestehe eine Bindung an des Erblassers wirklichen oder mutmaßlichen Willen.[477]

(4) Gegenstand des Ererbten

(a) Dingliche und sonstige Rechte

Besonders hervorgehoben wird, dass nicht die jeweilige Sache selbst vererbt wird, sondern die dingliche Rechtsstellung, die der Erblasser zu ihr hatte.[478] Ob die Sache dabei höchstpersönliche Dinge beinhalte, mache keinen Unterschied. Mittelbar ergebe sich dies aus der Auslegungsregel in § 2373 S. 2 BGB, wonach Familienpapiere und -bilder bei Erbschaftskäufen in Zweifelsfällen nicht mitverkauft seien. Daraus ergebe sich, dass diese Dinge den Erben zugewiesen würden, da sie in den Nachlass fielen. Unter „Familienpapiere“ und „Familienbilder“ fielen dabei alle Korrespondenzen, Urkunden rechtlicher Art, Personenstandsatteste, Briefschaften,

475 Herzog, in: DAV-Stellungnahme Nr.: 34/2013, S. 32, abrufbar unter: http://anwaltverein.de/files/anwaltverein.de/downloads/newsroom/stellungnahmen/2013/SN-DAV34-13.pdf, zuletzt besucht am: 16.10.2015; unter Verweis auf: Schwab, Persönlichkeitsrecht und Erbe, in: Damrau/Muscheler/Schwab, Erbrecht und Vermögensnachfolge: System, Struktur, Vertrag; Festschrift für Manfred Bengel und Wolfgang Reimann zum 70. Geburtstag, 2012, S. 345.

476 Herzog, in: DAV-Stellungnahme Nr.: 34/2013, S. 32, abrufbar unter: http://anwaltverein.de/files/anwaltverein.de/downloads/newsroom/stellungnahmen/2013/SN-DAV34-13.pdf, zuletzt besucht am: 16.10.2015; unter Verweis auf: Schwab, Persönlichkeitsrecht und Erbe, in: Damrau/Muscheler/Schwab, Erbrecht und Vermögensnachfolge: System, Struktur, Vertrag; Festschrift für Manfred Bengel und Wolfgang Reimann zum 70. Geburtstag, 2012, S. 345.

477 Herzog, in: DAV-Stellungnahme Nr.: 34/2013, S. 32, abrufbar unter: http://anwaltverein.de/files/anwaltverein.de/downloads/newsroom/stellungnahmen/2013/SN-DAV34-13.pdf, zuletzt besucht am: 16.10.2015; unter Verweis auf die diesen Aspekt kritisierende Darstellung bei: Schwab, Persönlichkeitsrecht und Erbe, in: Damrau/Muscheler/Schwab, Erbrecht und Vermögensnachfolge: System, Struktur, Vertrag; Festschrift für Manfred Bengel und Wolfgang Reimann zum 70. Geburtstag, 2012, S. 345, 353.

478 Herzog, in: DAV-Stellungnahme Nr.: 34/2013, S. 33, abrufbar unter: http://anwaltverein.de/files/anwaltverein.de/downloads/newsroom/stellungnahmen/2013/SN-DAV34-13.pdf, zuletzt besucht am: 16.10.2015; unter Verweis auf: Staudinger-Marotzke, BGB, Erbrecht, Neubearbeitung 2008, § 1922 Rn. 236.

Familiennotizen, Tagebücher etc.,[479] die Begriffe seien somit weit auszulegen. Unerheblich soll sein, ob die Gegenstände einen Vermögenswert besäßen oder wertlos seien.[480] Vererblich seien ferner auch alle sonstigen Rechte und Rechtsstellungen, etwa Sicherungs- und Treuhandrechte an Forderungen und Sachen, die umfängliche Berechtigung an Forderungen und Rechten, beschränkt dingliche Rechte[481] und Verbindlichkeiten. Auch Immaterialgüterrechte seien stark vermögensbezogen und damit vererblich, obwohl sie einen Persönlichkeitsbezug aufwiesen; so seien insbesondere das Patentrecht nach § 15 Abs. 1 PatG, das Urheberrecht nach § 28 Abs. 1 UrhG, das Geschmacksmuster nach § 29 GeschmMG, das Gebrauchsmuster nach § 22 Abs. 1 GebrMG und das Recht an einer geschützten Marke nach § 27 Abs. 1 MarkenG vererblich.[482]

(b) Schuldrechtliche Positionen

Auch schuldrechtliche Ansprüche[483] und allgemein Vertragsverhältnisse gingen einschließlich aller Hilfsansprüche[484], wie Gestaltungsrechte und Auskunftsansprüche[485], auf die Erben über. Etwas anderes – und damit die Unvererblichkeit – könne

---

479 Herzog, in: DAV-Stellungnahme Nr.: 34/2013, S. 33, abrufbar unter: http://anwaltverein.de/files/anwaltverein.de/downloads/newsroom/stellungnahmen/2013/SN-DAV34-13.pdf, zuletzt besucht am: 16.10.2015.

480 Herzog, in: DAV-Stellungnahme Nr.: 34/2013, S. 33, abrufbar unter: http://anwaltverein.de/files/anwaltverein.de/downloads/newsroom/stellungnahmen/2013/SN-DAV34-13.pdf, zuletzt besucht am: 16.10.2015; unter Verweis auf: MüKo-Musielak, BGB, 6. Auflage 2013, § 2373 Rn. 5, wiederum unter Verweis auf: BeckOK-J.Mayen, BGB, Edition 36, Stand: 01.11.2014, § 2373 Rn. 1 m. w. N.

481 Herzog, in: DAV-Stellungnahme Nr.: 34/2013, S. 33, abrufbar unter: http://anwaltverein.de/files/anwaltverein.de/downloads/newsroom/stellungnahmen/2013/SN-DAV34-13.pdf, zuletzt besucht am: 16.10.2015; unter Verweis auf: BeckOK-Müller/Christmann, BGB, (Edition 36, Stand: 01.08.2015), § 1922 Rn. 24 ff. (Für beschränkt dingliche Rechte siehe insbesondere Rn. 59).

482 Herzog, in: DAV-Stellungnahme Nr.: 34/2013, S. 33, abrufbar unter: http://anwaltverein.de/files/anwaltverein.de/downloads/newsroom/stellungnahmen/2013/SN-DAV34-13.pdf, zuletzt besucht am: 16.10.2015; unter Verweis auf: BeckOK-Müller/Christmann, BGB, (Edition 36, Stand: 01.08.2015), § 1922 Rn. 83 (richtig Rn. 89).

483 Herzog, in: DAV-Stellungnahme Nr.: 34/2013, S. 34, abrufbar unter: http://anwaltverein.de/files/anwaltverein.de/downloads/newsroom/stellungnahmen/2013/SN-DAV34-13.pdf, zuletzt besucht am: 16.10.2015; unter Verweis auf: NK-BGB-Kroiß, Erbrecht, Band 5, 3. Auflage 2010, § 1922 Rn. 9; MüKo-Leipold, BGB, 6. Auflage 2013, § 1922 Rn. 20.

484 Herzog, in: DAV-Stellungnahme Nr.: 34/2013, S. 34, abrufbar unter: http://anwaltverein.de/files/anwaltverein.de/downloads/newsroom/stellungnahmen/2013/SN-DAV34-13.pdf, zuletzt besucht am: 16.10.2015; unter Verweis auf: BGH, NJW 1989, 1601 (Worin aber nicht allgemein auf Vertragsverhältnisse einschließlich von Hilfsansprüchen, sondern nur konkret auf den Auskunftsanspruch eingegangen wird).

485 Herzog, in: DAV-Stellungnahme Nr.: 34/2013, S. 34, abrufbar unter: http://anwaltverein.de/files/anwaltverein.de/downloads/newsroom/stellungnahmen/2013/SN-DAV34-13.pdf, zuletzt besucht am: 16.10.2015; unter Verweis auf: BGH, NJW 1989, 1601.

sich allenfalls aus dem Inhalt der betreffenden Leistungspflicht ergeben.[486] Über die Fälle von gesetzlichen oder vertraglichen Ausschlüssen hinaus liege dann eine Unvererblichkeit vor, wenn der Inhalt der Leistungspflicht dermaßen auf die Person des Verpflichteten oder Berechtigten ausgerichtet sei, dass ein Schuldner- oder Gläubigerwechsel zu einer Wesensänderung führe.[487] Beispielhaft werden sodann der Giro- und der Mietvertrag angeführt.[488] So treten im Rahmen des Mietverhältnisses nach den §§ 563 und 563a BGB nicht die Erben, sondern vorrangig die in diesen Normen genannten Personen in das Wohnraummietverhältnis, das der Erblasser begründet hatte, ein.[489] Der Vertragsübergang auf diese Personen vollziehe sich ipso iure außerhalb der erbrechtlichen Regelungen und losgelöst von der Erbfolge in Form der Sonderrechtsfolge.[490] § 563 BGB gewähre nahen Angehörigen, die bisher nicht selbst Mieter gewesen seien, mit dem Verstorbenen aber in einem gemeinsamen Haushalt gelebt hätten, die Möglichkeit, in den Mietvertrag einzutreten. Eintreten dürfe zunächst der Ehe- oder Lebenspartner des Erblassers und subsidiär dessen Kinder oder weitere Angehörige des Mieters, wenn sie in dem gleichen Haushalt gewohnt hätten.[491] Alternativ berechtigt könnten nach § 563 Abs. 1 und 2 BGB auch sonstige Personen sein, die zusammen mit dem Erblasser auf Dauer in einem gemeinsamen Haushalt gelebt hätten. Da diese Personen zu dem Erblasser regelmäßig eine besonders enge persönliche und wirtschaftliche Beziehung gehabt hätten, dürften sie vorrangig vor den Erben in das Mietverhältnis des Erblassers

---

486 Herzog, in: DAV-Stellungnahme Nr.: 34/2013, S. 35, abrufbar unter: http://anwaltverein.de/files/anwaltverein.de/downloads/newsroom/stellungnahmen/2013/SN-DAV34-13.pdf, zuletzt besucht am: 16.10.2015; unter Verweis auf: MüKo-Leipold, BGB, 5. Auflage 2010, § 1922 Rn. 23.

487 Herzog, in: DAV-Stellungnahme Nr.: 34/2013, S. 35, abrufbar unter: http://anwaltverein.de/files/anwaltverein.de/downloads/newsroom/stellungnahmen/2013/SN-DAV34-13.pdf, zuletzt besucht am: 16.10.2015; unter Verweis auf: MüKo-Leipold, BGB, 6. Auflage 2013, § 1922 Rn. 21.

488 Herzog, in: DAV-Stellungnahme Nr.: 34/2013, S. 36 ff., abrufbar unter: http://anwaltverein.de/files/anwaltverein.de/downloads/newsroom/stellungnahmen/2013/SN-DAV34-13.pdf, zuletzt besucht am: 16.10.2015.

489 Herzog, in: DAV-Stellungnahme Nr.: 34/2013, S. 37, abrufbar unter: http://anwaltverein.de/files/anwaltverein.de/downloads/newsroom/stellungnahmen/2013/SN-DAV34-13.pdf, zuletzt besucht am: 16.10.2015.

490 Herzog, in: DAV-Stellungnahme Nr.: 34/2013, S. 37, abrufbar unter: http://anwaltverein.de/files/anwaltverein.de/downloads/newsroom/stellungnahmen/2013/SN-DAV34-13.pdf, zuletzt besucht am: 16.10.2015; unter Verweis auf: Palandt-Weidenkaff, BGB, (74. Auflage 2015), § 563 Rn. 19.

491 Herzog, in: DAV-Stellungnahme Nr.: 34/2013, S. 38, abrufbar unter: http://anwaltverein.de/files/anwaltverein.de/downloads/newsroom/stellungnahmen/2013/SN-DAV34-13.pdf, zuletzt besucht am: 16.10.2015.

eintreten.[492] Wenn der Erblasser nur Mitmieter gewesen sei, werde nach § 563a BGB nach dem Tod des Erblassers das Mietverhältnis mit den übrigen – überlebenden – Mietern fortgesetzt.

bb. Abgrenzung der Befugnisse der Erben und der Angehörigen

Die Stellungnahme umfasst auch eine Abgrenzung der Befugnisse des Erben von denen naher Angehöriger.

(1) Das Recht der Totenfürsorge

Das Totenfürsorge-Recht und damit die Befugnis, sämtliche Entscheidungen hinsichtlich der Bestattungsart, des Ortes des Grabes, des Grabmals oder einer Umbettung oder Exhumierung zu treffen, stelle ein nichtvermögensrechtliches[493], privatrechtliches Recht dar. Bestimmungsberechtigter sei der Erblasser selbst, wobei er seine Vorstellungen formfrei, aber für die Nachwelt bindend äußern könne.[494] Der Erblasser könne auch eine Person bestimmen, die dieses Recht nach seinem Tod für ihn ausübe. Fehle eine solche Anordnung, dürften nach dem Gewohnheitsrecht die nächsten Angehörigen bestimmen. Diese seien jedoch an den tatsächlichen oder mutmaßlichen Willen des Erblassers gebunden.[495] Da der Nachlass gemäß § 1968 BGB die Beerdigungskosten zu tragen habe, könnten die Totenfürsorgeberechtigten Regress bei den Erben nehmen.

(2) Das allgemeine – postmortale – Persönlichkeitsrecht

Das allgemeine Persönlichkeitsrecht bestehe auch nach dem Tod des Erblassers als postmortales Persönlichkeitsrecht in unterschiedlichen Formen weiter.

---

492 Herzog, in: DAV-Stellungnahme Nr.: 34/2013, S. 38, abrufbar unter: http://anwaltverein.de/files/anwaltverein.de/downloads/newsroom/stellungnahmen/2013/SN-DAV34-13.pdf, zuletzt besucht am: 16.10.2015; unter Verweis auf: Staudinger-Rolfs, BGB, Mietrecht 3, Neubearbeitung 2014, § 563 Rn. 3.

493 Herzog, in: DAV-Stellungnahme Nr.: 34/2013, S. 39, abrufbar unter: http://anwaltverein.de/files/anwaltverein.de/downloads/newsroom/stellungnahmen/2013/SN-DAV34-13.pdf, zuletzt besucht am: 16.10.2015; unter Verweis auf: Kurze-Goertz, Bestattungsrecht in der Praxis, 1. Auflage 2012, S. 31.

494 Herzog, in: DAV-Stellungnahme Nr.: 34/2013, S. 40, abrufbar unter: http://anwaltverein.de/files/anwaltverein.de/downloads/newsroom/stellungnahmen/2013/SN-DAV34-13.pdf, zuletzt besucht am: 16.10.2015; unter Verweis auf: Palandt-Weidlich, BGB, 74. Auflage 2015, Einl. von § 1922, Rn. 9 ff; Staudinger-Marotzke, BGB, Erbrecht, Neubearbeitung 2008, § 1922 BGB Rn. 117 ff. mit weiteren Hinweisen, insbesondere zur Feuerbestattung.

495 Herzog, in: DAV-Stellungnahme Nr.: 34/2013, S. 40, abrufbar unter: http://anwaltverein.de/files/anwaltverein.de/downloads/newsroom/stellungnahmen/2013/SN-DAV34-13.pdf, zuletzt besucht am: 16.10.2015; unter Verweis auf: Palandt-Weidlich, BGB, 74. Auflage 2015, Einl. von § 1922, Rn. 9 ff. (insbesondere Rn. 11).

(a) Namensrecht

Das Namensrecht als Bestandteil des allgemeinen Persönlichkeitsrechts erlösche mit dem Versterben des Namensträgers.[496] Der Namensträger selbst habe gemäß § 12 BGB einen Unterlassungsanspruch gegen denjenigen, der einen Domain-Namen unter Verwendung des Namens des tatsächlichen Namensträgers registrieren lasse, so dass dieser nicht verpflichtet sei zu dulden, dass er selbst seinen Namen nicht verwenden könne, weil sich ein Nichtberechtigter zuvor registriert habe.[497] Nach dem Versterben des Namensträgers könnten die Wahrnehmungsberechtigten eine solche Nutzung des Namens aufgrund einer Namensanmaßung nicht mehr untersagen.

(b) Erlöschen des allgemeinen Persönlichkeitsrechts – Postmortal: Der Allgemeine Achtungsanspruch

Da die freie Entfaltung der Persönlichkeit nach dem Tod nicht mehr möglich sei, erlösche auch das auf Art. 2 Abs. 1 GG beruhende Recht auf diese freie Entfaltung der Persönlichkeit.[498] Anerkannt sei aber das Fortbestehen des postmortalen Persönlichkeitsrechts[499] über den Tod hinaus, das sich als allgemeiner Achtungsanspruch darstelle, der jedem Menschen aufgrund seines Personseins zukomme.[500] Dieser allgemeine Achtungsanspruch schütze den Verstorbenen vor Herabwürdigungen und Verfälschungen jeder Art, die der personale, sittliche und soziale Geltungswert, welchen die Person aufgrund ihrer Lebensleistung erworben habe, erfahre.

---

496 Herzog, in: DAV-Stellungnahme Nr.: 34/2013, S. 41, abrufbar unter: http://anwaltverein.de/files/anwaltverein.de/downloads/newsroom/stellungnahmen/2013/SN-DAV34-13.pdf, zuletzt besucht am: 16.10.2015; unter Verweis auf: BGH, NJW 2007, 684.

497 Herzog, in: DAV-Stellungnahme Nr.: 34/2013, S. 41, abrufbar unter: http://anwaltverein.de/files/anwaltverein.de/downloads/newsroom/stellungnahmen/2013/SN-DAV34-13.pdf, zuletzt besucht am: 16.10.2015; unter Verweis auf u. a.: BGH, NJW 2004, 1793.

498 Herzog, in: DAV-Stellungnahme Nr.: 34/2013, S. 41, abrufbar unter: http://anwaltverein.de/files/anwaltverein.de/downloads/newsroom/stellungnahmen/2013/SN-DAV34-13.pdf, zuletzt besucht am: 16.10.2015; unter Verweis auf: BVerfGE 30, 173, 194 (Worin es heißt, dass Art. 2 Abs. 1 GG die Existenz einer handlungsfähigen Person voraussetze); BVerfG, NJW 2001, 2957, 2959; 2006, 3409; 2008, 1657 (worin der allgemeine Achtungsanspruch und der sittliche, personale und soziale Geltungswert als einzig verbleibende postmortale Schutzgüter aufgezählt werden).

499 Herzog, in: DAV-Stellungnahme Nr.: 34/2013, S. 41, abrufbar unter: http://anwaltverein.de/files/anwaltverein.de/downloads/newsroom/stellungnahmen/2013/SN-DAV34-13.pdf, zuletzt besucht am: 16.10.2015; unter Verweis auf u.a.: BGHZ 107, 384 (Emil Nolde); BGHZ 143, (214), 218 (Marlene Dietrich).

500 Herzog, in: DAV-Stellungnahme Nr.: 34/2013, S. 41, abrufbar unter: http://anwaltverein.de/files/anwaltverein.de/downloads/newsroom/stellungnahmen/2013/SN-DAV34-13.pdf, zuletzt besucht am: 16.10.2015; unter Verweis auf u.a.: BVerfG, NJW 2001, 2957, 2959; NJW 2006, 3409.

Wenn die Menschenwürde verletzt sei, könnten Abwehransprüche geltend gemacht werden, Schadensersatzansprüche hingegen seien ausgeschlossen, da der Erblasser keinen Schaden mehr erleiden könne, der durch eine Geldzahlung kompensiert werden könne.[501] Diese Ansprüche stünden nicht den Erben zu. Sie würden stattdessen für den Verstorbenen 30 Jahre lang durch Wahrnehmungsberechtigte subjektlos treuhänderisch ausgeübt.[502] Diese Wahrnehmungsberechtigten könne der Erblasser zu Lebzeiten – formlos – ermächtigen, subsidiär seien seine nächsten Angehörigen berufen.[503] Zu prüfen sei ferner, ob die Einsetzung als Erben nicht zugleich stillschweigend eine solche Ermächtigung des Erben beinhalte.

(c) Vermögensrechtliche Seite des allgemeinen Persönlichkeitsrechts

Das Allgemeine Persönlichkeitsrecht habe ferner eine verselbständigte, vermögensrechtliche Seite,[504] die über den Tod hinaus bestehen bleibe und nach § 1922 BGB als Vermögensobjekt vererbt werde. Inhaber des auf zehn Jahre begrenzten[505] Rechts würden die Erben, die das Recht nutzen könnten. Gegen eine unbefugte Nutzung stünden ihnen Abwehransprüche[506], also Entschädigungs- oder Unterlassungsansprüche (etwa nach § 812 oder § 823 BGB) zu. Da sich diese Befugnisse von dem Persönlichkeits-

---

501 Herzog, in: DAV-Stellungnahme Nr.: 34/2013, S. 42, abrufbar unter: http://anwaltverein.de/files/anwaltverein.de/downloads/newsroom/stellungnahmen/2013/SN-DAV34-13.pdf, zuletzt besucht am: 16.10.2015; unter Verweis auf u.a.: BGHZ 143, 214, 224; 165, 203.

502 Herzog, in: DAV-Stellungnahme Nr.: 34/2013, S. 42, abrufbar unter: http://anwaltverein.de/files/anwaltverein.de/downloads/newsroom/stellungnahmen/2013/SN-DAV34-13.pdf, zuletzt besucht am: 16.10.2015; unter Verweis auf: Staudinger-Marotzke, BGB, Erbrecht, Neubearbeitung 2008, § 1922 Rn. 131.

503 Herzog, in: DAV-Stellungnahme Nr.: 34/2013, S. 42, abrufbar unter: http://anwaltverein.de/files/anwaltverein.de/downloads/newsroom/stellungnahmen/2013/SN-DAV34-13.pdf, zuletzt besucht am: 16.10.2015; unter Verweis auf: MüKo-Leipold, BGB, 6. Auflage 2013, § 1922 Rn. 98 (wiederum unter Verweis auf u. a.: BGHZ 15, 249 = NJW 1955, 260, worin ein Urheber seinen geistigen Nachlass durch eine lebzeitige Verfügung in die Obhut einer dritte Person, die selbst nicht Erbe war, gegeben hat.).

504 Herzog, in: DAV-Stellungnahme Nr.: 34/2013, S. 42, abrufbar unter: http://anwaltverein.de/files/anwaltverein.de/downloads/newsroom/stellungnahmen/2013/SN-DAV34-13.pdf, zuletzt besucht am: 16.10.2015; unter Verweis auf: Schwab, Persönlichkeitsrecht und Erbe, in: Damrau/Muscheler/Schwab, Erbrecht und Vermögensnachfolge: System, Struktur, Vertrag; Festschrift für Manfred Bengel und Wolfgang Reimann zum 70. Geburtstag, 2012, S. 345, 347, der wiederum verweist auf u. a.: BGHZ 143, 214; 165, 203, 208.

505 Herzog, in: DAV-Stellungnahme Nr.: 34/2013, S. 43, abrufbar unter: http://anwaltverein.de/files/anwaltverein.de/downloads/newsroom/stellungnahmen/2013/SN-DAV34-13.pdf, zuletzt besucht am: 16.10.2015; unter Verweis auf: BGHZ 169, 193 (und 194).

506 Herzog, in: DAV-Stellungnahme Nr.: 34/2013, S. 43, abrufbar unter: http://anwaltverein.de/files/anwaltverein.de/downloads/newsroom/stellungnahmen/2013/SN-DAV34-13.pdf, zuletzt besucht am: 16.10.2015; unter Verweis auf: BGHZ 143, 214, 225 f.

rechtsträger selbst ableiteten, dürfe der vermögenswerte Teil des Persönlichkeitsrechts nur im Einklang mit dem (mutmaßlichen) Willen des Erblassers genutzt werden.[507] In der Praxis sei der Erbe jedoch unbeschränkt in der Nutzung, solange nicht ein entgegenstehender Erblasserwille – etwa aus dessen Verhalten zu Lebzeiten – erkennbar sei. Beachtlich sei weiterhin, dass die Erben nicht verpflichtet seien, eine Erlaubnis bei den Wahrnehmungsberechtigten einzuholen. Den Erben stehe vielmehr die Nutzung frei, solange die Menschenwürde des Erblassers durch sie geachtet werde. Erst bei Überschreitung dieser Grenze seien die Wahrnehmungsberechtigten zum Schutz des Verstorbenen zur Geltendmachung von Unterlassungsansprüchen gegen Dritte und gegen die Erben befugt. [508]

(3) Das Interesse des Erblassers an Geheimhaltung und Pflichten zur Verschwiegenheit

Mit der restlichen Erbmasse gehe auch das Eigentum an Briefen oder sonstigen persönlichen Unterlagen des Verstorbenen auf den Erben über, unabhängig von den – eventuell höchstpersönlichen – Inhalten.[509] Die Erben dürfen nach Ansicht des DAV also mit diesen Dingen nach eigenem Ermessen verfahren und auch Einsicht nehmen. Die Wahrnehmungsberechtigten dürften erst dann einschreiten, wenn das postmortale Persönlichkeitsrecht verletzt werde oder eine entgegenstehende Verfügung des Verstorbenen vorliege.

Auch eine bestehende Pflicht zur Verschwiegenheit stehe einem Auskunftsanspruch des Erben nicht entgegen. Schließlich trete der Erbe auch hinsichtlich des Auskunftsanspruchs und des Rechts des Erblassers, den Verpflichteten von der Schweigepflicht zu entbinden, in die Rechtsposition des Verstorbenen ein und sei damit kein Dritter.[510] Wenn die Pflicht zur Verschwiegenheit zumindest auch

507 Herzog, in: DAV-Stellungnahme Nr.: 34/2013, S. 43, abrufbar unter: http://anwaltverein.de/files/anwaltverein.de/downloads/newsroom/stellungnahmen/2013/SN-DAV34-13.pdf, zuletzt besucht am: 16.10.2015; unter Verweis auf u. a.: BGH, NJW 2007, 684, (eigentlich 685); NJW 2006, 605 (eigentlich); BVerfG, NJW 2006, 3409 (eigentlich 3410).

508 Herzog, in: DAV-Stellungnahme Nr.: 34/2013, S. 44, abrufbar unter: http://anwaltverein.de/files/anwaltverein.de/downloads/newsroom/stellungnahmen/2013/SN-DAV34-13.pdf, zuletzt besucht am: 16.10.2015; unter Verweis auf: Schwab, Persönlichkeitsrecht und Erbe, in: Damrau/Muscheler/Schwab, Erbrecht und Vermögensnachfolge: System, Struktur, Vertrag; Festschrift für Manfred Bengel und Wolfgang Reimann zum 70. Geburtstag, 2012, S. 345, 352 f.

509 Herzog, in: DAV-Stellungnahme Nr.: 34/2013, S. 44, abrufbar unter: http://anwaltverein.de/files/anwaltverein.de/downloads/newsroom/stellungnahmen/2013/SN-DAV34-13.pdf, zuletzt besucht am: 16.10.2015.

510 Herzog, in: DAV-Stellungnahme Nr.: 34/2013, S. 45, abrufbar unter: http://anwaltverein.de/files/anwaltverein.de/downloads/newsroom/stellungnahmen/2013/SN-DAV34-13.pdf, zuletzt besucht am: 16.10.2015; unter Verweis auf: Staudinger-Marotzke, BGB, Erbrecht, Neubearbeitung 2008, § 1922 Rn. 296 f. m. w. N.

höchstpersönliche Belange schütze, sollen die hierzu korrespondierenden Ansprüche – selbst bei vorliegender Vermögensrelevanz – nicht auf den Erben,[511] sondern (bei fehlenden abweichenden Anordnungen des Erblassers) auf die Angehörigen treuhänderisch übergehen. Diese könnten zwar die Einhaltung der Verschwiegenheit verlangen und durchsetzen, jedoch keine Befreiung hiervon aussprechen. Eine Befreiung sei nur dann möglich, wenn ein dahingehender tatsächlicher oder mutmaßlicher Erblasserwille bestehe oder dessen wohlverstandenes Interesse die Befreiung erforderlich mache. So erkenne die Rechtsprechung im Zusammenhang mit Patientenakten nach dem Versterben des Patienten zwei Fälle an, in denen von einer Befreiung auszugehen sei: Im Zweifel sei dabei von dem Willen des Erblassers von der Entbindung von der Schweigepflicht auszugehen. Die Darlegungs- und Beweislast dafür, dass das Gegenteil vorliege, treffe den Arzt. Dem Auskunftsverlangen des Erben stehe der ständigen höchstrichterlichen Rechtsprechung zufolge die Schweigepflicht nicht entgegen, wenn Feststellungen zu der Testier(un)fähigkeit getroffen werden sollten, weil die Klärung dieser Frage im Interesse des Erblassers stehe.[512] Anzunehmen sei, dass der Erblasser regelmäßig ein Interesse daran habe, aufgekommene Zweifel an seiner Testierfähigkeit auszuräumen. Entsprechendes gelte auch für den Testierunfähigen. Ein Arzt sei also verpflichtet auszusagen, wenn von einem dahingehenden mutmaßlichen Willen des Patienten auszugehen sei.[513] Ebenso entfalle die Verschwiegenheitspflicht, wenn konkrete Anhaltspunkte für eine Falschbehandlung oder einen Kunstfehler durch den Arzt vorlägen.[514] Während Teile der Literatur davon ausgingen, dass den Angehörigen dieser Auskunftsanspruch

511 Herzog, in: DAV-Stellungnahme Nr.: 34/2013, S. 45, abrufbar unter: http://anwaltverein.de/files/anwaltverein.de/downloads/newsroom/stellungnahmen/2013/SN-DAV34-13.pdf, zuletzt besucht am: 16.10.2015; unter Verweis auf u.a.: Staudinger-Marotzke, BGB, Erbrecht, Neubearbeitung 2008, § 1922 Rn. 298; MüKo-Leipold, BGB, 5. Auflage 2010, § 1922 Rn. 26, wiederum unter Verweis auf: BGH, NJW 1975, 930 (Worin entschieden wurde, dass das Recht zur Befreiung von der Verschwiegenheitspflicht nicht auf die Erben übergegangen ist, sondern auf die Aufsichtsbehörde des beurkundenden Notars).

512 Herzog, in: DAV-Stellungnahme Nr.: 34/2013, S. 46, 47, abrufbar unter: http://anwaltverein.de/files/anwaltverein.de/downloads/newsroom/stellungnahmen/2013/SN-DAV34-13.pdf, zuletzt besucht am: 16.10.2015; unter Verweis auf u. a.: BGHZ 91, 392, (eigentlich 400).

513 Herzog, in: DAV-Stellungnahme Nr.: 34/2013, S. 47, abrufbar unter: http://anwaltverein.de/files/anwaltverein.de/downloads/newsroom/stellungnahmen/2013/SN-DAV34-13.pdf, zuletzt besucht am: 16.10.2015; unter Verweis auf u. a.: BGH, NJW 1984, 2893 (eigentlich 2895); NJW 1983, 2627 (eigentlich 2629).

514 Herzog, in: DAV-Stellungnahme Nr.: 34/2013, S. 48, abrufbar unter: http://anwaltverein.de/files/anwaltverein.de/downloads/newsroom/stellungnahmen/2013/SN-DAV34-13.pdf, zuletzt besucht am: 16.10.2015.

zustehe,[515] gehe dieser nach der Rechtsprechung des BGH[516] und der herrschenden Lehre[517] auf die Erben über, weil die Erben schließlich auch die sich anschließenden vermögensrechtlichen Schadensersatzansprüche durchsetzen müssten.

cc. *Vergleiche mit Parallelen aus der „offline"-Welt und deren rechtlicher Behandlung*

(1) Übergang auf die Erben – Allenfalls Abwehransprüche der Wahrnehmungsberechtigten

Mit dem Eigentum an einer Festplatte, einem USB-Stick, einer CD oder anderen Speichermedien könnten auch E-Mails und andere darauf gespeicherte Daten auf den Erben übergehen.[518] Zudem trete der Erbe hinsichtlich einer Domain in den Vertrag des Erblassers mit der DENIC e.G. ein und erbe Inhaberschaft und Nutzungsrecht für diese Domain.[519] Auch für personenbezogene Daten, die höchstpersönlichen Zwecken dienten, solle nichts anderes gelten; auf den Erben gehe alles Vermögen – unabhängig von einer privaten, beruflichen oder rechtsgeschäftlichen

---

515 Herzog, in: DAV-Stellungnahme Nr.: 34/2013, S. 48, abrufbar unter: http://anwaltverein.de/files/anwaltverein.de/downloads/newsroom/stellungnahmen/2013/SN-DAV34-13.pdf, zuletzt besucht am: 16.10.2015; unter Verweis auf: Staudinger-Marotzke, BGB, Erbrecht, Neubearbeitung 2008, § 1922 Rn. 298 – für den Auskunftsanspruch nach ärztlicher Falschbehandlung.

516 Herzog, in: DAV-Stellungnahme Nr.: 34/2013, S. 48, abrufbar unter: http://anwaltverein.de/files/anwaltverein.de/downloads/newsroom/stellungnahmen/2013/SN-DAV34-13.pdf, zuletzt besucht am: 16.10.2015; unter Verweis auf: BGH, NJW 1983, 2627 (eigentlich 2628, wobei ausgeführt wird, dass der Einsichtsanspruch als Nebenanspruch, jedenfalls insoweit er auch legitimen wirtschaftlichen Belangen dient, auch eine vermögensrechtliche Komponente aufweist, so dass ein Übergang auf die Erben in Betracht kommt.).

517 Herzog, in: DAV-Stellungnahme Nr.: 34/2013, S. 48, abrufbar unter: http://anwaltverein.de/files/anwaltverein.de/downloads/newsroom/stellungnahmen/2013/SN-DAV34-13.pdf, zuletzt besucht am: 16.10.2015; unter Verweis auf: Bender, Das postmortale Einsichtsrecht in Krankenunterlagen, 1. Auflage 1998, S. 159 ff., 455 f.

518 Herzog, in: DAV-Stellungnahme Nr.: 34/2013, S. 48, abrufbar unter: http://anwaltverein.de/files/anwaltverein.de/downloads/newsroom/stellungnahmen/2013/SN-DAV34-13.pdf, zuletzt besucht am: 16.10.2015; unter Verweis auf: Hoeren, Der Tod und das Internet – Rechtliche Fragen zur Verwendung von E-Mail- und WWW-Accounts nach dem Tod des Inhabers, NJW 2005, 2113, 2114 und Martini, Der digitale Nachlass und die Herausforderung postmortalen Persönlichkeitsschutzes im Internet, JZ 2012, 1145, 1147.

519 Herzog, in: DAV-Stellungnahme Nr.: 34/2013, S. 49, abrufbar unter: http://anwaltverein.de/files/anwaltverein.de/downloads/newsroom/stellungnahmen/2013/SN-DAV34-13.pdf, zuletzt besucht am: 16.10.2015; unter Verweis auf: Hoeren, Der Tod und das Internet – Rechtliche Fragen zur Verwendung von E-Mail- und WWW-Accounts nach dem Tod des Inhabers, NJW 2005, 2113, 2116.

Verwendung – nach § 1922 BGB über.[520] Schließlich werde die rechtliche Stellung des Erblassers zu der verkörperten Sache und nicht die Sache selbst vererbt. Die bei Hoeren gezogene Parallele zu dem analogen Brief gehe fehl, da nicht der Inhalt des Briefes, sondern lediglich das Eigentum an dem Papier vererbt werde.[521] Entsprechend gingen auch das Eigentum an der Festplatte, und nicht die darauf gespeicherten Daten, auf den Erben über. Dies geschehe konsequenterweise vollkommen unabhängig von der Art der Inhalte. Die Angehörigen hätten keinen Anspruch auf bestimmte Daten, sie könnten lediglich Abwehransprüche gegenüber den Erben oder Dritten geltend machen, wenn das postmortale Persönlichkeitsrecht des Verstorbenen verletzt sei.

(2) Umgang mit Zugangsdaten

Habe der Erblasser den Erben ausdrücklich seine Zugangsdaten hinterlassen, sei eine konkludente Übertragung der Wahrnehmungsberechtigung für den Internetbereich anzunehmen.[522] Seien diese Daten jedoch nur – gegen die eigene Vergesslichkeit – auf beispielsweise einem Zettel notiert, gehe das Eigentum an diesem Medium auf die Erben über, die sich des Inhalts – gleich einem „digitalen Schlüssel“ – bedienen könnten. In der „Offline-Welt“ käme schließlich auch niemand auf die Idee, dem Erben den Zutritt zu einer Wohnung zu verweigern, weil er dort unter anderem auch private Dinge des Erblassers finden könne.

(3) Keine Unterscheidung zwischen abgerufenen und noch nicht abgerufenen E-Mails – Übergang von Eigentum und vertraglichen Ansprüchen

Die Differenzierung zwischen bereits abgerufenen E-Mails und solchen, die sich noch auf dem Server des Dienstleisters befänden, gehe ebenso fehl.[523] Ob die E-Mails bereits abgerufen seien oder nicht, begründe nur einen Unterschied hinsichtlich des Übergangsgegenstandes. Während bereits abgerufene E-Mails zusammen mit dem Eigentum an dem Speichermedium übergingen, trete der Erbe hinsichtlich der noch nicht

520 Herzog, in: DAV-Stellungnahme Nr.: 34/2013, S. 49, abrufbar unter: http://anwaltverein.de/files/anwaltverein.de/downloads/newsroom/stellungnahmen/2013/SN-DAV34-13.pdf, zuletzt besucht am: 16.10.2015.

521 Herzog, in: DAV-Stellungnahme Nr.: 34/2013, S. 49 f., abrufbar unter: http://anwaltverein.de/files/anwaltverein.de/downloads/newsroom/stellungnahmen/2013/SN-DAV34-13.pdf, zuletzt besucht am: 16.10.2015; unter Verweis auf Hoeren, Der Tod und das Internet – Rechtliche Fragen zur Verwendung von E-Mail- und WWW-Accounts nach dem Tod des Inhabers, NJW 2005, 2113, 2114.

522 Herzog, in: DAV-Stellungnahme Nr.: 34/2013, S. 50, abrufbar unter: http://anwaltverein.de/files/anwaltverein.de/downloads/newsroom/stellungnahmen/2013/SN-DAV34-13.pdf, zuletzt besucht am: 16.10.2015.

523 Herzog, in: DAV-Stellungnahme Nr.: 34/2013, S. 51, abrufbar unter: http://anwaltverein.de/files/anwaltverein.de/downloads/newsroom/stellungnahmen/2013/SN-DAV34-13.pdf, zuletzt besucht am: 16.10.2015.

abgerufenen E-Mails in die Vertragsstellung des Erblassers mit dem Dienstleister ein. Aus dieser Stellung als Vertragspartner ergebe sich als Hauptleistungspflicht[524] auch der Anspruch der Erben auf die Zurverfügungstellung der E-Mails. Nach der bundesverfassungsgerichtlichen Rechtsprechung gehörten schließlich auch alle schuldrechtlichen Forderungen, die durch den Abschluss von Verträgen entstanden seien, zu dem in Art. 14 GG geschützten Eigentum.[525] Dies gilt nach Ansicht des DAV unabhängig von dem Inhalt der E-Mails oder der Homepagedaten. Da eine solche Differenzierung auch in Briefen oder Tagebüchern nicht vorgenommen werde, solle diese hier auch nicht erfolgen, zumal eine Grenzziehung kaum realisierbar sei. Den Dienstanbietern selbst diese Aufgabe zur Trennung der Inhalte als „subsidiäre Testamentsvollstrecker" ipso iure zu übertragen, sei zweifelhaft.[526] Zum einen werde ihnen damit ein nicht begründetes Vertrauen entgegengesetzt, zum anderen ergäben sich Schwierigkeiten hinsichtlich der tatsächlichen Durchsetzung. Zudem sei auch die Zulässigkeit dieser Aufgabenübertragung im Hinblick auf die §§ 91 ff. TKG fraglich. Die Alternative in Form der Löschung sämtlicher Daten wird jedoch im Hinblick darauf, dass der Erblasser die Möglichkeit haben müsse, sämtliche rechtsgeschäftlichen Beziehungen ordnungsgemäß abzuwickeln, entschieden abgelehnt.[527] Auskunftsansprüche gegen die Dienstleister gingen zusätzlich zu den Hauptleistungsansprüchen mit auf die Erben über.

(4) Entgegenstehender Erblasserwille – Keine Strafbarkeit bei Zuwiderhandlungen durch die Provider

Wenn Verfügungen des Erblassers vorlägen, die genaue Anordnungen für den Umgang mit seinen Daten, wie etwa die Löschung, enthielten, seien diese bindend.[528] Habe der Erblasser keine Anordnungen getroffen, müsse der Provider dem

524 Herzog, in: DAV-Stellungnahme Nr.: 34/2013, S. 52, abrufbar unter: http://anwaltverein.de/files/anwaltverein.de/downloads/newsroom/stellungnahmen/2013/SN-DAV34-13.pdf, zuletzt besucht am: 16.10.2015; unter Verweis auf: Hoeren, Der Tod und das Internet – Rechtliche Fragen zur Verwendung von E-Mail- und WWW-Accounts nach dem Tod des Inhabers, NJW 2005, 2113, 2114.

525 Herzog, in: DAV-Stellungnahme Nr.: 34/2013, S. 52, abrufbar unter: http://anwaltverein.de/files/anwaltverein.de/downloads/newsroom/stellungnahmen/2013/SN-DAV34-13.pdf, zuletzt besucht am: 16.10.2015; unter Verweis auf: BVerfG, NJW 1977, 2024.

526 Herzog, in: DAV-Stellungnahme Nr.: 34/2013, S. 52, 53, abrufbar unter: http://anwaltverein.de/files/anwaltverein.de/downloads/newsroom/stellungnahmen/2013/SN-DAV34-13.pdf, zuletzt besucht am: 16.10.2015.

527 Herzog, in: DAV-Stellungnahme Nr.: 34/2013, S. 53, abrufbar unter: http://anwaltverein.de/files/anwaltverein.de/downloads/newsroom/stellungnahmen/2013/SN-DAV34-13.pdf, zuletzt besucht am: 16.10.2015.

528 Herzog, in: DAV-Stellungnahme Nr.: 34/2013, S. 54, abrufbar unter: http://anwaltverein.de/files/anwaltverein.de/downloads/newsroom/stellungnahmen/2013/SN-DAV34-13.pdf, zuletzt besucht am: 16.10.2015.

Auskunftsanspruch des Erben entsprechen.[529] In dem Verhältnis Erblasser und Provider liege grundsätzlich keine besondere Vertrauensbeziehung, die eine Pflicht zur Verschwiegenheit des Providers begründe.[530] Der Provider mache sich nicht strafbar, wenn er die Daten herausgebe.[531] Die Gefahr, der entgegen zu wirken sei, bestehe in der möglichen Kommerzialisierung der Daten und der Nutzung für eigene Zwecke durch den Provider. Allenfalls bestehe eine vergleichbare Situation zu einem Vertrag bei einer Bank.[532] Der Auskunftsanspruch gehe in beiden Fällen über, wenn nicht der Dienstleister den entgegenstehenden Willen des Verstorbenen darlegen und beweisen könne. Ebenso wie eine Bank[533] könne auch der Provider die Auskunft nicht unter Berufung auf eine Verschwiegenheitspflicht ablehnen.

(5) Vererblichkeit von Ansprüchen auf Löschung von online gestellten Daten

Vererblich seien auch sämtliche Ansprüche auf Löschung von online gestellten Daten.[534] Schließlich gingen mit dem Erbfall sämtliche vertraglichen Rechte auf den Erben über.[535] Vor dem Hintergrund des Urheberrechts sei dies auch folgerichtig.

---

529 Herzog, in: DAV-Stellungnahme Nr.: 34/2013, S. 54, 55, abrufbar unter: http://anwaltverein.de/files/anwaltverein.de/downloads/newsroom/stellungnahmen/2013/SN-DAV34-13.pdf, zuletzt besucht am: 16.10.2015.

530 Herzog, in: DAV-Stellungnahme Nr.: 34/2013, S. 54, 55, abrufbar unter: http://anwaltverein.de/files/anwaltverein.de/downloads/newsroom/stellungnahmen/2013/SN-DAV34-13.pdf, zuletzt besucht am: 16.10.2015; unter Verweis auf abweichende Meinung bei: Martini, Der digitale Nachlass und die Herausforderung postmortalen Persönlichkeitsschutzes im Internet, JZ 2012, 1145 ff. (insbesondere 1150).

531 Herzog, in: DAV-Stellungnahme Nr.: 34/2013, S. 54, abrufbar unter: http://anwaltverein.de/files/anwaltverein.de/downloads/newsroom/stellungnahmen/2013/SN-DAV34-13.pdf, zuletzt besucht am: 16.10.2015; unter Verweis auf abweichende Meinung bei: Hoeren, Der Tod und das Internet – Rechtliche Fragen zur Verwendung von E-Mail- und WWW-Accounts nach dem Tod des Inhabers, NJW 2005, 2113, 2115.

532 Herzog, in: DAV-Stellungnahme Nr.: 34/2013, S. 55, abrufbar unter: http://anwaltverein.de/files/anwaltverein.de/downloads/newsroom/stellungnahmen/2013/SN-DAV34-13.pdf, zuletzt besucht am: 16.10.2015.

533 Herzog, in: DAV-Stellungnahme Nr.: 34/2013, S. 55, abrufbar unter: http://anwaltverein.de/files/anwaltverein.de/downloads/newsroom/stellungnahmen/2013/SN-DAV34-13.pdf, zuletzt besucht am: 16.10.2015; unter Verweis auf: BGH, NJW 1983, 1258 (Jedoch hat diese Quelle nicht den angegebenen Inhalt und kann damit nicht als Primärquelle für die mangelnde Möglichkeit der Berufung der Bank auf eine Verschwiegenheitspflicht dienen.).

534 Herzog, in: DAV-Stellungnahme Nr.: 34/2013, S. 55, abrufbar unter: http://anwaltverein.de/files/anwaltverein.de/downloads/newsroom/stellungnahmen/2013/SN-DAV34-13.pdf, zuletzt besucht am: 16.10.2015.

535 Herzog, in: DAV-Stellungnahme Nr.: 34/2013, S. 55, abrufbar unter: http://anwaltverein.de/files/anwaltverein.de/downloads/newsroom/stellungnahmen/2013/SN-DAV34-13.pdf, zuletzt besucht am: 16.10.2015; unter Verweis auf gleiche Einschätzung bei: Do-

Auch hier hätten die Erben gemäß der §§ 28 Abs. 1, 30 und 64 UrhG die Berechtigung zur Wahrnehmung der Rechte des verstorbenen Urhebers.[536]

dd. Lebzeitige Gestaltungsmöglichkeiten

Zu empfehlen sei bereits eine lebzeitige Vorsorge, etwa in Form der Aufnahme einer entsprechenden Klausel für den digitalen Nachlass in das Testament oder die Vorsorgevollmacht.[537] Der DAV spricht sich dabei ausdrücklich dafür aus, dass die Dienstleister zur Herausgabe der Daten des Erblassers verpflichtet seien, wenn nicht der Erblasser selbst eine Regelung getroffen habe, der zufolge die Daten geheim zu halten oder zu löschen seien. Eine solche Verfügung müsse grundsätzlich den Formerfordernissen einer letztwilligen Verfügung entsprechen, da sie die Wirkungen des § 1922 BGB entfalte. Lediglich bei Übertragung der Rechte zu Lebzeiten in Form einer Vorsorgevollmacht, bestünden keine besonderen Formerfordernisse. Beachtlich sei hier aber die Widerruflichkeit durch die Erben.

d. Verfassungsrechtliche Hintergründe

Da verfassungsrechtliche Vorgaben nicht zur Disposition des Gesetzgebers stünden, müssten diese Rahmenbedingungen bei jeder gesetzgeberischen Gestaltung zwingend beachtet werden.[538] Die Fragen des digitalen Nachlasses seien vorwiegend im Lichte des Fernmeldegeheimnisses nach Art. 10 GG und subsidiär dazu im Lichte des Rechts auf informationelle Selbstbestimmung zu beleuchten. Beachtlich sei dabei, dass nicht nur der Erblasser selbst davon geschützt sei, sondern dass der Schutzbereich jeden Kommunikationsteilnehmer erfasse. Weiterhin seien das postmortale Persönlichkeitsrecht aus Art. 2 Abs. 1 in Verbindung mit Art. 1 Abs. 1 GG und das in Art. 14 Abs. 1 S. 1 GG geschützte Erbrecht zu beachten.

---

patka, Digitaler Nachlass – Der Umgang mit elektronischen Daten nach dem Tod, NJW-aktuell Heft 49/2010, 14.

536 Herzog, in: DAV-Stellungnahme Nr.: 34/2013, S. 55, abrufbar unter: http://anwaltverein.de/files/anwaltverein.de/downloads/newsroom/stellungnahmen/2013/SN-DAV34-13.pdf, zuletzt besucht am: 16.10.2015; unter Verweis auf: Hoeren, Der Tod und das Internet – Rechtliche Fragen zur Verwendung von E-Mail- und WWW-Accounts nach dem Tod des Inhabers, NJW 2005, 2113, 2116.

537 Herzog, in: DAV-Stellungnahme Nr.: 34/2013, S. 57 f., abrufbar unter: http://anwaltverein.de/files/anwaltverein.de/downloads/newsroom/stellungnahmen/2013/SN-DAV34-13.pdf, zuletzt besucht am: 16.10.2015.

538 Mayen/Zuck in: DAV-Stellungnahme Nr.: 34/2013, S. 66 f., abrufbar unter: http://anwaltverein.de/files/anwaltverein.de/downloads/newsroom/stellungnahmen/2013/SN-DAV34-13.pdf, zuletzt besucht am: 16.10.2015.

aa. Das Fernmeldegeheimnis

Zunächst komme für Fragen des digitalen Nachlasses dem Fernmeldegeheimnis nach Art. 10 Abs. 1 GG eine herausragende Bedeutung zu.[539] Das Fernmeldegeheimnis schütze die Vertraulichkeit der Benutzung des technischen Mediums, das zur Nachrichtenübermittlung eingesetzt werde, vorliegend also die bei der Internetnutzung erfolgenden Kommunikationsvorgänge. Die Schutzwirkung entfalte sich dabei nicht nur für den Adressaten des Kommunikationsvorgangs, sondern gleichermaßen für alle, die an dem Kommunikationsvorgang beteiligt seien. Geschützt sei damit beispielsweise neben dem Empfänger einer E-Mail auch deren Absender.

(1) Grundrechtsbindung der Internet-Provider

Internet-Provider seien grundsätzlich juristische Personen des Privatrechts, nicht beherrscht durch den Staat und damit selbst Träger von Grundrechten.[540] Nach der Entscheidung des Bundesverfassungsgerichts aus dem Jahr 2006 habe dies auch für die ehemalige Deutsche Telekom AG gegolten, weil ein beherrschender staatlicher Einfluss auszuschließen gewesen sei, obwohl der Bund Anteile an dem Unternehmen gehalten habe.[541] Die Grundrechtsfähigkeit der Nachfolgeunternehmen habe das Bundesverwaltungsgericht aus deren in Art. 87f Abs. 2 S. 1 GG vorgegebener Ausrichtung abgeleitet, der zufolge sie nur privatwirtschaftliche Aufgabenstellungen und Tätigkeiten wahrzunehmen hätten.[542] Grundsätzlich gelte nach der ständigen bundesverfassungsgerichtlichen Rechtsprechung, dass private Grundrechtsträger selbst nicht unmittelbar durch die Grundrechte verpflichtet würden.[543] Wenn auch eine unmittelbare Drittwirkung zwischen zwei Privaten abgelehnt werde, sei aber eine mittelbare Drittwirkung denkbar. Diese lediglich mittelbare Drittwirkung, die nach der bundesverfassungsgerichtlichen Rechtsprechung lediglich bürgerliche Freiheitssphären untereinander ausgleichen solle und daher von vorneherein relativ

---

539 Mayen in: DAV-Stellungnahme Nr.: 34/2013, S. 66, abrufbar unter: http://anwaltverein.de/files/anwaltverein.de/downloads/newsroom/stellungnahmen/2013/SN-DAV34-13.pdf, zuletzt besucht am: 16.10.2015.

540 Mayen in: DAV-Stellungnahme Nr.: 34/2013, S. 67, abrufbar unter: http://anwaltverein.de/files/anwaltverein.de/downloads/newsroom/stellungnahmen/2013/SN-DAV34-13.pdf, zuletzt besucht am: 16.10.2015.

541 Mayen in: DAV-Stellungnahme Nr.: 34/2013, S. 67, abrufbar unter: http://anwaltverein.de/files/anwaltverein.de/downloads/newsroom/stellungnahmen/2013/SN-DAV34-13.pdf, zuletzt besucht am: 16.10.2015; unter Verweis auf: BVerfGE 115, 205, 227 f.

542 Mayen in: DAV-Stellungnahme Nr.: 34/2013, S. 67, abrufbar unter: http://anwaltverein.de/files/anwaltverein.de/downloads/newsroom/stellungnahmen/2013/SN-DAV34-13.pdf, zuletzt besucht am: 16.10.2015; unter Verweis auf u.a.: BVerwGE 114, 160, 189; 118, 226, 238.

543 Mayen in: DAV-Stellungnahme Nr.: 34/2013, S. 68, abrufbar unter: http://anwaltverein.de/files/anwaltverein.de/downloads/newsroom/stellungnahmen/2013/SN-DAV34-13.pdf, zuletzt besucht am: 16.10.2015.

sei,[544] sei aber in ihrer Intensität im Rahmen des hier diskutierten Problems nicht zu unterschätzen.

(a) Die FRAPORT-Entscheidung des BVerfG

Begründet wird dies mit der FRAPORT-Entscheidung des Bundesverfassungsgerichts.[545] Darin heiße es schließlich, dass die Inpflichtnahme eines Privaten nicht weniger weit reiche. Abhängig von der Fallgestaltung und dem Gewährleistungsinhalt könne die mittlelbare Grundrechtsbindung des Privaten der unmittelbaren, staatlichen Grundrechtsbindung sogar gleichkommen. Hinsichtlich des Kommunikationsschutzes komme dies vor allem dann in Betracht, wenn schon die Rahmenbedingungen der öffentlichen Kommunikation durch private Unternehmen bereitgestellt würden und die Privaten damit Funktionen – wie etwa die Sicherstellung der Telekommunikations- und Postdienstleistungen – übernähmen, die früher als Aufgabe der Daseinsvorsorge durch den Staat ausgeführt worden seien. Die Bindungswirkungen könnten daher identisch sein. Der § 88 TKG sei zudem nicht nur eine „einfachgesetzliche Ausprägung“, sondern konkretisiere den verfassungsrechtlich in Art. 10 Abs. 1 GG niedergelegten Schutzauftrag, so dass dem Gesetzgeber kein relevanter Gestaltungsspielraum mehr zustehe.

(b) Übertragung der Grundsätze auf private Internet-Provider

Auch private Internetdienstleistungsunternehmen sollen in vergleichbarer Weise (und damit entsprechend einer unmittelbaren Grundrechtsbindung) an Art. 10 GG gebunden seien.[546] Dies sei auch gerechtfertigt, weil die spezifische Gefährdungslage unabhängig davon gegeben sei, ob die Kommunikationseinrichtungen vom Staat oder von privaten Unternehmen zur Verfügung gestellt würden. Die Kommunikationspartner seien – unabhängig von dem Anbieter – auf den technischen Übermittlungsvorgang angewiesen. Eine Einschränkung der Grundrechtsbindung bestehe lediglich hinsichtlich solcher Dienstleister, deren Angebot ausschließlich Inhalte umfasse.[547]

544 Mayen in: DAV-Stellungnahme Nr.: 34/2013, S. 69, abrufbar unter: http://anwaltverein.de/files/anwaltverein.de/downloads/newsroom/stellungnahmen/2013/SN-DAV34-13.pdf, zuletzt besucht am: 16.10.2015; unter Verweis auf: BVerfGE 128, 226, 249.

545 Mayen in: DAV-Stellungnahme Nr.: 34/2013, S. 69, abrufbar unter: http://anwaltverein.de/files/anwaltverein.de/downloads/newsroom/stellungnahmen/2013/SN-DAV34-13.pdf, zuletzt besucht am: 16.10.2015; unter Verweis auf: BVerfGE 128, 226, 249 f.

546 Mayen in: DAV-Stellungnahme Nr.: 34/2013, S. 70, abrufbar unter: http://anwaltverein.de/files/anwaltverein.de/downloads/newsroom/stellungnahmen/2013/SN-DAV34-13.pdf, zuletzt besucht am: 16.10.2015.

547 Mayen in: DAV-Stellungnahme Nr.: 34/2013, S. 71, abrufbar unter: http://anwaltverein.de/files/anwaltverein.de/downloads/newsroom/stellungnahmen/2013/SN-DAV34-13.pdf, zuletzt besucht am: 16.10.2015.

Um die – der Verpflichtung des Staates entsprechende – Grundrechtsbindung für ein privates Unternehmen zu rechtfertigen, müsse dieses schon die Rahmenbedingungen der öffentlichen Kommunikation bereitstellen und dadurch die Funktion übernehmen, die früher dem Staat zur Erledigung als Aufgabe auf dem Gebiet der Daseinsvorsorge zugewiesen gewesen sei.[548] Reine Content-Provider seien dagegen nur mittelbar durch das Recht auf informationelle Selbstbestimmung und das postmortale Persönlichkeitsrecht gebunden.

(2) Eröffnung des zeitlichen Anwendungsbereichs auch bei abgerufenen E-Mails

Ob die in einer Mailbox oder bei einem Internet-Server gespeicherten Nachrichten noch von § 88 TKG geschützt seien, werde unterschiedlich beantwortet.[549] Vertreten werde, dass mit dem Abrufen der E-Mail der Übermittlungsvorgang abgeschlossen worden sei.[550] Dies entspreche jedoch nicht dem Schutzgehalt des Art. 10 Abs. 1 GG. Dieser erfasse zwar auch nur den Übertragungsvorgang als solchen von der Absendung bis zum Eingang der Information und nicht mehr die im Anschluss bei den Kommunikationsteilnehmern gespeicherten Nachrichten.[551] Der Schutz durch Art. 10 Abs. 1 GG ende dennoch nicht zwangsläufig mit der Kenntnisnahme des Empfängers. So habe das Bundesverfassungsgericht auch für solche E-Mails den Schutzbereich des Fernmeldegeheimnisses für eröffnet erklärt, die nach der Kenntnisnahme durch den Empfänger bei dem Provider gespeichert blieben.[552] Grund hierfür sei der Zweck des Fernmeldegeheimnisses, das an die

548 Mayen in: DAV-Stellungnahme Nr.: 34/2013, S. 71, abrufbar unter: http://anwaltverein.de/files/anwaltverein.de/downloads/newsroom/stellungnahmen/2013/SN-DAV34-13.pdf, zuletzt besucht am: 16.10.2015; unter Verweis auf: BVerfGE 128, 226, 249 f.

549 Mayen in: DAV-Stellungnahme Nr.: 34/2013, S. 72, abrufbar unter: http://anwaltverein.de/files/anwaltverein.de/downloads/newsroom/stellungnahmen/2013/SN-DAV34-13.pdf, zuletzt besucht am: 16.10.2015.

550 Mayen in: DAV-Stellungnahme Nr.: 34/2013, S. 72, abrufbar unter: http://anwaltverein.de/files/anwaltverein.de/downloads/newsroom/stellungnahmen/2013/SN-DAV34-13.pdf, zuletzt besucht am: 16.10.2015; unter Verweis auf a. A. u.a.: Palm/Roy, Mailboxen: Staatliche Eingriffe und andere rechtliche Aspekte, NJW 1996, 1791, die aber den Fernmeldevorgang vor allem unterteilen in Phase (1), das Absenden der Nachricht durch den Adressaten bis zum Eingang beim Mailbox-Betreiber, Phase (2), „Ruhen" der ungelesenen Nachricht in der Mailbox beim Betreiber und Phase (3), in der die Nachricht durch den Empfänger abgerufen wird (siehe S. 1793).

551 Mayen in: DAV-Stellungnahme Nr.: 34/2013, S. 72, abrufbar unter: http://anwaltverein.de/files/anwaltverein.de/downloads/newsroom/stellungnahmen/2013/SN-DAV34-13.pdf, zuletzt besucht am: 16.10.2015; unter Verweis auf: BVerfGE 115, 166, 185, 187; 120, 274, 307 f.

552 Mayen in: DAV-Stellungnahme Nr.: 34/2013, S. 72, abrufbar unter: http://anwaltverein.de/files/anwaltverein.de/downloads/newsroom/stellungnahmen/2013/SN-DAV34-13.pdf, zuletzt besucht am: 16.10.2015; unter Verweis auf: BVerfGE 124, 43, 54 f.

spezifische Gefährdungslage anknüpfe, die sich aus dem Umstand ergebe, dass die Kommunikationspartner die Rahmenbedingungen des Telekommunikationsvorgangs nicht selbst festlegen und die Privatheit der Kommunikation nicht selbst überwachen könnten. Das Risiko eines Zugriffs durch Dritte sei aufgrund der vielfältigen technischen Möglichkeiten besonders groß.[553] Diese spezifische Gefährdungslage ende nicht durch die Kenntnisnahme des Empfängers, wenn die E-Mails bei dem Provider gespeichert blieben. Der Provider bleibe auch in die weitere Verwaltung der E-Mails eingebunden.[554] Diese Vorgaben müssten auch für das in § 88 TKG einfachgesetzlich geregelte Fernmeldegeheimnis gelten, weil die mittelbare Grundrechtsbindung der Internet-Provider der unmittelbaren Grundrechtsbindung, die dem Staat auferliege, faktisch gleichkomme. Diese Annäherung zwischen mittelbarer und unmittelbarer Grundrechtsbindung würde fehlschlagen, wenn E-Mails, die bereits abgerufen aber noch bei dem Provider gespeichert seien, von dem Schutz des Fernmeldegeheimnisses ausgenommen seien.

(3) Zugriff des Erben auf den Internet-Account des Verstorbenen

(a) Weitergabe der Daten als Eingriff in den Schutzbereich

Von Art. 10 Abs. 1 GG seien ungeachtet ihrer Übermittlungsart sämtliche Informationsübermittlungen, die mittels verfügbarer Telekommunikationstechnik vorgenommen würden[555], und damit auch Kommunikationsdienste im Internet[556] sowie Inhalte eines E-Mail-Postfachs geschützt.[557] Das zur Nachrichtenübermittlung eingesetzte technische Medium solle in der Vertraulichkeit seiner Nutzung geschützt

553 Mayen in: DAV-Stellungnahme Nr.: 34/2013, S. 72, 73 abrufbar unter: http://anwaltverein.de/files/anwaltverein.de/downloads/newsroom/stellungnahmen/2013/SN-DAV34-13.pdf, zuletzt besucht am: 16.10.2015.

554 Mayen in: DAV-Stellungnahme Nr.: 34/2013, S. 73, abrufbar unter: http://anwaltverein.de/files/anwaltverein.de/downloads/newsroom/stellungnahmen/2013/SN-DAV34-13.pdf, zuletzt besucht am: 16.10.2015; unter Verweis auf: BVerfGE 124, 43, 55.

555 Mayen in: DAV-Stellungnahme Nr.: 34/2013, S. 74, abrufbar unter: http://anwaltverein.de/files/anwaltverein.de/downloads/newsroom/stellungnahmen/2013/SN-DAV34-13.pdf, zuletzt besucht am: 16.10.2015; unter Verweis auf: BVerfGE 106, 28, 36; 115, 166, 182 f.

556 Mayen in: DAV-Stellungnahme Nr.: 34/2013, S. 74, abrufbar unter: http://anwaltverein.de/files/anwaltverein.de/downloads/newsroom/stellungnahmen/2013/SN-DAV34-13.pdf, zuletzt besucht am: 16.10.2015; unter Verweis auf u.a.: BVerfGE 120, 274, 307.

557 Mayen in: DAV-Stellungnahme Nr.: 34/2013, S. 74, abrufbar unter: http://anwaltverein.de/files/anwaltverein.de/downloads/newsroom/stellungnahmen/2013/SN-DAV34-13.pdf, zuletzt besucht am: 16.10.2015.

sein.[558] Ein Eingriff liege bei jeder Aufzeichnung, Kenntnisnahme und Verwertung vor, wenn der Betroffene nicht eingewilligt habe.[559] Ebenso stelle die Weitergabe von Informationen aus einer Telefonüberwachung einen Eingriff dar.[560] Da auch die privaten Internet-Provider an die Grundrechte gebunden seien, sei auch die Weitergabe von E-Mails, die auf dem Server des Providers gespeichert seien, an die Erben des verstorbenen Nutzers ein Eingriff in Art. 10 Abs. 1 GG, soweit nicht eine Einwilligung der Betroffenen vorliege.[561]

(b) Einwilligung des Erblassers und des Kommunikationspartners

Die Einwilligung habe – soweit sie vorliege – tatbestandsausschließende Wirkung.[562] Für die Annahme einer Einwilligung genüge jedoch nicht die Zustimmung der Kommunikationspartner bei Abschluss des Benutzervertrages zur Speicherung der E-Mails auf dem providereigenen Server.[563] Die Auslagerung des Speicherungsortes stehe nicht dem Einverständnis mit dem Zugriff auf die Daten durch Dritte gleich. Vielmehr bedürfe es einer spezifischen Einwilligung aller Betroffenen, damit der Provider die bei ihm gespeicherten E-Mails an die Erben eines Nutzers herausgeben dürfe. Da das Fernmeldegeheimnis alle Kommunikationspartner schütze, die an dem Kommunikationsvorgang beteiligt seien, reiche eine – wenn auch ausdrückliche – Einwilligung oder Anordnung durch den Erblasser allein nicht aus. Vielmehr müssten alle Kommunikationspartner – also auch die Absender – einwilligen. Die Einwilligung des Erblassers könne keinen wirksamen Verzicht der

---

558 Mayen in: DAV-Stellungnahme Nr.: 34/2013, S. 74, abrufbar unter: http://anwaltverein.de/files/anwaltverein.de/downloads/newsroom/stellungnahmen/2013/SN-DAV34-13.pdf, zuletzt besucht am: 16.10.2015; unter Verweis auf: BVerfGE 106, 28, 37.

559 Mayen in: DAV-Stellungnahme Nr.: 34/2013, S. 74, abrufbar unter: http://anwaltverein.de/files/anwaltverein.de/downloads/newsroom/stellungnahmen/2013/SN-DAV34-13.pdf, zuletzt besucht am: 16.10.2015; unter Verweis auf u. a.: BVerfGE 124, 43, 58.

560 Mayen in: DAV-Stellungnahme Nr.: 34/2013, S. 74, abrufbar unter: http://anwaltverein.de/files/anwaltverein.de/downloads/newsroom/stellungnahmen/2013/SN-DAV34-13.pdf, zuletzt besucht am: 16.10.2015; unter Verweis auf: BFH, NJW 2001, 2118; Maunz/Dürig-Durner, GG, Stand: 57. EGL, Januar 2010, Art. 10 Rn. 87.

561 Mayen in: DAV-Stellungnahme Nr.: 34/2013, S. 75, abrufbar unter: http://anwaltverein.de/files/anwaltverein.de/downloads/newsroom/stellungnahmen/2013/SN-DAV34-13.pdf, zuletzt besucht am: 16.10.2015.

562 Mayen in: DAV-Stellungnahme Nr.: 34/2013, S. 75, abrufbar unter: http://anwaltverein.de/files/anwaltverein.de/downloads/newsroom/stellungnahmen/2013/SN-DAV34-13.pdf, zuletzt besucht am: 16.10.2015; unter Verweis auf Maunz/Dürig-Durner, GG, Stand: 57. EGL, Januar 2010, Art. 10 Rn. 126.

563 Mayen in: DAV-Stellungnahme Nr.: 34/2013, S. 75, 76, abrufbar unter: http://anwaltverein.de/files/anwaltverein.de/downloads/newsroom/stellungnahmen/2013/SN-DAV34-13.pdf, zuletzt besucht am: 16.10.2015.

übrigen Beteiligten auf den Schutz aus Art. 10 Abs. 1 GG begründen.[564] Von einer konkludenten Einwilligung des Absenders könne dabei nicht ausgegangen werden.[565] Im Hinblick auf die bislang ungeklärte Rechtslage zu dem Umgang mit dem digitalen Nachlass müsse der Absender zum einen nicht erwarten, dass die von ihm versandten und auf den providereigenen Servern gespeicherten Nachrichten an die Erben des Empfängers herausgegeben werden würden. Zum anderen könne das Vorliegen einer Einwilligung niemals pauschal angenommen, sondern müsse stets am konkreten Einzelfall geprüft werden. Im Einzelnen müsse damit für die Frage, ob eine konkludente Einwilligung vorliege, für jede einzelne Nachricht unter Betrachtung ihres Inhaltes eine eigene Entscheidung getroffen werden.

(c) Rechtfertigung der Weitergabe der Daten aus Gründen des öffentlichen Interesses oder des kollidierenden Verfassungsrechts

Die Weitergabe der Daten und Inhalte könne jedoch auch ohne Vorliegen einer Einwilligung zulässig sein, etwa weil der Eingriff in Art. 10 Abs. 1 GG aus Gründen des öffentlichen Interesses oder aufgrund anderer durch die Verfassung geschützter Rechtsgüter gerechtfertigt sei.[566] Das Fernmeldegeheimnis sei zwar „unverletzlich" aber nicht einschränkungslos. Eingriffe seien also zulässig, solange diese nur gedeckt seien durch die formellen und materiellen Schranken, denen das Grundrecht unterliege. Vorliegend müsse das Fernmeldegeheimnis im Wege der praktischen Konkordanz[567] und unter Beachtung des Grundsatzes der Verhältnismäßigkeit mit dem in Art. 14 Abs. 1 S. 1 GG geschützten Erbrecht in Einklang gebracht werden.[568] Art. 14 Abs. 1 S. 1 GG gewährleiste das Erbrecht als Rechtsinstitut und stelle zugleich

564 Mayen in: DAV-Stellungnahme Nr.: 34/2013, S. 76, abrufbar unter: http://anwaltverein.de/files/anwaltverein.de/downloads/newsroom/stellungnahmen/2013/SN-DAV34-13.pdf, zuletzt besucht am: 16.10.2015; unter Verweis auf: BVerfGE 85, 386, 399 (Worin ausgeführt wird, dass ein Gesprächsteilnehmer nicht mit Wirkung für den oder die anderen auf den Grundrechtsschutz verzichten kann).

565 Mayen in: DAV-Stellungnahme Nr.: 34/2013, S. 76, 77 abrufbar unter: http://anwaltverein.de/files/anwaltverein.de/downloads/newsroom/stellungnahmen/2013/SN-DAV34-13.pdf, zuletzt besucht am: 16.10.2015.

566 Mayen in: DAV-Stellungnahme Nr.: 34/2013, S. 77 ff., abrufbar unter: http://anwaltverein.de/files/anwaltverein.de/downloads/newsroom/stellungnahmen/2013/SN-DAV34-13.pdf, zuletzt besucht am: 16.10.2015.

567 Mayen in: DAV-Stellungnahme Nr.: 34/2013, S. 78, abrufbar unter: http://anwaltverein.de/files/anwaltverein.de/downloads/newsroom/stellungnahmen/2013/SN-DAV34-13.pdf, zuletzt besucht am: 16.10.2015; unter Verweis zur praktischen Konkordanz auf u.a.: BVerfGE 41, 29, 51.

568 Mayen in: DAV-Stellungnahme Nr.: 34/2013, S. 77 f., 80, abrufbar unter: http://anwaltverein.de/files/anwaltverein.de/downloads/newsroom/stellungnahmen/2013/SN-DAV34-13.pdf, zuletzt besucht am: 16.10.2015.

ein Individualgrundrecht dar.[569] Durch die Kollision mit dem Erbrecht könne daher ein Eingriff in das Fernmeldegeheimnis gerechtfertigt sein.[570] Rein formell müsse für eine solche Einschränkung aber eine für diesen spezifischen Bereich geltende gesetzliche Regelung vorliegen. Mittels derer müsse der Provider ermächtigt werden, den Erben eines verstorbenen Nutzers zur Ermöglichung des gesetzlichen Erbrechts die – auf den providereigenen Servern gespeicherten – Verbindungsinhalte mitzuteilen. Fraglich sei allein die Grundlage für das Erfordernis der gesetzlichen Ermächtigung.

(aa) Erfordernis einer gesetzlichen Ermächtigungsgrundlage

Die bislang geltende herrschende Ansicht, wonach der in Art. 10 Abs. 2 S. 1 GG angeordnete Gesetzesvorbehalt nur hinsichtlich staatlicher Eingriffe gelte, sei nun zu überdenken,[571] vor allem vor dem Hintergrund der FRAPORT-Entscheidung des Bundesverfassungsgerichts. Dieser zufolge sollten die privaten Internet-Provider schließlich ähnlich oder entsprechend der staatlichen Einrichtungen an die Grundrechte und insbesondere an Art. 10 Abs. 1 GG gebunden sein. Eine solche Bindung anzunehmen, ohne zugleich auch die in Art. 10 Abs. 2 S. 1 GG normierten Anforderungen anzuwenden, sei inkonsequent und schwer verständlich. Dies könne jedoch offen bleiben, da sich das Erfordernis einer gesetzlichen Ermächtigung jedenfalls aus dem in Art. 20 Abs. 3 GG niedergelegten allgemeinen Gesetzesvorbehalt ergebe.[572] Nach der bundesverfassungsgerichtlichen Rechtsprechung begründeten das Rechtsstaatsprinzip und das Demokratiegebot eine Verpflichtung des Gesetzgebers, die maßgeblichen Regelungen selbst zu erlassen, die zu der Verwirklichung des

---

569 Mayen in: DAV-Stellungnahme Nr.: 34/2013, S. 78, abrufbar unter: http://anwaltverein.de/files/anwaltverein.de/downloads/newsroom/stellungnahmen/2013/SN-DAV34-13.pdf, zuletzt besucht am: 16.10.2015; unter Verweis auf u.a.: BVerfGE 67, 329, 358 (eigentlich 340); 91, 346, 358.

570 Mayen in: DAV-Stellungnahme Nr.: 34/2013, S. 78, abrufbar unter: http://anwaltverein.de/files/anwaltverein.de/downloads/newsroom/stellungnahmen/2013/SN-DAV34-13.pdf, zuletzt besucht am: 16.10.2015.

571 Mayen in: DAV-Stellungnahme Nr.: 34/2013, S. 79, abrufbar unter: http://anwaltverein.de/files/anwaltverein.de/downloads/newsroom/stellungnahmen/2013/SN-DAV34-13.pdf, zuletzt besucht am: 16.10.2015.

572 Mayen in: DAV-Stellungnahme Nr.: 34/2013, S. 79, abrufbar unter: http://anwaltverein.de/files/anwaltverein.de/downloads/newsroom/stellungnahmen/2013/SN-DAV34-13.pdf, zuletzt besucht am: 16.10.2015; unter Verweis auf: Maunz/Dürig-Durner, GG, Stand: 57. EGL, Januar 2010, Art. 10 Rn. 133, (Wonach aber der entsprechende Gesetzesvorbehalt allein für staatliche Eingriffe gelten soll, wobei private Tätigkeiten, die zur Beeinträchtigung der geschützten Rechte aus Art. 10 GG führen, zwar den Beschränkungen des Staates, die er im Zusammenhang mit seiner verfassungsrechtlichen Schutzpflicht erlässt, aber nicht dem Vorbehalt der gesetzlichen Regelung unterliegen).

Grundrechtsschutzes erforderlich seien.[573] Eine Pflicht zur Normsetzung soll jedenfalls bei einem Aufeinandertreffen konkurrierender grundrechtlicher Freiheitsrechte bestehen, wenn deren Grenzen fließend und nicht ohne weiteres erkennbar seien. Der Gesetzgeber müsse dann die Schranken dieser widerstreitenden Freiheitsgarantien soweit selbst bestimmen, wie dies für die Ausübung der Freiheitsrechte wesentlich sei.[574] Selbst wenn diesen Ausführungen nicht gefolgt werden sollte, ergebe sich das Erfordernis einer gesetzlichen Ermächtigung der Provider aus dem einfachgesetzlichen § 88 Abs. 3 S. 1 und S. 3 TKG.[575] Der § 88 Abs. 3 S. 1 TKG untersage schließlich den Dienstanbietern die eigene Kenntnisverschaffung und die Kenntnisverschaffung Dritter von den Inhalten und den weiteren Umständen der Telekommunikation, die über das Maß hinausgingen, das zur Erbringung der Dienste und für den Schutz der technischen Systeme erforderlich sei. Jede weitere Ausnahme von diesem Verbot bedürfe daher einer erneuten gesetzlichen Ermächtigung. Diese müsse sich auch ausdrücklich auf Telekommunikationsvorgänge beziehen, so dass die Regelung in § 1922 Abs. 1 BGB für sich nicht ausreiche. Diese erwähne schließlich nicht, dass die Kenntnis-Verschaffung für die Erben durch die Provider von den bei diesen gespeicherten Nachrichten der Realisierung des gesetzlichen Erbrechts diene.

(bb) Keine gesetzliche Ermächtigung durch den bestehenden § 88 Abs. 3 S. 1 TKG

Der bestehende § 88 Abs. 3 S. 1 TKG scheide als eine solche gesetzliche Ermächtigungsnorm aus.[576] Die Weitergabe von E-Mails des Verstorbenen an dessen Erben bewege sich nicht im Bereich dessen, was zu der Erbringung des Telekommunikationsdienstes und des Schutzes der technischen Einrichtungen erforderlich sei. Die Frage nach dem Maß der Erforderlichkeit könne stets nur hinsichtlich des jeweiligen Telekommunikationsdienstes bestimmt werden. Jedoch gelte allgemein der Grundsatz, dass zur Erbringung solcher Dienste nicht erforderlich sein könne,

573 Mayen in: DAV-Stellungnahme Nr.: 34/2013, S. 80, abrufbar unter: http://anwaltverein.de/files/anwaltverein.de/downloads/newsroom/stellungnahmen/2013/SN-DAV34-13.pdf, zuletzt besucht am: 16.10.2015; unter Verweis auf u.a.: BVerfGE 33, 125, 158; 34, 52, 60.

574 Mayen in: DAV-Stellungnahme Nr.: 34/2013, S. 80, abrufbar unter: http://anwaltverein.de/files/anwaltverein.de/downloads/newsroom/stellungnahmen/2013/SN-DAV34-13.pdf, zuletzt besucht am: 16.10.2015; unter Verweis auf u.a.: BVerfGE 83, 130, 142.

575 Mayen in: DAV-Stellungnahme Nr.: 34/2013, S. 80, abrufbar unter: http://anwaltverein.de/files/anwaltverein.de/downloads/newsroom/stellungnahmen/2013/SN-DAV34-13.pdf, zuletzt besucht am: 16.10.2015.

576 Mayen in: DAV-Stellungnahme Nr.: 34/2013, S. 81, 82, abrufbar unter: http://anwaltverein.de/files/anwaltverein.de/downloads/newsroom/stellungnahmen/2013/SN-DAV34-13.pdf, zuletzt besucht am: 16.10.2015.

was datenschutzrechtlich nicht erlaubt sei.[577] Die §§ 91 ff. TKG bildeten demnach eine „Obergrenze des Zulässigen", die aber im Rahmen des digitalen Nachlasses überschritten werde. Bei E-Mails, die auf dem Server des Providers gespeichert seien, handele es sich um sogenannte Verkehrsdaten nach § 3 Nr. 30 TKG. Dies seien Daten, die im Rahmen der Diensterbringung erhoben, genutzt und verarbeitet würden. Erhebung und Verwendung dieser Verkehrsdaten dürften nur in dem in § 96 Abs. 1 Nr. 1 bis 5 TKG beschriebenen Umfang erfolgen. Die Weitergabe oder Kenntnisnahme von Inhalten werde hierin nicht aufgeführt. Gespeicherte Verkehrsdaten dürften nach der Beendigung der Verbindung im Übrigen nur noch – soweit erforderlich – zum Aufbau einer neuen Verbindung oder für die Zwecke aus §§ 97, 99, 100, 101 TKG verwendet werden.

bb. Eigentum und Erbrecht aus Art. 14 Abs. 1 GG

Der Bundesgerichtshof habe die Nachlassfrage hinsichtlich der vermögensähnlichen und vermögenswerten Bestandteile des Persönlichkeitsrechts bereits einfachrechtlich geklärt.[578] Der Schutzbereich des Erbrechts weise im Wesentlichen die gleichen Strukturen auf wie der des Grundrechts auf Eigentum nach Art. 14 Abs. 1 S. 1 GG. Sowohl das Eigentum als auch das Erbrecht folgten einer einheitlichen privaten Vermögensordnung. Nichtvermögensrechtliche Ansprüche oder Anwartschaften seien aus Sicht der Verfassung zwangsläufig vererbbar, soweit sie eigentumsfähig seien und fielen somit auch in den Schutzbereich des Art. 14 Abs. 1 S. 1 GG. Eigentum sei dabei jedes vermögenswerte Recht, das die Rechtsordnung dem Berechtigten zu seiner privaten Nutzung und zu seiner eigenen Verfügung zuordne.[579] Die Verfassung selbst lege damit nicht fest, was konkret zum Eigentumsbegriff gehöre.[580] Der Inhalt des Eigentums ergebe sich stattdessen aus der Gesamtheit aller verfassungsmäßigen Gesetze.[581] Eingriffe in den Schutzbereich müssten – unabhängig von der

---

577 Mayen in: DAV-Stellungnahme Nr.: 34/2013, S. 81, abrufbar unter: http://anwaltverein.de/files/anwaltverein.de/downloads/newsroom/stellungnahmen/2013/SN-DAV34-13.pdf, zuletzt besucht am: 16.10.2015; unter Verweis auf: Scheurle/Mayen-Zerres, Telekommunikationsgesetz, 2. Auflage 2008, § 88 Rn. 25; Säcker-Klesczewski, Telekommunikationsgesetz, 3. Auflage 2013, § 88 Rn. 25.

578 Zuck in: DAV-Stellungnahme Nr.: 34/2013, S. 82, abrufbar unter: http://anwaltverein.de/files/anwaltverein.de/downloads/newsroom/stellungnahmen/2013/SN-DAV34-13.pdf, zuletzt besucht am: 16.10.2015.

579 Zuck in: DAV-Stellungnahme Nr.: 34/2013, S. 82, 83, abrufbar unter: http://anwaltverein.de/files/anwaltverein.de/downloads/newsroom/stellungnahmen/2013/SN-DAV34-13.pdf, zuletzt besucht am: 16.10.2015; unter Verweis auf u. a.: BVerfGE 89, 1, 6.

580 Zuck in: DAV-Stellungnahme Nr.: 34/2013, S. 83, abrufbar unter: http://anwaltverein.de/files/anwaltverein.de/downloads/newsroom/stellungnahmen/2013/SN-DAV34-13.pdf, zuletzt besucht am: 16.10.2015.

581 Zuck in: DAV-Stellungnahme Nr.: 34/2013, S. 83, abrufbar unter: http://anwaltverein.de/files/anwaltverein.de/downloads/newsroom/stellungnahmen/2013/SN-DAV34-13.

Einteilung als Enteignung oder als Inhaltsbestimmung oder Schranke – verhältnismäßig sein und dürften nur unter Beachtung des allgemeinen Gleichheitssatzes aus Art. 3 Abs. 1 GG und des Vertrauensgrundsatzes erfolgen. Der Gesetzgeber habe damit bezüglich der vermögensähnlichen und vermögenswerten Bestandteile des Persönlichkeitsrechts die Möglichkeit, neues Eigentum oder neues vererbbares Vermögen zu schaffen, indem er dem betreffenden Bestandteil durch Gesetz den Rang eines vermögenswerten Rechts einräume. Ebenso könne der Gesetzgeber aber auch die betreffenden Bestandteile durch Gesetz einer Inhaltsbestimmung unterwerfen oder diese enteignen.

cc. Allgemeines Persönlichkeitsrecht und Handlungsfreiheit (Art. 2 Abs. 1 GG)

Der postmortale Schutz immaterieller Bestandteile des Persönlichkeitsrechts sei weitgehend ohne genaue Konturen geblieben, so dass zwischen dem allgemeinen Persönlichkeitsrecht und der allgemeinen Handlungsfreiheit zu differenzieren sei.[582] Der Schutz letzterer ende jedoch mit dem Tod, weil die allgemeine Handlungsfreiheit die Existenz einer zumindest potentiell handlungsfähigen Person voraussetze.[583] Ebenso erlösche auch jegliche Drittwirkung. Grundsätzlich erlösche nach der bundesverfassungsgerichtlichen Rechtsprechung auch das allgemeine Persönlichkeitsrecht mit dem Tod.[584] Im Rahmen des postmortalen Würdeschutzes bestehe jedoch ein Schutz über den Tod hinaus. So wird eine staatliche Verpflichtung dahingehend angenommen, dass der Staat den Menschen auch nach seinem Tod vor schwerwiegenden Eingriffen in seine Identität, Individualität und Integrität und vor Beeinträchtigungen seines Achtungsanspruchs schützen müsse.[585] Anzunehmen sei auch, dass dieser staatlichen Pflicht zu einem postmortalen Würdeschutz, die

---

pdf, zuletzt besucht am: 16.10.2015; unter Verweis auf u.a.: BVerfGE 58, 300, 336; 52, 1, 27.

582 Zuck in: DAV-Stellungnahme Nr.: 34/2013, S. 84, abrufbar unter: http://anwaltverein.de/files/anwaltverein.de/downloads/newsroom/stellungnahmen/2013/SN-DAV34-13.pdf, zuletzt besucht am: 16.10.2015.

583 Zuck in: DAV-Stellungnahme Nr.: 34/2013, S. 84, abrufbar unter: http://anwaltverein.de/files/anwaltverein.de/downloads/newsroom/stellungnahmen/2013/SN-DAV34-13.pdf, zuletzt besucht am: 16.10.2015; unter Verweis auf: BVerfGE 30, 173, 194; BVerfG, NJW 2001, 594.

584 Zuck in: DAV-Stellungnahme Nr.: 34/2013, S. 84, abrufbar unter: http://anwaltverein.de/files/anwaltverein.de/downloads/newsroom/stellungnahmen/2013/SN-DAV34-13.pdf, zuletzt besucht am: 16.10.2015; unter Verweis auf: BVerfGE 30, 173, 194; BVerfG, NJW 2001, 2957, 2959; NJW 2006, 3409 (Wonach der Verstorbene nicht durch das Grundrecht auf freie Entfaltung der Persönlichkeit gemäß Art. 2 Abs. 1 GG geschützt wird und daher die Schutzwirkungen des postmortalen Persönlichkeitsrechts mit denen aus dem allgemeinen Persönlichkeitsrecht nicht identisch sind.); NJW 2008, 1657.

585 Zuck in: DAV-Stellungnahme Nr.: 34/2013, S. 85, abrufbar unter: http://anwaltverein.de/files/anwaltverein.de/downloads/newsroom/stellungnahmen/2013/SN-DAV34-13.

aus den Art. 2 Abs. 1 und 1 Abs. 1 GG abgeleitet werde, ein subjektives Schutzrecht des Einzelnen nach Art. 2 Abs. 1 GG gegenüberstehe, das dieser auch mit der Verfassungsbeschwerde geltend machen könne. Schließlich habe das Bundesverfassungsgericht bereits in anderem Zusammenhang erkannt, dass mit den aus den Grundrechten abgeleiteten staatlichen Schutzpflichten auch Schutzansprüche der Grundrechtsträger korrespondieren könnten.[586] Als wichtige Konsequenz wird angemerkt, dass Art. 2 Abs. 1 GG prinzipiell beschränkbar sei und eine sehr niedrige Schranke für Eingriffe aufweise.

Folglich bestehe nach dem Tod durch das allgemeine Persönlichkeitsrecht und die allgemeine Handlungsfreiheit kein Grundrechtsschutz mehr, solange der Verstorbene nicht hinsichtlich seines postmortalen Würdeschutzes betroffen sei, solange also keine schwerwiegenden Eingriffe in die Identität, Integrität und Individualität und keine schwerwiegenden Beeinträchtigungen des allgemeinen Achtungsanspruchs vorlägen.[587] Im Einzelfall bedeute dies ein Entfallen des grundrechtlichen Schutzes des sozialen Geltungsanspruchs in der Öffentlichkeit.[588] Der Schutz der Intimität sei erloschen, so dass die einstige Privatsphäre öffentlich gemacht werden könne. Soweit diesen kein Vermögenswert zukomme, erlöschten auch das Recht am eigenen Bild sowie das Recht am eigenen Wort. Ebenso bestehe kein Schutz mehr für den Kernbereich der privaten Lebensgestaltung im Rahmen strafrechtlicher Ermittlungsmaßnahmen.[589] Posthum bestehe lediglich ein Schutz durch die §§ 94 ff. StPO. Soweit diese Normen nicht entgegenstünden, könne also schrankenlos auf E-Mails aus dem Kernbereich der privaten Lebensführung zugegriffen werden. Zudem könnten Daten gewonnen werden, die für das Ermittlungsverfahren bedeutungslos seien.

---

pdf, zuletzt besucht am: 16.10.2015; unter Verweis auf u. a.: BVerfG, NJW 2001, 2957, 2959; BVerfG, NJW 2006, 3409.

586 Zuck in: DAV-Stellungnahme Nr.: 34/2013, S. 85, abrufbar unter: http://anwaltverein.de/files/anwaltverein.de/downloads/newsroom/stellungnahmen/2013/SN-DAV34-13.pdf, zuletzt besucht am: 16.10.2015; unter Verweis auf: BVerfGE 77, 170, 214 f. (Worin es jedoch nur heißt, dass der mit einer Schutzpflicht verbundene Anspruch nur darauf gerichtet sei, dass Vorkehrungen durch die öffentliche Gewalt zum Schutz des Grundrechtsträgers getroffen würden, die nicht vollkommen ungeeignet oder unzulänglich seien. Nur unter ganz engen Voraussetzungen könne ein Anspruch auf eine bestimmte Maßnahme bestehen.)

587 Zuck in: DAV-Stellungnahme Nr.: 34/2013, S. 86, abrufbar unter: http://anwaltverein.de/files/anwaltverein.de/downloads/newsroom/stellungnahmen/2013/SN-DAV34-13.pdf, zuletzt besucht am: 16.10.2015; unter Verweis auf: Dreier-Dreier, GG, Band I, 2. Auflage 2004, Art. 1 I Rn. 58 ff.; 74.

588 Zuck in: DAV-Stellungnahme Nr.: 34/2013, S. 86, abrufbar unter: http://anwaltverein.de/files/anwaltverein.de/downloads/newsroom/stellungnahmen/2013/SN-DAV34-13.pdf, zuletzt besucht am: 16.10.2015.

589 Zuck in: DAV-Stellungnahme Nr.: 34/2013, S. 86, abrufbar unter: http://anwaltverein.de/files/anwaltverein.de/downloads/newsroom/stellungnahmen/2013/SN-DAV34-13.pdf, zuletzt besucht am: 16.10.2015; unter Verweis auf: BVerfGE 113, 29, 52 ff.; 124, 43 ff. (Denen sich diese Aussage jedoch so eindeutig nicht entnehmen lässt.).

Eine Mitwirkung der Erben bei der Datensichtung sei verfassungsrechtlich nicht geboten. Auch eine Drittwirkung des Grundrechts bestehe nicht mehr – unabhängig davon, ob ein besonderes Vertrauensverhältnis vorgelegen habe.[590] Dem Provider sei somit eine Berufung auf das allgemeine Persönlichkeitsrecht des verstorbenen Nutzers zum Zweck der Verweigerung der Herausgabe der Daten an die Erben verwehrt. Der Provider müsse den Erben die empfangenen E-Mails zugänglich machen, auch wenn diese auf seinem eigenen Server gespeichert seien. Die Herausgabe von Verbindungsdaten durch einen Mobilfunkbetreiber an die Erben könne ebenso wenig unter Verweis auf Art. 2 Abs. 1 GG abgelehnt werden.

Die Handlungsmöglichkeiten des Gesetzgebers seien mithin – abgesehen von dem Bereich des postmortalen Würdeschutzes des Verstorbenen – nahezu unbegrenzt. Neben dem postmortalen Würdeschutz solle aber auch den guten Sitten eine Schrankenwirkung zukommen.[591] Wenn diese auch keine Handlungspflicht des Gesetzgebers begründen würden, könne daraus aber dennoch Handlungsbedarf erwachsen, um soziale Spannungen abzuwehren, deren Entstehung wahrscheinlich sei. Der Gesetzgeber könne sich demnach entscheiden, dass ein Verstorbener seine Verbindungsdaten und mit diesen auch seine E-Mail-Nachrichten, die den Kernbereich der privaten Lebensführung betreffen, „mit in sein Grab" nehmen dürfe. Schließlich ließe sich mit der Ehebruchstatistik begründen, dass durch diese Regelung der ideelle Fortbestand der Familie des Ehebrechers über dessen Tod hinaus gewährleistet werden könne.

dd. Das Recht auf informationelle Selbstbestimmung und das Recht auf die Vertraulichkeit und Integrität informationstechnischer Systeme nach Art. 2 Abs. 1 i. V. m. Art. 1 Abs. 1 GG

Soweit der Schutzbereich des Fernmeldegeheimnisses eröffnet sei, entfalle die Anwendbarkeit des Rechts auf informationelle Selbstbestimmung.[592] Die Kommunikationsformen, die durch das Fernmeldegeheimnis geschützt seien, beinhalteten auch personenbezogene Daten. Bei Eingriffen in individuelle Kommunikationsbeziehungen käme es auch zur Erhebung und Verarbeitung personenbezogener Daten mit dem Ergebnis, dass bei diesen Vorgängen der Schutzbereich des Rechts auf

590 Zuck in: DAV-Stellungnahme Nr.: 34/2013, S. 86, 87, abrufbar unter: http://anwaltverein.de/files/anwaltverein.de/downloads/newsroom/stellungnahmen/2013/SN-DAV34-13.pdf, zuletzt besucht am: 16.10.2015.

591 Zuck in: DAV-Stellungnahme Nr.: 34/2013, S. 87, 88, abrufbar unter: http://anwaltverein.de/files/anwaltverein.de/downloads/newsroom/stellungnahmen/2013/SN-DAV34-13.pdf, zuletzt besucht am: 16.10.2015.

592 Zuck/Mayen in: DAV-Stellungnahme Nr.: 34/2013, S. 88, abrufbar unter: http://anwaltverein.de/files/anwaltverein.de/downloads/newsroom/stellungnahmen/2013/SN-DAV34-13.pdf, zuletzt besucht am: 16.10.2015.

informationelle Selbstbestimmung eröffnet sei.[593] Dennoch gehe nach der bundesverfassungsgerichtlichen Rechtsprechung das Fernmeldegeheimnis als spezielleres Grundrecht vor,[594] so dass das Recht auf informationelle Selbstbestimmung nur subsidiär zur Anwendung komme, wenn der Tatbestand des Fernmeldegeheimnisses nicht eröffnet sei.[595]

(1) Schutzbereich

Das Recht auf informationelle Selbstbestimmung sei von dem Bundesverfassungsgericht in Form eines verselbständigten Elements des allgemeinen Persönlichkeitsrechts konstruiert worden.[596] Es schütze die individuelle Freiheit des Einzelnen, selbst zu entscheiden, wie er die eigene Person präsentieren möchte. Es werde dem Einzelnen damit die Befugnis gewährt, selbst über die Verwendung und die Preisgabe der eigenen persönlichen Daten zu entscheiden.[597] Hieraus folge jedoch kein dem Eigentum vergleichbares, absolutes Herrschaftsrecht bezüglich der eigenen Daten. Lediglich die Persönlichkeitsentfaltung solle als Reflex der Kommunikation oder Datenhaltung gesichert werden.[598] Unmaßgeblich seien dagegen die Sensibilität

593 Zuck/Mayen in: DAV-Stellungnahme Nr.: 34/2013, S. 88, 89 abrufbar unter: http://anwaltverein.de/files/anwaltverein.de/downloads/newsroom/stellungnahmen/2013/SN-DAV34-13.pdf, zuletzt besucht am: 16.10.2015; unter Verweis auf: Maunz/Dürig-Durner, GG, Stand: 57. EGL, Januar 2010, Art. 10 Rn. 54 ff. (insbesondere Rn. 56).

594 Zuck/Mayen in: DAV-Stellungnahme Nr.: 34/2013, S. 88, 89 abrufbar unter: http://anwaltverein.de/files/anwaltverein.de/downloads/newsroom/stellungnahmen/2013/SN-DAV34-13.pdf, zuletzt besucht am: 16.10.2015; unter Verweis auf u.a.: BVerfGE 100, 313, 358, 359.

595 Zuck/Mayen in: DAV-Stellungnahme Nr.: 34/2013, S. 88, 89 abrufbar unter: http://anwaltverein.de/files/anwaltverein.de/downloads/newsroom/stellungnahmen/2013/SN-DAV34-13.pdf, zuletzt besucht am: 16.10.2015; unter Verweis auf: Maunz/Dürig-Durner, GG, Stand: 57. EGL, Januar 2010, Art. 10 Rn. 56, nach Fn. 6.

596 Zuck/Mayen in: DAV-Stellungnahme Nr.: 34/2013, S. 89 abrufbar unter: http://anwaltverein.de/files/anwaltverein.de/downloads/newsroom/stellungnahmen/2013/SN-DAV34-13.pdf, zuletzt besucht am: 16.10.2015.

597 Zuck/Mayen in: DAV-Stellungnahme Nr.: 34/2013, S. 89 abrufbar unter: http://anwaltverein.de/files/anwaltverein.de/downloads/newsroom/stellungnahmen/2013/SN-DAV34-13.pdf, zuletzt besucht am: 16.10.2015; unter Verweis auf: BVerfGE 65, 1, 43.

598 Zuck/Mayen in: DAV-Stellungnahme Nr.: 34/2013, S. 89 abrufbar unter: http://anwaltverein.de/files/anwaltverein.de/downloads/newsroom/stellungnahmen/2013/SN-DAV34-13.pdf, zuletzt besucht am: 16.10.2015; unter Verweis auf u. a.: Britz, Freie Entfaltung durch Selbstdarstellung, 2007, S. 25 f. (Der sich diese Aussage jedoch so nicht entnehmen lässt.).

oder die Privatheit der Daten.[599] Der Schutzbereich beschränke sich zudem nicht auf den Anwendungsbereich bundes- oder landesrechtlicher Datenschutzgesetze.[600]

Spezielle Ausprägungen des Persönlichkeitsschutzes gingen dem Recht auf informationelle Selbstbestimmung vor.[601] Erweitert worden sei das Recht auf informationelle Selbstbestimmung zuletzt durch die Einführung des Rechts „auf Gewährleistung der Vertraulichkeit und Integrität informationstechnischer Systeme". Dieses solle als Element des allgemeinen Persönlichkeitsrechts Schutz vor der Gefahr des Datenzugriffs durch eine Infiltration gewähren, der heutige informationstechnische Systeme wie Mobiltelefone, elektronische Terminkalender oder Personal Computer ausgesetzt seien.[602]

(2) Erlöschen des Grundrechtsschutzes nach dem Tod?

Diskutiert werde, ob mit dem Tod auch das Grundrecht auf informationelle Selbstbestimmung erlösche.[603] Werde es lediglich als Ausprägung des allgemeinen Persönlichkeitsrechts angesehen, spreche viel für ein Erlöschen.[604] Andererseits könne

599 Zuck/Mayen in: DAV-Stellungnahme Nr.: 34/2013, S. 89 abrufbar unter: http://anwaltverein.de/files/anwaltverein.de/downloads/newsroom/stellungnahmen/2013/SN-DAV34-13.pdf, zuletzt besucht am: 16.10.2015; unter Verweis auf: BVerfGE 65, 1, 45 (Worin es heißt, dass die Frage, ob Informationen sensibel seien, nicht davon abhängen könne, ob diese intime Vorgänge beträfen.).

600 Zuck/Mayen in: DAV-Stellungnahme Nr.: 34/2013, S. 90 abrufbar unter: http://anwaltverein.de/files/anwaltverein.de/downloads/newsroom/stellungnahmen/2013/SN-DAV34-13.pdf, zuletzt besucht am: 16.10.2015; unter Verweis auf: BVerfGE 78, 77, 84.

601 Zuck/Mayen in: DAV-Stellungnahme Nr.: 34/2013, S. 90 abrufbar unter: http://anwaltverein.de/files/anwaltverein.de/downloads/newsroom/stellungnahmen/2013/SN-DAV34-13.pdf, zuletzt besucht am: 16.10.2015.

602 Zuck/Mayen in: DAV-Stellungnahme Nr.: 34/2013, S. 90 abrufbar unter: http://anwaltverein.de/files/anwaltverein.de/downloads/newsroom/stellungnahmen/2013/SN-DAV34-13.pdf, zuletzt besucht am: 16.10.2015; unter Verweis auf: BVerfGE 120, 274, 302 ff. (insbesondere 303 f.), 313 f.

603 Zuck/Mayen in: DAV-Stellungnahme Nr.: 34/2013, S. 90 abrufbar unter: http://anwaltverein.de/files/anwaltverein.de/downloads/newsroom/stellungnahmen/2013/SN-DAV34-13.pdf, zuletzt besucht am: 16.10.2015; unter Verweis auf u. a.: Martini, Der digitale Nachlass und die Herausforderung postmortalen Persönlichkeitsschutzes im Internet, JZ 2012,1145, 1151 (Wobei dies so nicht ganz nachvollzogen werden kann.)

604 Zuck/Mayen in: DAV-Stellungnahme Nr.: 34/2013, S. 90 abrufbar unter: http://anwaltverein.de/files/anwaltverein.de/downloads/newsroom/stellungnahmen/2013/SN-DAV34-13.pdf, zuletzt besucht am: 16.10.2015; unter Verweis auf: Münch/Kunig-Kunig, GG, Band 1, 6. Auflage 2012, Art. 2 Rn. 32 ff. (Worin ausgeführt wird, dass die vom allgemeinen Persönlichkeitsrecht geschützte private Sphäre des Grundrechtsträgers als dessen Handlungssphäre geschützt werde, die er nach eigener Entscheidung gestalten dürfe.)

damit bereits ein einschränkender Einfluss auf das Kommunikations-Verhalten zu Lebzeiten genommen werden.[605]

(3) Schranken

Diese Überlegungen seien jedoch für das verfassungsrechtliche Ergebnis – nicht für dessen Begründung – unerheblich, da auch das Recht auf informationelle Selbstbestimmung vom Gesetzgeber eingeschränkt werden könne.[606] Hierfür müssten – neben der Wahrung des Grundsatzes der Verhältnismäßigkeit – sowohl der Zweck, der Anlass als auch die Grenzen des Eingriffs präzise, bereichsspezifisch und normenklar festgesetzt werden.[607] Im Zweifel seien solche Regelungen bezüglich des digitalen Nachlasses, die Art. 10 GG in zulässiger Form einschränkten, ebenso als Schranke für das Recht auf informationelle Selbstbestimmung zulässig.[608]

III. Urteil des Landgerichts Berlin vom 17.12.2015

Nach Fertigstellung dieser Arbeit hat das LG Berlin ein erstes Urteil zum digitalen Nachlass erlassen,[609] das der Vollständigkeit halber an dieser Stelle erwähnt werden soll. Der aktuelle Gliederungspunkt ist daher noch vor Veröffentlichung der Arbeit eingefügt worden. Dem Urteil des LG Berlin lag der folgende Sachverhalt zu Grunde.[610] Die Klägerin war die Mutter einer 15-jährigen Tochter, die von einer U-Bahn erfasst wurde und dabei ums Leben kam. Das Mädchen hatte einen Account in einem sozialen Netzwerk, ihr Profil wurde nach dem Todesfall in einen sogenannten Gedenkzustand versetzt, so dass ein Zugang zum Account nicht mehr möglich war. Die Mutter beantragte, den Dienstanbieter zu verurteilen, der Erbengemeinschaft – bestehend aus den Eltern des Mädchens – den Zugang

605 Zuck/Mayen in: DAV-Stellungnahme Nr.: 34/2013, S. 90 abrufbar unter: http://anwaltverein.de/files/anwaltverein.de/downloads/newsroom/stellungnahmen/2013/SN-DAV34-13.pdf, zuletzt besucht am: 16.10.2015; unter Verweis auf u. a.: Martini, Der digitale Nachlass und die Herausforderung postmortalen Persönlichkeitsschutzes im Internet, JZ 2012, 1145, 1151 bei Fn. 49 und Sub. 2.

606 Zuck/Mayen in: DAV-Stellungnahme Nr.: 34/2013, S. 91 abrufbar unter: http://anwaltverein.de/files/anwaltverein.de/downloads/newsroom/stellungnahmen/2013/SN-DAV34-13.pdf, zuletzt besucht am: 16.10.2015.

607 Zuck/Mayen in: DAV-Stellungnahme Nr.: 34/2013, S. 91 abrufbar unter: http://anwaltverein.de/files/anwaltverein.de/downloads/newsroom/stellungnahmen/2013/SN-DAV34-13.pdf, zuletzt besucht am: 16.10.2015; unter Verweis auf: BVerfGE 113, 348, 375; 118, 168, 186 f.

608 Zuck/Mayen in: DAV-Stellungnahme Nr.: 34/2013, S. 91 abrufbar unter: http://anwaltverein.de/files/anwaltverein.de/downloads/newsroom/stellungnahmen/2013/SN-DAV34-13.pdf, zuletzt besucht am: 16.10.2015.

609 LG Berlin, Urteil vom 17.12.2015 – 20 O 172/15 = ZEV 2016, 189 ff.

610 Siehe zum Sachverhalt: LG Berlin, Urteil vom 17.12.2015 – 20 O 172/15 = ZEV 2016, 189, 190.

zu dem vollständigen Benutzerkonto und zu den in diesem vorgehaltenen Kommunikationsinhalten der Verstorbenen zu gewähren. Das LG Berlin hat die Klage als begründet angesehen und entschieden, dass den Eltern als den gesetzlichen Erben ein Anspruch auf Zugang zu dem Benutzerkonto zusteht.[611] Das sich aus dem Nutzungsvertrag ergebende Recht, den Zugang zu dem Nutzerkonto zu erhalten, sei im Wege der Universalsukzession gemäß § 1922 BGB auf die Eltern als Erbengemeinschaft übergegangen. Dem Gericht zufolge stehen der Vererblichkeit des schuldrechtlichen Verhältnisses weder eine besondere Personenbezogenheit des Nutzungsvertrags[612] noch die Nutzungsbedingungen des Dienstleisters[613] entgegen. Letztere verböten eine Weitergabe des Passworts oder eine Zugangsgewährung an Dritte nur, um die Sicherheit das Accounts nicht zu gefährden, die Weitergabe an die Erben stelle jedoch kein Sicherheitsrisiko dar. Das LG Berlin hat die im damaligen Fall streitgegenständliche „Gedenkzustands-Richtlinie" des Dienstleisters für unwirksam gehalten, da sie den Nutzer und dessen Erben unangemessen nach § 307 Abs. 1, Abs. 2 Nr. 1 BGB benachteilige, da sie jeder beliebigen Person gestatte, die Versetzung eines Profils in den Gedenkzustand zu veranlassen und damit die von der Rechtsordnung gemäß 1922 BGB vorgesehene Vererblichkeit in pauschaler Weise beschränke.[614] Ein Entgegenstehen des postmortalen Persönlichkeitsrechts des verstorbenen Minderjährigen entfalle bereits deshalb, weil die Erziehungsberechtigten die Sachwalter des Persönlichkeitsrechts ihres Kindes seien.[615] Der Gewährung des Zugangs zum Account stehen nach Ansicht des LG Berlin auch keine datenschutzrechtlichen Gründe entgegen.[616] Ein Verstoß gegen das Fernmeldegeheimnis nach § 88 Abs. 3 TKG i.V. m. Art. 10 Abs. 1 GG soll deshalb nicht vorliegen, weil sich die Herausgabe der Inhalte im Rahmen des „für die geschäftsmäßige Erbringung der Telekommunikationsdienste einschließlich des Schutzes ihrer technischen Systeme erforderlichen Maß" halte.[617] Somit geht auch das LG Berlin von der Vererblichkeit des Zugangsrechts zu einem sozialen Netzwerk-Account gemäß § 1922 BGB aus.

---

611 LG Berlin, Urteil vom 17.12.2015 – 20 O 172/15 = ZEV 2016, 189, 190.

612 LG Berlin, Urteil vom 17.12.2015 – 20 O 172/15 = ZEV 2016, 189, 191.

613 LG Berlin, Urteil vom 17.12.2015 – 20 O 172/15 = ZEV 2016, 189, 191, 192.

614 LG Berlin, Urteil vom 17.12.2015 – 20 O 172/15 = ZEV 2016, 189, 192.

615 LG Berlin, Urteil vom 17.12.2015 – 20 O 172/15 = ZEV 2016, 189, 192.

616 LG Berlin, Urteil vom 17.12.2015 – 20 O 172/15 = ZEV 2016, 189, 193 ff.

617 LG Berlin, Urteil vom 17.12.2015 – 20 O 172/15 = ZEV 2016, 189, 192, 193.

E. Betrachtung der vorhandenen Normen und deren Regelungsgehalt – Erfassung des digitalen Nachlasses

Auch wenn es bislang keine Regelung im deutschen Gesetzesgefüge gibt, die sich explizit mit der rechtlichen Behandlung des digitalen Nachlasses auseinandersetzt, so gibt es doch eine Vielzahl an Normen, die in die Betrachtung mit einspielen. Der folgende Abschnitt soll klären, ob der Umgang mit dem digitalen Nachlass durch die bereits vorhandenen Regelungen hinreichend bestimmt und klar definiert ist. Die Betrachtung wird zu dem Ergebnis kommen, dass der digitale Nachlass nach den Regeln der Universalsukzession gemäß § 1922 Abs. 1 BGB vererbt wird.

I. Regelungen im Bürgerlichen Gesetzbuch

Ausgangspunkt für die Frage der Vererbbarkeit des digitalen Nachlasses sind die Regelungen des BGB, die die Erbfolge und die erbrechtlichen Grundsätze als solche festlegen.

1. Universalsukzession gemäß § 1922 BGB

a. Regelungsgehalt

Die Erbfolge tritt nach dem deutschen Erbrecht in Form der Gesamtrechtsnachfolge ein.[618] So geht nach § 1922 Absatz 1 BGB mit dem Tod einer Person (Erbfall) deren Vermögen (Erbschaft) als Ganzes auf eine oder mehrere andere Personen (Erben) über. Das Vermögen des Erblassers geht mit dem Erbfall rechtlich zwingend ungeteilt und insgesamt auf den oder die Erben über.[619]

b. Kommentierung zum digitalen Nachlass

aa. Ausführungen bei Palandt, Bürgerliches Gesetzbuch

In der Kommentarliteratur zu § 1922 BGB finden sich kaum Ausführungen zum digitalen Nachlass. Die wohl bekannteste und am meisten zitierte Fundstelle in diesem Zusammenhang ist der – ab der 65. Auflage im Jahr 2006 – aufgenommene Satz in der Kommentierung zum Bürgerlichen Gesetzbuch von Palandt-Edenhofer:

> *„Im Bereich von Internet u[nd] E-Mail besteht bislang kaum Klarh[eit].“*[620]

---

618 Siehe nur Palandt-Weidlich, BGB, 74. Auflage 2015, § 1922 Rn. 10.

619 Palandt-Weidlich, BGB, 74. Auflage 2015, § 1922 Rn. 10.

620 Palandt-Edenhofer, BGB, 65. Auflage 2006, § 1922 Rn. 34.

Bis zur 72. Auflage von 2013 hieß es – nach dem Hinweis auf die Vererblichkeit der Inhaberschaft und des Nutzungsrechts an einer Domain – hinsichtlich des Umgangs mit E-Mails unter Verweis auf den Aufsatz von Hoeren weiter:[621]

> *„Die Berechtig[un]g des Zugriffs auf die Mailbox hat [der] Erbe u[nd] desh[alb] Anspr[uch] auf nicht abgerufene E-Mails, die sich noch auf [dem] Server des Providers befinden, da er in [den] Vertr[ag] mit diesem eintritt."*

Ab der 73. Auflage 2014, wird die Ansicht von Hoeren weniger unkritisch übernommen und als Drittansicht herausgearbeitet, während sie in der 74. Auflage von 2015 gar nicht mehr zitiert wird. Demnach heißt es in der 73. Auflage:

> *„Im Bereich des digitalen Nachl[asses] (* ***Internet,*** *E-Mail etc.) besteht bislang kaum Klarh[eit].Zur Wahr[un]g des Persönlichkeits[rechts] können nach Martini (JZ* ***12****, 1145) die Erben Zugangsdaten vom Dienstanbieter nur erhalten, wenn dies dem mutmaßl[ichen] od[er] ausdrückl[ichen] Willen des Erbl[assers] entspricht od[er] es sich um ausschließl[ich] vermögensrechtl[iche] Teile des digitalen Nachl[asses] handelt. Zugriff auf [eine] allgemein einsehb[are] Website des Erbl[assers] ist zu bejahen. Weitergeh[en]d Hoeren NJW* ***05****, 2113, der auch generellen Zugriff auf nicht abgerufene E-Mails, die sich noch auf [dem] Server des Providers befinden, bejaht."*[622]

In der 74. Auflage ist hingegen ausgeführt:

> *„Im Bereich des digitalen Nachl[asses] (* ***Internet,*** *E-Mail etc.) besteht bislang kaum Klarh[eit].Zur Wahr[un]g des Persönlichkeits[rechts] können nach Martini (JZ* ***12****, 1145) die Erben Zugangsdaten vom Dienstanbieter nur erhalten, wenn dies dem mutmaßl[ichen] od[er] ausdrückl[ichen] Willen des Erbl[assers] entspricht od[er] es sich um ausschließl[ich] vermögensrechtl[iche] Teile des digitalen Nachl[asses] handelt. Nach dem Ansatz von Herzog (NJW* ***13****, 3745), für den vieles spricht, geht der digitale Nachl[ass] grundsätzl[ich] auf die Erben über u[nd] ist d[ur]ch diese einsehb[ar], soweit der Erbl[asser] die Zugänglich[keit] nicht auf bestimmte Personen beschränkt hat. Datenschutz[recht] muss insow[eit] zurückstehen (a.A. Deusch, ZEV* ***14****, 2)."*[623]

bb. Ausführungen im Münchener Kommentar zum BGB

Im Münchener Kommentar zum BGB findet sich hinsichtlich des Umgangs mit dem digitalen Nachlass lediglich der folgende kurze Absatz:

---

621 Exemplarisch Palandt-Weidlich, BGB, 71. Auflage 2012, § 1922 Rn. 34; unter Verweis auf: Hoeren, Der Tod und das Internet – Rechtliche Fragen zur Verwendung von E-Mail- und WWW-Accounts nach dem Tod des Inhabers, NJW 2005, 2113 (richtig insbesondere 2114).

622 Palandt-Weidlich, BGB, 73. Auflage 2014, § 1922 Rn. 34.

623 Palandt-Weidlich, BGB, 74. Auflage 2015, § 1922 Rn. 34.

*„**E-Mail und Website**. Die Rechte aus einer E-Mail-Anschrift oder einer Website gehen auf die Erben über, soweit nicht auf schuldrechtlicher Ebene (Vertrag mit Provider bzw. DENIC) abweichende Vereinbarungen getroffen sind.“*[624]

Dabei wird an die vorherige Aussage des Bearbeiters angeknüpft, dass die Vererblichkeit von vertraglichen Forderungen und Verbindlichkeiten aufgrund der Privatautonomie vertraglich ausgeschlossen werden können.[625]

cc. Ausführungen bei Erman, Bürgerliches Gesetzbuch

In der 14. Auflage 2014 von Erman ist unter dem Gliederungspunkt zu den gewerblichen Schutzrechten und immateriellen Güterrechten ausgeführt:

*„Die Inhaberschaft und das **Nutzungsrecht an einer Domain** des Erblassers ist ebenso vererblich wie der Erbe in den Vertrag mit dem Internetprovider eintritt; daher ist der Erbe auch berechtigt, auf dem Server abgelegte und an den Erblasser adressierte E-Mails abzurufen. Eine im Schrifttum vielfach präferierte Differenzierung zw[ischen] der privaten und der geschäftlichen (Vermögens-)Sphäre (so Hoeren, NJW 2005, 2113; Martini JZ 2012, 1145) ist abzulehnen. Stattdessen sind **digitale Inhalte** des Erblassers **vererblich**, gleichgültig, ob sie lokal oder im Internet gespeichert sind, ob sie privater oder geschäftlicher Natur sind (Herzog NJW 2013, 3745). Mittels der Zugangsdaten kann der Erbe sich Zugang zum digitalen Nachlass verschaffen. I[m] Ü[brigen] hat er Auskunftsansprüche gegen den Provider, kann Verträge kündigen, Profile in sozialen Netzwerken löschen und die Herausgabe von Daten verlangen (Herzog NJW 2013, 3745 [3750], auch zu Gestaltungsmöglichkeiten; dazu auch Deutsch ZEV 2014, 2 [6 ff.]).“*[626]

dd. Zwischenergebnis

Diese Ausführungen stellen allesamt letztlich nur klar, dass die jeweilige Kommentierung einer bestimmten Ansicht folgt, eine eigene Subsumtion des Sachverhalts „digitaler Nachlass“ unter die Norm erfolgt hingegen nicht. Um festzustellen, ob der § 1922 BGB auf den digitalen Nachlass anwendbar ist, ist jedoch eine solche Prüfung unentbehrlich.

---

624 MüKo-Leipold, BGB, 6. Auflage 2013, § 1922 Rn. 28; unter Verweis auf: Hoeren, Der Tod und das Internet – Rechtliche Fragen zur Verwendung von E-Mail- und WWW-Accounts nach dem Tod des Inhabers, NJW 2005, 2113 (wohl 2114, 2115 f.) und hinsichtlich des postmortalen Persönlichkeitsschutzes beim digitalen Nachlass auf: Martini, Der digitale Nachlass und die Herausforderung postmortalen Persönlichkeitsschutzes im Internet, JZ 2012, 1145 (wohl 1150 ff.).

625 MüKo-Leipold, BGB, 6. Auflage 2013, § 1922 Rn. 21.

626 Erman-J. Lieder, Bürgerliches Gesetzbuch, Band 2, 14. Auflage 2014, § 1922 Rn. 14.

c. *Digitaler Nachlass als „Vermögen" im Sinne des § 1922 BGB?*

Damit stellt sich vordringlich die Frage, ob der digitale Nachlass als „Vermögen" im Sinne des § 1922 BGB zu qualifizieren ist, so dass er im Rahmen der Universalsukzession zusammen mit dem restlichen Nachlass auf den oder die Erben übergeht.

aa. Der Vermögensbegriff im Bürgerlichen Gesetzbuch

Zunächst ist zu klären, welche Rechtspositionen von dem Vermögensbegriff des § 1922 BGB umfasst werden. Zu ermitteln ist damit die Definition von Vermögen. Im Bürgerlichen Gesetzbuch wird der Begriff zwar vielfältig verwendet, es findet sich jedoch im Gesetz keine ausdrückliche Definition.[627] Unter Vermögen soll – als Bezeichnung einer Rechtsgesamtheit – im bürgerlichen Recht die Summe aller gegenwärtigen geldwerten Güter[628] oder geldwerten Rechte einer Person zu verstehen sein.[629] Dies beinhalte neben Rechten und Sachen auch „unfertige", schwebende oder noch werdende Rechtsbeziehungen, künftige und bedingte Rechte, Rechtslagen und eine eingetretene Gebundenheit an abgegebene Erklärungen, wie sie etwa bei der Bindung an ein Vertragsangebot[630] oder bei der dinglichen Bindung im Rahmen der Einigung gemäß der §§ 873 Abs. 2, 875 Abs. 2 BGB bestehe.[631] Gebunden sei der Erbe auch an die Belastung mit einem Gestaltungsrecht, das einem anderen gegenüber dem Erblasser zugestanden habe.[632] Zudem seien (bedingte) Bereicherungsansprüche wegen der Zweckverfehlung einer Leistung, die in Erwartung des späteren Eigentumserwerbs aufgrund Erbeinsetzung erbracht worden seien,[633] sowie der Besitz und weitere vermögenswerte Positionen, wie etwa der good will oder der Firmen-, Geschäfts- oder Organisationswert erfasst.[634]

bb. Besonderheit des Vermögensbegriffs in § 1922 BGB

Die Besonderheit des Vermögensbegriffs in § 1922 Abs. 1 BGB besteht in der Reduzierung des Rechtsstatus des Erblassers auf dasjenige, was von dem Erben ohne die Bindung an die Existenz des Erblassers fortgesetzt werden kann; unvererbliche

---

627 Vergleiche Staudinger-Joachim Jickeli/Malte Stieper, BGB, Allgemeiner Teil 3, Neubearbeitung 2012, § 90 Rn. 74; Soergel-Stein, BGB, 13. Auflage, Stand: Januar 2002, § 1922 Rn. 14.

628 So Erman-J. Lieder, Bürgerliches Gesetzbuch, Band 2, 14. Auflage 2014, § 1922 Rn. 7.

629 Staudinger-Joachim Jickeli/Malte Stieper, BGB, Allgemeiner Teil 3, Neubearbeitung 2012, § 90 Rn. 74.

630 MüKo-Leipold, BGB, 6. Auflage 2013, § 1922 Rn. 16.

631 Erman-J. Lieder, Bürgerliches Gesetzbuch, Band 2, 14. Auflage 2014, § 1922 Rn. 7; hinsichtlich der Bindungslage im Rahmen der §§ 873 Abs. 2, 875 Abs. 2 BGB unter Verweis auf u. a.: BGHZ 32, 367, 369.

632 MüKo-Leipold, BGB, 6. Auflage 2013, § 1922 Rn. 16.

633 Siehe BGH, NJW 2013, 2025.

634 Erman-J. Lieder, Bürgerliches Gesetzbuch, Band 2, 14. Auflage 2014, § 1922 Rn. 7.

Rechte und Pflichten sollen damit aus dem gesamten Rechtsstatus des Verstorbenen herausgenommen werden.[635] Die überwiegende Meinung in der Literatur geht aufgrund der Abweichungen, die als spezialgesetzliche Ausnahmen zu betrachten seien, davon aus, dass der allgemeine zivilrechtliche Vermögensbegriff im Rahmen des § 1922 BGB nicht verbindlich ist, sondern lediglich als Orientierung dient.[636] So schließe der Vermögensbegriff im Sinne des § 1922 BGB – im Gegensatz zu dem allgemeinen Vermögensbegriff – bestimmte Rechtspositionen, ungeachtet ihres Vermögenswertes, von der Vererbung aus und gestalte andere Positionen als vererblich, obwohl deren Vermögenswert zweifelhaft sei.[637]

(1) Vermögensrechtliche vs. nichtvermögensrechtliche Rechtspositionen

Viel diskutiert wird die Frage, ob für die Beurteilung der Vererblichkeit einer Rechtsposition grundsätzlich eine Trennung zwischen vermögensrechtlichen und nichtvermögensrechtlichen Rechtspositionen vorgenommen werden muss. Konsequenterweise schließt sich daran die Frage an, ob die eindeutige Zuordnung einer Rechtsposition in eine dieser Kategorien dann auch verbindlich über die Vererblichkeit entscheidet.

(a) Vorfrage: Relevanz dieser Trennung für den digitalen Nachlass

Als Vorfrage ist zu klären, ob die Differenzierung zwischen vermögensrechtlichen und nichtvermögensrechtlichen Positionen für die Behandlung des digitalen Nachlasses überhaupt eine Rolle spielt. Dies wäre etwa dann nicht der Fall, wenn es sich bei dem digitalen Nachlass ausschließlich um vermögensrechtliche Positionen handeln würde, die unbeschadet dieser Diskussion vom Vermögensbegriff des § 1922 BGB erfasst wären und so ohnehin nach dieser Vorschrift auf den oder die Erben übergehen könnten.

(aa) Umfang und Rechtsnatur des digitalen Nachlasses

Zunächst ist der Umfang des digitalen Nachlasses abzustecken. So ist zu klären, was alles unter den digitalen Nachlass fällt und welche Positionen und Rechte dieser beinhaltet. Ausgangspunkt sind dabei die – auch proportional zu den Lösungsvorschlägen wenigen – Definitionen, die bereits in der Literatur für den digitalen Nachlass vorgeschlagen worden sind. Die ersten Aufsätze zu diesem Thema[638] enthalten

635 Soergel-Stein, BGB, 13. Auflage, Stand: Januar 2002, § 1922 Rn. 14.

636 Soergel-Stein, BGB, 13. Auflage, Stand: Januar 2002, § 1922 Rn. 14; Erman-J. Lieder, Bürgerliches Gesetzbuch, Band 2, 14. Auflage 2014, § 1922 Rn. 8; Staudinger-Marotzke, BGB, Erbrecht, Neubearbeitung 2008, § 1922 Rn. 113.

637 Staudinger-Marotzke, BGB, Erbrecht, Neubearbeitung 2008, § 1922 Rn. 113.

638 Siehe etwa: Hoeren, Der Tod und das Internet – Rechtliche Fragen zur Verwendung von E-Mail- und WWW-Accounts nach dem Tod des Inhabers, NJW 2005,

beispielsweise keine Definitionsvorschläge. Erste Definitionsversuche sind erst später unternommen worden. Dazu im Folgenden.

(aaa) Definition nach dem DAV im Rahmen der Stellungnahme von 2013

Nach Bräutigam beschreibt der digitale Nachlass „die Gesamtheit des digitalen Vermögens“ und damit Rechte an Internetseiten, Urheberrechte, Domains und sämtliche Vertragsbeziehungen zwischen dem Erblasser und den Providern bezüglich der Nutzung des Internets und bezüglich diverser Internetangebote, wie etwa Verträge über den Zugang und die Dienste innerhalb sozialer Netzwerke, Internetportale oder E-Mail-Dienste.[639] Vom digitalen Nachlass erfasst sei damit die Gesamtheit aller Accounts und aller Daten des Verstorbenen im Internet.

(bbb) Weitergehender Ansatz von Herzog, NJW 2013

Daran anknüpfend, jedoch weitergehend, beschreibt Herzog den digitalen Nachlass als „Gesamtheit des digitalen Vermögens“, der sämtliche gespeicherten Daten unabhängig davon umfasst, ob sie auf einem heimischen Datenträger, bei einer Cloud oder im Internet gespeichert sind.[640] Umfasst seien sowohl die Hardware, als auch die Software und die Zugänge zum Internet. Rechtlich betroffen seien Vertragsbeziehungen wie etwa zu Anbietern sozialer Netzwerke, zu E-Mail-Account-, Host- oder Access-Providern und zu Anbietern anderer Internetdienste, Urheberrechte, Rechte an Domains und Internetseiten, das Eigentum an der Hard- und Software einschließlich des Nutzungsrechts, Rechte an hinterlegten Bildern, Online-Adressbüchern, Forenbeiträgen, Clouds, E-Mails, Youtube-Videos und Blogs. Darüber hinaus seien aber auch Vertragsabschlüsse über das Internet – wie bei Zalando oder Amazon oder zwischen zwei Privaten per E-Mail – inklusive der oft zur Verfügung stehenden Zahlungsmodalitäten über Paypal oder Internetdepots erfasst. Dem digitalen Nachlass unterfalle auch die Handhabung, dass Telefongesellschaften ihren Kunden die Rechnung ausschließlich per E-Mail oder auf einer Internetseite zur Verfügung stellten.

(ccc) Definition nach Deusch, ZEV 2014

Deusch beschreibt in seinem Aufsatz aus dem Jahr 2014 die Fragestellung zum digitalen Nachlass und sodann die unterschiedlichen Lösungsansätze von Hoeren,

---

2113 ff. und Martini, Der digitale Nachlass und die Herausforderung postmortalen Persönlichkeitsschutzes im Internet, JZ 2012, 1145 ff.

639 Bräutigam, in: DAV-Stellungnahme Nr.: 34/2013, S. 93 abrufbar unter: http://anwaltverein.de/files/anwaltverein.de/downloads/newsroom/stellungnahmen/2013/SN-DAV34-13.pdf, zuletzt besucht am: 16.10.2015.

640 Herzog, Der digitale Nachlass – ein bisher kaum gesehenes und häufig missverstandenes Problem, NJW 2013, 3745.

Martini und dem DAV, bietet aber selbst keinen eigenen Lösungsansatz an.[641] Er greift den oben unter (aaa) vorgestellten Definitionsansatz des DAV auf und schlägt eine Modifizierung vor.[642] Zum einen handele es sich bei den Begriffen „digitaler Nachlass“ und „digitales Vermögen“ um eine Tautologie. Zudem solle der Begriff des digitalen Nachlasses über den bisher erfassten Bereich des Internets hinaus erweitert werden, da sonst die Daten des Erblassers, die sich auf einer Festplatte, einer SIM-Karte oder einem USB-Stick befänden, nicht erfasst seien, obwohl es sich dabei um digitalisierte Informationen handle. Der digitale Nachlass sei also besser als die „Gesamtheit der Rechtsverhältnisse des Erblassers betreffend informationstechnischer Systeme“ zu definieren.[643] Eingeschlossen sei dabei auch der gesamte elektronische Datenbestand des Erblassers.

(ddd) Kritik an den bisherigen Definitionen

Diese Definitionsversuche sind allesamt von dem Bestreben geprägt, möglichst weit sämtliche digitalen Aktivitäten des späteren Erblassers als Bestandteile seines digitalen Nachlasses zu erfassen. Diese Überlegung ist vom Ansatz her richtig. Jedoch bedarf es aufgrund der vielfältigen Erscheinungsarten und Varianten digitaler Handlungsmöglichkeiten einer genaueren Betrachtung und Differenzierung der jeweiligen (Rechts-)Position. Andernfalls bleibt dem Leser vollkommen unklar, welche Positionen erfasst sind, und er muss davon ausgehen, dass alles zum digitalen Nachlas gehört, was „irgendwie digital“ ist. Eine allgemeingültige Definition hat aber auch die Aufgabe, solche Positionen aus dem digitalen Nachlass auszuschließen, die nur vordergründig zu den Aktivitäten des Erblassers in der digitalen Welt zu zählen scheinen, letztlich aber der analogen Welt zuzuordnen sind und damit nach den allgemeinen erbrechtlichen Regeln problemlos vererbt werden. Ein solcher Fall findet sich beispielsweise in der (oben unter (bbb) dargestellten) Definition von Herzog. Dieser zufolge soll schließlich auch ein Vertragsschluss zwischen Privaten per E-Mail – der auch den §§ 130 Abs. 2, 153 BGB unterfallen könne – zum digitalen Nachlass gehören.[644] Diese Einordnung erscheint jedoch fraglich. Richtig ist zwar, dass der Vertragsschluss mittels digitaler Datenübermittlung stattgefunden hat, der Vertrag also „im Internet“ geschlossen wurde. Allerdings ist allein aufgrund dieser Tatsache nicht automatisch auf eine Zuordnung zum digitalen Nachlass zu schließen. Wenn der Vertragsinhalt im Übrigen keinen weiteren Bezug zum Internet oder der digitalen Technik aufweist, stellt sich der Vertrag als solcher wie jeder andere – in der „analogen Welt“ geschlossene – Vertrag dar. Ein solcher würde auch nicht in

---

641 Deusch, Digitales Sterben: Das Ende im Web 2.0, ZEV 2014, 2 ff.

642 Deusch, Digitales Sterben: Das Ende im Web 2.0, ZEV 2014, 2.

643 Deusch, Digitales Sterben: Das Ende im Web 2.0, ZEV 2014, 2, 3; für den Begriff der informationstechnischen Systeme unter Verweis auf: BVerfG, NJW 2008, 822 (insbesondere 824, 825).

644 Herzog, Der digitale Nachlass – ein bisher kaum gesehenes und häufig missverstandenes Problem, NJW 2013, 3745.

den digitalen Nachlass fallen. Lediglich die Übermittlung der Willenserklärungen hätte in einem solchen Fall über das Internet (mittels digitaler Datenübertragung) stattgefunden. Für die Einordnung eines in der analogen Welt geschlossenen Vertrags wird aber auch keine Kategorisierung danach vorgenommen, über welchen Weg eine Willenserklärung übermittelt wurde. Es erscheint daher willkürlich, den reinen Vertragsschluss als solchen und die daraus resultierenden Rechte und Pflichten dem digitalen Nachlass zuzuordnen. Vielmehr ist erforderlich, dass der Vertrag über das Merkmal der bloßen Übermittlungsart der Willenserklärungen hinaus einen weiteren Bezug zur digitalen Technik aufweist. Irrelevant kann dabei sein, ob ein solcher Bezug im Rahmen der Haupt- oder Nebenpflichten gegeben ist. Dieser Einschätzung steht auch nicht das Argument entgegen, dass die Erben von dem Vertragsschluss erst durch Einsicht in das E-Mail-Postfach Kenntnis erlangen können.[645] Dies lässt sich anhand des – wenn auch in anderem Zusammenhang, nämlich bei der Diskussion über die Einordnung der E-Mail in den digitalen Nachlass – viel benannten Beispiels mit dem „Schlüssel als Türöffner"[646] erklären. Ähnlich wie der Zugriff zu dem E-Mail-Account der Schlüssel für die Kenntnis der gesendeten und empfangenen E-Mails ist, handelt es sich bei der E-Mail selbst um den „Schlüssel" zur Kenntniserlangung des Inhalts der E-Mail. Der sich aus dieser ergebende Inhalt wiederum ist aber nicht mehr Teil des digitalen Nachlasses per se. Denn der Inhalt kann sich auch ausschließlich auf Vorgänge in der analogen Welt beziehen und kann daher ausschließlich nach nicht digitalen Regeln zu behandeln sein. Der Landwirt, der Brennholz liefern soll und zum – per E-Mail – vereinbarten Zeitpunkt mit dem Anhänger vor dem Haus des Erblassers vorfährt, um die Ware abzuliefern, ist keine digitale Erscheinung. Es erscheint wenig sinnvoll, solche Verträge unter den Begriff des digitalen Nachlasses zu subsumieren. Erforderlich ist daher zwingend ein weitergehender Bezug zur digitalen Welt.

(bb) Eigene Definition des digitalen Nachlasses

Zusammenfassend lässt sich festhalten, dass Ziel der Definition sein muss, den Begriff des digitalen Nachlasses möglichst weit zu fassen, ohne ihn jedoch auf solche Rechte/Rechtspositionen zu erstrecken, die nur einen Bezug zur digitalen Welt zu

645 Vergleiche hierzu: Pruns, Keine Angst vor dem digitalen Nachlass! Erbrecht vs. Fernmeldegeheimnis, NWB 2014, Heft 29, 2175 ff., der in anderem Zusammenhang ausführt, dass sich der Erbe ohne Zugriffsmöglichkeit auf die – auch für die Information über laufende Verträge wichtige – E-Mail-Korrespondenz des Verstorbenen keinen Überblick über den gesamten Nachlass verschaffen könne.

646 Siehe nur bei: Martini, Der digitale Nachlass und die Herausforderung postmortalen Persönlichkeitsschutzes im Internet, JZ 2012, 1145, 1152, oben dargestellt unter Gliederungspunkt: D. II. 1. d. bb. (2) (b) (bb.) und Herzog, in: DAV-Stellungnahme Nr.: 34/2013, S. 50, abrufbar unter: http://anwaltverein.de/files/anwaltverein.de/downloads/newsroom/stellungnahmen/2013/SN-DAV34-13.pdf, zuletzt besucht am: 16.10.2015, oben dargestellt unter Gliederungspunkt: D. II. 2. c. cc. (2).

haben scheinen, sich jedoch nach den allgemeinen zivil- und erbrechtlichen Regeln richten. Vorgeschlagen wird daher im Rahmen dieser Bearbeitung die folgende Definition:

> *„Der digitale Nachlass umfasst jede Aktivität des Erblassers in der digitalen Welt und jede digitale Präsenz, unter der insbesondere das Erstellen und Halten eines Online-Profils zu verstehen ist, samt der dabei produzierten digitalen Daten, unabhängig davon, ob diese auf einem Online- oder Offline-Speicher verwahrt werden und ob diese materiellen oder rein emotionalen Wert haben. Der digitale Nachlass umfasst dabei insbesondere Online-Accounts, Daten, die in den Accounts und unabhängig davon im Internet betreffend einer Person existieren oder von dieser eingespeist worden sind. Ausgenommen vom digitalen Nachlass sind jedoch solche Inhalte, die außer der Übermittlungsform der Willenserklärungen keinerlei Bezug zur digitalen Welt aufweisen."*

(cc) Zwischenergebnis: Vermögensrechtliche und nichtvermögensrechtliche (Rechts-)Positionen vom digitalen Nachlass umfasst

Vom digitalen Nachlass erfasst sind damit alle „digitalen" (Rechts-)Positionen des Erblassers unabhängig davon, ob sie einen Vermögenswert aufweisen oder nicht. Da es also sowohl vermögensrechtliche als auch nichtvermögensrechtliche Teile des digitalen Nachlasses gibt, ist für die Beurteilung des digitalen Nachlasses relevant, ob vermögensrechtliche und nichtvermögensrechtliche Positionen unterschiedlich vererbt werden.

(b) Keine – für die Vererblichkeit zwingende – Trennung der Rechtspositionen nach Vermögenswerten im Rahmen des § 1922 BGB

(aa) Vererblichkeit vermögenswerter und nichtvermögenswerter Rechtspositionen

Im Rahmen des § 1922 Abs. 1 BGB wird vertreten, dass grundsätzlich alle vermögenswerten Rechte vererblich sind, wohingegen das allgemeine Persönlichkeitsrecht und die höchstpersönlichen Rechte des Erblassers unvererblich sind.[647] Dabei wird aber betont, dass nicht nur geldwerte Güter vererblich seien, sondern auch nichtvermögenswerte Rechte[648] vererbt werden könnten. Andererseits könnten wiederum auch Vermögensrechte mit Eintritt des Erbfalls erlöschen. Die Vererblichkeit sei letztlich eine Frage des Einzelfalles, wobei die Übertragbarkeit des betreffenden Rechts für eine Vererblichkeit, die Nichtübertragbarkeit dagegen für die Unvererblichkeit spreche. Letztlich entscheidend für die Frage der Vererblichkeit sind aber sowohl bei nichtvermögensrechtlichen als auch bei vermögensrechtlichen

647 Firsching/Graf-Graf, Nachlassrecht, 10. Auflage 2014, Teil 1 Rn. 1.7.
648 Siehe dazu auch: Palandt-Weidlich, BGB, 74. Auflage 2015, § 1922 Rn. 7, „R[echts] Verhältnis[se] nichtvermögensrechtl[ichen] Inhalts".

Positionen immer die einzelnen positiven Rechtsnormen.[649] Wenn die Frage der Vererblichkeit jedoch nicht eindeutig – etwa durch eine Sondervorschrift – geregelt ist, muss sie durch Auslegung ermittelt werden.[650] Gegen die Vererblichkeit vermögenswerter Rechte kann sprechen, dass dieses Recht den höchstpersönlichen Zwecken oder den individuellen Bedürfnissen des Erblassers dient oder aus anderweitigen Gründen mit der Person des Erblassers untrennbar verknüpft ist.[651] Auch der gesetzliche Ausschluss der Übertragbarkeit eines Rechts stellt lediglich ein Indiz für eine Unvererblichkeit dar, schließt diese jedoch nicht automatisch aus.[652] Im Rahmen der Übertragbarkeit eines Rechts stellt sich die Alternative zwischen „Übergang oder Untergang" des Rechts nicht, sondern nur im Rahmen der Vererblichkeit.[653] Zu berücksichtigen ist bei der Auslegung immer, dass für die Rechtssicherheit und den Rechtsverkehr ein gewisses Maß an Kontinuität erforderlich ist, so dass im Zweifel ein Übergang des Rechtsverhältnisses statt dessen Untergang angenommen werden soll.[654] Wenn die Gesetzesauslegung oder die Auslegung des Vertrages kein eindeutiges Ergebnis liefern, soll aufgrund von § 1922 Abs. 1 BGB danach entschieden werden, ob die Rechtsposition „im weitesten Sinne" einen Bestandteil des Vermögens darstellt.[655] Wenn keine anderweitige gesetzliche oder vertragliche Bestimmung vorliegt, entscheidet das Kriterium des Vermögenswertes schlussendlich über die Vererbbarkeit.[656] Der Vermögensbegriff soll dabei großzügig ausgelegt und damit die Vererblichkeit im Zweifel bejaht werden.[657] Auch für nichtvermögensrechtliche Ansprüche ist unter Umständen die Vererblichkeit zu bejahen, sollten diese Ansprüche einen „bestimmungsgemäß vermögensrechtlichen Bezug" haben.[658]

---

649 MüKo-Leipold, BGB, 6. Auflage 2013, § 1922 Rn. 19.

650 Staudinger-Marotzke, BGB, Erbrecht, Neubearbeitung 2008, § 1922 Rn. 115; unter Hinweis auf: BGHZ 70, 227, 230.

651 Staudinger-Marotzke, BGB, Erbrecht, Neubearbeitung 2008, § 1922 Rn. 115; unter Hinweis auf u. a.: BAG, NJW 1987, 461, 462, 463.

652 Staudinger-Marotzke, BGB, Erbrecht, Neubearbeitung 2008, § 1922 Rn. 115; MüKo-Leipold, BGB, 6. Auflage 2013, § 1922 Rn. 19.

653 Staudinger-Marotzke, BGB, Erbrecht, Neubearbeitung 2008, § 1922 Rn. 115.

654 Staudinger-Marotzke, BGB, Erbrecht, Neubearbeitung 2008, § 1922 Rn. 115, unter Verweis auf: Dietzel, Untergang statt Fortbestand – Zur Abgrenzung der unvererblichen Rechtsbeziehungen im Schuldrecht, 1. Auflage 1991, S. 25.

655 Staudinger-Marotzke, BGB, Erbrecht, Neubearbeitung 2008, § 1922 Rn. 115.

656 Staudinger-Marotzke, BGB, Erbrecht, Neubearbeitung 2008, § 1922 Rn. 115; ebenso i. E. Dietzel, Untergang statt Fortbestand – Zur Abgrenzung der unvererblichen Rechtsbeziehungen im Schuldrecht, 1. Auflage 1991, S. 17 ff. (Der aus § 1922 Abs. 1 BGB folgert, dass die vermögensrechtlichen Beziehungen grundsätzlich vererblich, die nichtvermögensrechtlichen grundsätzlich unvererblich sind.).

657 Staudinger-Marotzke, BGB, Erbrecht, Neubearbeitung 2008, § 1922 Rn. 115; unter Verweis auf: OLG Hamm, OLGZ 1979, 44 ff. – ebenfalls gegen eine enge Auslegung des Vermögensbegriffs.

658 Staudinger-Marotzke, BGB, Erbrecht, Neubearbeitung 2008, § 1922 Rn. 115; Bender, Das postmortale Einsichtsrecht in Krankenunterlagen, 1. Auflage 1998, 193 ff., 456 f.

(bb) Bedeutung für den digitalen Nachlass – Zugleich Widerlegung der Thesen von Hoeren und Martini

Neben den vermögenswerten Positionen können damit auch nichtvermögenswerte Positionen nach § 1922 BGB vererblich sein. Die Einordnung in vermögens- und nichtvermögensrechtliche Positionen hat damit keine zwingende Auswirkung auf die Frage der Vererblichkeit. Ebenso unterscheidet § 1922 Abs. 1 BGB nicht nach privaten und geschäftlichen Inhalten, so dass nicht nachvollziehbar ist, weshalb eine solche Differenzierung im Rahmen des digitalen Nachlasses vorgenommen werden sollte.[659] Konsequenterweise erscheint damit der Ansatz von Hoeren[660] und Martini[661], den digitalen Nachlass in diese Gruppen zu unterteilen und je nach der Einordnung auf eine Vererblichkeit zu schließen, dogmatisch nicht schlüssig. Zudem ergäben sich auch hinsichtlich der Praktikabilität dieser Ansichten erhebliche Schwierigkeiten: Schließlich müssten die nichtvermögenswerten Positionen, wenn sie nicht von § 1922 BGB erfasst würden, aus dem Begriff des digitalen Nachlasses herausfallen. Die Definition des digitalen Nachlasses müsste dann bereits vom Ansatz her weiter eingeschränkt werden. Abgesehen von dem Problem, die einzelnen Positionen in der Praxis richtig einzuordnen,[662] entstünde die neue Frage, wie mit diesen Positionen zu verfahren sei.

(2) Nettovermögen vs. Bruttovermögen – Verbindlichkeiten als Teil des Vermögens

Streitig ist auch die Frage, ob das Vermögen im Rahmen des § 1922 Abs. 1 BGB nur die Aktiva, also die Rechte des Erblassers, erfasst oder ob auch dessen Verbindlichkeiten mit umfasst sind. Einer Ansicht zufolge sollen Verbindlichkeiten nicht zum nach § 1922 Abs. 1 BGB vererbbaren Vermögen gehören.[663] Vererbbar nach § 1922

659 Siehe hierzu Herzog, Der digitale Nachlass – ein bisher kaum gesehenes und häufig missverstandenes Problem, NJW 2013, 3745, 3748, die zutreffend ausführt, dass sowohl das Eigentum am Pyjama als auch am Geschäftsanzug vererbt werden; unter Verweis auf: Herzog, in: DAV-Stellungnahme Nr.: 34/2013, S. 33, 49, abrufbar unter: http://anwaltverein.de/files/anwaltverein.de/downloads/newsroom/stellungnahmen/2013/SN-DAV34-13.pdf, zuletzt besucht am: 16.10.2015.

660 Oben dargestellt unter Gliederungspunkt: D. I. 1.

661 Oben dargestellt unter Gliederungspunkt: D. II. 1.

662 Siehe Martini, Der digitale Nachlass und die Herausforderung postmortalen Persönlichkeitsschutzes im Internet, JZ 2012, 1145, 1152 (der das Problem der richtigen Einordnung selbst erkannt hat und dieses mit der Einsetzung eines neutralen Dritten als Treuhänder, der die Inhalte sortieren soll, lösen möchte) und siehe Ausführungen bei: Herzog, in: DAV-Stellungnahme Nr.: 34/2013, S. 52 f. abrufbar unter: http://anwaltverein.de/files/anwaltverein.de/downloads/newsroom/stellungnahmen/2013/SN-DAV34-13.pdf, zuletzt besucht am: 16.10.2015.

663 Meincke, Das Recht der Nachlaßbewertung im BGB, 1973, S. 76 (Der die Ansicht vertritt, dass unter dem Nachlass gemäß § 1922 Abs. 1 BGB nur die Summe der Aktivposten zu verstehen ist, wobei die Nachlassverbindlichkeiten jedoch

BGB seien damit nur die Rechte des Erblassers. Teilweise wird dabei jedoch kein genereller Ausschluss der Vererbbarkeit angenommen, sondern davon ausgegangen, dass Verbindlichkeiten nach § 1967 BGB vererbt werden.[664] Die Gegenansicht sieht die Nachlassverbindlichkeiten als vererbbaren Teil des Vermögens aus § 1922 Abs. 1 BGB an.[665] Eine Aufspaltung des Übergangs von Rechten und Verbindlichkeiten würde schließlich der ganzheitlichen Betrachtung nach dem Prinzip der Universalsukzession nicht gerecht.[666] Daher müsse gelten, dass mit der Erbschaft alle Rechtsverhältnisse und nicht atomisierte einzelne Berechtigungen und Verpflichtungen übergingen. Die Vorstellung, dass der Erbe die Persönlichkeit des Erblassers fortsetze, sei insoweit adäquat gewesen. Zudem bestehe bei der Aufspaltung des Erbvorgangs in separierte Übergänge von Rechten und Verbindlichkeiten die Gefahr, dass solche Rechtsbeziehungen, die sich nicht in eine der beiden Kategorien einordnen ließen, von der Rechtsnachfolge ausgeschlossen bleiben würden.[667] Die Erbschaft ist daher die „Gesamtheit der vererbbaren Rechtsverhältnisse jeweils mit Einschluss der Verbindlichkeiten".[668]

cc. Zwischenergebnis: Digitaler Nachlass als Vermögen im Sinne von § 1922 BGB

In Konsequenz all dieser Ausführungen beinhaltet der digitale Nachlass also sowohl Aktiva als auch Passiva. Aufgrund des weiten Vermögensbegriffs, der (auch hinsichtlich der Vererblichkeit) nicht strikt zwischen vermögensrechtlichen und nichtvermögensrechtlichen Positionen unterscheidet, und der neben den Aktiva auch die Passiva umfasst, ist der digitale Nachlass als Vermögen des Erblassers im Sinne des § 1922 Abs. 1 BGB zu qualifizieren.

---

ausnahmsweise unter bestimmten Umständen im Rahmen der Nachlassbewertung Berücksichtigung finden können.); Kipp/Coing, Erbrecht, 14. Bearbeitung 1990, § 91 II 2 (Die davon ausgehen, dass dem Gesetz der Grundsatz der Universalsukzession zugrunde liege und sich daraus in § 1922 BGB die Schlussfolgerung für die Rechte und in § 1967 BGB die Schlussfolgerung für die Verbindlichkeiten ergäben.).

664 Kipp/Coing, Erbrecht, 14. Bearbeitung 1990, § 91 II 2 (Die damit auch von einer Nachfolge des Erben in die Verbindlichkeiten des Verstorbenen und damit in dessen Schuld und Haftung ausgehen.).

665 Palandt-Weidlich, BGB, 74. Auflage 2015, § 1922 Rn. 10; MüKo-Leipold, 6. Auflage 2013, § 1922 Rn. 16; NK-BGB-Kroiß, Erbrecht, Band 5, 3. Auflage 2010, § 1922 Rn. 7 m.w.N.

666 MüKo-Leipold, 6. Auflage 2013, § 1922 Rn. 16.

667 MüKo-Leipold, 6. Auflage 2013, § 1922 Rn. 16.

668 MüKo-Leipold, 6. Auflage 2013, § 1922 Rn. 17.

2. Zwischenergebnis: Digitaler Nachlass vom Regelungsgehalt erfasst

Damit ist der digitale Nachlass als Teil des Vermögens des Erblassers von der Regelung des § 1922 Abs. 1 BGB umfasst, so dass der digitale Nachlass gemäß dieser Norm im Rahmen der Universalsukzession auf den oder die Erben übergeht. Die vorhandene erbrechtliche Regelung erfasst also neben der Erbfolge in der „analogen Welt" auch die digitalen (Rechts-)Positionen des Erblassers. Es besteht damit eine Norm im geltenden Erbrecht, die den Übergang des digitalen Nachlasses auf den oder die Erben anordnet. Damit besteht keine Regelungslücke.

II. Datenschutzrechtliche Regelungen und einfachrechtliche Ausprägung des Fernmeldegeheimnisses

Bei der Frage, wie mit dem digitalen Nachlass zu verfahren ist, geht es vor allem darum, was mit unseren Daten nach dem Tod geschehen soll. Naheliegend ist daher, dass bei der Beurteilung dieser Frage maßgebend – mit – auf das Datenschutzrecht abzustellen ist. Zu erwarten ist dabei nicht, dass die datenschutzrechtlichen Regelungen konkrete Anweisung für die Erbfolge enthalten. Vielmehr ist zu klären, ob die datenschutzrechtlichen Normen dem gefundenen Ergebnis – also der Vererbbarkeit des digitalen Nachlasses nach § 1922 Abs. 1 BGB – entgegenstehen. Der folgende Abschnitt untersucht daher die bereits bestehenden datenschutzrechtlichen Regelungen, die für die Beurteilung des digitalen Nachlasses relevant sind oder sein könnten. In Betracht kommen dabei Regelungen des Telekommunikations-, des Telemedien- und des Bundesdatenschutzgesetzes.

1. Vorfragen zur Anwendbarkeit der Gesetze

Zunächst sind jedoch der Anwendungsbereich der einzelnen Gesetze, ihr Zusammenhang und der Anwendungsvorrang unter ihnen zu betrachten.

a. Anwendungsbereiche des Bundesdatenschutz-, des Telemedien- und des Telekommunikationsgesetzes

aa. Das Bundesdatenschutzgesetz

Das Bundesdatenschutzgesetz (im Folgenden kurz: BDSG) hat nach seinem § 1 Abs. 1 den Zweck, „den Einzelnen davor zu schützen, dass er durch den Umgang mit seinen personenbezogenen Daten in seinem Persönlichkeitsrecht beeinträchtigt wird".[669] Absatz 2 der Norm stellt klar, dass dieser Schutz sowohl für die Erhebung, die Verarbeitung und die Nutzung solcher personenbezogenen Daten durch eine

669 § 1 Abs. 1 BDSG mit Verkündungsstand vom 13.03.2015.

öffentliche Stelle des Bundes (Nr. 1), des Landes (Nr. 2) oder einer in Nr. 3 näher bestimmten nichtöffentlichen Stelle gilt. Unter Datenschutz wird daher nicht der Schutz von Daten, wie er im ursprünglichen Sinne angenommen wurde, sondern auch der Schutz von Personen vor Gefahren verstanden, die durch die Verarbeitung von personenbezogenen Daten für das Persönlichkeitsrecht entstehen.[670]

Entscheidend für die Anwendbarkeit des Bundesdatenschutzgesetzes ist damit immer die Frage, ob ein Personenbezug der verarbeiteten Daten besteht.[671] Personenbezogene Daten werden in § 3 Abs. 1 BDSG als „Einzelangaben über persönliche oder sachliche Verhältnisse einer bestimmten oder bestimmbaren natürlichen Person (Betroffener)“ legaldefiniert.[672] Was unter dem Umgang mit Daten zu verstehen ist, ist gesetzlich nicht definiert.[673] Gemeint ist aber jede Form der Datenverarbeitung,[674] wie etwa die im Gesetz genannten Maßnahmen der Erhebung, Veränderung, Speicherung, Sperrung, Übermittlung, Nutzung und Löschung der Daten (vgl. § 3 Abs. 2 bis 5 BDSG);[675] umfasst sind unter anderem auch organisatorische und technische Maßnahmen gemäß § 9 BDSG und Handlungen, die der Erfüllung der Rechte des Betroffenen, die in § 6 BDSG genannt sind, dienen.[676] Der Schutz des Bundesdatenschutzgesetzes ist unabhängig von der Verarbeitungsform der Daten, also davon, ob diese automatisch oder manuell verarbeitet werden.[677] Das Bundesdatenschutzgesetz schützt den Einzelnen und dessen Persönlichkeitsrecht vollumfassend, der Schutz besteht also nicht etwa nur für das Recht auf informationelle Selbstbestimmung als besondere Ausprägung des Allgemeinen Persönlichkeitsrechts.[678] Das Gesetz hat Schutzgesetzcharakter,[679] so dass sich bei Verstößen Ansprüche des Betroffenen aus § 823 Abs. 2 BGB in Verbindung mit der Regelung des Bundesdatenschutzgesetzes gegen die datenverarbeitende Stelle ergeben können.[680] Zudem können Schadensersatzansprüche gegen die datenverarbeitende Stelle nach den §§ 7 und 8 BDSG bestehen.[681]

---

670 Taeger/Gabel-Schmidt, BDSG, 2. Auflage 2013, § 1 Rn. 5 m. w. N.; Gola/Schomerus-Gola/Klug/Körffer, BDSG, 12. Auflage 2015, § 1 Rn. 2.

671 Taeger/Gabel-Schmidt, BDSG, 2. Auflage 2013, § 1 Rn. 6.

672 § 3 Abs. 1 BDSG mit Verkündungsstand vom 13.03.2015.

673 Taeger/Gabel-Schmidt, BDSG, 2. Auflage 2013, § 1 Rn. 7.

674 Taeger/Gabel-Schmidt, BDSG, 2. Auflage 2013, § 1 Rn. 7.

675 Taeger/Gabel-Schmidt, BDSG, 2. Auflage 2013, § 1 Rn. 7; unter Verweis auf: Däubler/Klebe/Wedde/Weichert-Weichert, Bundesdatenschutzgesetz, 4. Auflage 2014, § 1 Rn. 7.

676 Simitis-Dammann, Bundesdatenschutzgesetz, 8. Auflage 2014, § 1 Rn. 134.

677 Simitis-Simitis, Bundesdatenschutzgesetz, 8. Auflage 2014, § 1 Rn. 69 ff.

678 Gola/Schomerus-Gola/Klug/Körffer, BDSG, 12. Auflage 2015, § 1 Rn. 6.

679 Taeger/Gabel-Schmidt, BDSG, 2. Auflage 2013, § 1 Rn. 11.

680 Gola/Schomerus-Gola/Klug/Körffer, BDSG, 12. Auflage 2015, § 1 Rn. 3.

681 Taeger/Gabel-Gabel, BDSG, 2. Auflage 2013, § 7 Rn. 6 ff. und § 8 Rn. 5 ff.

bb. Das Telemediengesetz

Das Telemediengesetz ist am 18.01.2007 vom Deutschen Bundestag als Art. 1 des Gesetzes „zur Vereinheitlichung von Vorschriften über bestimmte elektronische Informations- und Kommunikationsdienste (Elektronischer-Geschäftsverkehr-Vereinheitlichungsgesetz – ElGVG)“ verabschiedet worden.[682] Das Gesetz regelt die rechtlichen Anforderungen, die an die elektronischen Informations- und Kommunikationsdienste gestellt werden und vereinheitlicht und ersetzt die ehemaligen Regelungen des Mediendienstestaatsvertrags für Internetdienste und des Teledienstgesetzes.[683] Deren wirtschaftsbezogene Regelungen für Telemedien sind nunmehr im Telemediengesetz vereinigt.[684]

Zweck des Telemediengesetzes ist es, für die Telemediendienste-Erbringung einheitliche, wirtschaftliche Rahmenbedingungen zu schaffen.[685] Aufgeteilt ist das Gesetz in fünf Abschnitte, wobei in den §§ 1 bis 3 TMG im ersten Abschnitt vor allem Begriffsbestimmungen, in den §§ 5 und 6 des zweiten Abschnitts Informationspflichten für Telemedien-Anbieter, in den §§ 7 bis 10, die den dritten Abschnitt darstellen, Haftung und Verantwortlichkeit der Anbieter, in den §§ 11 bis 15 a im vierten Abschnitt der Schutz von personenbezogenen Daten der Nutzer und in § 16 als fünfter und letzter Abschnitt Bußgeldregelungen normiert sind.[686]

Nach § 1 Abs. 1 S. 1 TMG ist der Anwendungsbereich des Gesetzes für Telemedien eröffnet, wobei darunter „alle elektronischen Informations- und Kommunikationsdienste“ fallen, „soweit sie nicht Telekommunikationsdienste nach § 3 Nr. 24 des Telekommunikationsgesetzes, die ganz in der Übertragung von Signalen über Telekommunikationsnetze bestehen, telekommunikationsgestützte Dienste nach § 3 Nr. 25 des Telekommunikationsgesetzes oder Rundfunk nach § 2 des Rundfunkstaatsvertrages sind“. In Satz 2 wird klargestellt, dass das Gesetz für alle Anbieter und damit auch für öffentliche Stellen gilt und zwar unabhängig von einer (eventuellen) Entgelterhebung für die Nutzung. Dienstanbieter ist gemäß § 2 S. 1 Nr. 1 TMG „jede natürliche oder juristische Person, die eigene oder fremde Telemedien zur Nutzung bereithält oder den Zugang zur Nutzung vermittelt“. Unter elektronischen Informations- und Kommunikationsdiensten sollen elektronisch erbrachte Dienste zu verstehen sein, mittels derer Inhalte jeglicher Art wie etwa Text-, Ton- und Bildinhalte bereitgestellt werden und die über Telekommunikation

682 Hoeren, Das Telemediengesetz, NJW 2007, 801; BGBl. 2007, Teil I Nr. 6 vom 28.02.2007, S. 179.

683 Hoeren, Das Telemediengesetz, NJW 2007, 801.

684 Taeger/Gabel-Moos, BDSG, 2. Auflage 2013, Teil 2: Kommentierung TMG (Auszug), Einführung, Rn. 1; Roßnagel, Das Telemediengesetz, Neuordnung für Informations- und Kommunikationsdienste, NVwZ 2007, 743.

685 Taeger/Gabel-Moos, BDSG, 2. Auflage 2013, Teil 2: Kommentierung TMG (Auszug), Einführung, Rn. 1.

686 Vergleiche Inhaltsdarstellung auch bei: Taeger/Gabel-Moos, BDSG, 2. Auflage 2013, Teil 2: Kommentierung TMG (Auszug), Einführung, Rn. 3.

übermittelt werden.[687] Wenn es sich bei einem elektronischen Informations- oder Kommunikationsdienst ausschließlich um einen Telekommunikationsdienst handelt, dessen einziger Zweck die Übertragung der Signale mittels Telekommunikation nach § 3 Nr. 24 TMG ist, unterfällt dieser gem. § 1 Abs. 1 S. 1 TMG nicht dem Telemediengesetz.[688] Hierzu gehören klassische Telekommunikationsdienste, die lediglich Teilnehmeranschlüsse bereitstellen und Sprache und Daten übertragen.[689] Das Telemediengesetz soll aber anwendbar sein, wenn ein Telemediendienst nur überwiegend – aber nicht ausschließlich – Signale über Telekommunikationsnetze überträgt, sich seine Tätigkeit also darin nicht vollkommen erschöpft; einige Datenschutzvorschriften aus dem Telemediengesetz sind dann jedoch gem. § 11 Abs. 3 TMG nicht anwendbar.[690]

cc. Das Telekommunikationsgesetz

Das Telekommunikationsgesetz (im Folgenden kurz: TKG) ist in seiner heute geltenden Fassung am 25.06.2004 in Kraft getreten.[691] Mit der privatrechtlichen Organisation der Telekommunikationsanbieter infolge der Liberalisierung des Telekommunikationsmarktes wurden umfangreichere Regelungen notwendig, um den Kunden zu schützen; insbesondere wurden in Teil 7 des Gesetzes neue Regelungen zum Datenschutz und im Bereich des Fernmeldegeheimnisses normiert.[692] Der 7. Teil ist dabei in die drei Abschnitte „Fernmeldegeheimnis“, „Datenschutz“ und „Öffentliche Sicherheit“ unterteilt, die die §§ 88–90 TKG, §§ 91–107 TKG und §§ 108–115 umfassen. Der Anwendungsbereich der §§ 88 ff. TKG erstreckt sich auf die Telekommunikation, wobei das Gesetz für diesen Begriff in § 3 Nr. 22 TKG eine Legaldefinition enthält.[693] Dieser zufolge wird unter Telekommunikation „der technische Vorgang des Aussendens, Übermittelns und Empfangens von Signalen mittels Telekommunikationsanlagen“ verstanden. Telekommunikationsanlagen sind gemäß der Definition in § 3 Nr. 23 TKG „technische Einrichtungen oder Systeme, die als Nachrichten identifizierbare elektromagnetische oder optische Signale senden, übertragen, vermitteln, empfangen, steuern oder kontrollieren können“. Damit ist

687 Spindler/Schuster-Ricke, Recht der elektronischen Medien, 3. Auflage 2015, § 1 TMG Rn. 4.

688 Vergleiche Taeger/Gabel-Moos, BDSG, 2. Auflage 2013, Teil 2: Kommentierung TMG (Auszug), Einführung, Rn. 6; Spindler/Schuster-Ricke, Recht der elektronischen Medien, 3. Auflage 2015, § 1 TMG Rn. 6.

689 Spindler/Schuster-Ricke, Recht der elektronischen Medien, 3. Auflage 2015, § 1 TMG Rn. 6.

690 Vergleiche auch Taeger/Gabel-Moos, BDSG, 2. Auflage 2013, Teil 2: Kommentierung TMG (Auszug), Einführung, Rn. 7.

691 BGBl. 2004, Teil I Nr. 29 vom 25.06.2004, S. 1190.

692 Taeger/Gabel-Moos, BDSG, 2. Auflage 2013, Teil 3: Kommentierung TKG (Auszug), Einführung, Rn. 2.

693 Vergleiche Taeger/Gabel-Moos, BDSG, 2. Auflage 2013, Teil 3: Kommentierung TKG (Auszug), Einführung, Rn. 8.

der Anwendungsbereich der §§ 88 ff. TKG erheblich, weil sämtliche modernen Formen der Kommunikation unter diese Definition fallen sollen.[694]

Normadressaten sind vor allem die Dienstanbieter.[695] Gemäß § 3 Nr. 6 TKG ist das jeder, der entweder ganz oder auch nur teilweise geschäftsmäßig Telekommunikationsdienste (lit. a) erbringt oder der an der Erbringung von solchen Diensten mitwirkt (lit. b). Telekommunikationsdienste wiederum werden legaldefiniert in § 3 Nr. 24 TKG als „in der Regel gegen Entgelt erbrachte Dienste, die ganz oder überwiegend in der Übertragung von Signalen über Telekommunikationsnetze bestehen, einschließlich Übertragungsdienste in Rundfunknetzen".

b. Geltender Anwendungsvorrang

Bevor im Folgenden auf die einzelnen Vorschriften eingegangen wird, ist zunächst der geltende Anwendungsvorrang der Gesetze untereinander zu klären und damit die Frage, in welchen Fällen auf welche Norm zurückgegriffen werden kann.

aa. Verhältnis Bundesdatenschutzgesetz und Telekommunikationsgesetz

Das BDSG nimmt nicht für sich in Anspruch, abschließende Regelungen für den Datenschutz zu enthalten.[696] So ist in § 1 Abs. 3 BDSG die Subsidiarität dieses Gesetzes normiert, die das Bundesdatenschutzgesetz als „Auffanggesetz" charakterisiert[697]. Der im Telekommunikationsgesetz geregelte Datenschutz ist „sektorspezifisch" und geht damit in seinem Anwendungsbereich dem Bundesdatenschutzgesetz vor, das daneben aber subsidiär zur Anwendung gelangt.[698] Die Erlaubnistatbestände bezüglich der Datenverwendung und -erhebung sind im Telekommunikationsgesetz enger ausgestaltet als im Bundesdatenschutzgesetz und verdrängen in ihrem

694 Taeger/Gabel-Moos, BDSG, 2. Auflage 2013, Teil 3: Kommentierung TKG (Auszug), Einführung, Rn. 8; Scheuerle/Mayen-Zerres, Telekommunikationsgesetz, 2. Auflage 2008, § 88 Rn. 6; unter Verweis auf: Würmeling/Felixberger, Fernmeldegeheimnis und Datenschutz im Telekommunikationsgesetz, CR 1997, (230) 231 (Worin zu den §§ 87 Abs. 1, 89, 90 TKG 1996 ausgeführt wird, dass der Anwendungsbereich nicht mehr nur auf gewerbliche Angebote beschränkt sei.).

695 Vergleiche Taeger/Gabel-Moos, BDSG, 2. Auflage 2013, Teil 3: Kommentierung TKG (Auszug), Einführung, Rn. 9.

696 Taeger/Gabel-Schmidt, BDSG, 2. Auflage 2013, Teil 1: Kommentierung BDSG, § 1 Rn. 3.

697 Gola/Schomerus-Gola/Klug/Körffer, BDSG, 12. Auflage 2015, § 1 Rn. 23.

698 Taeger/Gabel-Munz, BDSG, 2. Auflage 2013, Teil 3: Kommentierung TKG (Auszug), § 91 TKG Rn. 4; wegen subsidiärer Anwendung auch ohne gesetzliche Regelung (anders als in § 1 Abs. 2 S. 1 TDSV), unter Verweis auf u. a.: Geppert/Schütz-Braun, Beck'scher TKG-Kommentar, 4. Auflage 2013, § 91 Rn. 7 (Siehe dort auch zum Ganzen).

Anwendungsbereich daher die Regelungen des Bundesdatenschutzgesetzes.[699] Weiterhin – auch neben dem Telekommunikationsgesetz – anwendbar bleiben sollen die §§ 1–11 BDSG,[700] die Berichtigungs-, Auskunfts-, Sperrungs- und Löschungsrechte aus den §§ 34–35 BDSG und die Straftat- und Bußgeldtatbestände der §§ 43–44 BDSG, soweit Regelungen des Bundesdatenschutzgesetzes anwendbar sind, die sich auf diese Normen beziehen.[701] Die §§ 149 Abs. 1, 93 ff. TKG enthalten insoweit keine abschließende Regelung.[702] Ferner sollen § 32 BDSG mangels entsprechender Regelung im Telekommunikationsgesetz und § 42 a BDSG aufgrund des Verweises in § 93 Abs. 3 TKG anwendbar sein.[703]

bb. Verhältnis Telekommunikationsgesetz und Telemediengesetz

Eine Abgrenzung von Telemedien- und Telekommunikationsdienst und die Frage nach der Anwendbarkeit des Telemedien- und des Telekommunikationsgesetzes ist vor allem deswegen relevant, weil das Telekommunikationsgesetz in seinen §§ 91 ff. von den Datenschutzvorschriften in den §§ 11 ff. TMG abweichende Regelungen enthält.[704] Die §§ 11–15 TMG sind neben den für Telekommunikationsdienste geltenden Datenschutzvorschriften im Telekommunikationsgesetz anwendbar und gelten vorrangig vor dem im Bundesdatenschutzgesetz normierten allgemeinen Datenschutzrecht.[705]

Schwierigkeiten bereitet die Abgrenzung zwischen Telemedien- und Telekommunikationsgesetz insofern, als der Begriff der Telemedien im Telemediengesetz nur negativ definiert ist, sodass der Anwendungsbereich des Telemediengesetzes nur dann eröffnet ist, wenn der Dienst weder dem Anwendungsbereich des Telekommunikationsgesetzes noch dem Staatsvertrag für Rundfunk und Telemedien unterfällt.[706] Eine solche negative Abgrenzung sei zwingend, weil Telekommunikationsdienste im Telekommunikationsgesetz und der Begriff Rundfunk im Landesrecht definiert seien.[707] Demnach handele es sich etwa bei dem herkömmlichen Rundfunk, beim Live-Streaming, bei dem herkömmliche Rundfunkprogramme zusätzlich

---

699 Taeger/Gabel-Munz, BDSG, 2. Auflage 2013, Teil 3: Kommentierung TKG (Auszug), § 91 TKG Rn. 4.

700 Säcker-Klesczewski, Telekommunikationsgesetz, 3. Auflage 2013, § 91 Rn. 16.

701 Taeger/Gabel-Munz, BDSG, 2. Auflage 2013, Teil 3: Kommentierung TKG (Auszug), § 91 TKG Rn. 4.

702 Säcker-Klesczewski, Telekommunikationsgesetz, 3. Auflage 2013, § 91 Rn. 16, 17.

703 Taeger/Gabel-Munz, BDSG, 2. Auflage 2013, Teil 3: Kommentierung TKG (Auszug), § 91 TKG Rn. 5.

704 Taeger/Gabel-Moos BDSG, 2. Auflage 2013, Teil 2: Kommentierung TMG (Auszug), Einführung, Rn. 9.

705 Roßnagel, Das Telemediengesetz, Neuordnung für Informations- und Kommunikationsdienste, NVwZ 2007, 743, 747.

706 Roßnagel, Das Telemediengesetz, Neuordnung für Informations- und Kommunikationsdienste, NVwZ 2007, 743, 744.

707 BT-Drucks. 16/3078, S. 13.

parallel oder zeitgleich über das Internet übertragen werden, und beim Webcasting, bei dem herkömmliche Rundfunkprogramme ausschließlich über das Internet übertragen werden, nicht um Telemediendienste. In § 1 Abs. 1 S. 1 TMG werde außerdem verdeutlicht, dass „elektronische Kommunikations- und Informationsdienste" den Oberbegriff für Telekommunikationsdienste, Rundfunk und Telemediendienst darstellten.[708] Hinsichtlich der Frage, ob telekommunikationsgestützte Dienste gleichzeitig als (Tele-)Mediendienste anzusehen seien, erfolge eine Klarstellung im Gesetz. Demnach sollen Telekommunikationsdienste, die ausschließlich Signale über Telekommunikationsnetze übertragen, keine Telemediendienste darstellen, sondern nur dem Telekommunikationsgesetz unterfallen.[709] Für Telemedien, deren Hauptleistung nur vorwiegend aus der Signalübertragung über Telekommunikationsnetze besteht, die also neben der bloßen Übertragungsdienstleistung noch eine inhaltliche Dienstleistung erbringen, gelten nach § 11 Abs. 3 TMG für die Verwendung und Erhebung von personenbezogenen Daten der Nutzer nur die §§ 15 Abs. 8 und 16 Abs. 2 Nr. 4 TMG.[710] Diese Telemedien unterfallen damit beiden Gesetzen, wobei hinsichtlich des Datenschutzes nur die §§ 15 Abs. 8 und 16 Abs. 2 Nr. 4 des Telemediengesetzes und die Regelungen des Telekommunikationsgesetzes gelten.[711] Beispiele hierfür sind nach den Ausführungen in der Bundestags-Drucksache die E-Mail-Übertragung und der Internet-Zugang (Access-Providing).[712] Die reine Internet-Telefonie sei dagegen kein Telemediendienst. Schließlich sei bei dem „Voice over Internet Protocol" kein Unterschied zu der leitungsgebundenen herkömmlichen Sprachtelefonie erkennbar, die als reine Signal-Übertragungs-Dienstleitung unter das Telekommunikationsgesetz falle.

Telemediendienste seien über einen großen Bereich wirtschaftlicher Tätigkeiten erstreckt, die in Form von Ton-, Text- oder Bildinhalten elektronisch zur Verfügung gestellt würden, unabhängig davon, ob dies über Abruf- oder Verteildienste erfolge.[713] So handele es sich bei Online-Angeboten von Dienstleistungen oder Waren mit einer unmittelbaren Bestellmöglichkeit wie etwa beim Angebot von Börsen-, Wetter- oder Verkehrsdaten, bei Chatrooms, Newsgroups, bei der elektronischen Presse, beim Teleshopping und bei Radio- und Fernsehtexten um Telemediendienste. Solche seien weiter anzunehmen bei Videos, die auf den individuellen Abruf eines Dienstleistungsempfängers hin erbracht werden und damit keinen der Allgemeinheit zugänglichen Fernsehdienst darstellen und bei Online-Diensten, die

---

708 BT-Drucks. 16/3078, S. 13.

709 BT-Drucks. 16/3078, S. 13.

710 Vergleiche auch bei Roßnagel, Das Telemediengesetz, Neuordnung für Informations- und Kommunikationsdienste, NVwZ 2007, 743, 747; Ursprünglich bei BT-Drucks. 16/3078, S. 8, 13: Verweis in § 11 Abs. 3 TMG auf §§ 12 Abs. 3, 15 Abs. 8, 16 Abs. 2 Nr. 2 und 5 TMG.

711 Vergleiche Taeger/Gabel-Munz, BDSG, 2. Auflage 2013, Teil 3: Kommentierung TKG (Auszug), § 91 TKG Rn. 7.

712 BT-Drucks. 16/3078, S. 13.

713 BT-Drucks. 16/3078, S. 13.

Einrichtungen zur Datensuche, zur Abfrage von und zum Zugang zu Daten bereitstellen (wie etwa Internet-Suchmaschinen). Ferner stelle auch die kommerzielle, mittels elektronischer Post durchgeführte, Verbreitung von Informationen bezüglich Dienstleistungs- und Warenangebote (wie Werbe-Mails) einen Telemediendienst dar.[714]

2. Regelungen des Telekommunikationsgesetzes (TKG)

a. § 88 TKG Fernmeldegeheimnis

Die Norm ist die einfachgesetzliche Ausprägung des Art. 10 GG und damit des Fernmeldegeheimnisses.[715] Sie verpflichtet die in Abs. 2 benannten privaten Dienstanbieter und erfüllt damit den grundgesetzlich normierten Auftrag an den Staat, den Nutzer vor Eingriffen in das Fernmeldegeheimnis durch private Dritte zu schützen.[716]

aa. Regelungsgehalt

Konkret ordnet der § 88 Abs. 1 TKG an, dass dem Fernmeldegeheimnis der Inhalt und die näheren Umstände der Telekommunikation unterliegen und insbesondere fällt darunter die Tatsache, ob jemand Beteiligter an einem Telekommunikationsvorgang ist oder war.[717] Nach Satz 2 der Norm erstreckt sich das Fernmeldegeheimnis auch auf alle näheren Umstände erfolgloser Verbindungsversuche. In § 88 Abs. 2 S. 2 TKG wird klargestellt, dass die Pflicht zur Geheimhaltung auch über das Ende der Tätigkeit hinaus, aufgrund derer sie begründet worden ist, fortbesteht. Absatz 3 normiert das Verbot für die Dienstanbieter, sich selbst oder anderen über das Maß hinaus, das für die geschäftsmäßige Erbringung von Telekommunikationsdiensten einschließlich des Schutzes der technischen Systeme erforderlich ist, Kenntnis von dem Inhalt oder von den näheren Umständen der betreffenden Telekommunikation zu verschaffen. Für die geschäftsmäßige Erbringung der Telekommunikationsdienste dürfen die Dienstanbieter gemäß § 88 Abs. 3 S. 2 TKG aber Kenntnisse über Tatsachen verwenden, die dem Fernmeldegeheimnis unterliegen. Eine anderweitige Verwendung und die Weitergabe an Dritte dürfen nur erfolgen, wenn das Telekommunikations- oder ein anderes Gesetz dies vorsehen und sich ausdrücklich auf Telekommunikationsvorgänge beziehen, § 88 Abs. 3 S. 3 TKG. Vorrang hat nach

---

714 Siehe zu all diesen Beispielen: BT-Drucks. 16/3078, S. 13, 14.

715 Geppert/Schütz-Bock, Beck'scher TKG-Kommentar, 4. Auflage 2013, § 88 Rn. 1.

716 Scheurle/Mayen-Zerres, TKG, Telekommunikationsgesetz, 2. Auflage 2008, § 88 Rn. 1 f. m. w. N., (Nach dessen Ansicht der Gesetzgeber mit § 88 seine Schutzpflicht, die aus der Wertentscheidung der Verfassung folge, erfüllt.); Säcker-Klesczewski, Telekommunikationsgesetz, 3. Auflage 2013, § 88 Rn. 1 f., (Worin ausgeführt wird, dass durch die Privatisierung des Postwesens auch Zugriffe Privater denkbar seien.).

717 § 88 Abs. 1 TKG, TKG mit Verkündungsstand vom 13.03.2015, in Kraft ab: 01.01.2015, Geltung des § 88 TKG seit 10.05.2012.

S. 4 allerdings die Anzeigepflicht aus § 138 StGB. Die Geheimniswahrungspflicht besteht ferner gemäß § 88 Abs. 4 TKG nicht gegenüber dem Fahrzeugführer oder dessen Stellvertreter, wenn sich die Telekommunikationsanlage auf einem Wasser- oder Luftfahrzeug befindet.

(1) Schutzgehalt

Nach dem Wortlaut der Norm sind auch private Dienstanbieter an das Fernmeldegeheimnis, wie es in Art. 10 GG niedergelegt ist, gebunden. Schutzgut sind Inhalt und nähere Umstände der Telekommunikation. Der Inhalt ist dabei die übermittelte Nachricht, die näheren Umstände sind insbesondere die Verbindungsdaten des Kommunikationsvorgangs.[718] Voraussetzung für die Anwendbarkeit der Norm ist damit, dass ein Telekommunikationsvorgang vorliegt. Telekommunikation betrifft die Signalübertragung via Telekommunikationsnetze wie etwa die Sprach- oder Internet-Telefonie.[719] Die Betreffzeile der E-Mail gehört bereits zum Inhalt der Telekommunikation.[720] Die Datenübertragung darf sich nicht an die Öffentlichkeit richten, sondern muss dem individuellen Nachrichtenverkehr dienen, um dem § 88 TKG zu unterfallen.[721] Geschützt werden die Verkehrsdaten, die bei der Telekommunikation anfallen, und sämtliche anderen Daten, die die Kommunikation individualisierbar machen.[722] Bestandsdaten und damit „Daten eines Teilnehmers, die für die Begründung, inhaltliche Ausgestaltung, Änderung oder Beendigung eines Vertragsverhältnisses über Telekommunikationsdienste erhoben werden“[723], beziehen sich grundsätzlich nicht auf einen bestimmten, einzelnen Telekommunikationsvorgang und sind damit grundsätzlich nicht von § 88 TKG erfasst.[724] Etwas anderes soll nur dann gelten, wenn diese Daten im Rahmen eines konkreten Telekommunikationsvorgangs erhoben werden.[725] In diesem Fall seien sie zugleich Verkehrsdaten, etwa wenn bei einem konkreten Telekommunikationsvorgang die Rufnummer erfasst

---

718 BT-Drucks. 13/3609, S. 53 zum ursprünglich in § 82 geregelten Fernmeldegeheimnis.

719 Zu den Beispielen siehe: Taeger/Gabel-Munz, BDSG, 2. Auflage 2013, Teil 3: Kommentierung TKG (Auszug), § 88 TKG Rn. 8.

720 Taeger/Gabel-Munz, BDSG, 2. Auflage 2013, Teil 3: Kommentierung TKG (Auszug), § 88 TKG Rn. 8.

721 Taeger/Gabel-Munz, BDSG, 2. Auflage 2013, Teil 3: Kommentierung TKG (Auszug), § 88 TKG Rn. 8; BT-Drucks. 13/3609, S. 53 zum ursprünglich in § 82 geregelten Fernmeldegeheimnis.

722 Taeger/Gabel-Munz, BDSG, 2. Auflage 2013, Teil 3: Kommentierung TKG (Auszug), § 88 TKG Rn. 9.

723 Siehe Legaldefinition in § 3 Nr. 3 TKG.

724 Säcker-Klesczewski, Telekommunikationsgesetz, 3. Auflage 2013, § 88 Rn. 14.

725 Taeger/Gabel-Munz, BDSG, 2. Auflage 2013, Teil 3: Kommentierung TKG (Auszug), § 88 TKG Rn. 10; Säcker-Klesczewski, Telekommunikationsgesetz, 3. Auflage 2013, § 88 Rn. 14.

werde. Maßgeblich ist also immer die Erhebungsquelle der jeweiligen Information.[726] Beteiligte der Telekommunikation – und damit geschützt von der Norm – können sowohl natürliche als auch juristische Personen und Personengesellschaften sein, die die Fähigkeit haben, Verbindlichkeiten einzugehen oder Rechte zu erwerben.[727] Der Schutz des Fernmeldegeheimnisses besteht außerdem unabhängig davon, ob der Vorgang zugleich auch Kriterien, die eine anderweitige rechtliche Zuordnung begründen, erfüllt.[728]

(2) Adressaten der Norm

Verpflichtet wird in § 88 Abs. 2 S. 1 TKG jeder Dienstanbieter. Gemäß § 3 Nr. 6 TKG ist das jeder, der entweder ganz oder auch nur teilweise geschäftsmäßig Telekommunikationsdienste (lit. a) erbringt oder der an der Erbringung von solchen Diensten mitwirkt (lit. b). Darunter fallen Mobilfunknetz- und Festnetzbetreiber, Servicebetreiber und Internet-Service-Provider, die E-Mail-Dienste, SMS, Internet-Telefonie oder andere Kommunikationsdienste anbieten.[729] Unter geschäftsmäßigem Erbringen von Telekommunikationsdiensten wird gem. § 3 Nr. 10 TKG das nachhaltige Anbieten von Telekommunikation mit oder ohne Gewinnerzielungsabsicht für Dritte verstanden. Adressaten der Norm können damit also auch Anbieter von Corporate Networks,[730] Nebenstellenanlagen in Krankenhäusern, in Betrieben und in Behörden und Hotels sein, soweit die Beschäftigten diese privat nutzen dürfen.[731] Grundsätzlich nicht erfasst sind jedoch private Endgeräte, hauseigene Sprechanlagen und Haustelefone.[732] Verpflichtet sind der Dienstanbieter und der Betreiber der Telekommunikationsanlage gemeinsam mit den jeweiligen Mitarbeitern.[733]

(3) Verhaltenspflichten nach Abs. 3

Die Kenntnisverschaffung von Inhalten und näheren Umständen der Telekommunikation ist nach § 88 Abs. 3 S. 1 TKG untersagt. Allein für die Erbringung der Dienste und für den Systemschutz ist diese Kenntnisverschaffung nach Satz 2 ausnahmsweise zulässig. Auch die Verwendung der gewonnenen Kenntnisse und die Weitergabe an Dritte sind nach Satz 3 verboten, etwas anderes gilt nur bei gesetzlich

---

726 Heun-Wuermeling, Handbuch Telekommunikationsrecht, 1. Auflage 2002, Teil 9, Rn. 34.

727 BT-Drucks. 13/3609, S. 53 zu dem noch als § 82 geregelten Fernmeldegeheimnis.

728 BT-Drucks. 13/3609, S. 53 zu dem noch als § 82 geregelten Fernmeldegeheimnis.

729 Taeger/Gabel-Munz, BDSG, 2. Auflage 2013, Teil 3: Kommentierung TKG (Auszug), § 88 TKG Rn. 13.

730 Zum Begriff Corporate Networks: Berger/Gramlich, Corporate Networks im Telekommunikationsrecht, CR 1999, 150.

731 Gesamte Aufzählung in: BT-Drucks. 13/3609, S. 53 zu dem noch als § 82 geregelten Fernmeldegeheimnis.

732 BT-Drucks. 13/3609, S. 53 zu dem noch als § 82 geregelten Fernmeldegeheimnis.

733 BT-Drucks. 13/3609, S. 53 zu dem noch als § 82 geregelten Fernmeldegeheimnis.

normierten Ausnahmen. Dadurch wird der grundsätzliche Vorrang des Fernmeldegeheimnisses vor einem staatlichen Eingriffsrecht oder Auskunftsanspruch bei einer Kollision verdeutlicht.[734] Die Befugnisnorm muss sich nach Satz 3 a. E. ausdrücklich auf Telekommunikationsvorgänge beziehen, damit das Fernmeldegeheimnis zurücktritt. Sie muss also den Willen des Gesetzgebers zum Zurücktreten des Fernmeldegeheimnisses erkennbar machen.[735] Eine ausdrückliche Erwähnung des Fernmeldegeheimnisses ist aber nicht notwendig; Zweck ist nur die Ausgrenzung solcher Normen, die allgemeine Auskunftspflichten ohne einen besonderen Bezug zu Telekommunikationsvorgängen ausweisen.[736] Dies soll gewährleisten und erkennbar machen, dass eine bewusste Abwägung des Gesetzgebers hinsichtlich der Ausnahmeregelung stattgefunden hat.[737]

(4) Rechtsfolgen bei Verstößen – § 206 StGB

Das Telekommunikationsgesetz enthält selbst keine Strafvorschrift, die bei Verstößen gegen § 88 TKG eingreift.[738] Die Strafvorschrift des § 148 TKG sanktioniert nur bestimmte Verstöße gegen § 89 TKG.[739] Mit § 206 StGB besteht jedoch eine strafrechtliche Sanktionsvorschrift nach deren Absatz 1 sich strafbar macht, „wer unbefugt einer anderen Person eine Mitteilung über Tatsachen macht, die dem Post- oder Fernmeldegeheimnis unterliegen und die ihm als Inhaber oder Beschäftigtem eines Unternehmens bekanntgeworden sind, das geschäftsmäßig Post- oder Telekommunikationsdienste erbringt“. Eine Strafbarkeit besteht ferner nach § 201 StGB, wenn fremde Ferngespräche aufgenommen oder mittels eines Abhörgeräts abgehört werden.[740] Da Daten, die § 88 TKG unterfallen, zugleich personenbezogen sind, ist bei Verstößen auch der Tatbestand der Ordnungswidrigkeit gemäß § 149 TKG erfüllt.[741] Gemäß § 44 TKG in Verbindung mit § 88 TKG und gemäß § 823 Abs. 2 BGB in Verbindung mit den § 88 Abs. 1 und 2 TKG sollen auch Schadensersatz- und Unterlassungsansprüche bestehen.[742] Ferner bestehen Ansprüche nach

---

734 BT-Drucks. 13/3609, S. 53 zu dem noch als § 82 geregelten Fernmeldegeheimnis.

735 BT-Drucks. 13/3609, S. 53 zu dem noch als § 82 geregelten Fernmeldegeheimnis.

736 BT-Drucks. 13/3609, S. 53 zu dem noch als § 82 geregelten Fernmeldegeheimnis.

737 BT-Drucks. 13/3609, S. 53 zu dem noch als § 82 geregelten Fernmeldegeheimnis.

738 Taeger/Gabel-Munz, BDSG, 2. Auflage 2013, Teil 3: Kommentierung TKG (Auszug), § 88 TKG Rn. 37.

739 Taeger/Gabel-Munz, BDSG, 2. Auflage 2013, Teil 3: Kommentierung TKG (Auszug), § 88 TKG Rn. 37.

740 Schönke/Schröder-Lenckner/Eisele, StGB, 29. Auflage 2014, § 201 Rn. 3 ff. (Wonach es unerheblich ist, ob die Äußerung über technische Geräte wie etwa das Telefon erfolgt, Rn. 5 m. w. N.).

741 Taeger/Gabel-Munz, BDSG, 2. Auflage 2013, Teil 3: Kommentierung TKG (Auszug), § 88 TKG Rn. 37.

742 Siehe bei Wissmann-Meister/Laun, Telekommunikationsrecht, 2. Auflage 2006, Kapitel 14 Rn. 33; Säcker-Klesczewski, Telekommunikationsgesetz, 3. Auflage 2013, § 88 Rn. 41.

§ 823 Abs. 1 BGB in Verbindung mit dem Allgemeinen Persönlichkeitsrecht, wobei in schwerwiegenden Fällen Ersatz des immateriellen Schadens gemäß § 253 Abs. 2 BGB in Betracht kommt.[743]

bb. Bedeutung für den digitalen Nachlass

Für den digitalen Nachlass bedeuten diese Ausführungen, dass sämtliche Telekommunikationsvorgänge des Erblassers unter dem Schutz des Fernmeldegeheimnisses des § 88 TKG stehen.[744] Daraus folgt, dass Inhalt und Umstände der Telekommunikation des Erblassers geheim und auch durch die Dienstanbieter gemäß § 88 Abs. 2 S. 1 und 2 TKG geheim zu halten sind. Diese Geheimhaltungspflicht gilt über das Ende des Kommunikationsvorgangs hinaus und gilt damit zeitlich unbegrenzt. Dies bedeutet dann auch, dass die Geheimhaltungspflicht unbeirrt von dem späteren Versterben des Kommunikationsbeteiligten und damit auch grundsätzlich hinsichtlich dessen digitalen Nachlasses fortgilt. Der Dienstleister darf also – auch nach dem Tod des Nutzers – nach § 88 Abs. 3 S. 2 TKG seine Kenntnisse nur für die Erbringung der Telekommunikationsdienste verwenden. Die Verwendung zu einem anderen Zweck und insbesondere eine Weitergabe dieser Kenntnisse an andere, ist untersagt, solange keine gesetzliche Regelung dazu besteht, vgl. § 88 Abs. 3 S. 3 TKG. Im Folgenden sind daher die übrigen Regelungen des Telekommunikationsgesetzes zu betrachten, die für den digitalen Nachlass relevant sein könnten.

b. §§ 91 ff. TKG Datenschutz

In Teil 7 Abschnitt 2 des TKG sind die datenschutzrechtlichen Vorschriften normiert, wobei im folgenden Abschnitt vor allem auf die für die Beurteilung des digitalen Nachlasses relevanten Vorschriften eingegangen wird. Der vorangestellte § 91 TKG legt den Schutzgehalt des telekommunikationsrechtlichen Datenschutzes für die folgenden §§ 92 bis 107 TKG fest und bestimmt deren Anwendungsbereich.

aa. Regelungsgehalt

§ 91 TKG legt in seinem Absatz 1 Satz 1 fest, dass der nachfolgende Abschnitt die personenbezogenen Daten der Teilnehmer und der Nutzer der Telekommunikation schützt sowohl bei der Erhebung als auch bei der Verwendung der Daten durch

---

743 Taeger/Gabel-Munz, BDSG, 2. Auflage 2013, Teil 3: Kommentierung TKG (Auszug), § 88 TKG Rn. 38.

744 Vergleiche etwa: Mayen in: DAV-Stellungnahme Nr.: 34/2013, S. 80 ff., abrufbar unter: http://anwaltverein.de/files/anwaltverein.de/downloads/newsroom/stellungnahmen/2013/SN-DAV34-13.pdf, zuletzt besucht am: 16.10.2015, der § 88 TKG im Rahmen des digitalen Nachlasses anwendet; ausdrücklich dagegen aber: Martini, Der digitale Nachlass und die Herausforderung postmortalen Persönlichkeitsschutzes im Internet, JZ 2012, 1145, 1148, der das Fernmeldegeheimnis aus § 88 TKG als nicht berührt ansieht.

Unternehmen und durch Personen, die Telekommunikationsdienste in Telekommunikationsnetzen – eingeschlossen Datenerfassungs- und Identifizierungsgeräte unterstützende Telekommunikationsnetze – geschäftsmäßig erbringen oder an der Erbringung mitwirken.[745] Gleichgestellt mit personenbezogenen Daten werden in § 91 Abs. 1 S. 2 TKG Einzelangaben über Verhältnisse von einer bestimmten oder nur bestimmbaren juristischen Person oder einer Personengesellschaft, die die Fähigkeit hat, Verbindlichkeiten einzugehen oder Rechte zu erwerben, insofern diese Einzelangaben dem Fernmeldegeheimnis unterliegen. Nach § 91 Abs. 2 TKG gilt dies auch für geschlossene Benutzergruppen bei öffentlichen Stellen der Länder, allerdings mit der Abweichung, dass statt des Bundesdatenschutzgesetzes das jeweilige Landesdatenschutzgesetz gilt. Bereits bei Vertragsschluss müssen Dienstanbieter gemäß § 93 Abs. 1 S. 1 TKG die Teilnehmer über Umfang, Art, Zweck und Ort der Erhebung und der Verwendung ihrer personenbezogenen Daten in dem Maß unterrichten, dass die Telekommunikationsteilnehmer in einer allgemein verständlichen Form Kenntnis erlangen von den grundlegenden Daten-Verarbeitungstatbeständen. Nach Satz 2 muss auch ein Hinweis auf die zulässigen Gestaltungs- und Wahlmöglichkeiten erfolgen. Die Unterrichtung über die Erhebung und die Verwendung der personenbezogenen Daten muss gemäß Satz 3 durch den Dienstanbieter in Form von allgemein zugänglichen Informationen erfolgen.

Daneben besteht das Auskunftsrecht aus dem Bundesdatenschutzgesetz, § 91 Abs. 1 S. 4 TKG. In Fällen, in denen das Risiko für die Verletzung der Netzsicherheit besonders hoch ist, muss der Dienstanbieter die Teilnehmer hierüber und, wenn das Risiko nicht innerhalb des Anwendungsbereichs einer Maßnahme des Dienstanbieters liegt, über mögliche Abhilfen und deren Kosten informieren, § 93 Abs. 2 TKG. § 94 TKG regelt die Möglichkeit der Einwilligung des Nutzers in elektronischer Form und deren Voraussetzungen, die der Dienstanbieter sicherstellen muss. In § 95 TKG sind Regelungen zur Erhebung, Verwendung und Weitergabe der Bestandsdaten des Telekommunikationsnutzers an Dritte getroffen. Während diese Daten für die Begründung, die inhaltliche Ausgestaltung, die Änderung oder die Beendigung eines Vertragsverhältnisses erhoben und verwendet werden dürfen (Abs. 1 S. 1), darf eine Weitergabe an Dritte nur mit Einwilligung des Nutzers erfolgen (Abs. 1 S. 3). Bei Vertragsverhältnissen zwischen Dienstanbietern dürfen Bestandsdaten der Nutzer von den Dienstanbietern jeweils nur zum Zweck der Vertragserfüllung zwischen den Dienstanbietern erhoben werden (Abs. 1 S. 2). Wenn der Dienstanbieter im Rahmen einer bereits bestehenden Kundenbeziehung auf rechtmäßige Weise Kenntnis von der Rufnummer des Teilnehmers oder dessen (auch elektronischer) Postadresse erhalten hat, darf er für die Versendung von Bild- und Textmitteilungen an ein Telefon oder eine Postadresse diese Daten gemäß § 95 Abs. 2 S. 2 TKG zu dem in Satz 1 des § 95 Abs. 2 TKG genannten Zweck nutzen. Dies gilt gemäß § 95 Abs. 2 S. 2 HS. 2 TKG jedoch nicht, wenn der Teilnehmer dieser Verwendung ausdrücklich widersprochen hat. Für eine zulässige Verwendung von Rufnummer oder Adresse

745 § 91 TKG, in der Fassung vom 10.05.2012.

muss der Teilnehmer aber gemäß § 95 Abs. 2 S. 3 TKG bereits bei der Erhebung dieser Daten oder deren erstmaligen Speicherung sowie bei jeder Versendung einer solchen Nachricht an die Adresse oder Rufnummer gut lesbar und deutlich sichtbar darauf hingewiesen werden, dass ein Widerspruch gegen die Versendung weiterer Nachrichten jederzeit elektronisch oder schriftlich möglich ist. Bei Beendigung des Vertragsverhältnisses muss der Dienstanbieter die Bestandsdaten gemäß § 95 Abs. 3 S. 1 TKG mit Ablauf des Kalenderjahres, das auf die Beendigung folgt, löschen. § 35 Abs. 3 BDSG ist nach § 95 Abs. 3 S. 2 TKG entsprechend anwendbar.

Nach § 95 Abs. 5 S. 1 TKG darf die Erbringung von Telekommunikationsdiensten durch den Dienstanbieter nicht davon abhängig gemacht werden, dass der Teilnehmer einer Verwendung seiner Daten für abweichende Zwecke zustimmt, wenn er ohne die Einwilligung keinen anderen Zugang oder nur einen Zugang in unzumutbarer Weise zu den Telekommunikationsdiensten erhalten würde. Wurde eine Einwilligung unter diesen Umständen erteilt, ist sie nach § 95 Abs. 5 S. 2 TKG unwirksam. Verkehrsdaten, die Dienstanbieter erheben dürfen, sind gemäß § 96 Abs. 1 S. 1 TKG die Nummer oder die Kennung beteiligter Anschlüsse oder auch der Endeinrichtung, die personenbezogenen Berechtigungskennungen, zu denen bei der Verwendung von Kundenkarten zusätzlich auch die Kartennummer gehört, und darüber hinaus die Standortdaten bei mobilen Anschlüssen (Nr. 1). Des Weiteren dürfen Beginn und Ende der jeweiligen Verbindungen nach ihrem Datum und ihrer Uhrzeit und, wenn das Entgelt davon abhängt, auch die übermittelte Datenmenge erfasst werden (Nr. 2). Erhoben werden dürfen auch der vom Teilnehmer in Anspruch genommene Telekommunikationsdienst (Nr. 3), die Endpunkte der festgeschalteten Verbindungen, deren Beginn und Ende nach dem Datum und der Uhrzeit und, wenn das Entgelt davon abhängt, auch die übermittelte Datenmenge sowie sonstige Verkehrsdaten, die für den Aufbau und die Aufrechterhaltung der Kommunikation und für die Entgeltabrechnung notwendig sind (Nr. 4). Die Verkehrsdaten dürfen nach § 96 Abs. 1 S. 2 TKG nur für den in Satz 1 oder einen anderweitig im Gesetz benannten Zweck oder für den Aufbau einer weiteren Verbindung verwendet werden, wenn die Verwendung hierfür erforderlich ist. Im Übrigen sind die Verkehrsdaten gemäß § 96 Abs. 1 S. 3 TKG nach der Beendigung der Verbindung vom Dienstanbieter unverzüglich zu löschen.

Darüber hinausgehende Erhebungen und Verwendungen sind unzulässig, § 96 Abs. 2 TKG. Der 7. Abschnitt des Telekommunikationsgesetzes enthält im Übrigen Regelungen zur Entgeltermittlung und Entgeltabrechnung (§ 97 TKG), zur Verarbeitung von Standortdaten (§ 98 TKG), zu Einzelverbindungsnachweisen (§ 99 TKG), zum Umgang mit Störungen von Telekommunikationsanlagen und dem Missbrauch von Telekommunikationsdiensten (§ 100 TKG), zur Auskunft über ankommende Verbindungen (§ 101 TKG), zur Rufnummernanzeige und Unterdrückung (§ 102 TKG), zur automatischen Anrufweiterschaltung (§ 103 TKG), zur Eintragung in Teilnehmerverzeichnisse (§ 104 TKG), zur Auskunftserteilung über Rufnummern (§ 105 TKG), zu Telegrammdiensten (§ 106 TKG) und zu Nachrichtenübermittlungssystemen mit Zwischenspeicherung (§ 107 TKG). Diese Regelungen sind aber im

Hinblick auf den digitalen Nachlass nicht relevant und werden daher an dieser Stelle nur der Vollständigkeit halber erwähnt, jedoch nicht näher ausgeführt.

(1) Adressaten der Normen

Wie bereits § 88 TKG richten sich auch die datenschutzrechtlichen Vorschriften der §§ 91 ff. TKG an die Dienstanbieter, indem sie diesen die soeben aufgeführten Verhaltenspflichten vorgeben.

(2) Schutzgehalt

Der 7. Abschnitt regelt den Schutz personenbezogener Daten. Personenbezogene Daten sind entsprechend der Legaldefinition in § 3 Abs. 1 BDSG „Einzelangaben über persönliche und sachliche Verhältnisse einer bestimmten oder bestimmbaren natürlichen Person".[746] Unter Einzelangaben werden dabei Informationen verstanden, die sich auf eine konkrete, einzelne, natürliche Person beziehen (wie etwa deren Adresse oder die ihren Inhaber preisgebende E-Mail-Adresse sowie der Familienstand oder Angaben über berufliche Aktivitäten) oder Informationen, die geeignet sind, zu der Person einen Bezug herzustellen (wie etwa deren Ausweis-, Telefon- oder Versicherungsnummer).[747] Angaben, die sich auf eine Einzelperson beziehen, diese aber nicht identifizierbar machen, sowie anonymisierte und aggregierte Daten fallen dagegen nicht hierunter.[748] Gleiches gilt für Sammelangaben über Personengruppen, soweit nicht bestimmte Angaben über konkrete Mitglieder gemacht werden, die auf die Einzelperson „durchschlagen".[749] Die Einzelangaben müssten Aufschluss über „persönliche und sachliche Verhältnisse" erteilen. Erfasst sind also Daten, die den Nutzer selbst oder die einen auf ihn beziehbaren Sachverhalt betreffen.[750]

Die Unterscheidung in persönliche und sachliche Verhältnisse soll dabei das umfassende Verständnis des Begriffs ausdrücken und verdeutlichen, dass der Begriff nicht auf solche Daten beschränkt ist, die auf die menschlichen Eigenschaften bezogen – und damit per se „personenbezogen" – sind.[751] Personenbezogenheit kann ferner auch bei solchen Daten vorliegen, die Aussagen zu einer Sache treffen, wie etwa eine Autobeschreibung nebst amtlichem Kennzeichen.[752] Eine Trennung nach „persönlich und sachlich" ist mithin nicht erforderlich, vorliegen muss allein

746 Spindler/Schuster-Eckhardt, Recht der elektronischen Medien, 3. Auflage 2015, § 91 Rn. 12.
747 Gola/Schomerus-Gola/Klug/Körffer, BDSG, 12. Auflage 2015, § 3 Rn. 3.
748 Gola/Schomerus-Gola/Klug/Körffer, BDSG, 12. Auflage 2015, § 3 Rn. 3 m. w. N.
749 Gola/Schomerus-Gola/Klug/Körffer, BDSG, 12. Auflage 2015, § 3 Rn. 3, unter Verweis auf: BAG, RDV 1986, 138 = NJW 1986, 2069; RDV 1995, 29 = NZA 1995, 185.
750 Gola/Schomerus-Gola/Klug/Körffer, BDSG, 12. Auflage 2015, § 3 Rn. 5.
751 Gola/Schomerus-Gola/Klug/Körffer, BDSG, 12. Auflage 2015, § 3 Rn. 5.
752 Gola/Schomerus-Gola/Klug/Körffer, BDSG, 12. Auflage 2015, § 3 Rn. 5.

ein unmittelbarer Bezug zur betroffenen Person.[753] Persönliche Verhältnisse sind Angaben über den Nutzer selbst und über dessen Identifizierung und Charakterisierung.[754] Darunter fallen sollen Anschrift, Name und Familienstand des Betroffenen, dessen Staatsangehörigkeit, Konfession, Geburtsdatum und Beruf, sein Erscheinungsbild, seine Eigenschaften, das Aussehen, der Gesundheitszustand und seine Überzeugungen. Ebenso sollen Werturteile Angaben über die persönlichen Verhältnisse sein.[755] Bestimmt im Sinne dieser Vorschrift ist eine natürliche Person dann, wenn die Daten mit ihrem Namen verbunden sind oder wenn sich der Bezug unmittelbar aus dem Inhalt oder dem Zusammenhang herstellen lässt.[756] Ob eine Person bestimmbar ist, richtet sich dagegen nach den Kenntnissen, Möglichkeiten und Mitteln der verantwortlichen Stelle, der es möglich sein muss, den Bezug ohne unverhältnismäßigen Aufwand und mittels der ihr gewöhnlich zur Verfügung stehenden Mittel durchführen zu können.[757]

Geschützt werden von den §§ 91 ff. TKG gemäß § 91 Abs. 1 S. 1 TKG alle Teilnehmer und Nutzer der Telekommunikation. Während Teilnehmer nach der Legaldefinition in § 3 Nr. 20 TKG „jede natürliche oder juristische Person, die mit einem Anbieter von öffentlich zugänglichen Telekommunikationsdiensten einen Vertrag über die Erbringung derartiger Dienste geschlossen hat", ist, wird der Nutzer in § 3 Nr. 14 TKG legaldefiniert als „jede natürliche oder juristische Person, die einen öffentlich zugänglichen Telekommunikationsdienst für private oder geschäftliche Zwecke in Anspruch nimmt oder beantragt, ohne notwendigerweise Teilnehmer zu sein".

bb. Bedeutung für den digitalen Nachlass

Die Regelungen der §§ 91 ff. TKG behandeln vor allem die Verarbeitung von Daten durch den Dienstanbieter zur Erbringung der Telekommunikationsleistung. Die personenbezogenen Daten dürfen nach dem soeben Ausgeführten nur zur Herstellung und Vermittlung des Telekommunikationsvorgangs erhoben und verwendet werden. Bestandsdaten dürfen grundsätzlich nicht an Dritte herausgegeben, Verkehrsdaten müssen sogar unmittelbar nach dem jeweiligen Kommunikationsvorgang gelöscht werden. Freiwillig von den Nutzern selbst der Öffentlichkeit preisgegebene Daten unterfallen bereits nicht dem Anwendungsbereich der einzelnen Verhaltensvorschriften für Dienstanbieter, weil diese nicht vom Dienstanbieter erhoben worden sind.

Letztlich entscheidend bleibt aber für den Umgang mit dem digitalen Nachlass des Nutzers die Frage, ob Informationen über Kommunikationsumstände und -inhalte an die Erben herausgegeben werden dürfen. Der Dienstleister darf schließlich nach § 88 Abs. 3 S. 2 TKG seine Kenntnisse nur für die Erbringung

753 Gola/Schomerus-Gola/Klug/Körffer, BDSG, 12. Auflage 2015, § 3 Rn. 5.
754 Gola/Schomerus-Gola/Klug/Körffer, BDSG, 12. Auflage 2015, § 3 Rn. 6.
755 Simitis-Dammann, Bundesdatenschutzgesetz, 8. Auflage 2014, § 3 Rn. 12.
756 Gola/Schomerus-Gola/Klug/Körffer, BDSG, 12. Auflage 2015, § 3 Rn. 10.
757 Gola/Schomerus-Gola/Klug/Körffer, BDSG, 12. Auflage 2015, § 3 Rn. 10, Rn. 44.

der Telekommunikationsdienste verwenden. Die Verwendung zu einem anderen Zweck ist untersagt, solange keine gesetzliche Regelung dazu besteht, vgl. § 88 Abs. 3 S. 3 TKG. Eine solche Regelung findet sich jedoch nicht in den soeben dargestellten §§ 91 ff. TKG. Die Erlaubnis zur Herausgabe der Daten erscheint damit auch nach Betrachtung dieser Normen ausgeschlossen.[758]

Denkbar wäre allenfalls eine Herausgabe der Daten – zur Information über den bestehenden Vertrag – an den oder die Rechtsnachfolger. Wenn davon ausgegangen wird, dass der Nutzer selbst seine Daten kennt, erscheint es naheliegend, dass eine Herausgabe dieser Daten an ihn nicht dem in den §§ 88 und 91 ff. TKG normierten Schutz zuwiderlaufen kann. Eine Herausgabe an den Rechtsnachfolger könnte damit eventuell mit der Herausgabe an den Nutzer selbst gleichgestellt werden.[759] Wenn aber der Dienstanbieter gemäß § 95 TKG nur unter strengen Voraussetzungen – etwa wenn der Nutzer einwilligt oder zumindest nicht widerspricht – mit dem Nutzer selbst in Kontakt treten darf, kann nicht per se davon ausgegangen werden, dass eine Kontaktaufnahme mit dem Rechtsnachfolger im Einklang mit den datenschutzrechtlichen Regelungen steht. Es geht also vorliegend nicht darum, dass die Daten nicht herausgegeben werden dürfen, weil die Erben „andere" im Sinne des § 88 Abs. 3 S. 3 TKG sind, sondern dass der Zweck der Herausgabe von dem in § 88 Abs. 3 S. 1 TKG benannten abweicht.[760] Die Herausgabe würde schließlich der reinen Information der Erben dienen, die aber so gesetzlich nicht vorgesehen ist.

---

758 So im Ergebnis auch: Mayen in: DAV-Stellungnahme Nr.: 34/2013, S. 81 f., abrufbar unter: http://anwaltverein.de/files/anwaltverein.de/downloads/newsroom/stellungnahmen/2013/SN-DAV34-13.pdf, zuletzt besucht am: 16.10.2015.

759 Vergleiche die ähnliche Auffassung bei: Pruns, Keine Angst vor dem digitalen Nachlass! Erbrecht vs. Fernmeldegeheimnis, NWB 2014, Heft 29, 2175 ff., der annimmt, dass der E-Mail-Provider den Erben mit der Herausgabe der Daten nur in dem Maß Kenntnis verschafft, wie es „für die geschäftsmäßige Erbringung der Telekommunikationsdienste" erforderlich ist. Durch den Eintritt in die Rechtsposition des Erblassers gehe auch der „Anspruch auf Abrufbarkeit" auf die Erben über, den der Dienstleister mit der Verschaffung des Zugangs zum Account erfülle. Dieser Argumentation ist aber entgegenzuhalten, dass die eigentliche Erbringung der Dienstleistung mit Bereitstellung der E-Mail im E-Mail-Postfach endet. Schließlich wird die ordnungsgemäße Erbringung durch den Dienstleister auch dann nicht angezweifelt, wenn sich der spätere Erblasser bereits zu Lebzeiten nicht einloggt. Mit der Zustellung endet die Dienstleistung, das Abrufen stellt das erforderliche Zutun des Account-Inhabers dar. Schließlich wird von dem Dienstleister auch zu Lebzeiten des Nutzers nicht erwartet, dass er diesen über das Bestehen seines Accounts informiert. Die Kenntnisverschaffung für die Erben dient aber ausschließlich deren Information.

760 Im Ergebnis daher dem DAV folgend, der den § 88 Abs. 3 S. 1 TKG auch nicht als ausreichende Befugnisnorm ansieht. Die Argumentation erfolgt dort jedoch vor allem anhand des Beispiels der Herausgabe gespeicherter E-Mails, bei denen es sich um Verkehrsdaten handele, die nach dem Ende der Verbindung nur dann erneut verwendet werden dürften, wenn dies zum Aufbau einer weiteren Ver-

3. Regelungen des Telemediengesetzes (TMG)

Regelungen für den Schutz personenbezogener Daten finden sich im Telemediengesetz in den §§ 11 bis 15 a. Während das Telekommunikationsgesetz vorwiegend hinsichtlich der Signalübertragung einschlägig ist, ist das Telemediengesetz obigen Ausführungen zufolge anwendbar, wenn es um die Inhalte der Kommunikation geht oder neben der Übertragung der Signale auch inhaltliche Dienste erbracht werden.[761] Telemedien sind gemäß der Legaldefinition in § 1 Abs. 1 S. 1 TMG „alle elektronischen Informations- und Kommunikationsdienste, soweit sie nicht Telekommunikationsdienste nach § 3 Nr. 24 des Telekommunikationsgesetzes, die ganz in der Übertragung von Signalen über Telekommunikationsnetze bestehen, telekommunikationsgestützte Dienste nach § 3 Nr. 25 des Telekommunikationsgesetzes oder Rundfunk nach § 2 des Rundfunkstaatsvertrages sind".

a. §§ 11 ff. TMG Datenschutz

Die datenschutzrechtlichen Regelungen in den §§ 11 ff. TMG weichen in ihrem Regelungsgehalt von den Vorschriften des Telekommunikationsgesetzes ab. Allein aus diesem Grund ist es wichtig, die Einordnung der Dienstleistung als Telemediendienst oder Telekommunikationsdienst richtig vorzunehmen. Auch in diesem Abschnitt wird vorwiegend auf die Regelungen eingegangen, die für die Beurteilung des digitalen Nachlasses relevant sein könnten.

aa. Regelungsgehalt

In § 11 TMG wird der Anwendungsbereich dieses Abschnitts zunächst noch weiter eingegrenzt, indem bestimmte Telemedien ausgenommen werden. So gelten die §§ 11 ff. TMG gemäß § 11 Abs. 1 TMG nicht im Rahmen der Erhebung und Verwendung von personenbezogenen Nutzer-Daten von solchen Telemedien, die bereitgestellt werden in einem Dienst- und Arbeitsverhältnis und ausschließlich zu dienstlichen oder beruflichen Zwecken (Nr. 1) oder soweit die Bereitstellung ausschließlich für die Steuerung von Geschäfts- oder Arbeitsprozessen innerhalb von nichtöffentlichen oder öffentlichen Stellen oder zwischen solchen Stellen erfolgt. (Nr. 2). Unter personenbezogenen Daten sind auch hier – aufgrund des Verweises in § 12 Abs. 3 TMG – Einzelangaben über die persönlichen oder die sachlichen Verhältnisse von einer bestimmten oder einer bestimmbaren natürlichen Person nach § 3 Abs. 1 BDSG zu verstehen.[762] Der Begriff des Nutzers ist legaldefiniert in § 11

bindung oder für die Zwecke aus den §§ 97, 99, 100 und 101 TKG oder aus einem anderen Gesetz erforderlich sei, oben dargestellt unter Gliederungspunkt: D. II. 2. d. aa. (3) (c) (bb).

761 Siehe oben unter Gliederungspunkt E. II. 1. a. bb. mit entsprechenden Nachweisen.

762 Spindler/Schuster-Spindler/Nink, Recht der elektronischen Medien, 3. Auflage 2015, § 11 Rn. 6, der sich noch auf § 12 Abs. 4 TMG bezieht, der jedoch in Abs. 3 geändert wurde.

Abs. 2 TMG als „jede natürliche Person, die Telemedien nutzt, insbesondere um Informationen zu erlangen oder zugänglich zu machen". In § 11 Abs. 3 TMG findet die bereits oben[763] dargestellte Abgrenzung nach der Art der Diensterbringung statt. Für Telemedien, deren Dienst überwiegend in der Signalübertragung besteht, die daneben aber auch inhaltliche Dienste erbringen, gelten zwar sowohl das Telekommunikations- als auch das Telemediengesetz, hinsichtlich der Erhebung und der Verwendung der personenbezogenen Nutzer-Daten gelten jedoch nur die §§ 15 Abs. 8 und 16 Abs. 2 Nr. 4 TMG und im Übrigen die Regelungen des Telekommunikationsgesetzes.[764]

In § 12 Abs. 1 TMG ist der Grundsatz normiert, dass personenbezogene Daten vom Dienstanbieter nur zur Bereitstellung von Telemedien erhoben und verwendet werden dürfen, soweit das Telemediengesetz oder eine andere Norm, die sich aber ausdrücklich auf Telemedien beziehen muss, dies erlauben oder der Nutzer selbst hierzu eingewilligt hat. Diese zur Bereitstellung der Telemediendienste erhobenen personenbezogenen Daten dürfen gemäß § 12 Abs. 2 TMG nur dann für andere Zwecke verwendet werden, wenn dies im Telemediengesetz oder in einer anderen, sich ausdrücklich auf Telemedien beziehenden Rechtsvorschrift erlaubt ist oder der Nutzer selbst eingewilligt hat. § 12 Abs. 3 TMG ordnet an, dass die jeweils geltenden Vorschriften hinsichtlich des Schutzes der personenbezogenen Daten – soweit keine entgegenstehende Regelung besteht – auch anzuwenden sind, wenn die Daten in nicht automatisierter Weise verarbeitet werden.

Der Nutzer muss gemäß § 13 Abs. 1 S. 1 TMG vom Dienstanbieter bei Beginn des Nutzungsvorgangs in verständlicher Form über den Zweck, den Umfang und die Art der Erhebung und Verwendung der personenbezogenen Daten und deren Verarbeitung in Staaten, in denen die „Richtlinie 95/46/EG des Europäischen Parlaments und des Rates vom 24. Oktober 1995 zum Schutz natürlicher Personen bei der Verarbeitung personenbezogener Daten und zum freien Datenverkehr" (ABl. EG Nr. L 281 S. 31) nicht gilt, unterrichtet werden, falls diese Unterrichtung nicht vorher erfolgt ist. Bei automatisierten Verfahren, bei denen die spätere Identifizierung des Nutzers möglich ist und die die Verwendung und Erhebung der personenbezogenen Daten vorbereiten, muss der Nutzer gemäß § 13 Abs. 1 S. 2 TMG zu Beginn des Verfahrens unterrichtet werden. Der Nutzer muss auch den Inhalt der Unterrichtung jederzeit abrufen können, § 13 Abs. 1 S. 3 TMG. In § 13 Abs. 2 Nr. 1 bis 4 TMG sind Voraussetzungen benannt, unter denen die Einwilligung des Nutzers auch elektronisch erklärt werden kann. Insbesondere muss dabei sichergestellt sein, dass die Einwilligung jederzeit für die Zukunft widerrufen werden kann (Nr. 4). Auf dieses Recht ist der Nutzer auch hinzuweisen, § 13 Abs. 2 TMG. Der Dienstanbieter muss gemäß Absatz 4 durch organisatorische und technische Vorkehrungen sicherstellen, dass eine jederzeitige Beendigung der Nutzung durch den Nutzer möglich

763 Siehe oben unter Gliederungspunkt E. II. 1. b. bb.

764 Vergleiche Taeger/Gabel-Munz, BDSG, 2. Auflage 2013, Teil 3: Kommentierung TKG (Auszug), § 91 TKG Rn. 7.

ist (Nr. 1), die personenbezogenen Daten unmittelbar nach Beendigung des Zugriffs oder der Nutzung gelöscht oder nach Satz 2 gesperrt werden (Nr. 2) und die Inanspruchnahme der Telemedien durch den Nutzer vor der Kenntnisnahme Dritter geschützt ist (Nr. 3). Ferner muss er sicherstellen, dass die getrennte Verwendung personenbezogener Daten bei der Nutzung von verschiedenen Telemedien durch einen Nutzer möglich ist (Nr. 4), Daten im Sinne des § 15 Abs. 2 TMG nur zu Abrechnungszwecken zusammengezogen werden können (Nr. 5) und Nutzungsprofile gemäß § 15 Abs. 3 TMG nicht mit den Angaben zur Identifikation des Nutzers zusammengeführt werden können (Nr. 6). Falls aufgrund vorgeschriebener Aufbewahrungsfristen eine Löschung nicht möglich sein sollte, wird in § 13 Abs. 4 S. 2 TMG alternativ eine Sperrung der Daten angeordnet.

Weitervermittlungen an andere Dienstanbieter müssen dem Nutzer angezeigt werden, § 13 Abs. 5 TMG. Der Dienstanbieter muss nach § 13 Abs. 6 S. 1 TMG die anonyme oder pseudonymisierte Nutzung der Telemedien und deren Bezahlung ermöglichen, soweit zumutbare, technische Möglichkeiten hierfür bestehen, worüber der Nutzer gemäß Satz 2 auch zu informieren ist. Nach § 13 Abs. 7 S. 1 und 2 TMG besteht eine Pflicht zur Auskunft des Dienstanbieters gegenüber dem Nutzer entsprechend dem § 34 BDSG, wobei die Auskunft elektronisch erteilt werden kann, wenn der Nutzer dies verlangt. § 14 Abs. 1 TMG erlaubt dem Dienstanbieter Bestandsdaten und damit personenbezogene Nutzer-Daten zu erheben und zu verwenden, wenn diese für die Begründung, für die inhaltliche Ausgestaltung oder für die Änderung des Vertragsverhältnisses zwischen Dienstanbieter und Nutzer über die Nutzung der Telemedien erforderlich sind. Der Dienstanbieter darf gemäß § 14 Abs. 2 TMG im Einzelfall und mit entsprechender Anordnung der zuständigen Stelle Auskünfte über Bestandsdaten erteilen, wenn dies zu Strafverfolgungszwecken, zur Gefahrenabwehr, zur Gefahrenabwehr im Bereich des internationalen Terrorismus oder um Rechte am geistigen Eigentum durchzusetzen erforderlich ist.

In § 15 TMG sind Regelungen zu den Nutzungsdaten getroffen. Dies sind personenbezogene Nutzer-Daten, die vom Dienstanbieter nur insoweit erhoben und verwendet werden dürfen, wie dies für die Ermöglichung der Inanspruchnahme der Telemedien und für die Abrechnung erforderlich ist, § 15 Abs. 1 S. 1 TMG. Als Beispiele für Nutzungsdaten führt Satz 2 Identifikationsmerkmale des Nutzers in Nr. 1, Angaben über Umfang, Beginn und Ende des jeweiligen Nutzungsvorgangs in Nr. 2 und Angaben über die Telemedien, die genutzt worden sind in Nr. 3, auf. Bei der Inanspruchnahme verschiedener Telemedien darf der Dienstanbieter gemäß § 15 Abs. 2 TMG die Nutzungsdaten des Nutzers zum Zweck der Abrechnung – soweit erforderlich – zusammenführen. Nach Absatz 3 darf der Dienstanbieter Nutzungsprofile zum Zweck von Werbung, Marktforschung und bedarfsgerechter Gestaltung der Dienste erstellen. Nutzungsdaten darf der Dienstanbieter gemäß Absatz 4 Satz 1 auch nach dem Ende des Nutzungsvorgangs zu Abrechnungszwecken verwenden, soweit dies erforderlich ist. Um Aufbewahrungsfristen zu erfüllen, dürfen die Daten vom Dienstanbieter nach Satz 2 gesperrt werden. Absatz 5 des § 15 TMG regelt die Weitergabe der Abrechnungs- und anonymisierten Nutzungsdaten an Dritte zum Zweck der Abrechnung oder Marktforschung. In der Abrechnung dürfen nach § 15

Abs. 6 TMG weder der Anbieter, noch der Zeitpunkt, die Dauer, die Art, der Inhalt und die Häufigkeit der genutzten Telemedien erkennbar sein, außer der Nutzer fordert einen Einzelnachweis. Abrechnungsdaten, die auf Verlangen des Nutzers der Erstellung von Einzelnachweisen bei der Inanspruchnahme bestimmter Angebote dienen, dürfen vom Dienstanbieter vom Versenden der Rechnung ab höchstens sechs Monate gespeichert werden, § 15 Abs. 7 S. 1 TMG. Wenn innerhalb dieser Frist Einwendungen gegen die Entgeltforderung erhoben werden oder die Forderung trotz entsprechender Zahlungsaufforderung nicht beglichen wird, darf der Dienstanbieter die Abrechnungsdaten gemäß Satz 2 weiterhin – bis zur abschließenden Klärung der Einwendungen oder der Begleichung der Forderung – speichern. Absatz 8 regelt die Zulässigkeit der Datenspeicherung bei der begründeten Vermutung, der Nutzer werde das Entgelt nicht entrichten. Sollte der Dienstanbieter feststellen, dass die bei ihm gespeicherten Bestands- oder Nutzungsdaten auf unrechtmäßige Weise übermittelt wurden oder Dritte anderweitig unrechtmäßig davon Kenntnis erlangt haben und drohen für die Rechte des Nutzers oder dessen schutzwürdige Interessen schwerwiegende Beeinträchtigungen, ist § 42a BDSG gemäß § 15 a TMG entsprechend anzuwenden.

(1) Adressaten der Normen

Auch die im Telemediengesetz normierten Verhaltenspflichten richten sich ausschließlich an die Dienstanbieter,[765] konsequenterweise an die Anbieter der Telemediendienste.

(2) Schutzgehalt

Im Wesentlichen regelt der Abschnitt die Erhebung und Verwendung personenbezogener Daten. Die für die Bereitstellung der Telemedien erhobenen Daten dürfen nur für die Zwecke verwendet werden, die das Telemedien- oder ein anderes Gesetz vorsieht.[766] Der Verweis in § 12 Abs. 3 TMG verdeutlicht, dass die allgemeinen datenschutzrechtlichen Regelungen – und damit auch die Vorschriften des Bundesdatenschutzgesetzes – anwendbar sind, wenn eine entsprechende Regelung im Telemediengesetz fehlt.[767] Dies soll auch für sogenannte „Fan Pages“ in sozialen Netzwerken gelten:[768] Für eine natürliche Person mit über 5.000 Facebook-Kontakten und für eine juristische Person des Privat- oder des Öffentlichen Rechts können

---

765 Siehe nur Formulierung in § 12 Abs. 1, Abs. 2, § 13 Abs. 1, § 14 Abs. 1 TMG: „Der Dienstanbieter darf/hat [...]“.

766 Vergleiche § 12 Abs. 2 TMG.

767 Spindler/Schuster-Spindler/Nink, Recht der elektronischen Medien, 3. Auflage 2015, § 12 Rn. 8.

768 Spindler/Schuster-Spindler/Nink, Recht der elektronischen Medien, 3. Auflage 2015, § 12 Rn. 8; unter Verweis auf: Hoffmann/Schulz/Brackmann, Die öffentliche Verwaltung in den sozialen Medien? Zulässigkeit behördlicher Facebook-Fanseiten, ZD 2013, 122, 123.

keine gewöhnlichen Facebook-Profile erstellt werden, stattdessen können sogenannte Fanseiten eingerichtet werden.[769] Dem Inhaber der Fanseite steht zusätzlich ein kostenloses Analyse-Tool zur Verfügung, das detaillierte Statistikinformationen über die Besucher der eigenen Fanseite und zu deren Nutzerverhalten erstellt, so dass der Fanseiten-Administrator dieses analysieren und die eigene Darstellung an die Zielgruppe anpassen kann.[770]

Die Anwendung der allgemeinen Datenschutzvorschriften soll unabhängig von der automatisierten oder der nicht automatisierten Verarbeitung erfolgen, wobei eine automatisierte Verarbeitung nach der Legaldefinition in § 3 Abs. 2 S. 1 BDSG vorliegt bei der „Erhebung, Verarbeitung oder Nutzung personenbezogener Daten unter Einsatz von Datenverarbeitungsanlagen".[771] Die Anwendbarkeit der allgemeinen datenschutzrechtlichen Vorschriften gilt allerdings nicht in Bezug auf Erlaubnistatbestände, die im Telemediengesetz fehlen.[772] Hinsichtlich der Erlaubnistatbestände gilt das Telemediengesetz abschließend.[773]

Vom Telemediengesetz geschützt werden die personenbezogenen Daten der Nutzer, die gemäß § 11 Abs. 2 TMG nur natürliche Personen sein können. Der Nutzerbegriff ist damit enger als der des Telekommunikationsgesetzes (vergleiche dort § 91 Abs. 1 S. 2).[774] Dies entspricht aber dem Schutz des Bundesdatenschutzgesetzes, nach dessen § 3 Abs. 1 auch nur natürliche Personen geschützt sind.[775] Demnach soll auch nur eine lebende Person erfasst sein.[776] Entgegen der Ansicht Martinis,[777] der einen Personenbezug auch noch nach dem Versterben des Nutzers bejaht, weil die Daten sich im Zeitpunkt ihrer Entstehung auf eine (noch) lebende Person bezogen hätten, ist dem zuzustimmen. Dies kann auch mit dem Schutzzweck des Telemediengesetzes begründet werden: Schließlich ist das Gesetz vorrangig

769 Siehe Ausführung bei: Hoffmann/Schulz/Brackmann, Die öffentliche Verwaltung in den sozialen Medien? Zulässigkeit behördlicher Facebook-Fanseiten, ZD 2013, 122, 123.

770 Hoffmann/Schulz/Brackmann, Die öffentliche Verwaltung in den sozialen Medien? Zulässigkeit behördlicher Facebook-Fanseiten, ZD 2013, 122, 123.

771 Vergleiche Ausführungen hierzu bei: Spindler/Schuster-Spindler/Nink, Recht der elektronischen Medien, 3. Auflage 2015, § 12 Rn. 8.

772 Spindler/Schuster-Spindler/Nink, Recht der elektronischen Medien, 3. Auflage 2015, § 12 Rn. 8.

773 Spindler/Schuster-Spindler/Nink, Recht der elektronischen Medien, 3. Auflage 2015, § 12 Rn. 8.

774 Spindler/Schuster-Spindler/Nink, Recht der elektronischen Medien, 3. Auflage 2015, § 11 Rn. 27.

775 Spindler/Schuster-Spindler/Nink, Recht der elektronischen Medien, 3. Auflage 2015, § 11 Rn. 27.

776 Müller-Broich, NK-Telemediengesetz, 1. Auflage 2012, § 11 Rn. 5.

777 Martini, Der digitale Nachlass und die Herausforderung postmortalen Persönlichkeitsschutzes im Internet, JZ 2012, 1145, 1148, oben dargestellt unter Gliederungspunkt D. II. 1. d. bb. (2) (a) (bb).

eingeführt worden, um wirtschaftlich einheitliche Rahmenbedingungen zu schaffen und nicht um das Persönlichkeitsrecht des Einzelnen zu schützen.[778]

bb. Bedeutung für den digitalen Nachlass

Die Vorschriften des Telemediengesetzes sind mithin nur auf personenbezogene Daten (noch) lebender natürlicher Personen anwendbar. Die Daten eines verstorbenen Nutzers fallen demnach nicht mehr unter den Anwendungsbereich dieses Gesetzes. Somit kann das Fehlen einer Befugnisnorm für die Verwendung oder Weitergabe der Daten des Erblassers dem Eintritt der Erbfolge nach § 1922 Abs. 1 BGB nicht entgegenstehen. Das mangelnde Entgegenstehen der Regelungen des Telemediengesetzes gegenüber der grundsätzlichen Vererbbarkeit des digitalen Nachlasses ändert aber nichts an dem oben – im Rahmen der Prüfung des Telekommunikationsgesetzes – gefundenen Ergebnis. Eine Erlaubnisnorm für die Dienstanbieter zur Herausgabe der Daten fehlt.

b. Zwischenüberlegung

Ein solcher Erlaubnistatbestand läge aber im Übrigen auch nicht bei Anwendbarkeit des Telemediengesetzes vor: Relevant im Hinblick auf den digitalen Nachlass ist vor allem die Aussage des § 12 Abs. 3 TMG, wonach auch die Regelungen des Bundesdatenschutzgesetzes Anwendung finden sollen. Beachtlich ist aber in diesem Zusammenhang, dass dieser Verweis gerade keine Ausdehnung der Erlaubnistatbestände bewirken soll.[779] Die §§ 11 ff. TMG erlauben die Erhebung und Verwendung personenbezogener Daten nur in eng begrenzten Fällen, wie etwa für die „Rahmendaten" eines Vertragsverhältnisses, aufgrund dessen dann die einzelnen Telemedien genutzt werden können (§ 14 Abs. 1 TMG). Auskunft über diese Bestandsdaten – und über den Verweis in § 15 Abs. 5 TMG auch über die Nutzungsdaten – darf jedoch nur in den in § 14 Abs. 2 TMG benannten Fällen, also zur Gefahrenabwehr und zur Durchsetzung von Rechten am geistigen Eigentum, erteilt werden. Aus dieser Norm resultiert aber weder eine Verpflichtung noch eine Erlaubnis für die Dienstanbieter zur Überwachung und Beobachtung der Nutzer.[780] Zudem stellt § 14 Abs. 2 TMG keine eigene Anspruchsgrundlage dar, sondern drückt lediglich aus, dass ein Dienstanbieter einen bestehenden Auskunftsanspruch nicht aufgrund datenschutzrechtlicher Erwägungen zurückweisen darf.[781] Eine bloße Auskunftserteilung über das Bestehen oder Nicht-Bestehen von Vertragsverhältnissen des Erblassers gegenüber

---

778 Siehe dazu oben unter Gliederungspunkt E. II. 1. a. bb. m. w. N.

779 Siehe oben unter Gliederungspunkt E. II. 3. a. aa. (1) und bei Spindler/Schuster-Spindler/Nink, Recht der elektronischen Medien, 3. Auflage 2015, § 12 Rn. 8.

780 Spindler/Schuster-Spindler/Nink, Recht der elektronischen Medien, 3. Auflage 2015, § 14 Rn. 6.

781 BT-Drucks. 16/3078, S. 16, so auch zitiert bei: Spindler/Schuster-Spindler/Nink, Recht der elektronischen Medien, 3. Auflage 2015, § 14 Rn. 9.

den Erben oder Angehörigen fällt nicht unter diesen Tatbestand. Und selbst wenn, ergäbe sich daraus kein eigener Anspruch. Hinsichtlich des geistigen Eigentums sind allein Auskunftsansprüche denkbar aus den § 24b GebrMG, § 140b PatG, § 101 UrhG, § 19 MarkenG, § 37b SortSchG und § 46 GeschmMG.[782]

4. Regelungen des Bundesdatenschutzgesetzes

Entsprechend obiger Ausführung[783] ist das Bundesdatenschutzgesetz ein Auffanggesetz,[784] das jedoch auch neben dem Telekommunikationsgesetz eingeschränkt anwendbar ist; so gelten die §§ 1 bis 11, 34 bis 35 und 43 bis 44 BDSG auch dann, wenn der Anwendungsbereich des Telekommunikationsgesetzes eröffnet ist.[785]

a. Relevante Regelungsabschnitte – Regelungsgehalte

Im Folgenden wird daher besonderes Augenmerk auf diese Vorschriften gelegt, wobei auch nur die für den digitalen Nachlass (eventuell) relevanten Regelungen dargestellt werden.

aa. §§ 1 bis 11 BDSG – Allgemeine Vorschriften

Der 1. Abschnitt des Bundesdatenschutzgesetzes enthält in seinen §§ 1 bis 11 allgemeine und gemeinsame Bestimmungen. Während § 1 BDSG Regelungszweck und Anwendungsbereich bestimmt, legt § 2 BDSG fest, was unter öffentlichen und nichtöffentlichen Stellen zu verstehen ist. Hierauf wird unter Gliederungspunkt b. bei der Frage nach den Adressaten der Regelungen näher einzugehen sein. § 3 BDSG enthält sämtliche Begriffsbestimmungen, von denen die Definition personenbezogener Daten in Absatz 1 als „Einzelangaben über persönliche oder sachliche Verhältnisse einer bestimmten oder bestimmbaren natürlichen Person" des Betroffenen, im Rahmen dieser Bearbeitung bereits mehrfach erwähnt wurde. Auf die übrigen Definitionen wird im Zusammenhang mit der zugehörigen Verhaltensnorm zurückgegriffen.

In § 3 a BDSG werden die Grundprinzipien der Datenvermeidung und der Datensparsamkeit festgelegt, wonach die Erhebung, die Verarbeitung und die Nutzung personenbezogener Daten sowie die Auswahl und die Gestaltung der Datenverarbeitungssysteme an dem Ziel auszurichten sind, möglichst wenig personenbezogene Daten zu erheben, zu nutzen oder zu verarbeiten.[786] Nach Satz 2 sind die

---

782 Siehe Aufzählung auch bei: Spindler/Schuster-Spindler/Nink, Recht der elektronischen Medien, 3. Auflage 2015, § 14 Rn. 9.

783 Siehe oben unter Gliederungspunkt E. II. 1. b. aa.

784 Gola/Schomerus-Gola/Klug/Körffer, BDSG, 12. Auflage 2015, § 1 Rn. 23.

785 Säcker-Klesczewski, Telekommunikationsgesetz, 3. Auflage 2013, § 91 Rn. 16, 17; Taeger/Gabel-Munz, BDSG, 2. Auflage 2013, Teil 3: Kommentierung TKG (Auszug), § 91 TKG Rn. 4.

786 § 3 a BDSG in der Fassung vom 01.09.2009.

personenbezogenen Daten – soweit der Verwendungszweck dies zulässt und keinen im Verhältnis zum Schutzzweck unverhältnismäßigen Aufwand produziert – zu anonymisieren oder pseudonymisieren.

§ 4 BDSG sieht vor, dass die Erhebung, die Verarbeitung und die Nutzung der personenbezogenen Daten nur dann zulässig sind, wenn dies im Bundesdatenschutzgesetz oder in einer anderen Rechtsvorschrift erlaubt oder angeordnet ist oder wenn der Betroffene selbst eingewilligt hat. Die Erhebung der personenbezogenen Daten muss beim Betroffenen stattfinden (§ 4 Abs. 2 S. 1 BDSG), sie darf aber ohne seine Mitwirkung nur stattfinden (Abs. 2 S. 2), wenn die Erhebung von einer Rechtsvorschrift vorgesehen oder zwingend vorausgesetzt wird (Nr. 1) oder wenn die Erhebung bei einer anderen Person oder Stelle zur Erfüllung der Verwaltungsaufgabe erforderlich ist (Nr. 2 lit. a) oder wenn ein unverhältnismäßiger Aufwand erforderlich wäre, um die Daten beim Betroffenen zu erheben (Nr. 2 lit. b). Hierbei darf jedoch kein Anhaltspunkt dafür vorliegen, dass eine Beeinträchtigung überwiegender schutzwürdiger Interessen des Nutzers erfolgt (Abs. 2 S. 2 Nr. 2 letzter HS.). Der Absatz 3 des § 4 BDSG enthält Anordnungen darüber, wann und in welcher Weise der Nutzer von der Erhebung seiner Daten zu unterrichten ist.

Die Einwilligung des Betroffenen ist nach § 4 a Abs. 1 S. 1 BDSG nur wirksam, wenn ihr die freie Entscheidung des Nutzers zugrunde liegt. Der Nutzer muss ferner auf den beabsichtigten Erhebungs-, Verarbeitungs- und Nutzungszweck und – falls erforderlich oder verlangt – auf mögliche Folgen der Verweigerung hingewiesen werden, § 4 a Abs. 1 S. 2 BDSG. Die Einwilligung muss gemäß § 4 a Abs. 1 S. 3 BDSG schriftlich erfolgen, soweit nicht eine andere Form angemessen ist. Bei der Erhebung, Verarbeitung oder Nutzung besonderer personenbezogener Daten muss die Einwilligung nach § 4 a Abs. 3 BDSG diese Daten ausdrücklich erfassen. Besondere Arten der personenbezogenen Daten sind nach der Legaldefinition in § 3 Abs. 9 BDSG Angaben über die ethnische und rassische Herkunft, politische Meinungen, die religiöse oder philosophische Überzeugung, die Gewerkschaftszugehörigkeit, die Gesundheit oder das Sexualleben. In § 4 b BDSG wird die Übermittlung der personenbezogenen Daten in das Ausland oder an über- und zwischenstaatliche Stellen geregelt. Die Übermittlung an andere Stellen als die in § 4b Abs. 1 benannten ist ausnahmsweise nach § 4 c BDSG bei der Erfüllung bestimmter Voraussetzungen zulässig. Die beschäftigten Personen, die mit der Datenverarbeitung betraut sind, dürfen personenbezogene Daten nach § 5 S. 1 BDSG nicht unbefugt erheben, verarbeiten oder nutzen, wobei dieses Datengeheimnis nach Satz 2 auch über die Beendigung der Tätigkeit hinaus gilt.

Über die Rechte des Betroffenen gibt § 6 BDSG einen Überblick. Demnach hat der Betroffene ein Auskunftsrecht gemäß den §§ 19 und 34 BDSG, § 6 Abs. 1 S. 1 BDSG und ein Recht auf die Berichtigung, Sperrung oder Löschung seiner Daten nach den §§ 20 und 35 BDSG. Ein Ausschluss oder die Beschränkung dieser Rechte durch Rechtsgeschäft ist gemäß § 6 Abs. 1 BDSG nicht möglich. Wenn verschiedene Stellen bei einer automatisierten Speicherung zur Speicherung der Daten berechtigt sind und der Betroffene nicht erkennen kann, bei welcher Stelle seine Daten gespeichert sind, so ist er nach § 6 Abs. 2 S. 1 BDSG berechtigt, sich an jede einzelne dieser

Stellen zu wenden, die wiederum verpflichtet sind, das Verlangen des Betroffenen an die richtige Stelle weiterzuleiten (Satz 2).

bb. §§ 34 bis 35 BDSG – Rechte des Betroffenen

Die §§ 34 und 35 BDSG stehen im zweiten Unterabschnitt des dritten Abschnitts, der die Rechte des Betroffenen regelt. Nach § 34 Abs. 1 S. 1 BDSG kann der Betroffene Auskunft verlangen über die Daten, die zu seiner Person gespeichert sind, und deren Herkunft (Nr. 1), über die Empfänger weitergegebener Daten (Nr. 2) und den Speicherungszweck (Nr. 3). Nach Absatz 1 Satz 4 der Norm ist es möglich, die Auskunft über Herkunft und weitere Empfänger der Daten zu verweigern, soweit das Informationsinteresse des Betroffenen dem Interesse der betreffenden Stelle an der Wahrung ihres Geschäftsgeheimnisses unterliegt. Die Auskunft ist nach Absatz 6 grundsätzlich in Textform zu erteilen und nach Absatz 8 Satz 1 unentgeltlich. Unter bestimmten Voraussetzungen darf nach Absatz 8 auch ein Entgelt erhoben werden.

Personenbezogene Daten müssen nach § 35 Abs. 1 S. 1 BDSG berichtigt werden, wenn sie nicht richtig sind. Werden Daten nur geschätzt, muss dies nach Satz 2 gekennzeichnet werden. Wenn keine gesetzlichen, satzungsmäßigen oder vertraglichen Aufbewahrungsfristen (siehe Absatz 3 Nr. 1) und kein schützenswertes Interesse des Betroffenen (siehe Absatz 3 Nr. 2) entgegenstehen, können personenbezogene Daten gemäß § 35 Abs. 2 S. 1 BDSG jederzeit gelöscht werden. Die Daten müssen nach § 35 Abs. 2 S. 2 BDSG gelöscht werden bei einer unzulässigen Speicherung (Nr. 1), wenn die Daten die ethnische oder rassische Herkunft, die politische Meinung, die religiöse oder die philosophische Überzeugung, die Gewerkschaftszugehörigkeit, die Gesundheit, das Sexualleben, eine strafbare Handlung oder eine Ordnungswidrigkeit betreffen und die verantwortliche Stelle die Richtigkeit nicht beweisen kann (Nr. 2). Ferner sind sie zu löschen bei der Verarbeitung für eigene Zwecke, nachdem die Kenntnis der Daten für die Zweckerfüllung und damit für die Speicherung nicht mehr notwendig ist (Nr. 3). Zu löschen sind sie auch, wenn eine geschäftsmäßige Verarbeitung zum Zweck der Übermittlung erfolgt und eine Prüfung am Ende des dritten – wenn der Sachverhalt erledigt ist und der Betroffene keinen Widerspruch gegen die Löschung erhebt – bzw. vierten Kalenderjahres ab dem Kalenderjahr nach der erstmaligen Speicherung ergibt, dass es nicht erforderlich ist, die Daten länger zu speichern (Nr. 4). Bei Vorliegen gesetzlicher, satzungsmäßiger oder vertraglicher Aufbewahrungsfristen (Nr. 1), bei der Möglichkeit der Beeinträchtigung eines schützenswerten Interesses des Betroffenen (Nr. 2) und wenn die Löschung wegen einer besonderen Speicherungsart nur mit unverhältnismäßig großem Aufwand oder gar nicht möglich ist (Nr. 3), können die Daten gesperrt, statt gelöscht werden, § 35 Abs. 3 BDSG. Ohne die Einwilligung des Betroffenen dürfen gesperrte Daten gemäß § 35 Abs. 8 BDSG nur genutzt oder übermittelt werden, wenn dies für wissenschaftliche Zwecke oder um eine Beweisnot zu beheben oder aus sonstigen Gründen, die im überwiegenden Interesse der betreffenden Stelle oder eines Dritten liegen, unerlässlich ist (Nr. 1) und wenn die Daten hierzu genutzt oder übermittelt werden dürften, wenn keine Sperrung vorläge (Nr. 2).

cc. §§ 43 bis 44 BDSG – Rechtsfolgen bei Verstößen

Der fünfte Abschnitt des Bundesdatenschutzgesetzes enthält laut Überschrift Schlussvorschriften. Die §§ 43 und 44 sind dabei die Bußgeld- und Strafvorschriften, die sämtliche Verstöße gegen die Verhaltenspflichten aus dem Bundesdatenschutzgesetz sanktionieren.

b. Adressaten der Norm

Das Bundesdatenschutzgesetz gilt gemäß § 1 Abs. 2 BDSG für die Datenerhebung, -verarbeitung und -nutzung durch die öffentlichen Stellen des Bundes (Nr. 1), die öffentlichen Stellen der Länder nach Nr. 2, insoweit keine landesrechtlichen Datenschutzregelungen vorliegen und soweit die Stellen der Länder Bundesrecht ausführen (lit. a) oder soweit es um Verwaltungsangelegenheiten geht und die Stellen als Organ der Rechtspflege tätig werden (lit. b). Unter die öffentlichen Stellen des Bundes fallen nach der Legaldefinition in § 2 Abs. 1 S. 1 BDSG die Behörden, Organe der Rechtspflege und die anderen öffentlich-rechtlich organisierten Einrichtungen des Bundes, die Einrichtungen der bundesunmittelbaren Körperschaften, die Anstalten und die Stiftungen des öffentlichen Rechts und deren Vereinigungen ungeachtet der Rechtsform. Auch die Unternehmen, die durch Gesetz aus dem Sondervermögen der Deutschen Bundespost hervorgegangen sind, gelten nach Satz 2 als öffentliche Stellen, soweit diesen ein ausschließliches Recht gemäß dem Postgesetz zusteht. Die öffentlichen Stellen der Länder sind gemäß § 2 Abs. 2 BDSG Behörden, Organe der Rechtspflege sowie die anderen öffentlich-rechtlich organisierten Einrichtungen eines Landes, von Gemeinden, von Gemeindeverbänden und von sonstigen der Landesaufsicht unterstehenden juristischen Personen des öffentlichen Rechts und deren Vereinigungen ungeachtet der Rechtsform. Auch nichtöffentliche Stellen sind Adressaten nach § 1 Abs. 2 Nr. 3 BDSG, soweit die Daten bei ihnen unter Einsatz von Datenverarbeitungsanlagen verarbeitet, genutzt oder dafür erhoben werden oder soweit die Daten aus oder in nicht automatisierten Dateien verarbeitet, genutzt oder dafür erhoben werden, außer die Erhebung, Nutzung oder Verarbeitung erfolgt ausschließlich für familiäre oder persönliche Tätigkeiten. Unter nichtöffentlichen Stellen sind gemäß der Legaldefinition in § 2 Abs. 4 S. 1 BDSG natürliche und juristische Personen zu verstehen, ebenso wie Gesellschaften und andere privatrechtliche Personenvereinigungen, soweit diese nicht den Absätzen 1 bis 3 unterfallen. Wenn eine nichtöffentliche Stelle die hoheitlichen Aufgaben der öffentlichen Verwaltung wahrnimmt, ist sie gemäß § 2 Abs. 4 S. 2 BDSG insoweit als öffentliche Stelle zu behandeln.

c. *Schutzgehalt des BDSG*

Es wird vertreten, dass natürliche Personen nach diesem Gesetz nur lebende Personen sind.[787] *Die Daten von Verstorbenen* seien demnach vom Schutz des Bundesdatenschutzgesetzes nicht umfasst. Das Gesetz gehe von dem Betroffenen als handelnder und damit als lebender Person aus. Dies ergebe sich bereits aus den Mitwirkungs- und Kontrollpflichten des Betroffenen.[788] Nach der oben dargestellten[789] Gegenansicht von Martini setzen die Begriffe „natürliche Person" und „personenbezogene Daten" jedoch nur voraus, dass zwischen den Daten und einem lebenden Menschen im Zeitpunkt der Entstehung der Daten eine Beziehung bestanden habe.[790] Daten, die sich einmal auf eine (noch) lebende Person bezogen hätten, blieben auch nach deren Tod personenbezogen. Adressat bleibe weiterhin ein bestimmter Mensch als Betroffener.

Die Einordnung eines Toten als Adressat einer Rechtsnorm erscheint aber befremdlich. Auch das Argument, dass die Persönlichkeitsentfaltung des Nutzers zu Lebzeiten gefährdet sei, wenn die Daten des Verstorbenen nicht geschützt würden,[791] überzeugt nicht. Es erscheint nicht naheliegend, dass der Erblasser zu Lebzeiten nicht den Mut haben soll, sich offen zu äußern, weil dies nach seinem Tod bekannt werden könne. Daher sind die Daten Verstorbener nicht von den Verhaltensvorschriften und dem Schutzbereich des Bundesdatenschutzgesetzes umfasst.

d. *Bedeutung für den digitalen Nachlass*

Damit sind auch die Regelungen des Bundesdatenschutzgesetzes auf den digitalen Nachlass nicht anwendbar.[792] Im Umkehrschluss bedeutet dies, dass das Fehlen einer Erlaubnisnorm im Bundesdatenschutzgesetz für die Weitergabe personenbezogener Daten im Rahmen des digitalen Nachlasses für sich nicht schädlich ist. Sind die Daten des Verstorbenen nicht vom Bundesdatenschutzgesetz erfasst, kann das

787 Gola/Schomerus-Gola/Klug/Körffer, BDSG, 12. Auflage 2015, § 3 Rn. 12.

788 Gola/Schomerus-Gola/Klug/Körffer, BDSG, 12. Auflage 2015, § 3 Rn. 12; unter Verweis auf a.A. Bergmann/Möhrle/Herb, Datenschutzrecht, Band 1, Grundwerk-Stand: 19. EGL, Juni 1999, Stand: 10. EGL Februar 1991, § 3 Rn. 4 ff. (Insbesondere Rn. 5 f., worin es heißt, dass die personenbezogenen Daten Verstorbener zumindest für eine Übergangszeit und die personenbezogenen Daten des Embryos und des *nasciturus* geschützt seien.).

789 Siehe oben unter Gliederungspunkt D. II. 1. d. bb. (2) (a) (bb) und kurz angesprochen im Rahmen des TMG unter Gliederungspunkt E. II. 3. A. aa. (2).

790 Martini, Der digitale Nachlass und die Herausforderung postmortalen Persönlichkeitsschutzes im Internet, JZ 2012, 1145, 1148.

791 Martini, Der digitale Nachlass und die Herausforderung postmortalen Persönlichkeitsschutzes im Internet, JZ 2012, 1145, 1149.

792 Gleiche Beurteilung siehe nur bei: Brinkert/Stolze/Heidrich, Der Tod und das soziale Netzwerk, Digitaler Nachlass in Theorie und Praxis, ZD 2013, 153, 155, oben dargestellt unter Gliederungspunkt D. I. 3. d. cc.

Fehlen einer solchen Norm der Weitergabe dieser Daten schließlich nicht aktiv entgegenstehen.

5. Zwischenergebnis für die datenschutzrechtlichen Regelungen

Im Ergebnis ist damit festzuhalten, dass sowohl das Telemedien- als auch das Bundesdatenschutzgesetz obiger Prüfung zufolge auf den digitalen Nachlass nicht anwendbar sind. Das Fehlen einer Befugnisnorm in diesen Gesetzen ist damit unschädlich für eine Vererbung des digitalen Nachlasses nach § 1922 Abs. 1 BGB. Es bleibt aber das Fehlen eines entsprechenden Erlaubnistatbestands im – anwendbaren – Telekommunikationsgesetz, der es den Dienstleistern gestattet, personenbezogene Daten von Nutzern an Dritte oder explizit an die Erben eines Nutzers herauszugeben.[793] Auch die Überlegung, ob die Erben überhaupt als Dritte zu qualifizieren sind oder ob sie nicht – aufgrund der Gesamtrechtsnachfolge – in die Position des Erblassers eintreten und damit wie der Nutzer selbst zu behandeln sind,[794] führt nicht weiter. Die Herausgabe von Daten an den Nutzer selbst ist schließlich auch nicht explizit vorgesehen, so dass ein anderer Zweck der Verwendung vorliegt. Wie Mayen in der DAV-Stellungnahme zutreffend bemerkt hat, stellt auch der § 1922 Abs. 1 BGB selbst keinen solchen Erlaubnistatbestand dar, da er sich bereits nicht ausdrücklich auf Telekommunikationsvorgänge bezieht.[795] Die Dienstanbieter können damit die Daten des Erblassers nicht an dessen Erben herausgeben, ohne gegen geltendes (einfachgesetzliches) Recht zu verstoßen.

---

793 Siehe auch Einschätzung bei: Mayen in: DAV-Stellungnahme Nr.: 34/2013, S. 81–83, abrufbar unter: http://anwaltverein.de/files/anwaltverein.de/downloads/newsroom/stellungnahmen/2013/SN-DAV34-13.pdf, zuletzt besucht am: 16.10.2015 (Der zuerst einen Eingriff in die Grundrechte der Nutzer bejaht und sodann auf den Seiten 78 und 79 die Notwendigkeit für eine gesetzliche Ermächtigung für einen Eingriff eines privaten Providers direkt aus der Verfassung ableitet. Äußerst vorsorglich führt er dann aus, dass sich die Notwendigkeit für eine gesetzliche Gestattung spätestens aus dem einfachgesetzlichen § 88 Abs. 3 S. 1 und S. 3 TKG ergebe.).

794 Siehe oben unter Gliederungspunkt: E. II. 2. b. bb.

795 Mayen in: DAV-Stellungnahme Nr.: 34/2013, S. 81, abrufbar unter: http://anwaltverein.de/files/anwaltverein.de/downloads/newsroom/stellungnahmen/2013/SN-DAV34-13.pdf, zuletzt besucht am: 16.10.2015.

F. Kein Entgegenstehen des Verfassungsrechts

Die entscheidende Frage ist nun, ob das Verfassungsrecht, insbesondere ob die Grundrechte des Erblassers oder die Grundrechte Dritter aus Art. 10 GG und aus dem allgemeinen Persönlichkeitsrecht aus Art. 2 Abs. 1, Art. 1 Abs. 1 GG dem gefundenen Ergebnis – dass der digitale Nachlass im Wege der Universalsukzession vererbt wird – entgegenstehen. Der folgende Teil der Arbeit wird zu dem Ergebnis kommen, dass diese Frage zu verneinen ist und eine Vererbbarkeit des digitalen Nachlasses nach § 1922 Abs. 1 BGB im Einklang mit der Verfassung steht.

I. Fernmeldegeheimnis aus Art. 10 GG

1. Grundrechtsbindung der Internetprovider – Grundrechtsadressaten

Zunächst ist zu klären, ob die – meist privaten – Dienstleister und Kommunikationsübermittler überhaupt an die Grundrechte gebunden und von diesen verpflichtet sind. Schließlich stellen Grundrechte klassische Abwehrrechte des Bürgers gegen den Staat dar.[796] Der Staat wird aber aus Art. 10 GG verpflichtet, für den Schutz der Vertraulichkeit des Fernmeldeverkehrs zu sorgen und diesen vor Übergriffen Dritter zu schützen.[797] Zu den Privaten zählen dabei insbesondere private Übermittlungseinrichtungen,[798] jedoch nicht die Kommunikationspartner untereinander.[799] Selbst wenn aber eine Grundrechtsbindung der privaten Dienstleister abgelehnt wird,[800] dürfte der Staat also aufgrund seiner Schutzpflicht aus Art. 10 GG nicht sehenden Auges zulassen, dass Grundrechtsverletzungen (etwa aufgrund mangelnder gesetzlicher

796 Vergleiche nur: Pieroth/Schlink/Kingreen/Poscher, Grundrechte Staatsrecht II, 30. Auflage 2014, Rn. 76: „Status negativus".

797 BVerfGE 106, 28, 37; Dreier-Hermes, GG, Band I, 3. Auflage 2013, Art. 10 Rn. 92.

798 BVerfGE 106, 28, 37 (Worin explizit von Privaten betriebene Telekommunikationsanlagen benannt werden.).

799 BVerfGE 106, 28, 37 (Worin es heißt, dass nicht das Vertrauen der beteiligten Kommunikationspartner zueinander geschützt werde. Risiken, die in den Umständen aus dem Verantwortungs- und Einflussbereich eines Kommunikationsteilnehmers begründet seien, seien nicht vom Schutzbereich erfasst.).

800 Siehe Argumentation für eine gesteigerte Grundrechtsbindung privater Internet-Provider von: Mayen in: DAV-Stellungnahme Nr.: 34/2013, S. 67–71, abrufbar unter: http://anwaltverein.de/files/anwaltverein.de/downloads/newsroom/stellungnahmen/2013/SN-DAV34-13.pdf, zuletzt besucht am: 16.10.2015, unter Verweis auf: BVerfGE 128, 226, 249 f., oben dargestellt unter Gliederungspunkt D. II. 2. d. aa. (1).

Regelungen) durch private Dienstleister erfolgen.[801] Die Ausgestaltung dieses Einschreitens wäre dann wiederum an die Frage der Grundrechtsbindung geknüpft. Die Bearbeitung wird aber zu dem Ergebnis kommen, dass die Grundrechte des Erblassers und der Kommunikationspartner nicht verletzt werden.

2. Art. 10 GG als lex specialis

Das Brief-, Post- und Fernmeldegeheimnis aus Art. 10 GG stellt eine lex specialis gegenüber dem Recht auf allgemeine Handlungsfreiheit aus Art. 2 Abs. 1 GG[802] und dem allgemeinen Persönlichkeitsrecht – auch in Form des Rechts auf informationelle Selbstbestimmung –[803] dar. Beachtlich ist aber, dass nur „Vorgänge" in den Schutzbereich des Art. 10 GG fallen und der vorrangige Schutz daher nur für solche und nicht für auf Computern vorhandene Bestände gilt;[804] für diese gilt dagegen das Recht informationstechnischer Systeme.[805]

3. Sinn und Zweck des Art. 10 GG (Teleologische Herleitung)

a. Schutz der kommunikativen Privatheit

Art. 10 GG hängt mit dem grundrechtlichen Schutz der Privatsphäre zusammen.[806] Die Privatsphäre setzt dabei nicht notwendigerweise das Alleinsein des Rechtsträgers und damit den Ausschluss Dritter voraus.[807] Zahlreiche Grundrechtsgarantien gehen dagegen von der Existenz einer sogenannten „kommunikativen Privatheit" aus.[808] Die Grundlage der kommunikativen Privatheit findet sich in der Teilhabe

---

801 Vergleiche dazu nur Martini, Der digitale Nachlass und die Herausforderung postmortalen Persönlichkeitsschutzes im Internet, JZ 2012, 1145, 1151 (demzufolge der Persönlichkeitsschutz im Rahmen digitaler Kommunikation Ausfluss der sich aus Art. 10 Abs. 1 GG ergebenden Schutzpflicht sein kann).

802 BVerfGE 67, 157, 171; 110, 33, 53.

803 BVerfGE 115, 166, 188, 189; 124, 43, 56.

804 Jarass/Pieroth, GG, 13. Auflage 2014, Art. 10 Rn. 2.

805 Jarass/Pieroth, GG, 13. Auflage 2014, Art. 2 Rn. 37; unter Verweis auf: BVerfGE 120, 274, 303 (und 304).

806 Vergleiche BVerfGE 67, 157, 171 (worin es heißt, dass Art. 10 GG die freie Persönlichkeitsentfaltung garantiere, indem es den privaten, vor der Öffentlichkeit verborgenen Gedanken-, Meinungs- und Nachrichtenaustausch gewährleiste und damit die Würde des freiheitlich handelnden und denkenden Menschen wahre);von Mangoldt/Klein/Starck-Gusy, Kommentar zum Grundgesetz, Band 1, 6. Auflage 2010, Art. 10 Rn. 24 (demzufolge der Schutzzweck des Grundrechts in der Anerkennung der formellen Privatsphäre liegt).

807 Von Mangoldt/Klein/Starck-Gusy, Kommentar zum Grundgesetz, Band 1, 6. Auflage 2010, Art. 10 Rn. 15.

808 Von Mangoldt/Klein/Starck-Gusy, Kommentar zum Grundgesetz, Band 1, 6. Auflage 2010, Art. 10 Rn. 15; unter Verweis auf u. a.: Dreier-Hermes, GG, Band I, (3. Auflage 2013), Art. 10 Rn. 17 (Der ausführt, mehrere Kommunikationsteilnehmer

von mehreren Personen an einer als „privat“ zu kennzeichnenden Handlung oder Sphäre unter gleichzeitiger Abgrenzung solcher Personen, die nicht in diese Privatheit einbezogen sind.[809] Die Privatsphäre setzt damit nicht die Abwesenheit Dritter voraus, sondern zeichnet sich durch die Unterscheidung der verschiedenen Kommunikationsarten, also der „öffentlichen“ und der „privaten“ aus.[810] Privatheit wird dann begründet, wenn sich die Regeln für die Beteiligung von einzelnen Personen an der privaten Kommunikation von denen für die Beteiligung von einzelnen Personen an einer öffentlichen Kommunikation unterscheiden.[811] Unter den Beteiligten innerhalb der Privatsphäre gelten dann andere Regeln als gegenüber sich außerhalb der Privatsphäre befindenden Dritten; Nur weil eine Person etwas privat preisgibt, folgt daraus nicht auch notwendigerweise eine Preisgabe in der Öffentlichkeit.[812] Es ist auch nicht inkonsequent, dass sich eine Person privat anders verhält als in der Öffentlichkeit, folglich dürfen sich Außenstehende nicht auf die gleichen Regeln berufen wie die zu der Privatsphäre zugelassenen Personen.[813] Der Prototyp der kommunikativen Privatheit ist daher die Betätigung derselben unter Anwesenden, das heißt möglichst bei gleichzeitiger Präsenz aller Beteiligten an dem gleichen Ort.[814] Bei persönlicher Anwesenheit können die Gesprächseilnehmer selbst über die Privatheit des Gesprächs und über Ort und Zeit des Kontakts disponieren, sie können auch frei entscheiden, ob sie den Kontakt in Anwesenheit eines Dritten – und welches Dritten – führen und ob sie einem Dritten ermöglichen wollen, die Tatsachen oder den Inhalt der Kommunikation wahrzunehmen.[815] Die Post- und Fernmeldekommunikation schafft dabei die technische Ausweitung der Möglichkeit der privaten Kommunikation unter Abwesenden.[816] Zugleich wird dabei aber auch eine neue Form der Entprivatisierung geschaffen, weil mit der Notwendigkeit

---

würden „zuammengespannt“ – entgegen der von Gusy zitierten „Grundrechtsgemeinschaft“).

809 Von Mangoldt/Klein/Starck-Gusy, Kommentar zum Grundgesetz, Band 1, 6. Auflage 2010, Art. 10 Rn. 15.

810 Von Mangoldt/Klein/Starck-Gusy, Kommentar zum Grundgesetz, Band 1, 6. Auflage 2010, Art. 10 Rn. 15.

811 Von Mangoldt/Klein/Starck-Gusy, Kommentar zum Grundgesetz, Band 1, 6. Auflage 2010, Art. 10 Rn. 15.

812 Von Mangoldt/Klein/Starck-Gusy, Kommentar zum Grundgesetz, Band 1, 6. Auflage 2010, Art. 10 Rn. 15.

813 Von Mangoldt/Klein/Starck-Gusy, Kommentar zum Grundgesetz, Band 1, 6. Auflage 2010, Art. 10 Rn. 15.

814 Von Mangoldt/Klein/Starck-Gusy, Kommentar zum Grundgesetz, Band 1, 6. Auflage 2010, Art. 10 Rn. 17.

815 Von Mangoldt/Klein/Starck-Gusy, Kommentar zum Grundgesetz, Band 1, 6. Auflage 2010, Art. 10 Rn. 17.

816 Dreier-Hermes, GG, Band I, 3. Auflage 2013, Art. 10 Rn. 15 unter Verweis auf: BVerfGE 85, 386, 396.

der Einschaltung eines Post- oder Telekommunikationsunternehmens die technische Möglichkeit der Kenntnisnahme des Unternehmens von dem Stattfinden und eventuell auch dem Inhalt des Kontakts begründet wird.[817] Soweit die technischen Möglichkeiten gegeben sind, ist aber auch ein unbemerkter Zugriff auf das Kommunikationsmedium durch Dritte denkbar, was eine weitere Entprivatisierung bewirkt.[818] Die Kommunikationsbeteiligten hingegen verlieren aufgrund der räumlichen Distanz zu den anderen Kommunikationsbeteiligten und zu dem Unternehmen die Möglichkeit, die Wahrung der Privatheitsbedingungen selbst zu kontrollieren.[819] Die Rechtsordnung hat mit dem Post- und Fernmeldegeheimnis auf diese technischen Gefährdungen der privaten Kommunikation reagiert, indem neue Formen der Privatheit anerkannt und geschützt werden.[820] Rechtlich wird damit die Privatsphäre in einer neuen Dimension, in Form der „Privatheit auf Distanz", geschützt.[821] Art. 10 GG nimmt damit eine Kompensationsfunktion ein und schafft den rechtlichen Ausgleich für den durch die Technik bedingten Privatheitsverlust.[822] Das Grundrecht aus Art. 10 GG soll also eine Kongruenz zwischen den durch die Technik eröffneten Möglichkeiten neuer Privatheits-Formen und dem rechtlichen Schutz der neuen Sphären herstellen.[823]

b. Dynamischer Schutzbereich

Mit der Zunahme an verschiedenen Kommunikationsmöglichkeiten werden an die Herstellung und Aufrechterhaltung der Privatheit dieser Kommunikationen ganz neue Herausforderungen gestellt.[824] Die Verfügbarkeit von Daten sowie deren Nutzungen stiegen in gleicher Weise wie die Anzahl der Netzbetreiber und Dienstanbieter und der Zugriffs- und Nutzungsmöglichkeiten befugter und unbefugter Dritter. Daher ist der in Absatz 1 des Art. 10 GG normierte Grundrechtsschutzbereich dynamisch zu

---

817 Von Mangoldt/Klein/Starck-Gusy, Kommentar zum Grundgesetz, Band 1, 6. Auflage 2010, Art. 10 Rn. 18.
818 Von Mangoldt/Klein/Starck-Gusy, Kommentar zum Grundgesetz, Band 1, 6. Auflage 2010, Art. 10 Rn. 18.
819 Von Mangoldt/Klein/Starck-Gusy, Kommentar zum Grundgesetz, Band 1, 6. Auflage 2010, Art. 10 Rn. 18.
820 Von Mangoldt/Klein/Starck-Gusy, Kommentar zum Grundgesetz, Band 1, 6. Auflage 2010, Art. 10 Rn. 19.
821 Von Mangoldt/Klein/Starck-Gusy, Kommentar zum Grundgesetz, Band 1, 6. Auflage 2010, Art. 10 Rn. 19.
822 Von Mangoldt/Klein/Starck-Gusy, Kommentar zum Grundgesetz, Band 1, 6. Auflage 2010, Art. 10 Rn. 19.
823 Von Mangoldt/Klein/Starck-Gusy, Kommentar zum Grundgesetz, Band 1, 6. Auflage 2010, Art. 10 Rn. 19.
824 Von Mangoldt/Klein/Starck-Gusy, Kommentar zum Grundgesetz, Band 1, 6. Auflage 2010, Art. 10 Rn. 23.

verstehen.[825] Vor allem ist der Schutzbereich nicht auf die Schutzobjekte festgelegt, die bei der Schaffung des Grundgesetzes als Fernmeldeverkehr und Brief verstanden worden sind.[826] Vielmehr ist Art. 10 GG prinzipiell dafür geeignet, neue technische Entwicklungen sachgerecht zu erfassen.[827] Aufgrund der geänderten Rahmenbedingungen erweist sich die sachgerechte Erfassung in technischer und rechtlicher Weise als schwierig, schließlich ist die ursprüngliche Konstellation als Abwehrrecht des Bürgers gegen den Staat einem polydimensionalen Gefährdungsszenario gewichen, im Rahmen dessen auch polydimensionale Schutzaufträge entstehen.[828] Wie das Grundrecht derzeit ausgelegt wird, stellt der folgende Absatz dar.

4. Schutzbereich

a. Sachlicher Schutzbereich

aa. Zum Übermittlungsvorgang

Der Schutz des Fernmeldegeheimnisses erstreckt sich auf „die unkörperliche Übermittlung von Informationen an individuelle Empfänger mit Hilfe des Telekommunikationsverkehrs“[829]. Aufgrund der Entwicklungsoffenheit des Grundrechts werden beliebige elektromagnetische, aber auch andere unkörperliche Übermittlungsformen, wie etwa durch Funk oder Kabel, mittels analoger oder digitaler Vermittlung oder durch akustische oder optische Signale erfasst.[830] Entscheidend ist nur, dass diese Zeichen an dem Empfangsort wieder neu erzeugt werden.[831] Im Einzelnen erfasst werden insbesondere der Telefon-, Telegramm-, Telefax- und der Fernschreibverkehr ebenso wie das Internet[832] und verbunden damit E-Mail[833] und SMS.[834] Der Schutz ist auch auf das Endgerät erstreckt, wenn es um eine grundrechtsspezifische Beeinträchtigung geht, wenn etwa die Leistung des Endgeräts mit dem Übermittlungsvorgang untrennbar verbunden ist.[835]

---

825 Von Mangoldt/Klein/Starck-Gusy, Kommentar zum Grundgesetz, Band 1, 6. Auflage 2010, Art. 10 Rn. 23; unter Verweis auf u.a.: Dreier-Hermes, GG, Band I, (3. Auflage 2013), Art. 10 Rn. 19 ff.

826 Von Mangoldt/Klein/Starck-Gusy, Kommentar zum Grundgesetz, Band 1, 6. Auflage 2010, Art. 10 Rn. 23.

827 Von Mangoldt/Klein/Starck-Gusy, Kommentar zum Grundgesetz, Band 1, 6. Auflage 2010, Art. 10 Rn. 23.

828 Von Mangoldt/Klein/Starck-Gusy, Kommentar zum Grundgesetz, Band 1, 6. Auflage 2010, Art. 10 Rn. 23.

829 BVerfGE 115, 166, 182; 124, 43, 54.

830 BVerfGE 106, 28, 36; 120, 274, 307; 124, 43, 54.

831 BVerfGE 46, 120, 143.

832 BVerfGE 120, 274, 307.

833 Stern/Becker-Schenke, Grundrechte-Kommentar, 1. Auflage 2010, Art. 10 Rn. 40; unter Verweis auf: BVerfGE 120, 274, 307; BVerfGE 113, 348, 383.

834 Jarass/Pieroth, GG, 13. Auflage 2014, Art. 10 Rn. 5.

835 BVerfGE 106, 28, 37 f.

Bei Abschluss des Übermittlungsvorgangs endet auch der Schutz aus Art. 10 GG, weswegen solche Verbindungsdaten nicht vom Schutzbereich umfasst werden, die bei einem Teilnehmer des Kommunikationsvorgangs gespeichert werden.[836] In den Schutzbereich fallen daher auch nicht die Informationen, die auf einer Empfängeranlage angekommen sind, wie eine E-Mail auf einem Computer des Empfängers.[837] Umfasst sein soll jedoch die Mailbox des Empfängers beim Provider und zwar selbst dann, wenn die E-Mails vom Empfänger bereits gelesen worden sind und er diese beim Povider endgespeichert hat.[838]

Beachtlich im Zusammenhang mit dem Schutzbereich des Art. 10 GG ist auch, dass sich dieser nur auf Übermittlungen erstreckt, die an einen individuellen Empfänger gerichtet sind, so dass an die Allgemeinheit gerichtete Übermittlungen ausscheiden.[839] Solche Inhalte des Internets, die an jedermann adressiert sind, sind daher nicht vom Schutzbereich umfasst, außer die Kommunikation ist passwortgeschützt.[840]

Ob die Übermittlung durch eine staatliche oder eine private Stelle erfolgt, soll dagegen – ebenso wie für das Post- und Briefgeheimnis anerkannt – unerheblich sein.[841] Ebenso ist es ohne Bedeutung, ob die Übermittlungseinrichtung für jedermann oder nur für bestimmte Personen zugänglich[842] und ob die Nutzung der Übermittlungseinrichtung rechtmäßig[843] ist. Räumlich erstreckt sich der Schutz (vor der deutschen Staatsgewalt) auch auf im Ausland stattfindende Kommunikationsvorgänge.[844] Fernmeldeverkehr, der im Ausland stattfindet, wird zumindest dann erfasst, wenn Aufzeichnung oder Auswertung im Inland erfolgen.[845]

---

836 BVerfGE 115, 166, 184.

837 BVerfGE 124, 43, 54.

838 BVerfGE 124, 43, 54 ff.; entgegen a. A.: Hoeren, Der Tod und das Internet – Rechtliche Fragen zur Verwendung von E-Mail- und WWW-Accounts nach dem Tod des Inhabers, NJW 2005, 2113, 2115.

839 Stern/Becker-Schenke, Grundrechte-Kommentar, 1. Auflage 2010, Art. 10 Rn. 24.

840 Von Mangoldt/Klein/Starck-Gusy, Kommentar zum Grundgesetz, Band 1, 6. Auflage 2010, Art. 10 Rn. 44.

841 Siehe nur: BVerfGE 107, 299, 313 (Zu entscheiden war ein Fall, in dem eine Grundrechtsbeeinträchtigung zwar nur vermittelt über ein privatrechtlich organisiertes Telekommunikationsunternehmen erfolgt ist, der Eingriff jedoch hoheitlich angeordnet worden war. Das Bundesverfassungsgericht hat entschieden, dass die Übermittlung der Daten auch der öffentlichen Gewalt zugerechnet werden muss); Dreier-Hermes, GG, Band I, 3. Auflage 2013, Art. 10 Rn. 34, 37.

842 Jarass/Pieroth, GG, 13. Auflage 2014, Art. 10 Rn. 8.

843 Jarass/Pieroth, GG, 13. Auflage 2014, Art. 10 Rn. 8, 10; unter Verweis auf u.a.: Dreier-Hermes, GG, Band I, 3. Auflage 2013, Art. 10 Rn. 27.

844 Jarass/Pieroth, GG, 13. Auflage 2014, Art. 10 Rn. 8, 10; vor allem hinsichtlich möglicher völkerrechtlicher Modifikationen unter Verweis auf u.a.: BVerfGE 100, 313, 363 (und 364).

845 BVerfGE 100, 313, 363 f.; weiteres Verständnis bei: Dreier-Hermes, GG, Band I, 3. Auflage 2013, Art. 10 Rn. 43 (Der auch ausländische Staatsangehörige schützen

bb. *Zu den Übermittlungsinhalten*

Geschützt wird von Art. 10 GG der Kommunikationsinhalt,[846] wobei unerheblich ist, welche Inhalte übermittelt worden sind[847] – etwa privat oder geschäftlich[848] – und ob es sich um Töne, sprachliche Inhalte, Bilder oder andere Daten handelt.[849] Ebenso fallen auch Informationen über Zeit, Ort und Art und Weise der Kommunikation in den Schutzbereich.[850] Dabei werden Daten über Kommunikationsteilnehmer,[851] über die Häufigkeit und Dauer,[852] über den Ort, an dem sich der Kommunikationsteilnehmer während der Kommunikation aufhält[853], und über die Kennung des verwendeten Endgeräts[854] erfasst. Im Gegensatz zu statischen werden dynamische IP-Adressen im Internet von Art. 10 Abs. 1 GG geschützt.[855]

b. *Persönlicher Schutzbereich*

Grundrechtsträger ist jedermann und damit jede natürliche Person, auch Minderjährige.[856] Geschützt werden aber auch privatrechtliche juristische Personen und Personenvereinigungen,[857] wenn sie als Kommunikationspartner – also als Absender oder festgelegter Empfänger – auftreten.[858] Die Einrichtung, die den

---

will, die, während sie sich nicht in der Bundesrepublik Deutschland aufhalten, Ziel einer Überwachung durch einen deutschen Nachrichtendienst werden.).

846 BVerfGE 113, 348, 364; Siehe auch: Von Mangoldt/Klein/Starck-Gusy, Kommentar zum Grundgesetz, Band 1, 6. Auflage 2010, Art. 10 Rn. 24, 58 („Schutz des Inhalts“).

847 BVerfGE 106, 28, 35 f.; Von Mangoldt/Klein/Starck-Gusy, Kommentar zum Grundgesetz, Band 1, 6. Auflage 2010, Art. 10 Rn. 24 (Wonach der Schutzbereich durch das benutzte Medium und nicht durch die Inhalte einer Mitteilung konstituiert werde.).

848 BVerfGE 67, 157, 172; 106, 28, 35 f.; 124, 43, 54.

849 Dreier-Hermes, GG, Band I, 3. Auflage 2013, Art. 10 Rn. 41; unter Verweis auf: BVerfGE 124, 43, 54.

850 BVerfGE 115, 166, 183.

851 BVerfGE 107, 299, 312 f.

852 BVerfGE 115, 166, 183.

853 Jarass/Pieroth, GG, 13. Auflage 2014, Art. 10 Rn. 9.

854 BVerfGE 107, 299, 313 (worin das Bundesverfassungsgericht von “Endeinrichtungen” spricht).

855 BVerfGE 130, 151, 181.

856 Jarass/Pieroth, GG, 13. Auflage 2014, Art. 10 Rn. 10.

857 BVerfGE 100, 313, 356 f. (worin einer Zeitungsverlegerin als juristischer Person der Schutz aus Art. 10 GG gemäß Art. 19 Abs. 3 GG zugesprochen wurde); 106, 28, 42, 43 (für juristische Personen); Siehe auch ausführliche Darstellung bei: Jarass/Pieroth, GG, 13. Auflage 2014, Art. 19 Rn. 15–20 m. w. N.

858 Von Mangoldt/Klein/Starck-Gusy, Kommentar zum Grundgesetz, Band 1, 6. Auflage 2010, Art. 10 Rn. 47; Stern/Becker-Schenke, Grundrechte-Kommentar, 1. Auflage 2010, Art. 10 Rn. 47 ff.

Kommunikationsvorgang übermittelt, also das Kommunikationsunternehmen, wird nicht von Art. 10 GG geschützt,[859] außer sie nimmt selbst eine von Art. 10 GG geschützte Kommunikation vor.[860] Der Schutzbereich umfasst jedoch keine ausländischen juristischen Personen[861] und keine juristischen Personen des öffentlichen Rechts.[862] Vereinigungen aus anderen EU-Staaten sollen aber im Anwendungsbereich EU-rechtlicher Vorschriften geschützt sein.[863] Geschützt sind ferner öffentlich-rechtliche Rundfunkanstalten.[864]

5. Eingriff in den Schutzbereich

a. Was ist erfasst?

Jede Kenntnisnahme, Verwertung und Aufzeichnung kommunikativer Daten, die durch einen Grundrechtsverpflichteten erfolgt, stellt einen Eingriff in das Grundrecht dar.[865] Auch die Anordnung solcher Maßnahmen[866] und die Ermöglichung dieser Maßnahmen durch Dritte stellen einen Eingriff dar.[867] Ebenso ist ein Eingriff bei der Speicherung von Daten[868] und bei dem auf die Kenntnisnahme folgenden Informations- und Datenverarbeitungsprozess[869] zu bejahen. Ein gegebenenfalls erneuter Eingriff liegt in der Weitergabe von Daten an Dritte und in der Weiterverwendung der Daten durch eine andere Behörde oder einen sonstigen Grundrechtsverpflichteten.[870] Die Maßnahme muss dabei mit der Übermittlung der Daten

---

859 Von Mangoldt/Klein/Starck-Gusy, Kommentar zum Grundgesetz, Band 1, 6. Auflage 2010, Art. 10 Rn. 49. Dreier-Hermes, GG, Band I, 3. Auflage 2013, Art. 10 Rn. 28.

860 Maunz/Dürig-Durner, GG, Stand: 57. EGL, Januar 2010, Art. 10 Rn. 104.

861 Von Mangoldt/Klein/Starck-Gusy, Kommentar zum Grundgesetz, Band 1, 6. Auflage 2010, Art. 10 Rn. 47; unter Verweis auf: Jarass/Pieroth, GG, 13. Auflage 2014, Art. 10 Rn. 10 und Art. 19 Rn. 22 f.

862 Jarass/Pieroth, GG, 13. Auflage 2014, Art. 10 Rn. 10 i. V. m. Art. 19 Rn. 24–26.

863 Jarass/Pieroth, GG, 13. Auflage 2014, Art. 10 Rn. 10 i. V. m. Art. 19 Rn. 23.

864 BVerfGE 107, 299, 309 f.; Jarass/Pieroth, GG, 13. Auflage 2014, Art. 10 Rn. 10 i. V. m. Art. 19 Rn. 28.

865 BVerfGE 124, 43, 58; 125, 260, 309 f.

866 BVerfGE 107, 299, 313 f.; 124, 43, 58.

867 BVerfGE 107, 299, 314 (wonach auch gerichtliche Entscheidungen in den Schutzbereich von Art. 10 GG eingreifen, die es Strafverfolgungsbehörden ermöglichen, sich durch das vorhandene Datenmaterial Kenntnis von den Kommunikationsumständen des Betroffenen zu verschaffen).

868 BVerfGE 100, 313, 366.

869 Vergleiche BVerfGE 100, 313, 359 (worin ausdrücklich gesagt wird, dass sich die Schutzwirkung auch auf den Datenverarbeitungsprozess beziehe); Maunz/Dürig-Durner, GG, Stand: 57. EGL, Januar 2010, Art. 10 Rn. 61.

870 BVerfGE 85, 386, 399 (worin eine Fortsetzung des Grundrechtseingriffs durch die Verwertung der Daten zu Beweiszwecken in einem gerichtlichen Verfahren angenommen wurde); so – mit Verweis auf dieses Urteil – auch: Dreier-Hermes, GG, Band I, 3. Auflage 2013, Art. 10 Rn. 54; BVerfGE 110, 33, 69; Von Mangoldt/Klein/

in Zusammenhang stehen,[871] wobei unerheblich sein soll, ob die Maßnahme betriebsbedingt – wie etwa bei der Öffnung unzustellbarer Sendungen oder der Untersuchung eines Telefonmissbrauchs – erfolge.[872]

b. Ausschluss eines Eingriffs durch Verzicht

Die Kommunikationspartner können im Einzelfall ihren Verzicht auf die Vertraulichkeit erklären, wobei der freiwillig erklärte Verzicht eine Grundrechtsbeeinträchtigung ausschließt.[873] Der Verzicht nur eines Kommunikationspartners ist jedoch nicht ausreichend.[874] Demnach wurde vom Bundesverfassungsgericht ein Grundrechtseingriff bejaht, als der Empfänger veranlasst hatte, dass der Übermittler eine Fangschaltung installiert hat.[875] Die Schutzwirkung aus Art. 10 GG greift jedoch nur bei Risiken, die durch die Übermittlung der Kommunikation durch Dritte entstehen, und nicht bei solchen, die vom Empfänger ausgehen.[876] Lässt ein Kommunikationspartner dagegen Dritte mithören, ist kein Eingriff in Art. 10 GG gegeben.[877]

c. Eingriffsqualitäten anhand des Beispiels der E-Mail

aa. Worin könnte ein Eingriff liegen?

(1) Keine Beeinflussung des Übermittlungsvorgangs

Die Vererbung des digitalen Nachlasses im Wege der Gesamtrechtsnachfolge gemäß § 1922 Abs. 1 BGB beeinflusst nicht den Kommunikations- und damit den Versendungsvorgang als solchen. Die Übermittlung der Nachricht erfolgt – unabhängig

---

Starck-Gusy, Kommentar zum Grundgesetz, Band 1, 6. Auflage 2010, Art. 10 Rn. 60 (der den Grundrechtsschutz auch auf die Weiterverarbeitung der Informationen durch staatliche Stellen bezieht), unter Verweis auf: BVerfGE 100, 313, 358 (auch 359).

871 Jarass/Pieroth, GG, 13. Auflage 2014, Art. 10 Rn. 12.

872 Jarass/Pieroth, GG, 13. Auflage 2014, Art. 10 Rn. 12; unter Verweis auf: Stern/Becker-Schenke, Grundrechte-Kommentar, 1. Auflage 2010, Art. 10 Rn. 59; Epping/Hillgruber-Baldus, Grundgesetz, 2. Auflage 2013, Art. 10 Rn. 26.

873 Jarass/Pieroth, GG, 13. Auflage 2014, Art. 10 Rn. 13; unter Verweis auf u. a.: BVerfGE 85, 386, 398.

874 BVerfGE 85, 386, 398; so – mit Verweis auf dieses Urteil – auch: Dreier-Hermes, GG, Band I, 3. Auflage 2013, Art. 10 Rn. 58.

875 BVerfGE 85, 386, 399.

876 BVerfGE 106, 28, 37.

877 BVerfGE 106, 28, 37 (worin ausdrücklich erwähnt wird, dass Art. 10 Abs. 1 GG nicht davor schütze, dass der Gesprächsteilnehmer einem Dritten eine Mithöreinrichtung bereitstelle); Jarass/Pieroth, GG, 13. Auflage 2014, Art. 10 Rn. 13; Stern/Becker-Schenke, Grundrechte-Kommentar, 1. Auflage 2010, Art. 10 Rn. 60; dagegen: Von Mangoldt/Klein/Starck-Gusy, Kommentar zum Grundgesetz, Band 1, 6. Auflage 2010, Art. 10 Rn. 48 (demzufolge der Auftraggeber aus seinem Recht, die Beteiligten selbst zu bestimmen, nicht auch das Recht ableiten kann, einen außenstehenden Dritten mithören zu lassen).

davon, ob der Empfänger noch lebt oder bereits verstorben ist – technisch in gleicher Weise. Nachrichten, die beim Erblasser bereits angekommen sind, von diesem gelesen und auf einem in seiner Sphäre befindlichen Datenträger gespeichert worden sind, werden nicht mehr vom Schutzbereich des Art. 10 GG umfasst.[878] Damit verbleiben in der Schutzsphäre des Art. 10 Abs. 1 GG nur solche Daten, die (noch) beim Service-Provider gespeichert sind, wie etwa noch nicht abgerufene oder bereits gelesene, aber dort belassene Nachrichten samt deren Sendedaten,[879] so dass vorliegend lediglich die Gewährung der Einsichtnahme in diese Daten einen Eingriff darstellen könnte.

(2) Zur-Verfügung-Stellung der beim Provider gespeicherten Daten

(a) Für den (noch lebenden) Nutzer

Inhalte und Sendedaten der gesendeten Nachricht werden dem (lebenden) Empfänger im Rahmen des E-Mail-Dienstes mitgeteilt. So erhält er neben dem Inhalt auch die Angaben über den Absender, die Uhrzeit und das Datum der gesendeten Nachricht. Dieser Vorgang ist jedoch im Hinblick auf das Fernmeldegeheimnis unbedenklich, da zum einen der Absender selbst die Versendung der Nachricht – in dem Bewusstsein des Mitgesendet-Werdens der restlichen Angaben – veranlasst hat. Weiterhin erhält auch der ausgewählte Empfänger diese Informationen. Die Erhebung der Daten ist ferner für die Vermittlung der Kommunikation erforderlich. Die Speicherung dieser Angaben im Postfach des Empfängers beim Provider des Dienstleisters kann damit auch keinen Eingriff darstellen, jedenfalls solange ausschließlich der vom Absender bestimmte Empfänger der Nachricht Zugriff auf das Postfach hat.

(b) Für die Erben

Fraglich ist, ob die Zur-Verfügung-Stellung dieser Daten für die Erben einen Grundrechtseingriff darstellt. Schließlich wird den Erben durch den Zugriff auf das Postfach des Verstorbenen zumindest Kenntnis von diesen Daten verschafft. Sie erhalten nicht nur Zugang zu den Inhalten der Nachrichten, sondern können auch anhand der gespeicherten Daten nachvollziehen, welche Kommunikationen der Erblasser wann mit wem geführt hat. Geschützt von Artikel 10 Abs. 1 GG

---

878 Siehe oben dargestellt unter Gliederungspunkt F. I. 4. a. aa., unter Verweis auf: BVerfGE 115, 166, 184; 124, 43, 54.; vergleiche entsprechende Darstellung schon bei: Martini, Der digitale Nachlass und die Herausforderung postmortalen Persönlichkeitsschutzes im Internet, JZ 2012, 1145, 1151 (der die Anwendbarkeit von Art. 10 GG für Kommunikationsinhalte und -umstände verneint, die, nachdem der Übertragungsvorgang abgeschlossen worden ist, im Herrschaftsbereich des Kommunikationsteilnehmers gespeichert werden).

879 Siehe oben dargestellt unter Gliederungspunkt F. I. 4. a. aa., unter Verweis auf u.a.: BVerfGE 124, 43, 54 ff.

werden alle Kommunikationspartner.[880] Neben dem Erblasser selbst ist damit auch der Absender als Kommunikationspartner geschützt.

bb. Keine Eingriffsqualität mangels Herausgabe der Daten an einen „Dritten"

Möglicherweise ist hier eine Konstellation gegeben, die mit dem Mithören-Lassen eines Dritten durch einen Kommunikationspartner[881] vergleichbar ist, sozusagen „posthumes Mitlesen-Lassen" der Nachrichten durch die Erben. Bei bereits gelesenen und weiterhin beim Provider gespeicherten E-Mails erscheint dieser Vergleichsschluss möglich. Bei noch nicht abgerufenen und damit noch nicht gelesenen E-Mails wird der Erbe aber die Nachricht anstelle des Erblassers lesen und nicht „mit" diesem gemeinsam. Bedeutend ist aber, dass der Erbe aufgrund der Universalsukzession in die Rechtsposition des Erblassers eintritt und damit an dessen Stelle Vertragspartner des Dienstleisters wird.[882] Er ist damit gerade nicht Dritter, sondern selbst Vertragspartner, so dass keine Herausgabe der Daten an Dritte erfolgt. Es erfolgt eine reine Preis- und Herausgabe der Daten an den Vertragspartner.[883] Dies gilt nicht nur für die Inhalte der Kommunikation, sondern auch oder gerade für die Herausgabe der Zugangsdaten zu dem E-Mail-Postfach.

d. Eingriffsqualitäten anhand des Beispiels von Social-Media-Accounts

Die Ausgangslage für die Beurteilung von Social-Media-Accounts im Rahmen des Art. 10 Abs. 1 GG ist hier vergleichbar. Auch bei Social-Media-Accounts besteht die Möglichkeit, sich gegenseitig Nachrichten – in Form einer privaten Kommunikation zweier Account-Inhaber oder in Form öffentlicher Postings auf dem Profil des anderen – zukommen zu lassen. Mit der Zugänglichmachung des Accounts für die Erben besteht auch hier – ebenso wie bei der E-Mail – die Möglichkeit der

---

880 Von Mangoldt/Klein/Starck-Gusy, Kommentar zum Grundgesetz, Band 1, 6. Auflage 2010, Art. 10 Rn. 48.

881 Zum Mithören-Lassen eines Dritten durch einen Kommunikationspartner siehe oben unter Gliederungspunkt: F. I. 5. b.; unter Verweis auf: BVerfGE 106, 28, 37.

882 Vergleiche entsprechende Einschätzung bei: Pruns, Keine Angst vor dem digitalen Nachlass! Erbrecht vs. Fernmeldegeheimnis, NWB 2014, Heft 29, 2175 ff., der dies allerdings im Zusammenhang mit § 88 TKG ausführt.

883 Vergleiche nur im Ergebnis Ausführungen zu § 88 TKG bei: Pruns, Keine Angst vor dem digitalen Nachlass! Erbrecht vs. Fernmeldegeheimnis, NWB 2014, Heft 29, 2175 ff., dem zufolge der E-Mail-Provider den Erben durch die Zugangs-Gewährung zum Account des Toten nur in dem Maß Kenntnis von den Inhalten und näheren Umständen der Kommunikation verschafft, wie es zur Erbringung der Dienste erforderlich ist. Diese Einschätzung zum Datenschutzrecht wird jedoch im Rahmen dieser Bearbeitung nicht geteilt.

Erben zur Kenntnisnahme der gespeicherten Kommunikationsdaten. Geschützt sind wiederum alle Kommunikationspartner, also neben dem Empfänger auch der Absender. Damit erhalten die Erben Zugriff auf von Art. 10 Abs. 1 GG geschützte Daten. Mit Eintritt in die Rechtsposition des Erblassers aufgrund der Universalsukzession wird der Erbe in gleicher Weise Vertragspartner des Dienstleisters, wie es der Erblasser selbst war. Die Zugänglichmachung sämtlicher Daten und Informationen – die der Erblasser erhalten hatte – für den Erben, stellt daher eine reine Preis- und Herausgabe der Daten an den Vertragspartner und damit nicht an einen Dritten dar. Der Übermittlungs- und Kommunikationsvorgang selbst ist durch diese Preisgabe nicht betroffen.

6. Zwischenergebnis: Kein Eingriff in Art. 10 GG

Daraus ergibt sich, dass durch der Vererbung des digitalen Nachlasses im Wege der Gesamtrechtsnachfolge nach § 1922 BGB kein Eingriff in Art. 10 GG vorliegt, da der Erbe Rechtsnachfolger des Kommunikationsteilnehmers und damit kein „Dritter" ist. Auf eine Rechtfertigung eines Eingriffs in Art. 10 GG und dessen Voraussetzungen kommt es daher an dieser Stelle nicht mehr an. Die Preisgabe der Übermittlungsdaten und -inhalte erfolgt schließlich gegenüber dem Account-Inhaber (in Rechtsnachfolge).

II. Allgemeines Persönlichkeitsrecht aus Art. 2 Abs. 1, 1 Abs. 1 GG

1. Dogmatische Grundlagen und Herleitung

Das Allgemeine Persönlichkeitsrecht ist eine Art Grundrecht im Grundrecht.[884] Geschützt wird ein ganzes Bündel verschiedener Persönlichkeitsausprägungen, wobei die dogmatische Prägung und der Begriff vorwiegend von der Rechtsprechung entwickelt worden sind.[885] Als dogmatischer Ausgangspunkt werden heute übereinstimmend Art. 2 Abs. 1 GG und Art. 1 Abs. 1 GG angesehen.[886] Daraus dürfe aber, so sagt man, nicht geschlossen werden, dass jeder Eingriff in das allgemeine Persönlichkeitsrecht einen selbständigen Eingriff in Art. 2 Abs. 1 GG und in Art. 1 Abs. 1 GG darstelle. Während das allgemeine Persönlichkeitsrecht seinen dogmatischen Standort in Art. 2 Abs. 1 GG habe, diene Art. 1 Abs. 1 GG vor allem

884 Maunz/Dürig-Di Fabio, GG, Stand: 39. EGL, Juli 2001, Art. 2 Rn. 126.

885 BeckOK-Lang, Grundgesetz, Edition 25, Stand: 01.03.2015, Art. 2 Rn. 32; Maunz/Dürig-Di Fabio, GG, Stand: 39. EGL, Juli 2001, Art. 2 Rn. 127 f.

886 Maunz/Dürig-Di Fabio, GG, Stand: 39. EGL, Juli 2001, Art. 2 Rn. 128 m. w. N., etwa: BVerfG, NJW 1970, 555; Jarass, Das allgemeine Persönlichkeitsrecht im Grundgesetz, NJW 1989, 857 f.

als Auslegungsmaßstab für den Inhalt und die Reichweite des Schutzumfangs.[887] Art. 1 GG ist damit mehr eine Interpretationsrichtlinie[888] als eine Rechtsquelle.[889]

2. Schutzbereich mit Entwicklungsoffenheit

Das allgemeine Persönlichkeitsrecht soll die enge persönliche Lebenssphäre, die Selbstbestimmung und die Grundbedingungen der Persönlichkeitsentfaltung vor Beeinträchtigungen schützen.[890] Die menschliche Persönlichkeit bedeutet dabei als Schutzgut, dass der Mensch seine Lebensgestaltung – in seiner geerbten und in seiner gewachsenen Identität und der daraus abzuleitenden Individualität – autonom bestimmen darf.[891] Dabei wird keine abschließende Definition oder Umschreibung des Schutzbereichs von der Rechtsprechung angestrebt.[892] Stattdessen hat das Bundesverfassungsgericht wiederholt die Entwicklungsoffenheit des Grundrechts betont.[893] Dadurch soll gerade eine Anpassung des Schutzbereichs an aktuelle Entwicklungen, wie etwa an das neu entstehende Gefährdungspotential bei modernen technischen Kommunikationsformen, ermöglicht werden.[894] In der Literatur wird daher eine Kategorisierung in verschiedene Fallgruppen vorgenommen,[895] wobei im Folgenden nur auf die für den digitalen Nachlass relevanten Bereiche eingegangen wird.

---

887 Maunz/Dürig-Di Fabio, GG, Stand: 39. EGL, Juli 2001, Art. 2 Rn. 128, unter Verweis auf u.a.: BVerfGE 27, 344 = NJW 1970, 555; siehe auch: BVerfGE 54, 148, 153 (demnach ist es Aufgabe des Persönlichkeitsrechts, im Sinne des höchsten Verfassungsprinzips – der „Würde des Menschen" aus Art. 1 Abs. 1 GG – die persönliche engere Lebenssphäre und deren Grundbedingungen zu gewährleisten, die nicht von den traditionellen Freiheitsgarantien erfasst werden).

888 Sachs-Murswiek, GG, 7. Auflage 2014, Art. 2 Rn. 62, 63; siehe Ausführungen bei: Jarass/Pieroth, GG, 13. Auflage 2014, Art. 2 Rn. 36 m. w. N.; Maunz/Dürig-Di Fabio, GG, Stand: 39. EGL, Juli 2001, Art. 2 Rn. 133.

889 BeckOK-Lang, Grundgesetz, Edition 25, Stand: 01.03.2015, Art. 2 Rn. 33; BVerfGE 27, 344 = NJW 1970, 555.

890 Maunz/Dürig-Di Fabio, GG, Stand: 39. EGL, Juli 2001, Art. 2 Rn. 147.

891 Badura, Staatsrecht, 2. Auflage 1996, C 34.

892 Maunz/Dürig-Di Fabio, GG, Stand: 39. EGL, Juli 2001, Art. 2 Rn. 147.

893 BVerfGE 72, 155, 170; 79, 256, 268.

894 BVerfGE 65, 1, 41, 42.

895 Siehe ausführliche Darstellung bei: Sachs-Murswiek, GG, 7. Auflage 2014, Art. 2 Rn. 68 ff.; Jarass, Das allgemeine Persönlichkeitsrecht im Grundgesetz, NJW 1989, 857, 858 ff.

a. Sachlicher Schutzbereich – Verschiedene Ausprägungen

aa. Allgemein: Die Sphärentheorie

(1) Einteilung der drei Sphären

Zur näheren Bestimmung des allgemeinen Persönlichkeitsrechts und dessen Reichweite wird vielfach auf die – im Zivilrecht entwickelte[896] und vom Bundesverfassungsgericht übernommene und weiterentwickelte[897] – Sphärentheorie zurückgegriffen.[898] Diese besagt, dass eine Unterscheidung in drei Sphären, die Intimsphäre, die Privatsphäre und die Sozialsphäre, vorgenommen wird und die Verhältnismäßigkeit eines staatlichen Eingriffs umso strengeren Anforderungen unterliegt, je mehr der innere Bereich dieser Sphären getroffen wird, die als Kreise um den gleichen Mittelpunkt mit unterschiedlichen Radien dargestellt werden.[899] Der innerste Kreis, die Intimsphäre, ist wegen ihrer Nähe zu Art. 1 Abs. 1 GG unantastbar, so dass die öffentliche Gewalt hierauf nicht einwirken darf.[900] Für die Zuordnung eines Sachverhalts zum unantastbaren Kernbereich ist entscheidend, ob dieser nach seinem Inhalt – bei gebotener Einzelfallbetrachtung[901] – höchstpersönlichen Charakters ist.[902] Entscheidend sind dabei auch die Art und Intensität, mit der die Sphäre anderer oder gemeinschaftliche Belange berührt werden.[903] Von der Privatsphäre ist der engere persönliche Lebensbereich umfasst, insbesondere das Leben innerhalb der Familie.[904] Geschützt wird dabei eine Rückzugsmöglichkeit für den Einzelnen in Form eines Raumes, in dem er sich selbst unbeobachtet überlassen ist oder in dem er ungeachtet gesellschaftlicher Verhaltenserwartungen mit Personen seines gesteigerten Vertrauens verkehren kann, ohne staatliche Sanktionen befürchten zu müssen.[905] Erfasst sind typischerweise als „privat“ einzustufende Angelegenheiten.[906] Dem Einzelnen soll ein räumlicher Bereich zur Verfügung stehen, in dem er zu sich kommen und sich entspannen, aber auch

---

896 Siehe Ausführungen bei: Geis, Der Kernbereich des Persönlichkeitsrechts – Ein Plädoyer für die „Sphärentheorie“, JZ 1991, 112, 113 und OLG Hamburg, NJW 1967, 2314, 2316 m. w. N.

897 BVerfG, NJW 1969, 1707 f.; NJW 1970, 555; NJW 1972, 2214, 2215; NJW 1979, 595; NJW 1980, 2070, 2071.

898 BeckOK-Lang, Grundgesetz, Edition 25, Stand: 01.03.2015, Art. 2 Rn. 35.

899 BeckOK-Lang, Grundgesetz, Edition 25, Stand: 01.03.2015, Art. 2 Rn. 35 ff., 39, 41, 43.

900 BVerfG, NJW 2004, 999 und insbesondere 1002; NJW 1993, 2365; ähnlich bereits BVerfG, NJW 1972, 1123, 1124.

901 BVerfGE 109, 279, 314 f.

902 BVerfGE 80, 367, 374.

903 BVerfG, NJW 2008, 1137.

904 BeckOK-Lang, Grundgesetz, Edition 25, Stand: 01.03.2015, Art. 2 Rn. 41.

905 BVerfG, NJW 1995, 1015; Vergleiche bereits BVerfG, NJW 1969, 1707 m. w. N.; NJW 1973, 1221, 1223.

906 BVerfG, NJW 2000, 1021, 1022 f.

sich gehen lassen können soll.[907] Dieser Raum ist nicht auf den häuslichen Bereich beschränkt, sondern erfasst sämtliche Örtlichkeiten, die eine deutliche Abgeschiedenheit von der breiten Öffentlichkeit aufweisen.[908] Abweichend von der Intimsphäre weist die Privatsphäre einen Sozialbezug auf,[909] so dass Eingriffe unter strengster Beachtung des Verhältnismäßigkeitsprinzips „im überwiegenden Interesse der Allgemeinheit" zulässig sind.[910] Die Sozialsphäre beinhaltet die Teilnahme des Einzelnen am öffentlichen Leben und sein Ansehen in der Gesellschaft und ist daher naturgemäß weit gefasst.[911]

(2) Einordnungs-Beispiele

Für die richtige Einordnung eines Sachverhalts in die einzelnen Sphären ist grundsätzlich eine Einzelfallbetrachtung erforderlich.[912] So kann zum Beispiel das nichtöffentlich gesprochene Wort sowohl in die Intim- als auch in die Privatsphäre eingeordnet werden.[913] Die Aspekte der Persönlichkeit, zu denen der Einzelne niemandem Einblick verschaffen möchte und die er nicht mit Dritten kommunizieren möchte, unterfallen der Intimsphäre.[914] Ebenso können aber auch Kommunikationsvorgänge, die etwa im engsten Familienkreis oder von Ehegatten geführt werden, zu diesem innersten Geheimbereich gehören und damit der Intimsphäre zuzuordnen sein.[915]

bb. Der Selbstdarstellungsschutz

Das allgemeine Persönlichkeitsrecht garantiert auch den Schutz der Selbstdarstellung.[916] Dabei soll vor allem die Darstellung des persönlichen Charakter- und Lebensbildes geschützt werden.[917] Neben dem gewährten Schutz des Selbstwertes durch die Garantie für jeden Einzelnen, selbst wählen zu können, wie er sich nach außen hin präsentieren möchte,[918] erhält jeder Einzelne auch die Befugnis, selbst

907 BVerfGE 101, 361, 382 f.; 120, 274, 311.
908 BVerfGE 101, 361, 384.
909 Vergleiche BVerfG, NJW 2008, 39, 42 – „Esra".
910 BVerfGE 27, 344, 351; BGH, NJW 1972, 1123, 1124; 1972, 2214, 2215; 1984, 419.
911 BeckOK-Lang, Grundgesetz, Edition 25, Stand: 01.03.2015, Art. 2 Rn. 43.
912 Siehe oben unter Verweis auf: BVerfGE 109, 279, 314 f.
913 Vergleiche BeckOK-Lang, Grundgesetz, Edition 25, Stand: 01.03.2015, Art. 2 Rn. 39.
914 BeckOK-Lang, Grundgesetz, Edition 25, Stand: 01.03.2015, Art. 2 Rn. 39, 40.
915 BeckOK-Lang, Grundgesetz, Edition 25, Stand: 01.03.2015, Art. 2 Rn. 39; unter Verweis auf: BVerfG, NJW 1995, 1477, 1478 (erfolgreiche Verfassungsbeschwerde eines Strafgefangenen gegen das Anhalten seines Briefes an dessen Verlobte).
916 Maunz/Dürig-Di Fabio, GG, Stand: 39. EGL, Juli 2001, Art. 2 Rn. 166.
917 BVerfGE 35, 202, 220 (wonach der einzelne grundsätzlich allein und selbst bestimmen können soll, ob und inwieweit sein Lebensbild insgesamt oder nur einzelne Vorgänge aus seinem Leben durch andere öffentlich dargestellt werden darf).
918 Maunz/Dürig-Di Fabio, GG, Stand: 39. EGL, Juli 2001, Art. 2 Rn. 166; unter Verweis auf: BVerfG, NJW 2000, 1399, 1400 – Zum Tragen von Anstaltskleidung im Rahmen gerichtlicher Vorführungen.

entscheiden zu können, innerhalb welcher Grenzen und wann er einen persönlichen Sachverhalt offenbaren will.[919] Der Selbstdarstellungsschutz überschneidet sich häufig mit dem Schutz der Privatsphäre.[920] Bezüglich von Dateneingriffen soll dies insbesondere für die Offenbarung und Ermittlung von Informationen gelten, die zugleich die engere Lebenssphäre des Betroffenen berühren.[921] Der Selbstdarstellungsschutz hat jedoch auch einen eigenständigen Anwendungsbereich, weil die Annahme eines möglichen Eingriffs in den Schutzbereich gerade nicht davon abhängt, ob die Informationen, die erhoben oder verwertet worden sind, thematisch in die Privat- oder Intimsphäre fallen.[922] Der Schutz besteht auch unabhängig von jeder qualitativen Aussagekraft der offenbarten oder ermittelten Information.[923] Betrifft der Eingriff den Schutz der Selbstdarstellung und daneben noch Bereiche der Privat- oder Intimsphäre, muss dies auf der Rechtfertigungsebene berücksichtigt werden.[924] Das Verfügungsrecht über die eigene Selbstdarstellung könne, so sagt man, vor allem dann betroffen sein, wenn es um die Veröffentlichung von Bildern[925] oder um Werturteile gehe.[926] Schließlich dürfe grundsätzlich jeder selbst und allein bestimmen, inwieweit und ob eine öffentliche Darstellung seines gänzlichen Lebensbildes oder eine Darstellung nur bestimmter Vorgänge aus seinem Leben durch andere Personen stattfinden dürfe.[927]

cc. Das Recht auf informationelle Selbstbestimmung

(1) Allgemeines zum Recht auf informationelle Selbstbestimmung

Die Figur des Rechts auf informationelle Selbstbestimmung wurde vom Bundesverfassungsgericht im Rahmen der Entwicklungsoffenheit des Schutzbereichs des Allgemeinen Persönlichkeitsrechts entwickelt.[928] Gewährleistet wird damit die

---

919 BVerfGE 65, 1, 42 f.; 85, 219, 224.

920 Maunz/Dürig-Di Fabio, GG, Stand: 39. EGL, Juli 2001, Art. 2 Rn. 166, 148 m. w. N.: etwa auf BVerfGE 89, 69, 82 ff., (insbesondere 84), (worin das Bundesverfassungsgericht hinsichtlich einer gerichtlich angeordneten medizinisch-psychologischen Begutachtung entschieden hat, dass sowohl das gesellschaftliche Ansehen als auch die Selbstachtung des Betroffenen durch die Befunde der Untersuchung betroffen sind).

921 Maunz/Dürig-Di Fabio, GG, Stand: 39. EGL, Juli 2001, Art. 2 Rn. 166.

922 Maunz/Dürig-Di Fabio, GG, Stand: 39. EGL, Juli 2001, Art. 2 Rn. 167.

923 Maunz/Dürig-Di Fabio, GG, Stand: 39. EGL, Juli 2001, Art. 2 Rn. 167.

924 Maunz/Dürig-Di Fabio, GG, Stand: 39. EGL, Juli 2001, Art. 2 Rn. 167.

925 Siehe hierzu: BVerfG, NJW 2000, 2191; 2192 f.

926 Maunz/Dürig-Di Fabio, GG, Stand: 39. EGL, Juli 2001, Art. 2 Rn. 168.

927 BVerfGE 35, 202, 220.

928 Siehe etwa: BVerfGE 27, 1 = NJW 1969, 1707 (demzufolge wäre es mit der Menschenwürde unvereinbar, wenn der Staat das Recht hätte, den Einzelnen zwangsweise in seiner gesamten Persönlichkeit zu katalogisieren und zu registrieren – und zwar unabhängig davon, ob dies im Rahmen einer statistischen und damit anonymen Erhebung geschieht – und ihn durch dieses Vorgehen gleich einer

Befugnis des Einzelnen, sowohl über die Preisgabe als auch die Verwendung seiner persönlichen Daten – auch über den Bereich der automatischen Datenverarbeitung hinaus[929] – zu bestimmen.[930] Damit soll der Gefahr der gänzlichen Registrierung und Katalogisierung und somit der Gefahr einer möglichen Abrufbarkeit eines vollumfänglichen Persönlichkeitsprofils der betroffenen Person entgegengewirkt werden.[931]

Oft wisse der Einzelne nicht, welche Daten über ihn gesammelt würden und wo er elektronische Spuren hinterlasse.[932] Er solle, so liest man verbreitet, nicht für staatliche Stellen oder Marketingstrategen der Wirtschaft zum bloßen Objekt werden, wobei die Bedrohung weniger von staatlichen Stellen als vielmehr von privaten Kräften ausgehe, die Kundenkontakte sammelten und Kundenprofile vernetzten.[933] Das informationelle Selbstbestimmungsrecht sei damit die sich den modernen Entwicklungen anpassende Ausprägung des Persönlichkeitsschutzes,[934] die den Selbstdarstellungsschutz interpretatorisch fortschreibe.[935] Auch hier wird der Schutz gewährt, ohne dass der Bereich der Privat- oder Intimsphäre betroffen sein muss.[936] Irrelevant sei auch die qualitative Aussagekraft der persönlichen Daten. Durch die Vielzahl an über eine Person verfügbaren Daten könne ein umfassendes Persönlichkeitsprofil erstellt werden, weshalb es im Rahmen der automatischen Datenverarbeitung keine „belanglosen“ Daten mehr gebe.[937]

Der Schutz des Rechts auf informationelle Selbstbestimmung geht über den Anwendungsbereich bei der automatisierten Datenverarbeitung hinaus und entfaltet sich generell bei der staatlichen Erhebung und Verarbeitung der personenbezogenen Daten, auch wenn diese manuell registriert werden.[938] Geschützt wird dabei jede Form der Erhebung, Kenntnisnahme, Verwendung, Speicherung, Veröffentlichung

---

Sache zu behandeln, die in jeder Beziehung einer Bestandsaufnahme zugänglich ist); Maunz/Dürig-Di Fabio, GG, Stand: 39. EGL, Juli 2001, Art. 2 Rn. 173.

929 Maunz/Dürig-Di Fabio, GG, Stand: 39. EGL, Juli 2001, Art. 2 Rn. 176, unter Verweis auf: BVerfGE 78, 77, 84.

930 BVerfGE 115, 166, 188.

931 Maunz/Dürig-Di Fabio, GG, Stand: 39. EGL, Juli 2001, Art. 2 Rn. 173, mit Verweis auf: BVerfGE 65, 1, 42.

932 BVerfGE, 65, 1, 43 (wonach eine Gesellschafts- und Rechtsordnung nicht mit dem Recht auf die informationelle Selbstbestimmung vereinbar sein soll, wenn der Einzelne nicht mehr sicher wissen kann, wer über ihn was, bei welcher Gelegenheit und wann weiß).

933 Maunz/Dürig-Di Fabio, GG, Stand: 39. EGL, Juli 2001, Art. 2 Rn. 173.

934 Maunz/Dürig-Di Fabio, GG, Stand: 39. EGL, Juli 2001, Art. 2 Rn. 173.

935 Simitis, Die informationelle Selbstbestimmung – Grundbedingung einer verfassungskonformen Informationsordnung, NJW 1984, 398, 399.

936 Maunz/Dürig-Di Fabio, GG, Stand: 39. EGL, Juli 2001, Art. 2 Rn. 174.

937 BVerfGE 65, 1, 45.

938 Siehe nur: BVerfGE 78, 77, 84 (wonach die automatische Datenverarbeitung die Notwendigkeit des Schutzes der persönlichen Daten deutlich gemacht hat, aber selbst nicht Ursache und Grund der Schutzbedürftigkeit ist).

oder Weitergabe der persönlichen und damit der individualisierbaren oder bereits individualisierten Informationen.[939]

(2) Besonderheiten hinsichtlich der Datenerhebung durch Private

Bei der Datenerhebung, -speicherung und -verwendung durch Private sollen andere Grundsätze gelten.[940] Private benötigten etwa keine gesetzliche Ermächtigungsgrundlage, das Sammeln der Informationen und deren Verbreitung stellten vielmehr selbst eine Grundrechtsausübung der Privaten – im Rahmen der allgemeinen Handlungsfreiheit, der Informations- oder Meinungsfreiheit oder der Kunst- oder Wissenschaftsfreiheit – dar. Der Staat könne sich auch veranlasst sehen, dem Handeln Privater Schranken zu setzen, um das Recht auf informationelle Selbstbestimmung zu schützen und die grundrechtlichen Schutzpflichten zu erfüllen.[941]

Bei Bestehen einer Schutzpflichtlage ist der Gesetzgeber verpflichtet, Regelungen zu schaffen, die zum Schutz der informationellen Selbstbestimmung vor Beeinträchtigungen durch Private geeignet sind.[942] Grundrechtliche Schutzpflichten sind jedoch keine Ermächtigungsgrundlage für Grundrechtsbeschränkungen privater Dritter, so dass jedem das Recht zur Verschaffung und Verarbeitung personenbezogener Informationen zusteht, solange der Gesetzgeber noch keine einschränkenden Regelungen getroffen hat.[943] Die Vernetzung über das Internet führt zu einer Preisgabe der Informationen für eine unbegrenzte Öffentlichkeit.[944] Ein entwicklungsoffener Persönlichkeitsschutz müsse sich, so die h.M., diesen Anforderungen anpassen, damit der Grundrechtsschutz auch in dieser Informationsgesellschaft nicht ausgehöhlt werde. Dabei sollen staatliche Maßnahmen strengeren grundrechtlichen Grenzen unterliegen als solche staatsfreier Gesellschaften, schließlich sei die

---

939 Siehe nur BVerfGE 78, 77, 84; BVerfG, NJW 1984, 419.

940 Maunz/Dürig-Di Fabio, GG, Stand: 39. EGL, Juli 2001, Art. 2 Rn. 189.

941 Maunz/Dürig-Di Fabio, GG, Stand: 39. EGL, Juli 2001, Art. 2 Rn. 189.

942 Maunz/Dürig-Di Fabio, GG, Stand: 39. EGL, Juli 2001, Art. 2 Rn. 189, 135 f.

943 Maunz/Dürig-Di Fabio, GG, Stand: 39. EGL, Juli 2001, Art. 2 Rn. 189; unter Verweis auf: Gallwas, Der allgemeine Konflikt zwischen dem Recht auf informationelle Selbstbestimmung und der Informationsfreiheit, NJW 1992, 2785, 2788, 2790 (der zu dem Schluss kommt, dass jeder Private grundsätzlich – aufgrund seiner Informationsfreiheit aus Art. 5 Abs. 1 GG – das Recht habe, Daten, die sich auf einen anderen beziehen, zu gewinnen, sowie diese zu verarbeiten (2788). Dies soll jedenfalls soweit und solange gelten, wie der Gesetzgeber das Gebot der Rücksichtnahme hinsichtlich des Rechts auf informationelle Selbstbestimmung nicht konkretisiert habe (2790)).

944 Maunz/Dürig-Di Fabio, GG, Stand: 39. EGL, Juli 2001, Art. 2 Rn. 190; mit weiterführendem Verweis auf u.a.: Trute, Der Schutz personenbezogener Informationen in der Informationsgesellschaft, JZ 1998, 822 ff., der etwa von einer zeitlich-räumlichen Entgrenzung von Information spricht, S. 823 und Geis, Internet und Datenschutzrecht, NJW 1997, 288 ff., der sich mit den Grenzen des Datenschutzrechts bei grenzüberschreitendem Datenaustausch mittels des Internets befasst.

öffentliche Gewalt hinsichtlich der Grundrechte Verpflichtungssubjekt, während Private sich selbst auf Grundrechte berufen könnten.[945] Vertreten wurde aber auch bereits im Jahr 1998 die Auffassung, dass zwischen dem privaten und dem öffentlichen Sektor kein unterschiedlicher Standard aufrechtzuerhalten sei.[946]

dd. Recht am eigenen Bild und Recht am eigenen Wort

Weitere Aspekte des Selbstdarstellungsschutzes sind das Recht am eigenen Bild[947] und am eigenen nicht öffentlich gesprochenen Wort.[948] Geschützt wird der Einzelne dabei vor der Aufnahme seines Abbildes durch Film oder Fotografie und vor der späteren Darbietung, der Verbreitung und der anderweitigen Verwertung, soweit sie ohne oder gegen den Willen des Abgebildeten geschieht.[949]

Aufgrund der heutigen Reproduktionstechniken wird der Einzelne der Gefahr ausgesetzt, statt der im Zeitpunkt der Aufnahme überschaubaren Öffentlichkeit, nun einer unüberschaubaren Medienöffentlichkeit ausgesetzt zu werden.[950] Der Schutz soll die ungestörte Teilnahme an einem zwischenmenschlichen Kommunikationsprozess garantieren.[951] Dieser ist bereits dann gestört, wenn der Einzelne nicht mehr unbefangen mit Dritten kommunizieren kann, weil er zu befürchten hat, dass seine vertraulich, spontan oder unbedacht getätigten Äußerungen aufgenommen und veröffentlicht oder anderweitig verwertet werden können.[952] Geschützt ist auch die Auswahl an Personen, die Kenntnis von dem Inhalt eines Gesprächs erhalten sollen.[953] Jeder hat das Recht, selbst zu bestimmen, ob seine Stimme aufgenommen werden darf und ob die Aufnahme möglicherweise Dritten zugänglich gemacht werden soll.[954] Der Schutz des gesprochenen Wortes umfasst dabei auch Worte, die thematisch nicht in den Bereich der Privatsphäre fallen, denn er ist nicht davon abhängig, ob es sich um persönlichkeitssensible Daten oder personale Kommunikationsinhalte handelt oder ob eine besondere Vertraulichkeit der Kommunikation vereinbart war.[955] Sollte die Privatsphäre aber berührt sein, hat dies besonderes

---

945 Maunz/Dürig-Di Fabio, GG, Stand: 39. EGL, Juli 2001, Art. 2 Rn. 190.

946 Trute, Der Schutz personenbezogener Informationen in der Informationsgesellschaft, JZ 1998, 822, 826.

947 BVerfGE 87, 334, 340 und 97, 228, 268 (worin jeweils das Recht am eigenen Bild als Ausprägung des allgemeinen Persönlichkeitsrechts benannt wird); 120, 180, 198 (Das Recht am eigenen Bild als Aspekt des Persönlichkeitsschutzes).

948 Siehe auch Jarass/Pieroth, GG, 13. Auflage 2014, Art. 2 Rn. 42 ff., der diese Rechte als „verwandte Felder" des Rechts auf informationelle Selbstbestimmung nennt; zum Recht am eigenen Wort siehe nur: BVerfGE 54, 148, 154; 106, 28, 39 (auch 40).

949 Maunz/Dürig-Di Fabio, GG, Stand: 39. EGL, Juli 2001, Art. 2 Rn. 193.

950 BVerfGE 101, 361, 381.

951 Maunz/Dürig-Di Fabio, GG, Stand: 39. EGL, Juli 2001, Art. 2 Rn. 196.

952 Maunz/Dürig-Di Fabio, GG, Stand: 39. EGL, Juli 2001, Art. 2 Rn. 196.

953 BVerfGE 106, 28, 39.

954 BVerfGE 106, 28, 39, 40.

955 BVerfGE 106, 28, 41.

Gewicht und führt dazu, dass sich der Schutz der persönlichen Daten verstärkt.[956] Das Recht an dem eigenen Wort schützt den Einzelnen auch davor, falsch zitiert zu werden.[957]

b. Persönlicher Schutzbereich

Der persönliche Schutzbereich legt fest, wer sich auf das jeweilige Grundrecht berufen darf, wer also Grundrechtsberechtigter ist.

aa. Natürliche Personen

(1) Voraussetzung: Lebender Mensch

Vom persönlichen Schutzbereich umfasst sind alle lebenden natürlichen Personen, ungeachtet ihres Alters oder ihrer Staatsangehörigkeit.[958] Sie müssen aber unmittelbar betroffen sein, um sich auf das Persönlichkeitsrecht berufen zu können.[959]

(2) Kein postmortaler Persönlichkeitsschutz aus Art. 2 Abs. 1 GG

Die Existenz eines postmortalen Persönlichkeitsschutzes aus Art. 2 Abs. 1 GG wird vom Bundesverfassungsgericht – anders als von der zivilgerichtlichen Rechtsprechung[960] – abgelehnt; ein solcher Schutz wird lediglich, unter strengen Voraussetzungen, im Rahmen des Art. 1 Abs. 1 GG anerkannt.[961] Aus dem Menschenwürdegrundrecht sollen demnach eine Pietätssicherung und der Schutz des Angedenkens des Verstorbenen folgen, so dass der Schutz auf schwere posthume Persönlichkeitsbeeinträchtigungen beschränkt bleibt.[962] Begründet wird diese Auffassung damit, dass das allgemeine Persönlichkeitsrecht auf Art. 2 Abs. 1 GG gestützt wird, der sich auf lebende natürliche oder existierende juristische Personen bezieht[963] und Art. 1 Abs. 1 GG nur als Auslegungsmaßstab herangezogen wird.[964] Eine verstorbene Person ist daher selbst kein Träger des allgemeinen

---

956 Jarass/Pieroth, GG, 13. Auflage 2014, Art. 2 Rn. 45, 64.

957 Maunz/Dürig-Di Fabio, GG, Stand: 39. EGL, Juli 2001, Art. 2 Rn. 199.

958 Dreier-Dreier, GG, Band I, 3. Auflage 2013, Art. 2 I Rn. 85; unter Verweis auf u.a.: Jarass, Das allgemeine Persönlichkeitsrecht im Grundgesetz, NJW 1989, 857, 859.

959 Maunz/Dürig-Di Fabio, GG, Stand: 39. EGL, Juli 2001, Art. 2 Rn. 223.

960 Vergleiche nur BGHZ 50, 133, 136 ff.; OLG Hamburg, NJW 1990, 1995 f.

961 BVerfGE 30, 173, 194; BVerfG, NJW 2001, 594 f.; 2001, 2957, 2958 f.

962 BeckOK-Lang, Grundgesetz, Edition 25, Stand: 01.03.2015, Art. 2 Rn. 48; unter Verweis auf: Sachs-Höfling, GG, (7. Auflage 2014), Art. 1 Rn. 58 ff. (insbesondere Rn. 60 ff.) m.w.N. (der dort allgemein auf Fragen der pränatalen und postmortalen Schutzzonen eingeht).

963 BVerfGE 30, 173, 194 (worin die Existenz einer wenigstens zukünftig oder potentiell handlungsfähigen Person als unabdingbare Voraussetzung genannt wird).

964 Siehe oben unter Gliederungspunkt F. II. 1. und siehe Maunz/Dürig-Di Fabio, GG, Stand: 39. EGL, Juli 2001, Art. 2 Rn. 226.

Persönlichkeitsrechts mehr.[965] Durch das allgemeine Persönlichkeitsrecht wird schließlich die Integrität des Grundrechtsträgers geschützt, die aber die fortdauernde Existenz der Person voraussetzt, weil der grundrechtliche Schutz vor allem aus dem Grund gewährt wird, dass der Grundrechtsträger frei in seiner Persönlichkeitsentfaltung ist.[966]

bb. Juristische Personen

Die Frage, ob sich auch juristische Personen auf das allgemeine Persönlichkeitsrecht berufen können, wird nicht einheitlich beantwortet. Obwohl das Bundesverfassungsgericht diese Frage noch nicht abschließend entschieden hat,[967] geht die herrschende Meinung davon aus, dass auch juristische Personen mit Sitz in Deutschland Grundrechtsträger sein können, wenn das jeweilige Persönlichkeitsrecht nicht seinem Wesen nach lediglich auf Individuen anwendbar ist.[968] Sieht man das allgemeine Persönlichkeitsrecht dogmatisch in Art. 2 Abs. 1 GG verankert, ist dies auch konsequent, da sich Kapital- und Personenhandelsgesellschaften ohne weiteres auf diesen Artikel berufen können.[969] Im Rahmen des digitalen Nachlasses spielt diese Frage jedoch eine eher untergeordnete Rolle, weil eine juristische Person bereits kein Erblasser sein kann, § 1923 BGB.

---

965 Vergleiche nur BVerfG, NJW 2001, 2957, 2959 (demzufolge der Verstorbene nicht durch das Grundrecht auf freie Entfaltung der Persönlichkeit gemäß Art. 2 Abs. 1 GG geschützt wird, weil der Träger dieses Grundrechts ausschließlich eine lebende Person sein kann. Die grundrechtlichen Gewährleistungen des allgemeinen Persönlichkeitsrechts aus Art. 2 Abs. 1, 1 Abs. 1 GG schieden damit als unmittelbarer Prüfungsmaßstab aus); Jarass, Das allgemeine Persönlichkeitsrecht im Grundgesetz, NJW 1989, 857, 859.

966 BeckOK-Lang, Grundgesetz, Edition 25, Stand: 01.03.2015, Art. 2 Rn. 48.

967 Diese Frage ausdrücklich offen lassend: BVerfG, NJW 1997, 1841, 1843 (wonach Grundrechte dann für eine juristische Person gelten sollen, soweit diese ihrem Wesen nach auf die juristische Person anwendbar sind. Ob dies für das allgemeine Persönlichkeitsrecht generell nicht der Fall sein könne, habe jedoch in dem dem Bundesverfassungsgericht vorliegenden Fall keiner Entscheidung bedurft. Jedenfalls komme die Erstreckung des Grundrechtsschutzes auf eine juristische Person als reines Zweckgebilde der Rechtsordnung dann nicht in Betracht, wenn der Grundrechtsschutz an solche Eigenschaften, Beziehungen oder Äußerungsformen anknüpfe, die ausschließlich natürlichen Personen wesenseigen seien. Das sei umso mehr der Fall, je mehr sich der Grundrechtsschutz auf die Wahrung der Menschenwürde konzentriere, die ausschließlich von natürlichen Personen in Anspruch genommen werden könne).

968 Sachs-Murswiek, Grundgesetz, 7. Auflage 2014, Art. 2 Rn. 39 m. w. N.; Maunz/Dürig-Di Fabio, GG, Stand: 39. EGL, Juli 2001, Art. 2 Rn. 224.

969 Maunz/Dürig-Di Fabio, GG, Stand: 39. EGL, Juli 2001, Art. 2 Rn. 224.

3. Eingriff in den Schutzbereich

a. Eingriff – Was ist erfasst?

Im Rahmen des allgemeinen Persönlichkeitsrechts besteht anders als bei der allgemeinen Handlungsfreiheit nicht das Erfordernis, für die Definition des Eingriffs auf den klassischen Eingriffsbegriff zurückzugreifen.[970] Demnach kann in jedem staatlich zurechenbaren Verhalten, das den grundrechtlichen Gewährleistungsgehalt verkürzt, ein Eingriff liegen. Im Rahmen des informationellen Selbstbestimmungsrechts sind dies etwa die Erhebung, die Speicherung, die Sammlung, die Weitergabe und die Verwendung der personenbezogenen – individualisierbaren oder individualisierten – Daten.[971]

b. Ausschluss eines Eingriffs durch Einwilligung oder Verzicht

Eine wirksame, also freiwillige und hinreichend konkrete Einwilligung durch den Betroffenen schließt einen Grundrechtseingriff regelmäßig aus.[972] Die Einwilligung ist auch stillschweigend möglich.[973] Sie ist jedoch unwirksam, wenn sie in einer Zwangslage abgegeben wird,[974] wenn der Vertragspartner dermaßen überlegen ist, dass er faktisch einseitig den Vertragsinhalt bestimmen kann[975], oder wenn der Betroffene die Tragweite des Grundrechtsverzichts nicht überblicken kann.[976] Die Einwilligung muss immer auf einen konkreten Einzelfall bezogen sein, so dass ein genereller Verzicht ausscheidet.[977] Die Reichweite der Einwilligung soll durch Auslegung ermittelt werden. Der Grundrechtsträger kann sich auch

---

970 BeckOK-Lang, Grundgesetz, Edition 25, Stand: 01.03.2015, Art. 2 Rn. 51.

971 BVerfGE 65, 1, 43; 67, 100, 143.

972 Maunz/Dürig-Di Fabio, GG, Stand: 39. EGL, Juli 2001, Art. 2 Rn. 228; Jarass, Das allgemeine Persönlichkeitsrecht im Grundgesetz, NJW 1989, 857, 860.

973 BVerfGE 106, 28, 45 f.

974 BVerfG, NJW 1982, 375 (darin heißt es, dass der Einsatz eines Lügendetektors, den der Angeklagte in einem Strafverfahren selbst beantragt hatte, gegen das allgemeine Persönlichkeitsrecht des Angeklagten verstoße. Eine wirksame Einwilligung liege nicht vor, weil nur derjenige keines Schutzes vor staatlichen Eingriffen bedürfe, der selbst wählen könne. Ein von einer empfindlichen Freiheitsstrafe bedrohter Angeklagter, dem sich der Lügendetektor-Einsatz als günstige Gelegenheit darstelle, habe diese Freiheit jedoch nicht.).

975 BVerfG, DVBl. 2007, 111, 112.

976 Siehe OLG Frankfurt, NJW 1987, 1087 (wonach der Kläger aufgrund seiner Volltrunkenheit nicht in der Lage gewesen sei, rechtsgültig dazu einzuwilligen, von dem Beklagten auf Videofilm aufgenommen zu werden. Infolge der Trunkenheit sei dem Kläger nicht bewusst gewesen, dass der Beklagte bezweckt habe, die Aufnahme dem Arbeitgeber des Klägers vorzuführen und sich für ihn dadurch berufliche Nachteile ergeben könnten).

977 Jarass, Das allgemeine Persönlichkeitsrecht im Grundgesetz, NJW 1989, 857, 860 m. w. N.

Dritten gegenüber damit einverstanden erklären, dass Angelegenheiten aus seiner Privatsphäre öffentlich bekannt machen.[978] Wenn sich die Einwilligung allerdings – wie dies meist der Fall sein wird – auf einen bestimmten Zweck bezieht, ist der Empfänger daran gebunden.[979]

c. *Kein Eingriff in den Schutzbereich durch Anwendung der Universalsukzession auf den digitalen Nachlass*

aa. *Kein Eingriff hinsichtlich Erblasser möglich*

Entsprechend obiger Ausführungen[980] kann Grundrechtsträger nur ein noch lebender Mensch sein. Der bereits verstorbene Erblasser scheidet daher aus dem Bereich der möglichen Grundrechtsträger des allgemeinen Persönlichkeitsrechts aus.[981] Der postmortale Persönlichkeitsschutz scheidet mangels Anerkennung der gesamten Figur aus.[982] Auch eine Verletzung des Schutzes des Angedenkens des Verstorbenen und damit des postmortalen Würdeschutzes aus Art. 1 Abs. 1 GG erscheint hier abwegig, da dieser posthume, gravierende Herabwürdigungen voraussetzt,[983] deren Vorliegen allenfalls als extremer Ausnahmefall angenommen werden kann, sodass daraus keine Regel für den digitalen Nachlass abzuleiten ist. Insbesondere ist nicht

---

978 Maunz/Dürig-Di Fabio, GG, Stand: 39. EGL, Juli 2001, Art. 2 Rn. 229.

979 BGH, NJW 1985, 1617, 1618 f. (wonach die Ausstrahlung eines Nacktfotos im Fernsehen in das allgemeine Persönlichkeitsrecht eines Abgebildeten eingreift, selbst wenn dieser Jahre zuvor in die Veröffentlichung des Fotos in einem Schulbuch eingewilligt hat. Schließlich sei das Foto damit einer „anderen" als der beabsichtigten Öffentlichkeit zugänglich gemacht worden).

980 Siehe oben unter Gliederungspunkt F II. 2. b. aa.

981 So auch Zuck in: DAV-Stellungnahme Nr.: 34/2013, S. 84–88, abrufbar unter: http://anwaltverein.de/files/anwaltverein.de/downloads/newsroom/stellungnahmen/2013/SN-DAV34-13.pdf, zuletzt besucht am: 16.10.2015., der dann aber außerhalb des postmortalen Würdeschutzes eine Handlungsmöglichkeit des Gesetzgebers aufgrund der guten Sitten in Betracht zieht, oben dargestellt unter Gliederungspunkt D. II. 2. d. cc.

982 Siehe oben unter Gliederungspunkt F. II. 2. b. aa. (2); vergleiche hierzu auch Martini, Der digitale Nachlass und die Herausforderung postmortalen Persönlichkeitsschutzes im Internet, JZ 2012, 1145, 1150, oben dargestellt unter Gliederungspunkt D. II. 1. d. bb. (2) (b), der zwar die Anerkennung eines „postmortalen Persönlichkeitsschutzes" befürwortet, jedoch dem Erlöschen des verfassungsrechtlichen Persönlichkeitsrechts mit dem Tod zustimmt. Der von ihm angenommene „verfassungsrechtliche postmortale Persönlichkeitsschutz" soll den Kernbereich der Existenz des Verstorbenen gegen schwere Beeinträchtigungen schützen. Im Ergebnis zielt dies aber auch auf den allgemeinen Achtungsanspruch ab, der hier als „postmortaler Würdeschutz" bezeichnet wird.

983 Siehe oben unter Gliederungspunkt F. II. 2. b. aa. (2).

ersichtlich, wie sich aus der bloßen passiven Kenntnisnahme – wenn auch intimer Informationen – durch die Erben eine aktive Herabwürdigung ergeben soll.[984]

bb. Eingriffsqualität hinsichtlich Kommunikationspartner

Allein denkbar verbleibt ein möglicher Eingriff in das allgemeine Persönlichkeitsrecht des oder der Kommunikationspartner des Erblassers. In Betracht kommen dabei vor allem Eingriffe in das Recht der Selbstdarstellung und in das Recht am gesprochenen Wort oder das Recht am eigenen Bild.[985]

(1) Hinsichtlich Herausgabe der Daten an die Erben

Die Vererbung des digitalen Nachlasses im Wege der Gesamtrechtsnachfolge nach § 1922 BGB führt in erster Linie zu der Herausgabe der Daten des Erblassers an die Erben. Daten und damit vor allem Bestands-, Profil- oder Nutzerdaten Dritter werden dabei regelmäßig nicht herausgegeben. Der Erbe wird allenfalls die gleiche Einsicht in die Kommunikation und in das – für den Erblasser – von einem Dritten freigegebene Online-Profil erhalten wie der Erblasser selbst. Diese Daten werden durch die Dienstanbieter damit nicht herausgegeben im eigentlichen Sinne. Vielmehr kann der Erbe sich durch eigene aktive Nutzung des Accounts des Erblassers Kenntnis von diesen Daten verschaffen, die dem Erblasser von dem Dritten selbst zugänglich gemacht worden sind. Eine aktive Herausgabe der Daten Dritter durch den Dienstanbieter liegt damit nicht vor.

(2) Hinsichtlich Kenntnisnahme durch die Erben

Ein Eingriff kann aber in der möglichen Kenntnisnahme solcher Daten durch den Erben liegen, die vom Dritten für den Erblasser freigegeben worden sind.

(a) Einsicht in Social-Media-Accounts Dritter

Im Rahmen nahezu jedes Social-Media-online-Dienstes kann der Nutzer selbst entscheiden, für wen sein Profil sichtbar sein soll.[986] Von der Freigabe für die breite Öffentlichkeit bis hin zur alleinigen Freigabe des Profils für bestätigte „Freunde" sind

984 Siehe vergleichbare Beurteilung bei: Pruns, Keine Angst vor dem digitalen Nachlass! Erbrecht vs. Fernmeldegeheimnis, NWB 2014, Heft 29, 2175, der die bloße Kenntnisnahme durch die Erben für eine Verletzung ebenfalls für nicht ausreichend hält und dies mit den §§ 2047 Abs. 2, 2374 S. 2 BGB begründet.

985 Zum jeweiligen Schutzbereich siehe oben unter den Gliederungspunkten F. II. 2. a. bb. und dd.

986 Siehe nur exemplarisch die Angabe in „2. Teilen deiner Inhalte und Informationen" der Unternehmensinformationen von Facebook, Stand: 30.01.2015, in der auf die Privatsphäre-Einstellungen verwiesen wird, auf die über den Account zugegriffen werden kann, abrufbar unter: https://de-de.facebook.com/legal/terms, zuletzt besucht am: 01.10.2015.

viele Zwischenlösungen möglich. Können vollständig öffentlich gestaltete Profile ohnehin von jedermann eingesehen werden, scheidet ein Eingriff durch Betrachtung des Profils durch den Erben aus. Schließlich ist die Einsicht durch die Öffentlichkeit in diesem Fall von dem Profilinhaber gewollt und beabsichtigt. Er ist mit der Kenntnisnahme einverstanden.

Abweichend davon kann vom Dritten eine Kenntnisnahme durch den Erben eines Profilinhabers aber auch ungewollt sein. „Erbt" dieser das Profil, kann er dieses nutzen wie der Erblasser selbst. Er bleibt weiterhin mit den bestätigten Online-Freunden des Erblassers befreundet und erhält selbst dann Einsicht in deren Profile, wenn diese für die Öffentlichkeit unsichtbar gemacht sind. Der Erbe ist jedoch kein „bestätigter" Freund, dem der Zugriff explizit erlaubt worden ist. Auch die Tatsache, dass neben dem Erblasser noch weitere Freunde des Dritten das Profil einsehen können, ändert nichts daran, dass das Profil nicht – auch nicht „im Kleinen" – einer Öffentlichkeit zugänglich ist. Auf einer Profilseite stellt sich der Profilinhaber selbst vor und dar, indem er etwa Fotos von sich zeigt und persönliche Details seines Lebens preisgibt. Neben dem Kommunikationsaspekt hat dies auch den Zweck der Selbstbeschreibung und Selbstdarstellung des Profilinhabers gegenüber anderen. Dies wird oft das eigene Bild des Profilinhabers von sich selbst widerspiegeln und dem Betrachter zeigen, welche Person er vor sich hat. Zwar könnte argumentiert werden, dass der Profilinhaber gemäß dieses Bildes, das er von sich und seiner Persönlichkeit selbst hat, von der gesamten Öffentlichkeit wahrgenommen werden möchte. Jedoch spielt hier auch die Frage der Privatheit eine wesentliche Rolle. Welche Informationen preisgegeben werden und wem gegenüber diese sichtbar sein sollen, entscheidet der Profilinhaber. Dass eine Person sein Profil einsehen kann, der er selbst den Zugriff nicht gestattet hat, könnte daher als Eingriff gesehen werden.

(b) Einsicht in E-Mails

Die Einsichtnahme in versandte und empfangene E-Mails des Erblassers geht sogar noch einen Schritt weiter. Hier ist nicht das nach außen hin dargestellte Bild des Dritten von sich selbst betroffen, sondern individuelle Informationen und Nachrichten an den oder von dem Erblasser. Anders als Profilangaben ist die E-Mail möglicherweise noch persönlicher, der Empfänger- und Adressatenkreis noch exklusiver. Dies ist im Grunde vergleichbar mit einem persönlichen Gespräch, bei dem der Nutzer auch selbst entscheidet, wem er was von sich anvertraut. Nur weil er eine Person ins Vertrauen zieht, heißt das nicht, dass er die gleiche Information auch öffentlich macht.

Ebenso ist Vertrauen auch nicht familiär oder sonst wie „vererbbar". Was der Dritte einer Person anvertraut hat, wird er nicht zwangsläufig auch einer – ihm unter Umständen völlig fremden – anderen Person erzählen wollen, nur weil diese etwa ein Verwandter des Vertrauten ist und die Information „in der Familie" bleibt. Dies belegen eindrücklich die Fälle, in denen die Familie gerade nichts erfahren soll, wie etwa im Fall der heimlichen Geliebten.[987]

---

987 Beispiel siehe oben unter Gliederungspunkt A. I. 4.

cc. *Ausschluss durch Einwilligung zur Kenntnisnahme durch den Account-Inhaber*

Möglich ist jedoch, dass der Dritte in den Grundrechtseingriff sowohl hinsichtlich der Profil- als auch hinsichtlich der E-Mail-Einsicht einwilligt. Von einer solchen Einwilligung durch den Dritten ist auszugehen,[988] weil dieser bewusst in die Kenntnisnahme durch den Inhaber des anderen Accounts einwilligt und sich diese Einwilligung auf den Account und nicht auf die dahinterstehende Person bezieht.

(1) Einwilligung bezieht sich auf den Account

Schließlich erteilt der Kommunikationspartner sein Einverständnis dazu, dass der jeweilige, sich ordnungsgemäß einloggende Account-Nutzer die von ihm geposteten oder versandten Informationen erhält oder zumindest Kenntnis davon erlangen kann. Die Annahme einer Einwilligung erscheint nur auf den ersten Blick abwegig: Es ist zwar im Rahmen des allgemeinen Nutzerverhaltens unüblich, dass ein Wechsel von Account-Inhabern stattfindet. Die Erstellung und Nutzung eines Accounts ist ein persönliches Unterfangen, sodass auch der Kommunikationspartner mit einem Account-Inhaber-Wechsel grundsätzlich – und vor allem zu Lebzeiten des Kommunikationspartners – weder rechnen kann noch muss. Die Einwilligung der Kenntnisnahme bezieht sich damit zunächst nur und ausschließlich auf die Kenntnis

---

988 Siehe auch Ausführungen zur Einwilligung bei: Pruns, Keine Angst vor dem digitalen Nachlass! Erbrecht vs. Fernmeldegeheimnis, NWB 2014, Heft 29, 2175 ff., der die Frage einer möglichen Einwilligung aber vor allem im Rahmen des § 88 TKG, unter Heranziehung des Vergleichs zum Brief- und Postgeheimnis aus Art. 10 GG diskutiert und sich letztlich für das Vorliegen einer mutmaßlichen Einwilligung entscheidet. Die Überlegungen zur möglichen Einwilligung werden dort aber mit einer anderen Begründung vorgenommen: So soll entweder eine „erbrechtliche Fiktion" eintreten, wonach die Stellung des Verstorbenen als Empfänger im Rahmen des Kommunikationsvorgangs und damit als Adressat der Einwilligung, die der Absender mit Versenden der Nachricht erklärt habe, als Teil des Nachlasses auf den Erben übergehe. Alternativ sei die Einwilligung zu bejahen, weil die Auslegung der Einwilligung ergebe, dass sie auch gegenüber dem Erben erteilt werden solle, was im Rahmen geschäftlicher E-Mails ohne weiteres, aber auch bei privaten E-Mails grundsätzlich anzunehmen sei. Auf die Fortgeltung der Einwilligung komme es jedoch gar nicht an, da zu Gunsten der Erben die Grundsätze einer mutmaßlichen Einwilligung anwendbar seien. Diese beruhe auf dem Prinzip des überwiegenden Interesses. So liege es im Interesse der Geschäftspartner des Erblassers, dass geschäftliche Beziehungen zügig fortgesetzt würden. Private Kontakte wünschten dagegen regelmäßig die In-Kenntnis-Setzung von dem Todesfall. Der Fall der heimlichen „Liebes-E-Mail" sei dagegen selten, weshalb ein überwiegendes Interesse des Absenders an der Kenntnis durch den Erben zu vermuten sei. Zudem überwiege ohnehin das schutzwürdige Interesse des Erben an der Sichtung der elektronischen Korrespondenz des Verstorbenen, um sich für die Annahme oder die Ausschlagung der Erbschaft zu entscheiden.

des jeweiligen Account-Inhabers. Jedoch werden die „Freundschaftsbestätigungen“ für einen bestimmten Account erteilt, genauso wie E-Mails an eine bestimmte E-Mail-Adresse versandt werden. Diese werden zwar mit einer individuellen Person in Verbindung gebracht, jedoch erteilt der Absender damit dem Dienstleister auch den Auftrag, dass diese Angaben von dem jeweiligen Nutzer, der die Zugangsdaten kennt und sich ordnungsgemäß einloggt, gesichtet werden können. Dem Dienstleister wird dabei gerade nicht die Pflicht auferlegt, vor jeder Übermittlung zu prüfen, ob sich auch tatsächlich die richtige Person und damit der Account-Inhaber als Vertragspartner des Dienstleisters eingeloggt hat. Vielmehr soll der Dienstleister dem ordnungsgemäßen Account-Nutzer die Informationen bereitstellen.

Anders als bei der Nutzung der häuslichen, postalischen Adresse oder bei der persönlichen oder telefonischen Kommunikation ist die Kommunikation per Telemedien aber von Natur aus gegen Manipulationen anfälliger, gerade diese Anfälligkeit war schließlich auch ein grundlegendes Argument für die Schaffung des Fernmeldegeheimnisses.[989] Anders als etwa bei der postalischen Anschrift ist es im Grunde jedem möglich, sich unter einem – etwa auch falschen – Namen eine E-Mail-Adresse einzurichten oder diesen Namen zur Eröffnung eines Social-Media-Accounts zu verwenden. Die tatsächliche Identität des Account-Nutzers ist dabei nicht immer zweifelsfrei erkennbar,[990] es kann auch bewusst ein „Fake-Account“ unter falscher Namensangabe erstellt werden.[991] Der Dienstleister überprüft grundsätzlich – gerade bei Social-Media-Accounts – auch beim Vertragsschluss nicht die Person des Nutzers.[992] Allein durch die Nutzung dieser Medien entscheidet sich der Kommunikationsteilnehmer – und zwar hinsichtlich jeder zu versendenden Nachricht erneut – bewusst für einen schnelleren, eventuell aber unsichereren Kommunikationsweg. Anders als im Rahmen eines persönlichen Kommunikationsvorgangs nimmt der Absender damit – bei Nutzung eines Telekommunikationsdienstes – in Kauf, dass die Übermittlung seiner Nachricht eben nur den Account des Empfängers und nicht diesen direkt – wie bei einem persönlichen Gespräch von Angesicht zu

989 Siehe oben unter Gliederungspunkten: F. I. 3. a. und F. I. 3. b.

990 Siehe auch Herzog, Der digitale Nachlass – ein bisher kaum gesehenes und häufig missverstandenes Problem, NJW 2013, 3745, 3746, die dies im Zusammenhang mit den praktischen Schwierigkeiten des digitalen Nachlasses und insbesondere hinsichtlich der Auffindbarkeit von Freemail-Accounts zu bedenken gibt.

991 Dieses Argument auch bei: Brinkert/Stolze/Heidrich, Der Tod und das soziale Netzwerk, Digitaler Nachlass in Theorie und Praxis, ZD 2013, 153, 155, unter Benennung eines Twitter-Accounts als Beispiel für ein Pseudonym-Konto – dort angeführt im Zusammenhang mit der Frage nach der Vererbbarkeit eines Accounts.

992 Argument auch bei: Brinkert/Stolze/Heidrich, Der Tod und das soziale Netzwerk, Digitaler Nachlass in Theorie und Praxis, ZD 2013, 153, 155, oben dargestellt unter Gliederungspunkt D. I. 3. b.; und bei: Martini, Der digitale Nachlass und die Herausforderung postmortalen Persönlichkeitsschutzes im Internet, JZ 2012, 1145, 1147, oben dargestellt unter Gliederungspunkt D. II. 1. b.

Angesicht oder am Telefon – persönlich erreicht. Stattdessen wird die Nachricht in dem Account bereitgehalten, bis der Nutzer sich das nächste Mal einloggt. Daher muss sich die Einwilligung des Nutzers auf den jeweiligen Account beziehen, für den er die Einwilligung zur Einsicht erteilt.

(2) Erbe als rechtmäßiger Account-Inhaber

Mit Eintritt des Erbfalls wird der Erbe nach der hier vertretenen Auffassung gemäß § 1922 BGB auch Erbe des digitalen Nachlasses des Erblassers und tritt damit in die Rechtsposition des Erblassers ein. Der Erbe wird damit Account-Inhaber und -Berechtigter. Die Absendung einer Nachricht oder die „Einladung", den eigenen Account einzusehen, beinhaltet damit die Einwilligung des Kommunikationspartners, dass die Inhalte für den anderen Account-Inhaber und bei dessen Versterben auch für dessen Rechtsnachfolger sichtbar werden. So kann die heimliche Geliebte wählen, ob sie sich auf den „unsichereren" Weg der E-Mail verlässt oder ihrem verheirateten Liebhaber lieber einen klassischen Brief schreibt. Aber selbst bei diesem ist der Absender nicht vor der Preisgabe des Inhalts durch den Empfänger gegenüber Dritten geschützt[993] und auch bei dem Empfang der E-Mail besteht die Möglichkeit, diese nicht zu speichern, sondern zu löschen.

4. Zwischenergebnis: Kein Eingriff in Art. 2 Abs. 1 GG i. V. m. Art. 1 Abs. 1 GG

Mit der Auffassung, dass sich die Einwilligung nicht auf die Person, sondern auf den Account bezieht, wird den Besonderheiten des Telekommunikationsverkehrs entsprochen. Schließlich soll das allgemeine Persönlichkeitsrecht einen entwicklungsoffenen Schutzbereich aufweisen,[994] der gerade auf solche Besonderheiten eingehen kann. Damit liegt kein Eingriff in das allgemeine Persönlichkeitsrecht der Kommunikationspartner vor.

III. Ergebnis: Kein Entgegenstehen des Verfassungsrechts

Das Verfassungsrecht und damit insbesondere das Fernmeldegeheimnis und das allgemeine Persönlichkeitsrecht stehen damit dem Ergebnis, dass der digitale Nachlass im Wege der Gesamtrechtsnachfolge – wie sämtliches andere Vermögen auch – auf die Erben übergeht, nicht entgegen. Es sind weder die Grundrechte des Erblassers noch die Dritter, insbesondere der Kommunikationsteilnehmer, verletzt. Schließlich haben diese in die Bereitstellung der Informationen für den Account des Erblassers eingewilligt. Diese Einwilligung ist nicht an die Person des Erblassers selbst gebunden, sie bezieht sich auf das Sichtbar-Werden der Informationen in dessen Account.

---

993 Siehe nur bei: Pruns, Keine Angst vor dem digitalen Nachlass! Erbrecht vs. Fernmeldegeheimnis?, NWB 2014, Heft 29, 2175 ff.

994 Siehe obige Ausführungen unter Gliederungspunkt: F. II. 2.

G. Zusammenfassung und Ausblick

Zusammenfassend ist festzuhalten, dass nach der hier vertretenen Auffassung im Bereich des Erbrechts die vorhandenen Regelungen ausreichend sind und eine Neuregelung daher entbehrlich ist. Um den tatsächlichen Übergang des digitalen Nachlasses auf die Erben zu ermöglichen, ist jedoch eine Ergänzung der datenschutzrechtlichen Regelungen erforderlich.[995]

I. Gesamtergebnis status quo

1. Erbrechtliche Regelungen ausreichend

Der digitale Nachlass fällt unter den Vermögensbegriff des § 1922 Abs. 1 BGB und wird daher im Rahmen der Universalsukzession mit dem restlichen Nachlass zusammen vererbt.[996] Der digitale Nachlass geht damit auf die Erben – und nicht auf die nächsten Angehörigen – über. Der grundsätzlichen Vererblichkeit des digitalen Nachlasses stehen weder die vorhandenen datenschutzrechtlichen Regelungen noch die Normen des Grundgesetzes entgegen.

2. Datenschutzrechtliche Regelungen nicht ausreichend

Die datenschutzrechtlichen Vorschriften treffen zwar selbst keine Aussage über die Erbfolge hinsichtlich des digitalen Nachlasses. Dies ist aber aufgrund der Anwendbarkeit des § 1922 Abs. 1 BGB auch nicht notwendig. Es fehlt aber eine Befugnisregelung, die für den tatsächlichen Übergang des digitalen Nachlasses erforderlich ist: Eine Regelung, die die Dienstanbieter zur Herausgabe der Daten an die Erben autorisiert.[997] Hier ist der Gesetzgeber aufgefordert, die mit den technischen Entwicklungen entstandenen Regelungslücken zu schließen. Es muss gesetzlich sichergestellt werden, dass es den Dienstleistern erlaubt ist, den Erben Zugriff auf die Zugangs- und inhaltlichen Daten des Erblassers zu gewähren. Anders als im Rahmen des Erbrechts ist daher auf diesem Gebiet eine Neuerung erforderlich.

---

995 Damit im Ergebnis dem DAV folgend, der auch eine Ergänzung des Telekommunikationsgesetzes für erforderlich hält, siehe: DAV-Stellungnahme Nr.: 34/2013, S. 6 ff., abrufbar unter: http://anwaltverein.de/files/anwaltverein.de/downloads/newsroom/stellungnahmen/2013/SN-DAV34-13.pdf, zuletzt besucht am: 16.10.2015.

996 So auch überwiegende Meinung der oben unter Gliederungspunkt D. dargestellten Ansichten.

997 Ebenso im Ergebnis Mayen, in: DAV-Stellungnahme Nr.: 34/2013, S. 81 f., abrufbar unter: http://anwaltverein.de/files/anwaltverein.de/downloads/newsroom/stellungnahmen/2013/SN-DAV34-13.pdf, zuletzt besucht am: 16.10.2015

Wie unter Gliederungspunkt D. dieser Bearbeitung ausgeführt, bestehen bereits unterschiedliche Gesetzesvorschläge in der Literatur.

II. Überblick über (bisherige) Gesetzesvorschläge – Ausblick

1. Vorgeschlagene Neuregelungen vom DAV im Telekommunikationsgesetz

a. Eintritt des Ehegatten oder eines Angehörigen in den Telekommunikationsdienstevertrag des Erblassers

Entsprechend obiger Darstellung[998] fordert der deutsche Anwaltverein die Ergänzung eines neu einzuführenden § 43 c TKG, demzufolge der Ehegatte oder der eingetragene Lebenspartner des Erblassers, der mit diesem einen gemeinsamen Haushalt geführt hat, bei Verträgen über die Erbringung von Telekommunikationsdiensten im Festnetz in ein von dem Erblasser allein geführtes Vertragsverhältnis automatisch eintritt.[999] Ersatzweise sollen Kinder, andere Angehörige oder sonstige Personen, die mit dem Erblasser einen gemeinsamen Haushalt geführt haben, in den Vertrag eintreten. Der Eintritt der Erben solle nur als letzte Option erfolgen, soweit keine Person eintrete, die in einem gemeinsamen Haushalt mit dem Erblasser gelebt habe.

b. Legitimation zur Zugriffsverschaffung für die Erben

Zudem schlägt der DAV entsprechend obiger Ausführungen[1000] vor, den § 88 TKG um einen Absatz 5 zu erweitern.[1001] Demgemäß soll die in § 88 Abs. 3 S. 2 TKG festgelegte Befugnis der Dienstleister zur Verwendung der Daten auch auf die Verschaffung des Zugangs zu den Daten für die Erben ausgeweitet werden.

2. Unterstützung des DAV-Vorschlags hinsichtlich der Einführung eines § 88 Abs. 5 TKG

Wie bereits ausgeführt, ist eine Neuregelung in Form einer Ergänzung des Telekommunikationsgesetzes erforderlich, um den praktischen Übergang des digitalen Nachlasses auf die Erben zu ermöglichen. Dem Gesetzesvorschlag des DAV ist daher

998 Siehe oben unter Gliederungspunkt: D. II. 2. b.

999 DAV-Stellungnahme Nr.: 34/2013, S. 6, abrufbar unter: http://anwaltverein.de/files/anwaltverein.de/downloads/newsroom/stellungnahmen/2013/SN-DAV34-13.pdf, zuletzt besucht am: 16.10.2015.

1000 Siehe oben unter Gliederungspunkt: D. II. 2. b.

1001 DAV-Stellungnahme Nr.: 34/2013, S. 6, abrufbar unter: http://anwaltverein.de/files/anwaltverein.de/downloads/newsroom/stellungnahmen/2013/SN-DAV34-13.pdf, zuletzt besucht am: 16.10.2015.

im Grunde zuzustimmen. Diese Zustimmung bezieht sich jedoch nur auf die Ergänzung des vorgeschlagenen § 88 Abs. 5 TKG und nicht auf die Einführung des vorgeschlagenen § 43 c TKG.

a. Keine Ergänzung eines § 43 c TKG

Die vom DAV geforderte Einführung eines neuen § 43 c TKG wird im Rahmen der vorliegenden Bearbeitung nicht unterstützt. Diese Regelung würde eine Abweichung von den Grundregeln der Universalsukzession darstellen, für die aber im vorliegenden Fall kein Bedürfnis besteht. Der automatische Eintritt des anderen Haushaltsführenden würde für diesen zwar tatsächlich eine Erleichterung darstellen. Die Anschlusszeit für einen Neuanschluss ist in der Regel jedoch unerheblich lange. Zudem ist die Verfügbarkeit von Festnetznummern und einem Internetzugang nicht mehr an ein verlegtes Kabel in der Wohnung geknüpft. Dem anderen Haushaltsführenden ist es daher möglich und zumutbar, sich selbst um einen neuen Anschluss zu bemühen. Gerade wenn der Ehegatte – als Hauptanwendungsfall der vorgeschlagenen Regelung in Absatz 1 – durch den Erblasser nicht als Erben eingesetzt worden und nicht gesetzlicher Erbe des Erblassers geworden ist, erfolgt dies auf der bewussten Entscheidung des Verstorbenen. Daher ist nicht verständlich, weshalb der Ehegatte, der bewusst aus der Erbfolge herausgenommen worden ist, nun doch privilegiert werden sollte.

b. Ergänzung eines § 88 Abs. 5 TKG

Dagegen muss den Dienstanbietern die gesetzliche Befugnis eingeräumt werden, den Erben Zugriff auf die Daten des Erblassers zu verschaffen.[1002] Nach den derzeitig bestehenden gesetzlichen Regelungen in § 88 TKG ist es den Dienstleistern untersagt, die Daten eines Nutzers zu anderen als zu den gesetzlich geregelten Zwecken zu verwenden und diese an andere herauszugeben. Die Dienstleister müssen aber den Erben Zugriff zu den Daten verschaffen können, ohne gegen ein Gesetz zu verstoßen und ohne eine gesetzliche Sanktion befürchten zu müssen: Der Vorschlag des DAV hinsichtlich der Ergänzung eines § 88 Abs. 5 TKG wird daher im Rahmen der vorliegenden Bearbeitung ausdrücklich unterstützt – jedoch ohne den Zusatz, der sich auf den ebenfalls vom DAV vorgeschlagenen § 43 c TKG bezieht:

> „§ 88 Abs. 5 TKG-E
> *(5) [1]Gehen gemäß § 1922 des Bürgerlichen Gesetzbuches Vertragsbeziehungen oder einzelne Ansprüche über Telekommunikationsdienste oder über Telekommunikationsinhalte im Wege der Universalsukzession über, so besteht die Befugnis des Diensteanbieters nach Absatz 3 Satz 2 auch gegenüber dem Gesamtrechtsnachfolger […]. [2]Der Diensteanbieter*

1002 Siehe oben Ausführungen unter Gliederungspunkt E. II. 2. b. bb. und E. II. 5.

kann diesen Personen insbesondere in gleicher Weise Zugang zu den bei ihm gespeicherten Daten gewähren wie dem ursprünglichen Teilnehmer."[1003]

3. Kein Erfordernis weitergehender Neuregelungen

Weitergehende Neuregelungen sind jedoch nicht erforderlich.

a. Kein Regelungsbedürfnis entsprechend den Kodifikationen der amerikanischen Bundesstaaten

Darüber hinaus besteht in Deutschland kein Bedarf für detaillierte Regelungsabschnitte, wie sie etwa im Fiduciary Access to Digital Assets Act 2014[1004] vorgeschlagen worden sind. Dies beruht auf den grundsätzlichen Unterschieden des deutschen und des „amerikanischen" Erbrechts-Systems.[1005] Schließlich ist dem „amerikanischen Erbrecht" das Prinzip der Universalsukzession fremd.[1006] Mit dem § 1922 Abs. 1 BGB besteht im deutschen Recht eine allgemeingültige Regelung, nach der das gesamte Vermögen des Verstorbenen und damit die Gesamtheit seiner Rechtsverhältnisse auf den Erben übergeht.[1007] Der Erbe selbst ist daher bereits mit Rechten und Befugnissen bezüglich des Nachlasses ausgestattet, so dass ihm diese – anders als einem amerikanischen Vermögensverwalter – nicht noch zusätzlich eingeräumt werden müssen.

b. Keine Legaldefinition des digitalen Nachlasses

Einer Legaldefinition des digitalen Nachlasses bedarf es nicht. Diese würde zwar Unklarheiten bezüglich des Umfangs des digitalen Nachlasses ausräumen. Die hier vorgeschlagene Definition[1008] wurde auch bewusst so gewählt, dass möglichst alle Neuerscheinungen und neue Ausprägungen der digitalen Welt erfasst werden. Jedoch sind nicht alle Neuerungen auf diesem Gebiet vorhersehbar, so dass in Zukunft auch Neuentwicklungen denkbar sind, für die dann die hier vorgeschlagene Definition nicht mehr ausreichen wird. Bei einer Kodifizierung müssten ständig gesetzliche Angleichungen vorgenommen werden. Auch im Hinblick auf die Praktikabilität kann eine solche Regelung nicht angestrebt werden.

1003 DAV-Stellungnahme Nr.: 34/2013, S. 6, abrufbar unter: http://anwaltverein.de/files/anwaltverein.de/downloads/newsroom/stellungnahmen/2013/SN-DAV34-13.pdf, zuletzt besucht am: 16.10.2015.

1004 Siehe oben unter Gliederungspunkt C. I. 2. a.

1005 Zum „US-amerikanischen Erbrecht" siehe Ausführungen unter Gliederungspunkt C. I. 1.

1006 Siehe oben unter Gliederungspunkt C. I. 1. b. aa.

1007 Siehe nur: Palandt-Weidlich, BGB, 74. Auflage 2015, § 1922 Rn. 7.

1008 Siehe oben unter Gliederungspunkt E. I. 1. c. bb. (1) (a) (bb).

c. *Keine Ergänzung eines § 13 Abs. 4 Nr. 3 a TMG*

Ebenso abzulehnen ist die von Martini geforderte[1009] Einführung eines neuen § 13 Abs. 4 Nr. 3 a TMG, wonach der Dienstanbieter verpflichtet werden soll, seine Kunden aufzufordern und in geregelten Abständen zu erinnern, Anordnungen hinsichtlich ihres Accounts für ihren Todesfall zu treffen[1010]. Schließlich ist bereits durch die Anwendbarkeit des § 1922 Abs. 1 BGB geklärt, wie sich die Rechtsnachfolge in den digitalen Nachlass vollzieht. Weitere konkrete Regelungen des Erblassers sind daher nicht erforderlich, so dass eine Aufforderung an die Nutzer seitens des Dienstanbieters unterbleiben kann. Solche „online" getroffenen Anordnungen würden ohnehin nicht den Formerfordernissen für eine wirksam errichtete letztwillige Verfügung von Todes wegen entsprechen.[1011]

Aufgrund der Testierfreiheit des Erblassers[1012] kann eine Verfügung konkret hinsichtlich des digitalen Nachlasses getroffen werden.[1013] Diese muss aber, wie jede andere Verfügung von Todes wegen auch, den Formvoraussetzungen der §§ 2231 ff. BGB entsprechen.[1014] Die separate Errichtung eines „digitalen Testaments"[1015] ist jedoch nicht erforderlich, wenn der digitale Nachlass auch auf den gesetzlichen Erben – soweit der spätere Erblasser keine Verfügung von Todes wegen errichtet – oder – bei Errichtung einer Verfügung von Todes wegen – auf den bestimmten Erben übergehen soll.

1009 Siehe oben unter Gliederungspunkt D. II. 1. e.

1010 Martini, Der digitale Nachlass und die Herausforderung postmortalen Persönlichkeitsschutzes im Internet, JZ 2012, 1145, 1154.

1011 Vergleiche auch: Bräutigam, in: DAV-Stellungnahme Nr.: 34/2013, S. 93, abrufbar unter: http://anwaltverein.de/files/anwaltverein.de/downloads/newsroom/stellungnahmen/2013/SN-DAV34-13.pdf, zuletzt besucht am: 16.10.2015.

1012 Siehe zur Testierfreiheit nur: BVerfG, NJW 2001, 141; 1995, 2977 (wonach das Erbrecht die Funktion innehat, das private Eigentum des Einzelnen als Grundlage dessen eigenverantwortlicher Lebensgestaltung auch bei Eintritt der Rechtsnachfolge fortbestehen zu lassen).

1013 Siehe hierzu bereits: Martini, Der digitale Nachlass und die Herausforderung postmortalen Persönlichkeitsschutzes im Internet, JZ 2012, 1145, 1149, 1154 („digitale Testierfreiheit") und Hoeren, Der Tod und das Internet – Rechtliche Fragen zur Verwendung von E-Mail- und WWW-Accounts nach dem Tod des Inhabers, NJW 2005, 2113, 2117, der ebenfalls von der Möglichkeit der Anordnung von Verfügungen hinsichtlich des digitalen Nachlasses ausgeht.

1014 Siehe auch: Herzog, in: DAV-Stellungnahme Nr.: 34/2013, S. 58, abrufbar unter: http://anwaltverein.de/files/anwaltverein.de/downloads/newsroom/stellungnahmen/2013/SN-DAV34-13.pdf, zuletzt besucht am: 16.10.2015.

1015 Siehe zum Begriff „digitales Testament" bereits oben unter Gliederungspunkt: B. II. 1., mit Verweis auf: Bräutigam, in: DAV-Stellungnahme Nr.: 34/2013, S. 93 abrufbar unter: http://anwaltverein.de/files/anwaltverein.de/downloads/newsroom/stellungnahmen/2013/SN-DAV34-13.pdf, zuletzt besucht am: 16.10.2015.

Literaturverzeichnis

I. Zitierte Internetadressen nach Themengebieten geordnet

(Der Zeitpunkt des letzten Abrufs ist jeweils in der entsprechenden Fußnote angegeben)

Artikel

http://news.bbc.co.uk/2/hi/uk_news/magazine/4164669.stm

https://www.everplans.com/tools-and-resources/state-by-state-digital-estate-planning-laws

Columba

https://www.columba.de/kompetenzen

https://www.columba.de/online-schutzpaket

https://www.columba.de/ueber-columba

Gesetzgebung Connecticut

http://www.cga.ct.gov/2005/act/Pa/2005PA-00136-R00SB-00262-PA.htm

Denic

http://www.denic.de/de/bedingungen.html

Facebook

http://allfacebook.de/userdata/

https://de-de.facebook.com/

https://de-de.facebook.com/legal/terms

https://fbcdn-dragon-a.akamaihd.net/hphotos-ak-xaf1/t39.2365-6/851580_339566262843730_1508413489_n.pdf

https://www.facebook.com/about/privacy/

https://www.facebook.com/about/privacy/your-info-on-fb

https://www.facebook.com/business/products/ads/

https://www.facebook.com/Facebook-HQ-166793820034304/timeline/

https://www.facebook.com/help/103897939701143

https://www.facebook.com/help/1568013990080948

https://www.facebook.com/help/265593773453448

https://www.facebook.com/help/contact/228813257197480

https://www.facebook.com/help/contact/305593649477238

https://www.facebook.com/help/contact/398036060275245

https://www.facebook.com/help/contact/651319028315841

https://www.facebook.com/help/www/150486848354038?rdrhc

https://www.facebook.com/legal/terms

Fiduciary Access to Digital Assets Act

http://uniformlaws.org/Committee.aspx?title=Fiduciary%20Access%20to%20Digital%20Assets

http://www.gpo.gov/fdsys/pkg/USCODE-2012-title15/pdf/USCODE-2012-title15-chap96-subchapI-sec7001.pdf

http://www.gpo.gov/fdsys/pkg/USCODE-2012-title18/pdf/USCODE-2012-title18-partI-chap119.pdf

http://www.gpo.gov/fdsys/pkg/USCODE-2012-title18/pdf/USCODE-2012-title18-partI-chap121.pdf

http://www.gpo.gov/fdsys/pkg/USCODE-2012-title18/pdf/USCODE-2012-title18-partI-chap47-sec1030.pdf

http://www.gpo.gov/fdsys/search/pagedetails.action?collectionCode=USCODE&searchPath=Title+18%2FPart+I%2FCHAPTER+121&granuleId=USCODE-2012-title18-partI-chap119&packageId=USCODE-2012-title18&oldPath=Title+18%2FPart+I%2FCHAPTER+121&fromPageDetails=true&collapse=false&ycord=3228

http://www.uniformlaws.org/shared/docs/Fiduciary%20Access%20to%20Digital%20Assets/2011jul5_DigitalAssets_Hennig%20Proposal%20Supplement.pdf

http://www.uniformlaws.org/shared/docs/Fiduciary%20Access%20to%20Digital%20Assets/2014mar_FADA_Mtg%20Draft.pdf

Gmx.de und Web.de

http://agb.web.de/WEB.DE/AGB/20120801/

http://service.gmx.net/de/cgi/g.fcgi/products/mail/agb

http://service.gmx.net/de/cgi/g.fcgi/products/mail/agb/privacy/popup?sid=babhdee.1385467585.3244.ymrdxbtvex.78.prj#moveData

http://web.de/Impressum/

http://www.gmx.net/impressum/

http://www.gmx.net/produkte/mail/?mc=fm@hp@reiter.fm

http://www.gmx.net/produkte/mail/freemail/#.mail.teaser_1.1.mail_freemail

https://kontakt.gmx.net/?page=1

https://registrierung.gmx.net/;jsessionid=E0A1C560AF4AE95AAF27DD7226C4B920.LoWk2-xC7gA-U2ECEBLVf0HNgrA?0

https://service.gmx.net/de/cgi/g.fcgi/products/mail/agb

Google

http://www.google.com/about/company/facts/locations/

http://www.google.com/about/products/

https://accounts.google.com/SignUp?continue=https%3A%2F%2Faccounts.google.com %2FManageAccount

https://accounts.google.com/SignUp?dsh=947841801792602121&service

https://support.google.com/accounts/answer/1333913?hl=de&ref_topic=2373943&vid=0-635803500747078294-1028037097

https://support.google.com/accounts/answer/3036546?hl=de

https://support.google.com/accounts/contact/deceased?hl=de&rd=1

https://support.google.com/accounts?vid=0-635803500747078294-1028037097#topic=3382296

https://support.google.com/mail/answer/32046?hl=de&ref_topic=3394590

https://www.google.de/policies/terms/regional.html

https://www.youtube.com/yt/about/de/

Herbstakademie 2013

http://jurpc52.w2kroot.uni-oldenburg.de/ha13/Haase_-_Herbstakademie_2013/23_Haase_PPP_HA2013_1_12_09_2013_15_51_36.html

Gesetzgebung Idaho

http://legislature.idaho.gov/legislation/2011/S1044.htm

http://legislature.idaho.gov/legislation/2011/S1044.pdf

Gesetzgebung Indiana

http://www.in.gov/legislative/bills/2007/ES/ES0212.1.html

Gesetzgebung Maine

http://www.maine.gov/legis/opla/JUDSUMS2014.pdf

http://www.mainelegislature.org/legis/bills/display_ps.asp?ld=850&PID=1456&snum=126

http://www.mainelegislature.org/legis/bills/getPDF.asp?paper=HP0601&item=3&snum=126

http://www.mainelegislature.org/legis/bills/getPDF.asp?paper=HP1248&item=1&snum=126

Gesetzgebung Maryland

http://mgaleg.maryland.gov/webmga/frmMain.aspx?pid=billpage&stab=01&id=SB0029&tab=subject3&ys=2013RS

Gesetzgebung Michigan

http://www.legislature.mi.gov/%28S%28etkct055wjkl2tmszsvp3045%29%29/mileg.aspx?page=GetObject&objectname=2012-HB-5929

Mywebwill

https://twitter.com/mywebwill

Gesetzgebung Nevada

http://www.leg.state.nv.us/NRS/

http://www.leg.state.nv.us/NRS/NRS-143.html#NRS143Sec188

http://www.leg.state.nv.us/Session/77th2013/Bills/SB/SB131_EN.pdf

http://www.leg.state.nv.us/Session/77th2013/Reports/history.cfm?billname=SB131

Gesetzgebung New Jersey

http://www.njleg.state.nj.us/2012/Bills/A3000/2943_R1.HTM

Gesetzgebung New York

http://open.nysenate.gov/legislation/bill/A823-2013

Gesetzgebung North Carolina

http://www.ncleg.net/Applications/BillLookUp/LoadBillDocument.aspx?SessionCode= 2013&DocNum=4541&SeqNum=0

http://www.ncleg.net/gascripts/BillLookUp/BillLookUp.pl?Session=2013&BillID=s279&submitButton=Go

http://www.ncleg.net/Sessions/2013/Bills/Senate/PDF/S279v0.pdf

http://www.ncleg.net/Sessions/2013/Bills/Senate/PDF/S279v2.pdf

http://www.ncleg.net/Sessions/2013/Bills/Senate/PDF/S279v4.pdf

Gesetzgebung North Dakota

http://www.legis.nd.gov/assembly/63-2013/bill-actions/ba1455.html

http://www.legis.nd.gov/assembly/63-2013/journals/hr-dailyjnl-10.pdf#pagemode=bookmarks&Page182

http://www.legis.nd.gov/assembly/63-2013/journals/sr-dailyjnl-63.pdf#pagemode=bookmarks&Page1205

Gesetzgebung Oklahoma

http://webserver1.lsb.state.ok.us/cf_pdf/2009-10%20ENR/hB/HB2800%20ENR.PDF

http://www.oklegislature.gov/BillInfo.aspx?Bill=HB2800&Session=1000

Gesetzgebung Oregon

https://olis.leg.state.or.us/liz/2013R1/Measures/Overview/SB54

Parship.de

http://kw.parship.de/impressum/index.htm

https://www.parship.de/agb/index.htm

https://www.parship.de/datenschutz/index.htm

https://www.parship.de/editorial/tour/

https://www.parship.de/editorial/tour/mitgliedschaft/

https://www.parship.de/editorial/tour/parship-prinzip/

https://www.parship.de/editorial/tour/service-und-coaching

https://www.parship.de/editorial/tour/sicherheit/

https://www.parship.de/editorial/unternehmen/

https://www.parship.de/profile/registration?pscode=01_100_10001_0887_2519_0025_empty_ AF00ID_GV00ID

Passwordbox

http://customersupport.mcafee.com/FAQDocument.aspx?lc=1033&id=IN10015

http://legacylocker.com/

https://www.passwordbox.com/

https://www.passwordbox.com/de/privacy

https://www.passwordbox.com/de/terms

PayPal

https://www.paypal.com/de/webapps/mpp/about

https://www.paypal.com/de/webapps/mpp/ua/useragreement-full?locale.x=de_DE#int_1

Gesetzgebung Pennsylvania

http://www.legis.state.pa.us/cfdocs/billInfo/bill_history.cfm?syear=2011&sind=0&body=H&type=B&bn=2580

Gesetzgebung Rhode Island

http://webserver.rilin.state.ri.us/Statutes/title33/33-27/33-27-1.HTM

http://webserver.rilin.state.ri.us/Statutes/title33/33-27/33-27-2.HTM

http://webserver.rilin.state.ri.us/Statutes/title33/33-27/33-27-3.HTM

http://webserver.rilin.state.ri.us/Statutes/title33/33-27/33-27-4.HTM

http://webserver.rilin.state.ri.us/Statutes/title33/33-27/33-27-5.HTM

http://webserver.rilin.state.ri.us/Statutes/title33/33-27/INDEX.HTM

Semno

http://semno.de/

http://semno.de/unternehmensgeschichte/

http://www.donews24.de/barrierearm/siteprint_news.inc.php?news_ID=6962

http://www.semno.de/aktuell.html

http://www.semno.de/bearbeitung-internet.html

http://www.semno.de/gesamtablauf.html

http://www.semno.de/semno-leistungen.html

http://www.semno.de/team.html

http://www.semno.de/unternehmen.html

Stayalive

http://www.stayalive.com/de

http://www.stayalive.com/de/editGrave

http://www.stayalive.com/de/static/faq#punkt12

http://www.stayalive.com/de/static/faq#punkt15

http://www.stayalive.com/de/static/faq#punkt34

http://www.stayalive.com/de/static/faq#punkt4

http://www.stayalive.com/de/static/faq#punkt43

http://www.stayalive.com/de/static/legal

http://www.stayalive.com/freetour

Strassederbesten

http://www.strassederbesten.de/

Twitter

https://about.twitter.com/company

https://about.twitter.com/what-is-twitter/story-of-a-tweet#tweet

https://support.twitter.com/articles/105572#

https://support.twitter.com/articles/106854#

https://support.twitter.com/articles/20170148#

https://support.twitter.com/forms/privacy

https://twitter.com/privacy?lang=de

https://twitter.com/signup

https://twitter.com/tos?lang=de

Uniform Probate Code

http://www.uniformlaws.org/ActSummary.aspx?title=Probate%20Code

http://www.uniformlaws.org/LegislativeFactSheet.aspx?title=Probate%20Code

http://www.uniformlaws.org/shared/docs/probate%20code/2014_UPC_Final_apr23.pdf

Gesetzgebung Virginia

http://leg1.state.va.us/cgi-bin/legp504.exe?000+cod+64.2-100

http://leg1.state.va.us/cgi-bin/legp504.exe?000+cod+64.2-109

http://leg1.state.va.us/cgi-bin/legp504.exe?000+cod+64.2-110

http://leg1.state.va.us/cgi-bin/legp504.exe?000+cod+TOC6402000001000000000000

http://lis.virginia.gov/cgi-bin/legp604.exe?131+ful+HB1584

http://lis.virginia.gov/cgi-bin/legp604.exe?131+ful+SB914

http://lis.virginia.gov/cgi-bin/legp604.exe?131+sum+HB1584

http://lis.virginia.gov/cgi-bin/legp604.exe?131+sum+SB913

http://lis.virginia.gov/cgi-bin/legp604.exe?ses=131&typ=bil&val=hb1752&submit=GO

http://lis.virginia.gov/cgi-bin/legp604.exe?ses=131&typ=bil&val=SB914

Yahoo

https://policies.yahoo.com/ie/de/yahoo/terms/utos/index.htm

https://policies.yahoo.com/us/en/yahoo/terms/utos/index.htm

II. (Online-)Aufsätze

Damsch, Nina: 3100 Euro Lohn: Warum starb Bank-Praktikant Moritz?, in Focus Online, aktualisiert am 21.08.2013, abrufbar unter: http://www.focus.de/panorama/welt/mysterioeser-todesfall-in-london-3100-euro-lohn-im-monat-warum-starb-bank-praktikant-moritz-_aid_1077056.html.

Esterházy, Yvonne/Littmann, Saskia: Tod von Moritz E. wirft weiter Fragen auf, in: Wirtschaftswoche vom 21.08.2013, aktualisiert am 23.08.2013, abrufbar unter: http://www.wiwo.de/erfolg/jobsuche/toter-praktikant-in-london-tod-von-moritz-e-wirft-weiter-fragen-auf/8671238.html.

Hamann, Florian: Erstes Interview: Moritz Erhardts‘ Vater erzählt vom Tod seines Sohnes und beschuldigt die britische Regierung, in: efinancialcareers vom 07.10.2013, abrufbar unter: http://news.efinancialcareers.com/de-de/152489/erstes-interview-moritz-erhardts-vater-erzahlt-vom-tod-seines-sohnes-und-beschuldigt-die-britische-regierung/.

Hamann, Florian: Nach acht Nachtschichten: Deutscher stirbt bei Praktikum im Investmentbanking, in: efinancialcareers vom 20.08.2013, abrufbar unter: http://

news.efinancialcareers.com/149522/nach-acht-nachtschichten-deutscher-stirbt-bei-praktikum-im-investmentbanking/.

Hedemann, Falk: Tod 2.0: MyWebWill regelt den digitalen Nachlass auf Twitter, Facebook & Co., abrufbar unter: http://t3n.de/news/tod-20-mywebwill-regelt-digitalen-nachlass-twitter-263765/.

Kalenda, Florian: Intel verstärkt sich mit PasswordBox im Security-Bereich, in: ZDNet vom 01.12.2014, abrufbar unter: http://www.zdnet.de/88212605/intel-verstaerkt-sich-mit-passwordbox-im-security-bereich/.

Kunkle, Fredrick: Virginia family, seeking clues to son's suicide, wants easier access to Facebook, in: The Washington Post vom 17.02.2013, abrufbar unter: https://www.washingtonpost.com/local/va-politics/virginia-family-seeking-clues-to-sons-suicide-wants-easier-access-to-facebook/2013/02/17/e1fc728a-7935-11e2-82e8-61a46c2cde3d_story.html.

Sancya, Paul: Yahoo will give family slain Marine's e-mail account, in: USA today vom 21.04.2005, abrufbar unter: http://usatoday30.usatoday.com/tech/news/2005-04-21-marine-e-mail_x.htm?POE=TECISVA.

Scheuermann, Christoph: Der Tod eines „Superstars", in: Karriere Spiegel vom 21.08.2013, abrufbar unter: http://www.spiegel.de/karriere/berufsstart/banken-in-london-arbeitete-sich-deutscher-praktikant-zu-tode-a-917788.html.

Sears, Tracy: Facebook sends family information about son's page before his suicide, vom 04.11.2011, überarbeitet am 19.04.2012, abrufbar unter: http://wtvr.com/2011/11/04/facebook-sends-family-information-about-sons-page-before-his-suicide/.

Sears, Tracy: Family wins in fight against Internet giants, on hand when governor signs law, vom 02.07.2013, abrufbar unter: http://wtvr.com/2013/07/02/eric-rash-family-and-lawmakers-push-for-laws-against-internet-giants-after-sons-suicide/.

Siebert, Sören: Briefgeheimnis – Ausspähen von Daten, §§ 202 StGB, in: eRecht24, Ratgeber, Strafrecht, abrufbar unter: http://www.e-recht24.de/artikel/strafrecht/35.html.

Warum Tote bei Facebook zu Problemfällen werden, in Tagesanzeiger Digital, abrufbar unter: http://www.tagesanzeiger.ch/digital/internet/Warum-Tote-bei-Facebook-zu-Problemfaellen-werden/story/18183073?track.

III. Literatur

Badura, Peter: Staatsrecht, Systematische Erläuterungen des Grundgesetzes für die Bundesrepublik Deutschland, 2. neubearbeitete Auflage, München 1996.

Bamberger, Heinz Georg/Roth, Herbert: Beck'scher Online Kommentar BGB, München, Edition 36, Stand: 01.08.2015.

Bender, Albrecht W.: Das postmortale Einsichtsrecht in Krankenunterlagen, Ein zivilrechtliches Spannungsverhältnis zwischen ärztlicher Dokumentations- und Schweigepflicht, 1. Auflage, Berlin 1998.

Berger, Ernst Georg/Gramlich, Ludwig: Corporate Networks im Telekommunikationsrecht, CR 1999, S. 150–159.

Bergmann,Lutz/Möhrle, Roland/Herb, Armin: Datenschutzrecht, Handkommentar Bundesdatenschutzgesetz, Datenschutzgesetze der Länder und Kirchen, Bereichsspezifischer Datenschutz, Loseblattsammlung, Grundwerk-Stand: 19. EGL, Juni 1999, Stuttgart, München, Hannover.

Brinkert, Maike/Stolze, Michael/Heidrich, Joerg: Der Tod und das soziale Netzwerk, Digitaler Nachlass in Theorie und Praxis, ZD 2013, S. 153–157.

Britz, Gabriele: Freie Entfaltung durch Selbstdarstellung, Eine Rekonstruktion des allgemeinen Persönlichkeitsrechts aus Art. 2 I GG, 1. Auflage, Tübingen 2007.

Brucker-Kley, Elke/Keller, Thomas/Kurtz, Lukas/Pärli, Kurt/ Schweizer, Matthias/Studer, Melanie, in: Zürcher Hochschule für Angewandte Wissenschaften, School of Management and Law, Sterben und Erben in der digitalen Welt, Von der Tabuisierung zur Sensibilisierung. Crossing Borders, 1. Auflage, Zürich 2013.

Burandt, Wolfgang/Rojahn, Dieter: Beck'sche Kurzkommentare, Band 65, Erbrecht, 2. Auflage, München 2014.

Däubler, Wolfgang/Klebe, Thomas/Wedde, Peter/Weichert, Thilo: Bundesdatenschutzgesetz, Kompaktkommentar zum BDSG, 4., vollständig neu bearbeitete Auflage, Frankfurt am Main 2014.

Deusch, Florian: Digitales Sterben: Das Ende im Web 2.0, ZEV 2014, S. 2–8.

Deutscher Anwaltverein: Stellungnahme des Deutschen Anwaltvereins durch die Ausschüsse Erbrecht, Informationsrecht und Verfassungsrecht zum Digitalen Nachlass von Juni 2013, Stellungnahme Nr. 34/2013, abrufbar unter: http://anwaltverein.de/files/anwaltverein.de/downloads/newsroom/stellungnahmen/2013/SN-DAV34-13.pdf.

Dietzel, Andreas: Untergang statt Fortbestand – Zur Abgrenzung der unvererblichen Rechtsbeziehungen im Schuldrecht, 1. Auflage, Pfaffenweiler 1991.

Dopatka, Karsten: Digitaler Nachlass – Der Umgang mit elektronischen Daten nach dem Tod, NJW-aktuell Heft 49/2010, S. 14–15.

Dreier, Horst (Hrsg.): Grundgesetz, Kommentar, Band I, Präambel, Artikel 1–19, 3. Auflage, Tübingen 2013.

Dreier, Horst: Grundgesetz, Kommentar, Band I, Präambel, Artikel 1–19, 2. Auflage, Tübingen 2004.

Emmerich, Volker/Rolfs, Christian (Hrsg.): J. von Staudingers Kommentar zum Bürgerlichen Gesetzbuch mit Einführungsgesetz und Nebengesetzen, Buch 2, Recht der Schuldverhältnisse, §§ 562–580a; Anh zum Mietrecht: AGG (Mietrecht 3 – Beendigung des Mietverhältnisses), Berlin, Neubearbeitung 2014.

*Epping, Volker/Hillgruber, Christian (Hrsg.):*Grundgesetz, Kommentar, 2. Auflage, München 2013.

Epping, Volker/Hillgruber, Christian: Beck'scher Online Kommentar Grundgesetz, München, Edition 25., Stand Gesamtwerk: 01.06.2015.

Firsching, Karl/Graf, Hans Lothar: Nachlassrecht, Erbfolge, Testament, Erbvertrag, Pflichtteilsrecht, Rechtspflege in Nachlasssachen, Nachlassinsolvenz, Nachlassverfahren sowie Erbschaftsteuer, 10. Auflage, München 2014.

Gallwas, Hans-Ullrich: Der allgemeine Konflikt zwischen dem Recht auf informationelle Selbstbestimmung und der Informationsfreiheit, NJW 1992, S. 2785–2790

Geis, Ivo: Internet und Datenschutzrecht, NJW 1997, S. 288–293.

Geis, Max-Emanuel: Der Kernbereich des Persönlichkeitsrechts – Ein Plädoyer für die „Sphärentheorie", JZ 1991, S. 112–117.

Geppert, Martin/Schütz, Raimund (Hrsg.): Beck'scher TKG-Kommentar, 4. Auflage, München 2013.

Gola, Peter/Klug, Christoph/Körffer, Barbara/Schomerus, Rudolf (bis 9. Auflage): BDSG, Bundesdatenschutzgesetz, Kommentar, 12. überarbeitete und ergänzte Auflage, München 2015.

Habermann, Norbert (Hrsg.): J. von Staudingers Kommentar zum Bürgerlichen Gesetzbuch mit Einführungsgesetz und Nebengesetzen, Buch 1, Allgemeiner Teil, §§ 90–124; 130–133 (Allgemeiner Teil 3), 14. Auflage, Berlin, Neubearbeitung 2012.

Hay, Peter: US-Amerikanisches Recht, Ein Studienbuch, 5. Auflage, München 2011.

Herzog, Stephanie: Der digitale Nachlass – ein bisher kaum gesehenes und häufig missverstandenes Problem, NJW 2013, S. 3745–3751.

Heun, Sven-Erik (Hrsg.): Handbuch Telekommunikationsrecht, 1. Auflage, Köln 2002.

Hoeren, Thomas: Das Telemediengesetz, NJW 2007, S. 801–806.

Hoeren, Thomas: Der Tod und das Internet – Rechtliche Fragen zur Verwendung von E-Mail- und WWW-Accounts nach dem Tod des Inhabers, NJW 2005, S. 2113–2117.

Hoffmann, Christian/Schulz, Sönke E./Brackmann,Franziska: Die öffentliche Verwaltung in den sozialen Medien? Zulässigkeit behördlicher Facebook-Fanseiten, ZD 2013, S. 122–126.

Jarass, Hans D./Pieroth, Bodo: Grundgesetz für die Bundesrepublik Deutschland, 13. Auflage, München 2014.

Jarass, Hans D.: Das allgemeine Persönlichkeitsrecht im Grundgesetz, NJW 1989, S. 857–862.

Jotzo, Florian: Gilt deutsches Datenschutzrecht auch für Google, Facebook & Co. bei grenzüberschreitendem Datenverkehr?, MMR 2009, S. 232–237.

Kipp, Theodor (Begr.)/Coing, Helmut: Erbrecht, Ein Lehrbuch, 14. Bearbeitung, Tübingen 1990.

Kroiß, Ludwig/Ann, Christoph/Mayer, Jörg: NomosKommentar, BGB, Erbrecht, Band 5: §§ 1922–2385, 3. Auflage, Baden-Baden 2010.

Kurze, Dietmar: Bestattungsrecht in der Praxis, 1. Auflage, Bonn 2012.

Lange, Heinrich/Kuchinke, Kurt: Erbrecht, Ein Lehrbuch, Fünfte, völlig neubearbeitete Auflage, München 2001.

Lehmann, Brita: Postmortaler Persönlichkeitsschutz, Zur Frage des Fortbestehens des allgemeinen Persönlichkeitsrechts über den Tod des Rechtsträgers hinaus, 1. Auflage 1973.

Marotzke, Wolfgang/Otte, Gerhard/Werner, Olaf (Hrsg.): J. von Staudingers Kommentar zum Bürgerlichen Gesetzbuch mit Einführungsgesetz und Nebengesetzen, Fünftes Buch, Erbrecht, Einleitung; §§ 1922–1966, Berlin, 13. Bearbeitung 1994.

Marotzke, Wolfgang/Otte, Gerhard/Werner, Olaf (Hrsg.): J. von Staudingers Kommentar zum Bürgerlichen Gesetzbuch mit Einführungsgesetz und Nebengesetzen, Buch 5, Erbrecht, Einleitung zum Erbrecht; §§ 1922–1966 (Erbfolge), Berlin, Neubearbeitung 2008.

Martini, Mario: Der digitale Nachlass und die Herausforderung postmortalen Persönlichkeitsschutzes im Internet, JZ 2012, S. 1145–1155.

Maunz, Theodor/Dürig, Günter (Begr.), Herzog, Roman/Scholz, Rupert/Herdegen, Matthias/Klein, Hans H.(Hrsg.): Grundgesetz, Kommentar, Band I, Texte, Art. 1–5, München, Stand Gesamtwerk: 74. Lieferung, Mai 2015 (Stand Art. 2: 39. EGL, Juli 2001).

Maunz, Theodor/Dürig, Günter (Begr.), Herzog, Roman/Scholz, Rupert/Herdegen, Matthias/Klein, Hans H.(Hrsg.): Grundgesetz, Kommentar, Band II, Art. 6–15. München, Stand Gesamtwerk: 74. Lieferung, Mai 2015 (Stand Art. 10: 57. EGL, Januar 2010).

Meincke, Jens Peter: Das Recht der Nachlaßbewertung im BGB, 1. Auflage, Frankfurt am Main 1973.

Müller-Broich, Jan D.: NomosKommentar Telemediengesetz, 1. Auflage, Baden-Baden 2012.

Muscheler, Karlheinz: Erbrecht, Band I, 1. Auflage, Tübingen 2010.

Palandt, Otto (Begr.)/Bassenge, Peter/Brudermüller, Gerd/Diederichsen, Uwe/Ellenberger, Jürgen u. a. (Bearb.): Bürgerliches Gesetzbuch, 71., neubearbeitete Auflage, München 2012.

Palandt, Otto (Begr.)/Bassenge, Peter/Brudermüller, Gerd/Diederichsen, Uwe/Edenhofer, Wolfgang u. a. (Bearb.): Bürgerliches Gesetzbuch, 65., neubearbeitete Auflage, München 2006.

Palandt, Otto (Begr.)/Bassenge, Peter/Brudermüller, Gerd/Ellenberger, Jürgen u. a. (Bearb.): Bürgerliches Gesetzbuch, 73., neubearbeitete Auflage, München 2014.

Palandt, Otto/Bassenge, Peter/Brudermüller, Gerd/Ellenberger, Jürgen u. a. (Bearb.): Bürgerliches Gesetzbuch, 74., neubearbeitete Auflage, München 2015.

Palm, Franz/Roy, Rudolf: Mailboxen: Staatliche Eingriffe und andere rechtliche Aspekte, NJW 1996, S. 1791–1797.

Pieroth, Bodo/Schlink, Bernhard/Kingreen, Thorsten/Poscher, Ralf: Grundrechte Staatsrecht II, 30. neu bearbeitete Auflage, Heidelberg, München, Landsberg u.a. 2014.

Pruns, Matthias: Keine Angst vor dem digitalen Nachlass! Erbrecht vs. Fernmeldegeheimnis?, NWB 2014, Heft 29, S. 2175–2186.

Reimann, Mathias: Einführung in das US-amerikanische Privatrecht, 2. Auflage, München 2004.

Rixecker, Roland/Säcker, Franz Jürgen (Hrsg.): Münchener Kommentar zum Bürgerlichen Gesetzbuch, Band 9, Erbrecht, 5. Auflage, München 2010.

Roßnagel, Alexander: Das Telemediengesetz, Neuordnung für Informations- und Kommunikationsdienste, NVwZ 2007, S. 743–748.

Sachs, Michael (Hrsg.): Grundgesetz, Kommentar, 5. Auflage, München 2009.

Sachs, Michael (Hrsg.): Grundgesetz, Kommentar, 7. Auflage, München 2014.

Säcker, Franz Jürgen/Rixecker, Roland (Gesamt-Hrsg.), Kessal-Wulf, Sibylle (Redakteurin): Münchener Kommentar zum Bürgerlichen Gesetzbuch, Band 9, Erbrecht, §§ 1922–2385, §§ 27–35 BeurkG, 6. Auflage, München 2013.

Säcker, Franz Jürgen: Telekommunikationsgesetz, Kommentar, 3. überarbeitete Auflage, Frankfurt am Main 2013.

Schack, Haimo: Weiterleben nach dem Tode – juristisch betrachtet, JZ 1989, S. 609–615.

Schaffland, Hans-Jürgen/Wiltfang, Noeme: Bundesdatenschutzgesetz (BDSG), Ergänzbarer Kommentar nebst einschlägigen Rechtsvorschriften, Loseblattsammlung, Berlin, Stand Gesamtwerk: Juli 2002.

Scheuerle, Klaus-Dieter/Mayen, Thomas: Telekommunikationsgesetz, Kommentar, 2., neu bearbeitete Auflage, München 2008.

Schönke, Adolf (Begr.)/Schröder, Horst (Forts.)/Eser, Albin (Gesamtredaktion): Strafgesetzbuch, Kommentar, 29., neu bearbeitete Auflage, München 2014.

Schönke, Adolf (Begr.)/Schröder, Horst (Forts.)/Eser, Albin (Gesamtredaktion): Strafgesetzbuch, Kommentar, 28., neu bearbeitete Auflage, München 2010.

Schwab, Dieter: Persönlichkeitsrecht und Erbe, in: Damrau/Muscheler/Schwab, Erbrecht und Vermögensnachfolge: System, Struktur, Vertrag; Festschrift für Manfred Bengel und Wolfgang Reimann zum 70. Geburtstag, München 2012, S. 345–356.

Siebert, Wolfgang/Damrau, Jürgen: Soergel, Bürgerliches Gesetzbuch mit Einführungsgesetz und Nebengesetzen, Band 21, Erbrecht 1, §§ 1922–2063 BGB, 13. Auflage, Stand: Januar 2002, Stuttgart.

Simitis, Spiros: Bundesdatenschutzgesetz, 8. Auflage, Baden-Baden 2014.

Simitis, Spiros: Die informationelle Selbstbestimmung – Grundbedingung einer verfassungskonformen Informationsordnung, NJW 1984, S. 398–405.

Spindler, Gerald/Schuster, Fabian (Hrsg.): Recht der elektronischen Medien, Kommentar, 3. Auflage, München 2015.

Stern, Klaus/Becker, Florian (Hrsg.): Grundrechte-Kommentar, Die Grundrechte des Grundgesetzes mit ihren europäischen Bezügen, 1. Auflage, Köln 2010.

Taeger, Jürgen/Gabel, Detlev: Kommentar zum BDSG und zu den Datenschutzvorschriften des TKG und TMG, 2. überarbeitete Auflage, Frankfurt am Main 2013.

Trute, Hans-Heinrich: Der Schutz personenbezogener Informationen in der Informationsgesellschaft, JZ 1998, 822–831.

Von Mangoldt, Hermann/Klein, Friedrich/Starck, Christian: Kommentar zum Grundgesetz, Band 1: Präambel, Artikel 1 bis 19, 6. Auflage, München 2010.

Von Münch, Ingo (Begr.)/Kunig, Philip (Hrsg.): Grundgesetz, Kommentar, Band 1: Präambel bis Art. 69, 6., neubearbeitete Auflage, München 2012.

Westermann, Harm Peter/Grunewald, Barbara/Maier-Reimer, Georg (Hrsg.): Erman, Bürgerliches Gesetzbuch, Handkommentar mit AGG, EGBGB (Auszug), ErbbauRG, LPartG, ProdHaftG, VBVG, VersAusglG und WEG, Band 2, 14. Auflage, Köln 2014.

Wissmann, Martin: Telekommunikationsrecht, Praxishandbuch, 2. völlig überarbeitete Auflage, Frankfurt am Main 2006.

Wissmann, Martin: Telekommunikationsrecht: Praxishandbuch in deutscher und englischer Sprache mit neuem EU-Rechtsrahmen, 1. Auflage, Heidelberg 2003.

Würmeling, Ulrich/Felixberger, Stefan: Fernmeldegeheimnis und Datenschutz im Telekommunikationsgesetz, CR 1997, S. 230–238.